Enemies A History of the FBI

曾经屡破大案、神探辈出的FBI是否还能延续其百年传奇?

FBI罪与罚

联邦调查局的百年忠诚与背叛

[美]蒂姆·韦纳 著 王祖宁 译

廣東省出版集團
广东人民出版社

图书在版编目（CIP）数据

FBI 罪与罚 /（美）蒂姆 · 韦纳著 ; 王祖宁译 . -- 广州 : 广东人民出版社 , 2012.9

ISBN 978-7-218-08023-9

Ⅰ. ① F… Ⅱ. ①蒂… ②王… Ⅲ. ①联邦调查局（美国）－史料 Ⅳ. ① D771.236

中国版本图书馆 CIP 数据核字 (2012) 第 160393 号

FBI ZUIYUFA

FBI 罪与罚

[美] 蒂姆 · 韦纳　著　王祖宁　译

出 版 人：金炳亮

策　　划：中资海派
执行策划：黄　河　桂　林
责任编辑：肖风华　梁　茵
特约编辑：梁桂芳　杜天宜
版式设计：胡方杰
封面设计：刘潇然

出版发行：广东人民出版社
地　　址：广州市大沙头四马路 10 号（邮政编码：510102）
电　　话：(020) 83798714（总编室）
传　　真：(020) 83780199
网　　址：http：//www. gdpph. com
印　　刷：深圳市鹰达印刷包装有限公司
书　　号：ISBN 978-7-218-08023-9
开　　本：787mm × 1092mm　1/16
印　　张：24.5
字　　数：335 千字
版　　次：2012 年 9 月第 1 版　　2012 年 9 月第 1 次印刷
定　　价：49.80 元

如发现印装质量问题，影响阅读，请与出版社（020-83795749）联系调换。
售书热线：(020) 83790604　83791487　邮　购：(020) 83781421

致中国读者信

To my friends and readers in China —

Let this book serve as an inspiration to people who love their country and love liberty, and a warning to the dangers of allowing the ideals of national security to crush the spirit of free speech and a civil society.

Tim Weiner

致我亲爱的中国读者朋友：

希望此书能给热爱祖国、热爱自由的人们带来些许启示，同时也给那些打着国家安全名义以压制言论自由、民主社会精神的危险势力予以警告。

蒂姆·韦纳

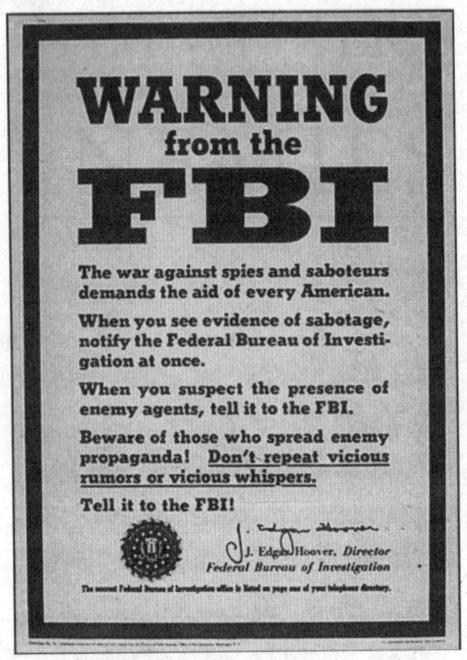

FBI的警告

当前，美国与间谍和破坏分子展开的斗争需要每一位公民的协助。

如果你看到蓄意破坏的迹象，请立即通知联邦调查局。

如果你怀疑某人是敌特分子，请告知联邦调查局。

当心那些反动言论的散布者！不要转述蛊惑人心的谣言或传闻。

如果有人妖言惑众，请通知联邦调查局！

联邦调查局局长J. 埃德加·胡佛

推荐序

曹景行
资深媒体人
中央人民广播电台特邀评论员

忠诚还是背叛?

2011 年美国好莱坞推出大片《胡佛传》，导演克林特·伊斯特伍德（银幕上的铁汉）、主演莱昂纳多·迪卡普里奥（《泰坦尼克号》的男一号）都是重量级人物。尽管反映一般，批评不少，但这部电影的问世却表明，上个世纪 20 年代创建并掌控美国联邦调查局半个世纪的 J. 埃德加·胡佛，仍然是美国人很感兴趣的历史人物。

《FBI 罪与罚》这本书，能够帮助我们穿透重重迷雾，深入到这个神秘机构的各个角落，探究历史上的众多谜团。有关美国联邦调查局和胡佛的书籍已有很多，而这本书的价值，在于作者蒂姆·韦纳对最新解密的几万页档案资料作了认真的研析，并充分利用了自己在《纽约时报》长期从事新闻采访、调查与写作的功底。

美国政体三权分立，本来的用意是要防止政府因权力不受制约而过于膨胀，从公仆变成凌驾于社会之上、危害公平正义的霸头。但为了国家安全，为了对付内外“敌人”，又必须允许政府在公众视线之外创立各种秘密机构，其中尤以联邦调查局最为庞大，历来毁誉参半。

因为可以秘密行事，胡佛从创建联邦调查局之始，就竭力扩大自己的特殊权力，以至超越了法律、国会和行政机构的约束，成为一种特殊的黑色势力。胡佛通过他无所不在的监控网络，不仅把各式各样的嫌疑分子置于掌中，而且还让前后八位美国总统望而生畏且又无可奈何。这对以民主自由立国的美国，是一种讽刺，还是一种必要之恶？是忠诚还是背叛？

胡佛早已不在人世，但在“9·11”事件之后的今天，在十余年的反恐战争之后，他所创建的联邦调查局究竟扮演怎样的新角色，又如何改造和进一步扩张其组织架构和功能，同样需要世人给予充分的关注。

权威推荐

《纽约时报》

非常优秀的作品，客观、详尽、流畅，且暗合潮流……从爱玛·戈德曼到本·拉登，《FBI 罪与罚》大概是我们读过的关于联邦调查局情报收集机构最全面的巨著。韦纳真的做了一件了不起的事情，也许是我见过的最了不起的人，他详细记录了胡佛的权利起伏，40 多年来与各届总统之间的密切关系。

《华尔街日报》

韦纳的著作来源于勤勉的调查，更吸引人的是一系列丰满精彩的间谍故事。《FBI 罪与罚》是一本间谍年鉴，值得一读。

《旧金山纪事报》

一个关于联邦调查局的成功和失败的有趣故事……本书包含对联邦调查局的重要且犀利的调查：联邦调查局既在危险的世界中保护了美国人，同时也突破我们强加于它的限制。

《波士顿环球报》

广泛的调查，低调的描述，但是非常有趣。

《洛杉矶时报》

本书是对作为秘密情报部门的联邦调查局的严厉控诉。

《出版人周刊》

《FBI 罪与罚》是一份举足轻重的、审慎的记录，记载了国家安全与公民权利之间的紧张气氛。

《科克斯书评》

利用数千页刚刚被解密的文件和口述历史，普利策奖和国家图书奖获得者韦纳给我们展示了权威但略显恐惧的美国秘密警察史。这是对联邦调查局的冷静的、不朽的记录。

《九人：美国最高法院风云》作者　杰弗里·图宾

节奏快，故事客观并且迷人，蒂姆·韦纳的《FBI 罪与罚》将联邦调查局漫长的历史转变成一个引人注目且举足轻重的故事，就像报纸的头条一样。

《纽约客》特约撰稿人　《黑暗面》作者　简·迈尔

普利策奖获得者蒂姆·韦纳讲述了一个引人入胜的故事，对于联邦调查局的秘密阴谋和欺诈描写得如此深入，以至于让读者感觉与胡佛共存在。这本书是每一个关注公民自由的人都该读的。

总统御用历史学家　《肯尼迪传》作者　罗伯特·达莱克

蒂姆·韦纳的《FBI 罪与罚》是对联邦调查局作为情报机构的最全面的历史记录。这本书立基于之前从来没有透露过的文件，蒂姆·韦纳给我们一个全新的视角去看待胡佛，和他合作过的总统，和保卫国家安全的机构 FBI。这本书也是一个警告，任何关心美国公民自由的人都应该读这本书。

《看不见的间谍：CIA、FBI 和 9·11 的起源》　艾米·泽加特

《FBI 罪与罚》是一本研究巨著。蒂姆·韦纳从 70000 多份刚刚被解密的文件和公开的访谈中挖掘细节，给我们揭露惊人的事实真相，揭开联邦调查局的神秘面纱。《FBI 罪与罚》读起来像一本惊悚小说，但可别让心跳的文字欺骗了。韦纳的《FBI 罪与罚》同时也是一本学术杰作，对于想研究美国国家安全的学生来说肯定会成为经典。

著名香港军事评论员　凤凰卫视主播　马鼎盛

《孙子兵法》说“上国伐谋”，几千年前就指出信息决定战争胜负，美国联邦调查局（FBI）是情报战的功臣，但它滥用公权又侵蚀了国民的自由和国家的民主。古今中外的政权也面临这两难局面。《FBI 罪与罚》关于此点的描述更是深入肺腑，动魄惊心。

知名军事评论员　前总参谋部上校 反恐专家　岳刚

FBI 的任务是保护美国，捍卫宪法。它既伸张正义，又凌驾规约；既功绩卓著，又丑闻迭出，是一个恩怨交织须臾不离的复合体。在 FBI 内部，每个人都让自己尽可能隐蔽起来或沉默不语，不动声色，用 FBI 特有的方式，干着世界上最为神秘的事情。日出日落，FBI 沉浸于罪恶和阴谋、高贵与谦逊、睿智和善良其间不能自拔。

军旅作家　海南省作协秘书长　著有《第 39 天》　梅国云

FBI 的存在犹如一把双刃剑，它既是维护和平的斗士，也是扼杀民主的元凶。作为它的缔造者，胡佛更是将间谍、权利与情报的艺术发挥到极致。《FBI 罪与罚》以独特的视角、真实的笔触再现联邦调查局百年历史，是描写间谍方面一本难得的好书。

目录

第一部分 美国特务机关的诞生

威尔逊、哈定、柯立芝、胡佛时期的 FBI：1917 ~ 1933

20 世纪初，美国风云变幻，无政府主义盛行、恐怖主义笼罩、法西斯主义蔓延、共产主义革命浪潮席卷……联邦调查局正是在这种情况之下应运而生，胡佛更是以其卓越的能力、辛辣的手腕成为其中的佼佼者，并最终控制了美国最重要的情报特务机构。

第二部分 在世界大战中壮大

罗斯福时期的 FBI：1934 ~ 1944

当社会主义苏联逐渐崛起之时，罗斯福感到了前所未有的压力。苏联间谍盛行、纳粹间谍无孔不入、国内共产主义势力发展，甚至同性恋泛滥……此时的联邦调查局俨然成了美国的“盖世太保”，大权独揽的胡佛更是将窃听发挥到极致。

第三部分　在冷战中呼风唤雨

杜鲁门、肯尼迪、约翰逊时期的 FBI：1945 ～ 1972

随着冷战序幕的正式拉开，美苏两国的情报战进入白热化阶段，此时一手遮天的胡佛变得更加肆无忌惮。当他利用手中的秘密情报打击对手攫取权力的同时也让各界高层心生畏惧。于是，一场场旨在推翻胡佛的阴谋在暗中展开，胡佛在联邦调查局的专制统治正面临着前所未有的挑战……

第四部分　恐怖主义阴影下的FBI

尼克松、福特、卡特、里根、老布什、
克林顿、小布什、奥巴马时期的FBI：1972 ~ 2011

胡佛死后的联邦调查局就如一盘散沙，其根基不断受到冲击。直到“9·11”事件的发生后，美国人才如梦初醒。窃听和偷录是否还要继续，联邦调查局在饱受非议声中艰难前行。随着恐怖主义威胁的不断加深，曾经各自为政的中情局和联邦调查局也开始通力合作，然而等待他们的会不会是下一个“9·11”惨剧……

引　言

是恶毒诅咒，还是忠诚的捍卫者？

《FBI 罪与罚》讲述的是联邦调查局作为秘密情报机构的全部历史。我们通常认为，联邦调查局是一个逮捕罪犯和维持法治的警察机关。然而，无论是今天还是在过去的数百年中，打击恐怖势力与间谍活动并获取秘密情报才是联邦调查局的第一要务。

早在 200 多年前，《美国宪法》的缔造者就已经预见到联邦调查局的这一职责可能带来的冲突。一个不受羁绊的民族必须同时拥有安全和自由，这二者既相辅相成，又势同水火。在过去几十年中，为了维护国家安全，联邦调查局甚至不惜违法，监视、窃听和入室行窃等手段屡见不鲜。这些行为是对民主制度的诅咒，然而联邦调查局却拥有这样的特权，这让它成了自由美利坚如影随形的对立面。

《FBI 罪与罚》记载了一个世纪以来美国民主体制与秘密情报活动之间的持久冲突、国家安全与公民自由之间的激烈斗争以及人们为了两者兼得而进行的不懈努力。

本书不包含任何捕风捉影的消息与道听途说的引言，书中涉及的所有事实都有据可查。最近刚刚解密了 70000 多页的文件，其中包括 J. 埃德加·胡佛卷帙浩繁的情报档案汇编，以及在胡佛长达 48 年任职期间及其后联邦调查局特工人员的 200 多份口头记录，而《FBI罪与罚》就是基于这些资料完成的。

在这个美国世纪的中心，胡佛就像一尊浑身包裹着污垢的雕像。拥趸将他视为具有远见卓识的天才，反对者却将其斥作"一个该死的小人"，这也是肯尼迪总统的国家安全顾问对他的评价。时至今日，数百万美国人对他的了解仍然仅限于这样一幅漫画：一个穿着芭蕾舞裙的暴君和有异装癖的怪人。然而，事实却并非如此。数年来解密的文件逐渐揭开了胡佛的神秘面纱，传奇色彩褪去，他的形象日益明朗。他实施了一系列在当时看起来似乎匪夷所思的秘密行动；在冷战时期最黑暗的岁月里，直接对前苏联和中国领导人进行暗中监视；对纽约和华盛顿发出了内容详尽的自杀式空袭预警；阴谋策划政变，推翻外国民选领导人的统治；采取狡诈手段，削弱美国总统的地位。

胡佛不是一个恶魔，而是美国的马基雅维利（Machiavelli，1461～1527年，意大利著名的政治思想家、外交家和历史学家，《君主论》的作者。他所主张的一套统治思想被后人称为马基雅维利主义，成了不择手段、无视道德和侧重权谋的现实政治的代名词。——译者注）。他诡计多端，刁滑奸诈，无时无刻不在观察着自己的敌人。他是美国情报工作的开山鼻祖，也是现代国家监视体系的始作俑者。政府部门计算机库卷宗上的每一枚指纹、个人资料和生物识别数据中的每一个字节都可以追溯到胡佛身上。

胡佛是操纵舆论的高手。为了维护国家安全，施展政治权术，他常常置道德准则于不顾。在长达55年的时间里，他始终热衷于打击共产主义和恐怖主义。从20世纪40年代起，他就预见到了我们今天面临的灾难性威胁。但是，胡佛建立起来的制度在他死后几乎消失殆尽，直至3年前，国家安全行动才开始按照法律规定卷土重来。

除了总统表示"要确保严格执法"的宣誓以外，联邦调查局始终没有一个法定纲领。然而，从第一次世界大战开始，许多总统都偏离了这一神圣的誓言。在他们的指使下，胡佛打击的对象既有恐怖分子，也有和平主义者；既有三K党徒，也有民权运动领袖。

按照他们的命令，联邦调查局公然违背《人权法案》的自由精神，行使总统作为国家元首的权力。“任何处于战时的总统都不会对美国宪法产生太多顾虑”，富兰克林·D. 罗斯福的司法部部长曾经这样写道。从那以后，每一位总统都会认为，美国正处于交战状态。

《FBI 罪与罚》记录了总统授权下的非法拘捕、强行入室、暗中盗窃和监视窃听活动。在本书中，对于某些著名的刑事司法案件，比如大萧条时期的反黑帮斗争以及警方与大卫教派展开的血腥激战，作者只是一笔带过，而将重点放在了联邦调查局的秘密情报活动上，因为后者才是美国一个世纪以来与恐怖分子、外国间谍、无政府主义者和刺客进行斗争的核心所在。在国家安全的名义下，这场战争的指挥官们，即总统、首席检察官和联邦调查局局长等，在行使权力的同时也滥用了手中的职权。然而，在民主社会中，他们还做不到只手遮天。胡佛在晚年曾经拒绝执行尼克松总统的非法命令。2001 年 9 月 4 日，罗伯特·米勒出任联邦调查局局长。为了抵制布什总统要求实施非法监视的命令，米勒递交辞呈以示抗议。他说，如果人们在反恐战争中失去自由，美国就不可能赢得这场战争。

对于联邦调查局的领导者来说，这一冲突贯穿始终。美国民众需要了解这场斗争的历史，否则当下一次危机袭来时，他们就会为了安全的承诺而拱手交出自由的保障。他们的安全也许加强了，但是他们的自由却减少了。

免遭外部危险是国家行为最有力的指针。即使是对自由意志的崇尚，在一段时间之内，也必须服从国家安全的需求。战争会对人们的生命和财产造成巨大损害，而长期处于危险状态让人们每时每刻都要殚精竭虑保持警惕。因此，为了寻求和平与安全，即使是最热爱自由的国家也不得不屈服于那些有可能损害公民和政治权利的制度。为了更加安全，它们宁愿冒着牺牲自由的风险。

——亚历山大·汉密尔顿，1787 年

第一部分
美国特务机关的诞生

威尔逊、哈定、柯立芝、胡佛时期的 FBI：1917 ~ 1933

1920 年的华尔街爆炸事件，至今仍是一桩悬案。

20 世纪初，美国风云变幻，无政府主义盛行、恐怖主义笼罩、法西斯主义蔓延、革命浪潮席卷……此时美国政府急需一位力挽狂澜的人物来控制局势。联邦调查局正是在这种情况下应运而生，胡佛更是以卓越的能力、辛辣的手腕成为其中的佼佼者，并最终控制了美国最重要的情报特务机构。

第1章

无政府主义盛行

1917年7月26日一个星期二的早上，22岁的J.埃德加·胡佛走上了第一次世界大战战场。胡佛少年时代是在华盛顿特区的家中度过的，现在他将进入司法部，作为执法队伍中的一名排头兵，去打击美国境内的外国间谍、阴谋破坏者、共产党和无政府主义者，揭开他人生中崭新的一页。

黑汤姆岛爆炸事件

1917年4月，美国宣布参战。当美军第一支劲旅在法国登陆时，眼前的恐怖景象令人触目惊心。在后方，对于德国特务的大肆破坏，美国民众感到极度惊恐。一年前，敌人袭击了美国的一个大型军火库，当时仓库中的弹药即将被运往前线，这一事件引起了国内巨大的恐慌。时值仲夏，夜深人静之时，在纽约港的黑汤姆岛，2000吨炸药突然被人引爆，造成7人当场死亡。爆炸的冲击波震碎了曼哈顿千家万户的窗户，弹片在自由女神像上留下了深深的伤痕。

胡佛在司法部战争应急司任职，负责防范敌人的下一次突袭。他不仅斗志昂扬，而且能力极强，善于为上级提出建设性意见，所以深受该司的司长约翰·洛德·奥布莱恩的赏识。“胡佛经常在星期天和夜间工作，就像我一样。”奥布莱恩回忆道，“正是因为他宵衣旰食，我才屡次提拔他。”

胡佛很快就晋升为敌侨局局长，负责搜捕并监禁美国境内的外国政治嫌疑犯。当时胡佛年仅 23 岁，在他的监督下，有 6200 名德国人遭到羁押，45 万名德国人处于联邦的监控之下。24 岁时，胡佛就担任刚刚成立的司法部反激进司的主管，开展美国历史上规模最大的反恐怖主义行动，对境内数以千计的激进嫌犯进行全力围剿。他没有枪支弹药，秘密情报就是他的武器。

胡佛出生于 1895 年元旦，是 4 个孩子中最小的。他的父亲和祖父都是公务员。父亲迪克森有严重的抑郁症，这不仅让他失去了政府制图员的工作，而且导致英年早逝。母亲安妮虽然不苟言笑，对儿子却格外宠溺。直到母亲去世后，胡佛才离开家门。他曾经告诉几位与自己关系密切的助理，考虑到糟糕的婚姻有可能会毁掉一个人，他担心自己也会选错伴侣，所以才一直保持着单身，所以他才一直维持单身。

胡佛对人异常冷漠，即使是他的至亲和仅有的几位好友，也摸不清胡佛的内心世界。他的侄女玛格丽特·芬内尔从小就跟着他长大，在长达 60 年的时间里，他们一直保持着联系。即便如此亲近，芬内尔对胡佛的了解也并不比别人多。“有时候我觉得他真的不愿意与任何人亲近。”芬内尔回忆说。除了对上帝的虔诚和对祖国的忠贞以外，没有人知道他是否对别的事物产生过爱。

胡佛不仅懂得如何列队行军，而且擅长辩论。在华盛顿特区中央学校军训队和辩论队的经历是他青少年时期最引以为傲的事情。中央学校的辩论队在华盛顿特区首屈一指，而胡佛则是这支辩论队中的佼佼者。该校校报对他的竞争精神以及“冷酷无情的逻辑”大加赞赏。在险胜另一所大学的辩论队后，胡佛曾告诉校报：“辩论是人与人之间智慧的较量，为我树立了现实且有益的人生榜样。”

高中毕业后，胡佛就开始为美国政府工作。在这里不得不提及他周围的环境。胡佛家位于国会山东南，其间仅隔 6 个街区。山顶上矗立着参众两院装饰有枝形吊灯的会议厅，巍峨森严的最高法院，以及带有拱形天花板和彩色玻璃的国会图书馆。对青少年时期的胡佛来说，国会图书馆就是他世俗生活中的神圣领地。那里收藏了美国所有的出版物，阅览室里总是一片静谧，置身其中总会让人觉得所有的知识都触手可及。胡佛在国会图书馆谋了一份图书管理员的职务，白天在图书馆里工作，傍晚时分和夏天的早晨就在乔治·华盛顿大学学习。由于馆中图书的分类制度错综复杂，长期从事分门别类和检索信息的工作让胡佛获益匪浅；不仅如此，还让他赚取了学费。

1917 年 6 月，他获得了乔治·华盛顿大学的法学硕士学位。随后他报名参军，后来却进入了司法部，在国内战场上抗击敌人。

1917 年 4 月 6 日，即美国参加一战的当天，伍德罗·W. 威尔逊总统签署行政命令，授权司法部可以未经审判就逮捕和监禁任何被认为不忠于美国的外国人。他警告美国民众："德国派出的间谍已经混进了我们的社区乃至政府部门，这些人正在暗中兴风作浪。"总统的这番言论在国内引起了极大的恐慌，这种恐慌让司法部的工作变得更加沉重不堪。奥布莱恩说："当美国宣战后，有人就是希望看到全国上下一片恐慌。"

在奥布莱恩的监督下，胡佛及其同事在战争应急司和敌侨局狭窄闷热的房间里挥汗如雨忙得昏天暗地，对一份份支离破碎的报告进行严密筛查，以便从中发现针对美国的阴谋。就像消防员一样，他们听到的警报绝大多数都是虚惊一场。随之而来的还有"巨大的压力"，据奥布莱恩回忆，政客和民众纷纷指责他们，动不动就"因为一些不负责任的传闻"而"随意起诉"和"公然镇压"美国及外国嫌疑人。在黑汤姆岛爆炸事件之前，"美国人没有遭遇过任何颠覆性活动，"他说，"政府部门同样疏于防范。"但是，在这起事件发生后，当局接到了成千上万份关于潜在威胁的报告。美国领导人担心，敌人可能随时随地发动袭击。

黑汤姆岛爆炸案的幕后主使是德国人。1914 年夏，一战在欧洲爆发后，德国人就开始蠢蠢欲动。他们阴谋策划渗入华盛顿内部，并对华尔街进行暗中破坏。他们秘密招募爱尔兰和印度的民族主义者，准备在美国境内发动袭击。他们将墨西哥和加拿大作为反美地下活动的避风港。1915 年初，那时胡佛还在夜校攻读法律，德国驻美国大使馆的武官弗朗茨·冯·帕彭上尉接到来自柏林的密令——动摇美国参战的决心。随后，冯·帕彭开始在美国展开宣传攻势。德国人暗中掌控了纽约的一家大型报社——《晚间邮报》。他们还派出爪牙，企图收购《华盛顿邮报》和《纽约太阳报》。政界掮客、腐败记者和黑心侦探成了德国人物色的目标。

1915 年 5 月 7 日，德国一艘 U 形潜艇的鱼雷击中了英国客轮"露西塔尼亚号"，导致 1119 人丧生，其中包括 274 名美国人。事后，德国大使忧心忡忡地拍电报给柏林："无可否认，我们的宣传攻势可能已经彻底失败。"对这次袭击平民的行为，美国感到异常愤怒，德国在美国的政治和外交地位随即发生了翻天覆地的变化。威尔逊总统下令对德国驻美国大使馆的所有人员进行密切监视。国务卿罗伯特·兰辛派遣秘密特工对德国外交官实施窃听。1915 年年底，美国将帕彭及其随员驱逐出境。

当胡佛来到司法部后，奥布莱恩刚刚审讯并判处了一名德国间谍——弗朗茨·冯·林特伦上尉，这起案件在当时登上了各大媒体的头条。在“露西塔尼亚号”沉没前数周，林特伦携带伪造的瑞士护照来到纽约。按照德国高级指挥官的命令，他招募了一群纽约码头的闲散海员、激进的爱尔兰民族主义分子、华尔街的一个高级骗子和芝加哥一名酗酒成性的国会议员，妄图利用骗术和燃烧弹破坏美国的军事工业。由于担心自己的阴谋败露，林特伦逃离了美国。当他到了英国后，被英国负责监听德国电报的情报官员抓获，并且在伦敦塔里对他严加审问，最后交由美国司法部起诉判决。

“美国从未经历过类似事件，”林特伦被捕后，威尔逊总统在国会陈词，“在此之前，这种事情简直令人难以置信。正因为如此，我们事先才毫无防范。”

“恐怖主义者和无政府主义者是对国家的和平与安全最为严重的威胁，”威尔逊总统说，“我们必须清除这些丧心病狂、背信弃义和无法无天的势力……利用我们手中的力量迅速将其一网打尽。”

而这种力量的操纵者正是胡佛和联邦调查局。

第2章

革命浪潮席卷全美

“我相信权力。”西奥多·罗斯福在1908年6月写道。从那个时候起，罗斯福萌生了一个念头，要建立起一个类似今天联邦调查局的机构。在他的总统任期内，罗斯福拥有的权力“比所有共和制或君主立宪制的现代国家中任何一个部门的权力还要大”，他不无自豪地写道，“而我将这种权力发挥到了极致”。在20世纪初，由于威廉·麦金莱遭无政府主义者刺杀，罗斯福一跃成为美国总统。为了推行民主制度、加强政治秩序、建立法治国家，他一路披荆斩棘。

在独立战争中诞生、崇尚自由的美利坚合众国由于内战而变得四分五裂，随着大批追寻自由的外国移民涌入，统一后的美国发生了巨大的变化。在19和20世纪之交，最后几片无人管理的西部领土即将并入联邦，对山区和沙漠边疆的开拓也已经接近尾声。当时美国的人口约为7600万，其中一半以上居住在小城镇和乡村。虽然美国对新边疆推行了文明化进程，但仍有许多地区毫无法纪可言。司法部的执行官同时兼任治安官，他们不得不第一时间建立起地方武装力量，因为他们时刻面临着死亡的威胁——这里到处都是亡命之徒。

在美国，城市是金钱和权力的中心，新发明层出不穷，各种信息络绎不绝。与此同时，贫民窟里也充斥着大批前来“新世界”寻找自由与财富的外国移民。截至1900年，美国工业及其劳工成了世界上最雄厚资本的创造者，全球1/4的工业产品在这里制造。随着美国的日渐强大，企业财富越积越多，工厂主们开始试图控制创造了这些财富的数百万工人。在美国成为世界强国之后，来自旧世界的每一批移民都会触动他们“担心遭到外国颠覆”的神经。德国、意大利和俄国的革命者不断向美国输入危险的思想。他们带来的小册子以及极端言论猛烈地冲击着美国的政治经济秩序。在矿井、工厂和血汗作坊中，到处都是那些曾经生活在国王和沙皇压迫之下的臣民，他们梦想着建造一个美好的新世界，其中的激进分子甚至设想打破旧秩序，建立一座政治乌托邦，让穷人翻身做主。

“社会大革命的时机已经来到，”罗斯福在1895年写道，同年，他出任纽约市警察局局长，而当时胡佛才刚刚出生。“在本世纪，一场轰轰烈烈的工业革命形成了一股在政治上没有发言权的庞大力量。当放眼未来时，我们想要预测，接下来他们会采取哪些行动。然而，我们并不知道如何处理大量失业人口、城镇不断扩张以及群众躁动不满的情绪。”

在这支缺乏政治发言权的队伍中，无政府主义者破坏力最强。他们的目标是颠覆权力本身和摧毁西方文明的核心。1894年，无政府主义者暗杀了法国总统。1897年，他们杀害了西班牙首相。1898年，他们谋害了奥地利女皇。1900年，他们刺杀了意大利国王。1901年，美国总统威廉·麦金莱遇刺后，42岁的罗斯福成为美国历史上最年轻的总统。

1901年12月，在首次对国会发表正式演说时，罗斯福宣布：“无政府主义是一种危害全人类的罪行。”他呼吁制定新的法律，禁止革命者和颠覆分子进入美国境内。

FBI在反对声中诞生

罗斯福总统尝到了独揽大权的滋味，从此一发不可收拾。他力排众议，在巴拿马丛林间开凿了一条大运河；他独断专行，派遣美国海军在全球到处耀武扬威。罗斯福深知，美国在向世界各地投射武力的同时，必然遭到其他国家的还击，所以他必须防范来自其他国家对美国的危害。但是，在担任总统的最初几年，对于打击美国境内的违法犯罪活动罗斯福显得力不从心。因为那时，司法部才刚刚懂得什么是依法治国。

南北战争结束5年后，即1870年，美国成立了司法部，职责是维持这个仍然支离破碎的国家的社会秩序。在与白宫仅一街之隔的弗里德曼储蓄银行最上面的三层楼中，司法部部长及其下属建立了办公地点。这里肮脏不堪，还能时不时地闻到下面的污水管散发出的阵阵恶臭。直到 20 世纪初，他们才从此地搬离。国会授权他们侦察和起诉所有反美活动，并每年为他们拨款 5 万美元，但却没有制定如何规范执法的联邦律令。

在 19 世纪，先后有 4 位总统借助美国最大的私人警察力量“平克顿国家侦探社”，作为他们的执法武器、秘密情报的来源以及从事政治斗争的工具。“我一向反对任用侦探并为他们支付薪水。”1884 年，司法部部长本杰明 · 布鲁斯特写道。尽管如此，他仍然不得不做此违心之举。这家侦探社的创始人阿伦 · 平克顿曾经协助林肯总统建立了联邦经济情报局，并且在第一次世界大战期间开展间谍行动。他们服务的对象是铁路和钢铁业巨头，通过监视、破坏罢工和武力恫吓等手段打击工会成员。为了达到目的，他们可以公然违法，甚至打着维持秩序的幌子使用暴力。1892 年，宾夕法尼亚州的霍姆斯特德卡内基钢铁公司与侦探社发生冲突，导致该公司 5 名工人及侦探社 3 名人员死亡后，国会禁止政府部门雇佣该侦探社，白宫因此丧失了玩弄手段与进行监视的能力。在麦金莱遇刺后，平克顿国家侦探社的一名人员提出，美国应当建立一个清剿极端势力的政府机构。“我们应该对这些人进行密切关注和长期监视。”罗伯特 ·A. 平克顿写道。

1903 年，新的法律出台，禁止无政府主义者在美国定居。司法部和劳工部开始为外国极端分子建立秘密档案。

作为共和党人，罗斯福不仅要打击无政府主义者，也要与财阀作斗争。他是美国国家公园的创始人，但财阀却在联邦土地上掠夺石油、煤炭、矿石和木材资源，罗斯福对此十分愤怒。这些财阀不仅损公肥私，集体违法，而且贿赂政客，以保护他们在政府土地上从事的非法行为。他们用手中成千上万的美钞作武器，大肆劫掠美国边疆最后的数百万英亩土地。

1905 年，联邦经济情报局的一名素以手段卑鄙著称的特工威廉 ·J. 彭斯通过调查，控诉两名共和党员——俄勒冈州参议员约翰 ·H. 米切尔和众议员约翰 ·H. 威廉姆森，参与了对喀斯喀特山脉大片林地的掠夺开发。随后，俄勒冈州的一家报纸在社论中指出，彭斯及其他联邦调查员采用了“俄国间谍和侦探的伎俩”。参议员米切尔在上诉过程中死亡，众议员威廉姆森的案子被美国最高法院推翻，理由是彭斯“粗暴执法”，其中包括公然贿赂陪审团成员和有关证人。离开政府部门后，彭斯成了赫赫有名的私家侦探。由于他掌握着娴熟的电话监听和宾馆窃听技巧，在胡佛接管联邦调查局后，彭斯得以进入局中谋得一份差事。

但是，诈骗犯和投机者对美国处女地的强暴行为却丝毫未见收敛。罗斯福总统为此感到震怒不已。

“一向雷厉风行的罗斯福宣布，必须对公有土地的掠夺者提出控告，并依法对他们进行严惩。”1911 年加入调查局的特工路易斯·芬德利在 1943 年给胡佛的一份备忘录中写道。这份备忘录记载了联邦调查局成立的过程，它的前身被称作“调查局”，但其缔造者在这一点上却语焉不详，其中的原因可想而知。

“罗斯福在白宫召见司法部部长查尔斯·J. 波拿巴，告诉他自己希望对这种土地诈骗行为提起公诉，并指示他招募一批调查人员。”波拿巴具有美国人罕有的贵族血统，他不仅是法兰西皇帝拿破仑一世的侄孙和威斯特伐利亚国王的外孙，而且还是罗斯福总统数年来的密友和顾问。罗斯福和波拿巴都是贵族政治的倡导者、进步人士、改革论者和道德主义者，他们支持在法律规定的范围内谨慎地使用武力。罗斯福赞成对罢工者使用警棍，波拿巴也认为应该允许自卫队诉诸武力来维持社会秩序。

“波拿巴申请从美国联邦经济情报局借调部分训练有素的人员，以开展必要的正式调查，他的请求获得了批准”，芬德利回忆道。于是这种肆无忌惮的土地诈骗行为被彻底根除了。但是，总统对此仍然感到不满。“罗斯福总统语气严肃地告诉波拿巴，这些报告都是一纸空文。他想要的是事实，真正的事实，所有的事实。如果再有人试图掩盖，他就会亲自上阵。”芬德利在这份备忘录中写道。

“罗斯福总统命令波拿巴，在司法部内成立一个不隶属于其他任何部门或机构的独立调查单位，并且仅向司法部部长一人汇报。”正是总统的这一命令“导致了调查局的诞生”。

根据法律，波拿巴必须经过参众两院的允许才能建立这个新的部门。“司法部不仅没有执法人员，而且更为重要的是，也没有属于该部门直接管辖的长期侦探人员，”波拿巴在给国会的报告中写道，“因此显然不具备开展工作的全部条件。”他正式要求国会授权并划拨资金，建立起“一支小规模的、经过慎重遴选的、经验丰富的队伍”。

1908 年 5 月 27 日，由于担心总统有意在美国建立秘密警察组织，众议员严词拒绝了他的申请。这一担心不无道理。因为在此之前，美国总统有过雇用私家侦探作为政治间谍的先例。

“美国政府的理念不允许对公民进行监视，或对个人隐私进行窥探。”肯塔基州共和党人、众议员约瑟夫·斯瓦格·谢利说道。爱荷华州共和党人、众议员、后来担任联邦上诉法院法官的沃尔特·I. 史密斯强烈反对在美国建立一个“间谍系统”。

民主党人、众议员约翰·J. 菲茨杰拉尔德警告说，不要“在联邦政府内部建立中央警察或间谍系统”。纽约州共和党人、众议员乔治·E. 沃尔多认为：“在这个国家出现任何类似俄国的中央特务机关，无疑是对自由精神和自由制度的重大打击。”

国会决不允许司法部在波拿巴的提议上花一分钱。然而司法部部长却阳奉阴违，他的做法也许有悖于法律条文，但却深得总统的赏识。

“假如《美国宪法》挡了罗斯福的路，他会将其一脚踢开。”马克·吐温评论道。从诞生之日起，联邦调查局就遭遇了一片反对的声浪。

FBI 绝不会沦为秘密警察组织

1908 年 6 月底，在国会休会之际，波拿巴终于等到了机会。他动用司法部的开支从联邦经济情报局雇用了 8 名资深特工作为长期全职调查员。7 月 26 日，波拿巴签署正式命令，建立起一个由 34 名“特别探员”组成的调查部门。为了满足总统的愿望，他不惜恳求、借用甚至偷窃所需资金和人手。波拿巴任命斯坦利·W. 芬奇为调查局首任局长，这个人却不具备在华盛顿特区的执法资格。

“最大的困难是如何组建一支忠贞不渝、办事高效的队伍。”波拿巴私下告诫总统，这支队伍必须“对犯罪分子经常出没的场所及习性有所了解，其成员有义务在工作中经常结交并利用那些道德标准极其低下的人”。波拿巴表示，“侦探们常常会面临伪造有利证据的诱惑”，而司法部部长是“对他们工作负责的不二人选”。

在调查局成立之后，1908 年 12 月，波拿巴才在司法部的年度工作报告中用寥寥数语提到了这一事实。“司法部有必要组建一支特别探员队伍，”他写道，“这是该部门顺理成章之举。”这一表述显然是有意遮掩，因为调查局的成立明显是出自总统的钧令。

波拿巴以个人名义向国会保证，调查局绝不会沦为一个秘密警察组织，也不会与政治产生任何瓜葛。作为国家首席检察官的司法部部长完全能够掌管和控制好自己的人员。“无论在任何时候，司法部部长都会了解或者应当了解他们的所作所为。”波拿巴承诺。

然而，“了解”和“应当了解”之间存在一条巨大的裂痕。当胡佛掌权后，这条裂痕已经扩大成一条危险的深渊。

第3章

卑劣的叛国者

1919年8月1日，胡佛出任司法部刚刚成立的反激进司司长。他所具有的权力在美国所有政府部门中是独一无二的。

他负责监督调查局所有的特工和线人，他可以逮捕任何他想逮捕的人。掌握了这种巨大的权力之后，胡佛开始在全国范围内发起了反对公敌的斗争。那年，他才24岁。

在胡佛加入政府部门后的两年内，美国在前方的军事战场上连战连捷。现在，美国需要在后方的政治战场上打击敌人。

第一次世界大战拉开序幕后，司法部和调查局对付的不只是外国人，还有美国公民。威尔逊总统曾经发出警告："图谋不轨的间谍和阴谋家正在四处煽动叛乱。"他宣称："我们的人民当中有很多人已经被外国特务拖下水。"他警告那些反对战争的公民，他们的行为只会导致亲痛仇快。"对那些阻碍我们脚步的个人和组织，我只能替你们感到遗憾。"威尔逊说。

来到司法部的第一年，胡佛就学会了大规模抓捕和拘留嫌疑犯。从美国宣战之日起，司法部共列出了1400名在美国境内的德国政治嫌疑犯，其中98名被立即收监，另外1172名被认为对"国家安全造成潜在威胁"的危险分子随时都有可能遭到逮捕。这些政治嫌疑犯是胡佛进行监视的首要目标。

1917年《反间谍法》出台以后，调查局借此第一次在全国范围内开展内部监视行动。他们开始围剿激进分子，窃听嫌疑犯的谈话，拆封可疑信件。

《反间谍法》规定，对持有危害美国信息者判处死刑，对“散布、印刷、写作或发表”叛国言论者处以监禁。根据《反间谍法》，共有1055人被定罪。其中没有一个是间谍，他们大多数只不过是反对战争的政治异议人士而已。尽管没有付诸行动，但他们的言论却成了他们的罪行。

根据《反间谍法》，一个嫁给美国百万富翁的社会主义者、俄国的移民罗斯·帕斯特·斯托克斯被判处10年监禁，因为她曾经表示：“任何支持投机分子的政府都不可能为民执政。”美国社会主义党领袖尤金·V.德布斯站出来为斯托克斯说话，却遭到了起诉。在与威尔逊一起竞选总统时，德布斯曾获得过近百万的选票，但他的下一次竞选却只能在监狱中展开了。“我认为，无论是在和平时期还是战争年代，人们都应该享有言论自由的权利。”德布斯在接受审判时说道，“《反间谍法》大行其道之日，就是《美国宪法》寿终正寝之时。”但他的公诉人、司法部的埃德温·沃茨却声称，德布斯对社会构成了威胁，因为他的言论会让美国人的思想变得更加狂热。最后最高法院一致同意，判处德布斯10年监禁。美国最著名的法理学家奥利弗·温德尔·霍尔姆斯法官写道，社会主义者“使用的措辞”，“其效力与暴力无异”。他们对国家“造成的危害不仅有目共睹，而且迫在眉睫”。

随着战争的继续，北卡罗来纳州共和党人、司法委员会成员、负责监督司法部工作的参议员李·奥弗曼呼吁，调查局应当对“叛国者、黑恶势力和间谍”采取更严厉的措施。这名参议员警告说，据调查局统计，美国境内潜伏着10万名外国间谍。事实上，这个数据并不真实，因为只要奥弗曼高兴，他随时可以把数字翻一番，20万、40万都是有可能的。

司法部部长托马斯·格雷戈里在写给某公诉人的信中说：“在美国境内，很多人对德国间谍的想法过于狂热，都想着怎样抓到他们。但他们其实很难抓获，因为你很难掌控到他们的行踪。当然，如果你真的能够抓住一个甚至十几个，我一定会对你进行重赏。”

搜捕外国间谍的行动无异于大海捞针。在这场徒劳无功的战役中，调查局不得不与美国陆军、海军、国务院、经济情报局、联邦法院以及大城市的警务人员相互角逐。调查局的行动“与其他有责任打赢这场战争的不同机构开展的调查工作存在大量交叉，”一个名叫弗朗西斯·X.唐奈的特工写道，“当局里的某个特工在调查过程中走访某人时，会发现还有其他六七个机构因为同一件事先后约见该当事人，这种情况屡见不鲜。”

这次追剿行动最终发展成为一场混战。在司法部部长格雷戈里和调查局的战时负责人A.布鲁斯·比拉斯基的支持下，全国各地的企业主管出资赞助国内的一个狂热爱国主义组织——美国保卫同盟，对境内的颠覆嫌疑犯进行秘密监视。美国保卫同盟建立起了地方武装力量，他们身佩徽章，自称是某个“特务机关”的成员。在鼎盛时期，美国保卫同盟的支持者据称达到30万人。

虽说是为国家监视嫌疑犯，但这个团体也给政府和人民造成了负面影响。因为其中一些狂热分子打着正义和爱国的旗号，闯入他人的家中抢劫、盗窃，甚至殴打自己的同胞。呈交给调查局的案卷中也充斥着大量搜集来的传闻、流言和中伤之词。

鉴于此，威尔逊的女婿、财政部部长威廉·G.麦卡杜向总统谏言，调查局与该同盟的联合“极其危险，只可能导致误解、困惑甚至欺诈”。威尔逊总统对此踌躇不决，他询问司法部部长格雷戈里，是否有必要和这些义务警员合作。威尔逊说：“让这样一个组织在国内开展行动异常危险，我想知道，有没有办法能够遏止这种势头？”总统声称，他知道自己“有失职守”，不应对政府部门行为的无序状况坐视不理，但是“眼下仍然没有一个最佳的解决方案”。

随着搜捕行动在国内广泛开展，形势变得很危急，司法部部长格雷戈里想出了一个主意，那就是将调查局作为一支政治打击力量。

在第一次世界大战期间，调查局发起了两次大规模的政治突袭行动。第一次是对全国范围内的左翼劳工组织“世界产业工人联盟”进行攻击，该组织在美国约有10万名成员。他们刚刚通过了一项反战议案，而根据《反间谍法》，仅这一议案就足以定他们的政治罪名。司法部部长准备彻底捣毁这个联盟，他的提议得到了威尔逊总统的大力支持。

《纽约时报》发表评论，认为该联盟的首领“实际上相当于，或者说根本就是德国特务”，因为据闻德国人曾为世界产业工人联盟出资，妄图破坏美国工业。该报社建议，“联邦当局应当立即铲除这些叛国的阴谋家”。调查局和美国保卫同盟迅速开展行动。在美国的24座城市中，他们悍然闯入世界产业工人联盟的办公室和会议厅，闯进联盟成员的住宅，抄没重达数吨的文件资料，逮捕数百名嫌疑犯。在根据《反间谍法》进行的3次集体审判中，共有165名联盟领导人被判有罪，并处以20年徒刑。

对于这次拘捕行动，政界和公众反应热烈。无论是在教堂的圣坛之上，还是议会的厅堂之中，要求将叛国者、政治恶棍和外国间谍绳之以法的呼声都不绝于耳。司法部部长很快再次展开行动，授权调查局在1918年春夏围捕逃避兵役者。

最大规模的一次突袭从9月3日开始，调查局对逃避兵役者进行了为期3天的围捕。这是该局成立10年间最野心勃勃的一次行动。调查局驻纽约办事处负责人查尔斯·德·伍迪派出了35名特工，约有2000名美国保卫同盟成员、2350名陆军和海军士兵以及至少200名警察参与了这次围捕行动。黎明时分，他们来到曼哈顿和布鲁克林街头，搭乘轮渡穿越哈德逊河，在纽瓦克和泽西市全面铺开。他们从人行道上、餐厅、酒吧和旅馆中逮捕了5万至6.5万名嫌疑犯，然后将这些人解往当地监狱和国家兵工厂。但这庞大的人群中，只有1500名是兵役逃避者和战场逃兵，其余的无辜者均被以莫须有的罪名逮捕收监。

突袭发生后，司法部部长格雷戈里试图为自己撇清关系，但调查局却不愿担当这罪名。“谁也别想让我当替罪羊，”伍迪高声辩言，“在这次围捕行动中，我所做的一切均出自司法部部长和调查局的命令。”

这次不分青红皂白的抓捕行动以及对普通民众的监禁在国内掀起了一场短暂的政治风暴，司法部部长格雷戈里和调查局的比拉斯基先后引咎辞职。他们的名字和声誉很快就被世人遗忘了，但他们留下的遗产却被胡佛完完整整地继承了下来。

赤色威胁笼罩美国

在第一次世界大战的最后几个星期里，赤色威胁开始成为美国政府的心腹之患。

威尔逊总统派遣1.4万名美国士兵，前往冰天雪地的俄国前线打击布尔什维克的革命力量。1918年11月11日，当欧洲战场渐归于沉寂时，这里却仍旧战火纷飞，美国与苏俄（1917年11月7日，列宁领导的十月革命胜利后建立的世界上第一个社会主义政权——苏维埃俄罗斯联邦共和国，简称苏俄。——译者注）共产主义势力展开了第一场真刀真枪的较量。

与此同时，威尔逊对俄国的激进分子发动了政治攻势。他亲自指示有关部门发行秘密文件汇编，揭露俄国革命的领导人实际上是受雇于德国政府的特工。这些资料由威尔逊总统的一名宣传专家提供，但总统并没有考证这些资料是否真实可信。尽管这些文件是出自于拥护沙俄帝制的骗子之手，质量低劣，甚至可以说是伪造的，但却让美国的政治局面大为改观。

国会也参与了这场与苏俄共产主义的较量。1919 年 1 月，美国参议院决定由司法委员会成员、参议员李·奥弗曼主持，对赤色威胁举行听证会。司法部授权奥弗曼可以任意查阅调查局的记录。作为回报，司法委员会将他们从各个政府部门搜集来的报告复印件转交给调查局。正是这些文件成了胡佛后来飞黄腾达的垫脚石。

对听证会影响最大的证词来自纽约州一个名叫阿奇博德·史蒂文森的律师。史蒂文森是一名苏俄问题专家，然而他对苏俄的了解很大程度上都属于主观臆测。

“你的意思是，他们要在美国政府之下再成立一个政府，”奥弗曼参议员询问，“然后推翻本届政府？”

“正是如此。”史蒂文森回答。

“你认为，这些活动正在美国迅速蔓延？”

“是的，”史蒂文森说道，“迄今为止，它们已经构成了对美国最严重的威胁。”

“对此，你的解决方案是什么？”

“鼓吹政治变革的外国人应当被驱逐出境，”他说，“宣扬革命的美国公民也应当受到严惩。”奥弗曼参议员得出的结论是，国会早就应该“将这份证词公诸于众，以便让美国人民了解当前的国内形势”。

随着参议院发出的赤色威胁警报日益严重，第一次世界大战期间形成的同仇敌忾的斗志正在渐渐衰退。

美国 900 万战时产业工人被悉数遣散，他们找到新工作的机会十分渺茫，但生活的费用比起战前却几乎翻了一番。当 400 万美国士兵复员回国后，另外 400 万工人正在街头罢工。在美国，工厂主与工人之间还从来没有发生过如此激烈的冲突。执法和治安部门认为，这一切的罪魁祸首是社会主义苏俄。

1919 年 1 月 21 日，也就是参议院就赤色威胁首次召开听证会那天，西雅图有 3.5 万名造船厂工人集体罢工。虽然这次起义被镇压了，但罢工的精神却传播到了各个煤矿、钢铁厂、纺织厂、电话交换台，甚至还有波士顿警察局。数百次罢工接踵而来，此起彼伏，美国火车头仿佛卡了壳，政治和经济恐慌开始在举国上下蔓延开来。

白宫方面却毫无作为。此时，为了寻找结束战争的途径，威尔逊总统乘坐“乔治·华盛顿号”军舰远赴法兰西，想要实现自己建立国联的梦想，维护世界和平。威尔逊把自己的提议称作公约，让他的这次使命充满了救世主的意味。但他的战时同盟即英法两国的领导人却认为，威尔逊的举动是故作清高，令人无法容忍。因为这两个国家最感兴趣的是如何惩罚德国，而不是按照威尔逊的设想建立一个新的世界。

由于未能达成和平公约，美国对外仍然处于战争状态；而总统身在海外，又导致国内斗争群龙无首。

从 1918 年 12 月 4 日至 1919 年 2 月 24 日，威尔逊总统一直不在美国。回国 9 天以后，他再次前往法国，并且在那里逗留了 4 个月之久。临行前，威尔逊提名自己长期的政治盟友 A. 米切尔·帕尔默出任新一届司法部部长。

47 岁的帕尔默相貌英俊，是宾夕法尼亚州 3 任国会议员和教友会和平主义者。他不仅能言善辩、处事圆滑，而且野心勃勃。1912 年，作为民主党全国委员会高级成员，帕尔默曾在民主党大会上担任威尔逊的政治经理人。1918 年，他在司法部外侨财产办公室只手遮天，将抄没的价值数百万美元的德国财产和专利转交自己的故知和密友监管。而现在，他又一跃成为司法部的主管。

然而，帕尔默的雄心远不止于此。他的目标是下一任美国总统。

血腥的 36 枚邮件炸弹案

1919 年 4 月末，外国激进分子将 36 枚装在牛皮纸里的炸药通过邮寄方式进入美国，妄图制造美国历史上最大一起政治谋杀案件。

4 月 29 日，第一枚邮件炸弹抵达佐治亚州前参议员托马斯·W. 哈德维克在亚特兰大的家。哈德维克促成了新《无政府主义者排斥法案》的颁行，根据这一法案，美国可以将境内的外国激进分子驱逐出境。但这枚炸弹并没有炸死哈德维克，而是炸断了哈德维克管家的双手。

没有一枚邮件炸弹落入预定攻击目标的手中。纽约市的一名邮递员在欠资货架上发现了其中的 16 枚炸弹，这些邮件不仅没有贴足邮票，连收件人的姓名也拼错了。显然，这些刺客很可能是半文盲，但他们的行刺手法却极为老道。

在这份名单上，司法部部长帕尔默位列榜首，最高法院的奥利弗·温德尔·霍尔姆斯法官也名列其中。此外还有凯纳索·芒廷·兰迪斯法官，他曾经根据《反间谍法》将100多人定罪。5名国会议员被打上了必死的标志。负责按照《反间谍法》驱逐激进分子的劳工部部长和联邦移民委员会专员也榜上有名。被刺客盯上的还有纽约市市长和警察局局长。在这份行刺目标中，最声名显赫的人物当属美国首屈一指的银行家约翰·D.洛克菲勒和J.P.摩根，而最名不见经传的则是调查局的特工莱姆·芬奇。

身材肥胖的芬奇只有29岁，头顶却已日渐稀疏。在过去的几个月中，他一直在追捕一个以鲁奇·加里尼为首的意大利无政府主义团伙。鲁奇·加里尼是地下刊物《颠覆者纪事报》的创始人，他的手下约有50名死士。他们推崇暴力革命和政治暗杀，习惯使用炸药在统治阶级中制造恐怖事件。对于这些受过教育的革命者来说，口头宣称和行动宣称的效果截然不同，而加里尼只相信后者。芬奇和调查局的几名特工跟随一条模糊的线索从俄亥俄州的河谷来到大西洋，并于1918年2月对位于马萨诸塞州林恩的《颠覆者纪事报》办公地点进行突袭，随即逮捕了加里尼。一年以后，根据新的《无政府主义者排斥法案》，加里尼和8名追随者接到驱逐裁决令。1919年1月底，在加里尼向最高法院上诉的同时，一些传单出现在马萨诸塞州和康涅狄格州的工业城市中。这份署名为“美国无政府主义者”的传单叫嚣，一场“血与火”的风暴已经迫在眉睫。

“驱逐无法阻挡这场风暴的山雨欲来之势！”上面写道，“驱逐我们吧！我们会将你们炸得粉身碎骨！”

1919年6月2日夜，另外9枚邮件炸弹分别在美国的7座城市中爆炸，万幸的是，所有目标都幸免遇难。在纽约市，邮件本来应当寄给一名市级法官，却炸死了街头的一名更夫。此外，刺客的袭击目标还有：克里夫兰市市长、匹兹堡的一名联邦法官和一名移民检查官、波士顿的一名当地法官和一位众议员、费城的一座教堂以及新泽西州帕特森一个商人的住宅。

在华盛顿特区，一个年轻人在司法部部长帕尔默的门前引爆了一枚炸弹。巨大的爆炸震撼了附近的整排房屋。美国海军副部长富兰克林·德拉诺·罗斯福刚刚和妻子艾琳诺吃完晚饭回来，突然听到一声惊天动地的巨响，这才发现他们在华盛顿特区 R 街 2131 号住所前面的窗户都被震碎了。此时，帕尔默正站在街道对面自家前厅的一片废墟当中，整堵门墙也已化作齑粉。

人行道上到处都是玻璃碎片、折断的树枝和血肉模糊的尸骨。很久之后，有关部门才最终确定，这具面目全非的尸体很可能是 23 岁的外国移民卡洛·瓦尔迪诺奇，也就是《颠覆者纪事报》的发行人。

一些用在粉色纸笺上印刷的反政府传单在这片残骸中散落开来。“这就是斗争，阶级斗争。在所谓秩序的强大体制之下，在所谓法律的黑暗之中，你将是第一个展开斗争的人。”上面写道，“斗争就意味着流血，我们绝不会因此而退缩；斗争就意味着杀戮，因为这是我们必要的手段；斗争就意味着破坏，只有这样，我们才能彻底铲除这个世界上暴虐无道的制度。”这份传单的署名为“无政府主义斗士”。

革命的烈火到处蔓延

调查局驻波士顿和匹兹堡办事处首先递交报告，认为莫斯科是这些爆炸案的幕后黑手。

帕尔默也认定，共产主义势力应当对这些事件负责。在他出任司法部部长的同一个星期，苏俄宣布成立国际共产主义运动联合组织——共产国际，其宗旨是推翻现有的世界秩序。列宁公开邀请美国加入其中。

6 月 3 日清晨，帕尔默坐在一片废墟的书房中，接待来自参众两院的少数代表。“他们强烈呼吁，让我在自己的职权范围内最大限度地采取行动。”他回忆道，“他们说‘帕尔默，你需要什么尽管开口。’”

在美国各大报纸的头版，帕尔默表示，誓将这些炸弹客缉拿归案。现在，他最需要的是协助他进行搜捕的人员。

首先，帕尔默提名美国经济情报局前任局长威廉·J. 弗林出任调查局新任局长，并且颇为自豪地向媒体介绍说，弗林是美国最出色的侦探。弗林受过高等教育，是纽约的一个老派警察。曾做过水管工的他喜欢戴着圆顶礼帽，叼着一支雪茄，挺着被啤酒和牛排撑得滚圆的肚子，看起来就像一幅生动的剪影。他的手中掌握着相当一批来自纽约和华盛顿的记者。弗林名声在外，很多人都知道他是一个侦探高手，而且从来不会半途放弃任何案件。

弗林警告说，美国境内潜伏着数十万外国特务。他认为，为了捉拿某个间谍或破坏者，当局有权关押所有的嫌疑犯。上任之后，他的第一次行动就是对共产主义势力进行搜捕。

1919 年 6 月 12 日，调查局特工和纽约州警察对位于曼哈顿东 40 大街 110 号的苏俄外交办事处进行了扫荡，没收了大量文件。然而，他们没有在这些文件中发现共产主义势力与爆炸事件之间存在瓜葛。

翌日，司法部部长帕尔默来到国会，申请为遏止共产主义和极端分子的活动拨款，并出台相关法律。他警告说，下一轮袭击将会在数天或者数周内到来，有可能就在 7 月 4 日。“一个庞大的世界犯罪分子集团正妄图颠覆我们个人生活的行为规范。”在帕尔默看来，发生在自己家门口的爆炸案是最明显的证据，“革命的烈火已经席卷了美国的每一个执法和治安部门，并且正在向教堂的讲坛上、学校的钟楼里和平民百姓家中圣洁的角落里蔓延。”

6 月 17 日，帕尔默、弗林与几名助手在司法部会面。他们表示，调查局会迅速将这些炸弹客绳之以法。弗林相信，爆炸案是受到苏俄布尔什维克的指使。

6 天以后，调查局的特工对在波士顿港鹿岛拘留所中等待离境的加里尼进行了审讯，结果一无所获。次日清晨，加里尼登上返回意大利的轮船，从此以后再也没有踏上美国的领土。加里尼及其无政府主义同伙没有受到指控，这次调查持续了 25 年，最后无果而终。在加里尼离开后不久，他的党羽将再次对美国发动史无前例的大规模恐怖袭击。

秘密特工必须无处不在

大西洋中行驶着两艘轮船。一艘载着加里尼离开美国，另一艘将威尔逊总统带回美国。

7 月 8 日，在为自己的国联梦想徒劳无功地奔走了 5 个月后，威尔逊无比沮丧地返回美国。就像转瞬即逝的海浪一样，他对世界和平的设想也化作了泡影。美国的战时同盟并没有给予威尔逊太大支持，就连参议院也对他冷嘲热讽。很快，威尔逊就开始在全国各地进行巡回演讲，这一次他的听众是全体美国公民。1919 年，由于国家电台还尚未出现，所以总统只能亲临现场进行演讲。他乘坐火车走过了 8000 多英里，一共在 15 个州发表了 40 场演说。

威尔逊总统本人看起来就像是个活生生的灾难预言者。他有哮喘、头痛、视力模糊和重影等诸多毛病，他一边咳嗽着，一边向美国人民描述末日般的场景。他断言，美国和世界将永远处在战争的威胁之中。在他看来，苏俄革命就像是一团充满致命毒气的乌云，正从大西洋彼岸一路向西飘来，为美国带来“无序、反叛和混乱的毒药”。

“同胞们，难道你们真的认为，这些毒药还没有流入这个自由民族的血管中吗？”总统问，“当有人看似平静地望着你的面孔，声称他们支持革命时，他们所谓的革命就是利用恐怖手段进行统治。如果没有和平，这些毒药就会迅速扩散开来，将我们的祖国分裂和扭曲。”

威尔逊警告说，美国必须随时做好准备，“奔赴世界上存在战争威胁的任何一个地方进行战斗”。美国的敌人绝不会善罢甘休，“为了对他们进行监视，秘密特工必须无处不在”。美国必须保持高度警戒，并且打造强大的常规陆军和海军力量。

“仅有自由辩论是不够的，”总统说道，“仅有公诉制度也是不够的。我们的计划必须保密。我们必须在自己曾经谴责的体系下搜集信息，也就是间谍体系，说得委婉些就是情报体系。”

当威尔逊继续向西穿越大平原地区时，在华盛顿，一种美国前所未有的情报体系正在酝酿之中。

“赤色法西斯”将会为所欲为

1919 年 8 月 1 日，司法部部长指派胡佛对苏俄共产主义的反美阴谋进行镇压。胡佛工作起来总是不知疲倦，因此很快就赢得了司法部上级的赞赏和青睐。

作为反激进司司长，胡佛手中掌握着 61 名调查局特工和 35 名卧底线人。他开始利用军情部门、国务院和经济情报局的情报充实调查局的档案，并积极寻求移民和签证官员、邮政局局长、警察局局长、私家侦探以及政治自卫队员的协助。调查局和海军情报处组成专门队伍，他们撬开外国领事馆的门锁和保险箱，盗走对方的代号和密码。

胡佛利用自己的职权，收集散落在政府各部门的秘密情报片段，对数以万计的政治嫌疑犯建立起机密档案。无论是美国公民还是外国人，只要参加了安插卧底的政治集会，或者订阅了222份在美国出版的激进外文报纸的其中之一，都会出现在胡佛的敌对势力名单上。

胡佛掌握的这些秘密成为早期中央情报系统的坚实基础。就职3个月内，他就已经控制了6万多人的档案，调查局对这些人集会的地点、订阅的刊物和加入的政治团体都进行了汇编。当中的每一个人都被视作是国家安全的潜在威胁，每一个人都可能是秘密的地下活动者，每一个人都可能是胡佛所谓的“疯狂的赤色法西斯行动”的走卒，这些人的目标就是在美国的领土上建立起苏维埃政权。

在苏俄，列宁和斯大林先后在混乱的政治局面中成为领袖。美国最担心的是，革命的烈火会迅速从莫斯科蔓延到美国。

8月12日，胡佛任职尚不满两周，就开始对“呼吁通过暴力手段改变现有政治体制”的美国公民和外国侨民展开一场“严厉而全面的调查行动”。司法部想要得到所有与美国境内共产主义活动相关的证据，无论这些证据是捕风捉影还是道听途说。帕尔默正在敦促国会出台新的法律，从而可以根据莫须有的罪名对这些政治嫌疑犯提起诉讼。为了能够在和平时期逮捕和羁押那些煽动人心的美国公民，帕尔默几乎翻遍了所有法律法规。1919年，共有70个类似提案被递交国会，但没有一个获得通过。

8月23日，胡佛开始频频与移民委员会专员安东尼·卡米内蒂会面。65岁的卡米内蒂是加利福尼亚州的一名政客。在第一次世界大战期间，胡佛曾经与他的手下密切合作。卡米内蒂掌握着大约1300万移民的记录，这相当于美国总人口的1/8。其中170万人出生于德国，160万人来自意大利，还有140万俄国移民。胡佛怀疑，“赤色法西斯”的突袭部队就藏匿在这些人当中。于是，他和卡米内蒂开始暗中策划，为美国除掉这个心头之患。根据《无政府主义者排斥法案》，他们有权仅经简易听证程序就将鼓吹革命的外国人驱逐出境，而无需对他们起诉或定罪。为了赢得公众的支持，胡佛提议，把美国境内两个最会蛊惑人心的著名人士爱玛·戈德曼和亚历山大·伯克曼作为第一批驱逐出境的对象。令胡佛感到庆幸的是，这两个人都因为煽动反战情绪而遭到了逮捕，并计划在当月释放。很快，戈德曼和伯克曼就被起诉并遣送回苏俄老家。

戈德曼长期鼓吹无神论、性爱自由、控制生育以及其他一些非法学说。胡佛将她称作“赤色无政府主义的女皇”。伯克曼是她的前任情夫，由于试图谋杀钢铁巨头亨利·弗里克，他有几十年是在监狱中度过的。伯克曼从未宣称自己是美国公民，因此他的案子处理得比较顺利。但戈德曼却坚称自己是一名美国公民，所以不能将她驱逐出境。最后，胡佛不得不亲自出马才化解这个难题。

1919 年 8 月底，胡佛派出特工试图打入美国的两大左翼组织内部。当时劳工节（9 月的第一个星期一。——译者注）将至，这两个组织都将在芝加哥举行会议。

第一个是社会主义党。在过去几年中，社会主义者一直试图在美国的政治体制下公开活动，不少候选人参与了全国各州和市镇的选举，一些人甚至取得了胜利。然而，由于该组织的领导人德布斯仍在狱中，所以社会主义党开始四分五裂。在名噪一时的苏俄秘密特工、布尔什维克起义传记《震撼世界的十天》的作者约翰·瑞德的领导下，一些激进的成员另立门户，自称为共产主义劳工党。瑞德的朋友、纽约州议员本杰明·吉特洛也加入其中。

第二个受到监视的是一个名不见经传的组织“俄国工人联盟”。埃德加·B. 斯皮尔是调查局里一个雄心勃勃的特工，他提交的一份报告引起了胡佛的关注。斯皮尔曾经是匹兹堡及周边地区的一名新闻记者，在中西部的煤矿和钢铁业主中有不少熟人。这些人警告斯皮尔说，在宾夕法尼亚州、俄亥俄州和西弗吉尼亚州的矿工中，出现了一个叫作俄国工人联盟的组织。斯皮尔仔细审查了从该组织曼哈顿总部抄来的文件，得出结论：这个由数以万计的移民，包括无神论者、共产党员和无政府主义者组成的俄国工人联盟，正准备在美国发起暴动。“他们是一群‘恐怖分子’，”斯皮尔写道，“当革命时机成熟时，他们会为所欲为”。

胡佛已经做好了镇压这场革命的准备。

第 4 章

美国共产党的诞生

1919 年 9 月 7 日，美国共产党在芝加哥的俄罗斯联邦大厅里宣告诞生。至少有 5 名政府特工见证了这一事件，他们的报告被直接交给了胡佛。这些报告成了冷战开始后美国第一批需要紧急处理的文件之一。

“大厅里悬挂着红色的缎带、长条旗和红旗。”调查局的特别探员奥古斯特·H. 洛拉写道。会议尚未正式开始，芝加哥警察就突然到场，扯掉了满屋的装饰，只剩下一个长约 22.86 米的红色平纹细布条幅，上面写着：“无产阶级专政万岁。”

与会的 137 名代表都是善于操纵政治的狂热分子。仅在当年夏天，他们就吸纳了数千名正式的共产党员，其中大部分都来自俄国工人联盟。

在这些代表中，有一个是调查局的第 121 号秘密线人。该线人是一名来自印第安那州钢铁之都加里市的俄国移民，他在登记簿上的名字是 N. 纳格罗夫。根据特工洛拉的报告，纳格罗夫的任务是在会议厅外，对“共产主义运动领导人的秘密会晤和激进分子策划的所有秘密活动”进行监视。

这次会议对外界公开，并且在会议厅中分发了蜡纸油印的会议记录。但是第 121 号秘密线人的报告却声称：“正如美国代表在后来提到的那样，这是一次在俄国高压之下进行的关门活动。”

当警察扯下一楼的红色缎带时，这些俄国工人及其斯拉夫盟友正在二楼召开秘密会议。他们宣誓“要完全效仿苏俄模式建立党组织”。他们将要在美国工人中煽动起义，并“按照布尔什维克的策略对这些工人进行训练，以推翻美国政府，最终由共产党夺取政权”。

9月7日，第121号秘密线人向调查局会讲俄语的特别探员雅各布·斯波兰斯基递交了新成立党组织的纲领。

“该组织名称为美国共产党，”上面写道，“其宗旨是教育和组织工人阶级建立无产阶级专政，废除资本主义制度，建立共产主义社会。”

“推翻美国政府的统治”

1919年9月8日，胡佛对数十份来自芝加哥的报告进行研究。这些报告把执法人员称作“刽子手和皮条客”，并呼吁举行全国范围内的大罢工和工人革命，从而在美国建立起苏维埃制度。

胡佛认为，美国即将发生自独立战争以来最大的一场暴动。他推断，莫斯科的共产国际控制着芝加哥的赤色势力。他在给国会的报告中写道，这股势力的目标只有一个，那就是“利用武力和暴力推翻美国政府的统治”。

胡佛的直觉是对的，芝加哥的共产主义者与莫斯科之间的确存在联系。冷战结束后，人们从前苏联发掘出来的档案中①发现，共产国际试图利用走私的黄金和钻石控制美国共产党，而约翰·瑞德正是这些走私者之一。至于究竟有多少资金流入美国共产党的囊中，人们不得而知。当年夏天，共产国际向美国共产党发来一份秘密公报，号召他们在全国范围内鼓动工人大罢工。虽然这份公报的作用难以估量，但是事实却显而易见。1919年劳工节后，美国工人确实掀起了新一轮罢工浪潮。

9月9日，波士顿警察局3/4的警员走上街头，抗议警察局长拒绝成立工会的做法。虽然威尔逊总统的偏激程度比这些警察有过之而无不及，但他却把后者称作罪犯。马萨诸塞州州长卡尔文·库里奇派遣国民警卫队维持秩序，并将1117名参与罢工的警察悉数解雇。

9月10日，全国钢铁业工人举行大罢工。在这些钢铁厂最辛苦的岗位上工作的往往是俄国移民和斯拉夫人。他们每周要上班70个小时，工作环境极其危险，但薪水却微薄到不足以糊口。

为了争取每周五天八小时工作制和进行集体交易的权利，至少有27.5万名钢铁工人走上了街头。帕尔默领导下的司法部认为，这次罢工的罪魁祸首是共产党，尤其是一个名叫威廉·Z.福斯特的工会组织者，这个人后来成了美国共产主义运动的秘密领袖。在接下来的40年中，胡佛始终对福斯特穷追不舍。全国钢铁业主纠集起大批士兵、警察、私家侦探和地方武装力量，以扼杀工人起义。战争部授权各州及各市对这次钢铁工人罢工进行镇压，军队所到之处都强行实施军事管制。

没有人等待威尔逊总统的批准，而总统也仿佛陷入了沉默之中。

9月25日，在科罗拉多州普韦布洛镇外的一列火车上为国联构想造势时，威尔逊总统告诉医生说，自己突然感到无法呼吸。“我好像已经心力交瘁了。”他气息微弱地说。于是，总统专列火速返回华盛顿。一周以后，威尔逊在白宫彻底垮了下来。10月2日，一次严重的中风险些夺去了他的生命。

由于中风导致左侧半身不遂，威尔逊总统只能躺在林肯卧室（位于白宫主楼东南角，里面摆放着一张古色古香的豪华大床，据说当年林肯曾经在此就寝。——译者注）的大床上，连说话都十分困难。白宫告诉媒体和民众，总统只是感到体力不支，除此之外没有发布任何消息。知道总统中风的仅限于少数内部人士。正值国运危机之际，不能没有人坐镇江山。随后，威尔逊在白宫深居简出，仿佛销声匿迹了一般，总统大权也日渐旁落。

被押往西伯利亚的政治犯

司法部部长帕尔默认为，美国总统的宝座非己莫属。为了赢得民望，他需要在政治上打一场漂亮的胜仗。

帕尔默肩上的压力越来越大。国会不断敦促司法部采取行动。10月17日，参议院通过一项决议，点名质问帕尔默是否在打击反政府颠覆势力方面采取了措施：“如果没有，其原因何在？”接连不断的爆炸案悬而未决，芝加哥的共产党领袖向调查局特工公开挑衅，宣称根据《美国宪法》他们拥有言论和出版自由……然而，迄今为止，司法部仍未将一个革命者定罪。

帕尔默向胡佛求助，希望能够有所收获。

10月27日，胡佛在纽约埃利斯岛的一间小屋里监视着爱玛·戈德曼。在距离此地半英里的地方，自由女神像矗立在那里，手中高举着火炬。几天以来，胡佛一直在纽约处理这起案件。在其余的时间里，他负责监督骑警手持棍棒，驱赶在第五大道举行亲苏游行的示威者。

胡佛的办公桌上堆满了戈德曼10年来的演说稿和无政府主义宣传手册，他利用戈德曼自己的言论对她进行攻击。移民检查官的裁决无可置喙。他问戈德曼，她是不是一个无政府主义者，戈德曼拒绝作出回应。检查官认为，戈德曼显然是一个无政府主义者，因此应当被遣返苏俄。唯一的问题是怎样遣返。于是胡佛亲自出面，经战争部和国务院批准，征用了一艘名为“布福德号”的军用运输船。几天以前，这艘军龄近30年的船只刚刚将4700名美国士兵从法国运抵家乡。

这一次，“布福德号”将会搭载数百名手段卑劣的极端分子，将他们遣送回原籍。

10月30日，胡佛命令调查局的特工严阵以待，准备对俄国工人联盟展开大规模抓捕行动。“调查局希望能够将俄国工人联盟的首领一网打尽。”11月3日，胡佛在给移民局局长卡米内蒂的信中写道。他请求“移民检查官对这次围剿行动予以全力配合”，卡米内蒂表示同意。这次抓捕行动定在1919年11月7日，也就是俄国十月革命两周年的纪念日。因为调查局得到风声，届时苏俄的支持者们将在美国各大城市发表演讲并举行集会。

当天夜里8点左右，胡佛的手下发动了首次袭击。在纽约警察的配合下，调查局特工包围了俄国工人联盟位于东15大街的总部。他们将大楼中的200多人全部带出，并用警棍、断裂的栏杆和铁制撬棒对其中一些人进行殴打，不少人的骨头被打折，头部严重受伤。在被彻底洗劫后，整幢大楼仿佛经历了一次大爆炸。纽约警察局一共接到71份搜查令，并逮捕了他们发现的所有共产党员。调查局的特工在全国各地夜以继日地展开奋战，他们在芝加哥、底特律、克里夫兰、匹兹堡和其他数十座市镇中使用暴力维持正义。当天夜间，调查局查抄了许多充斥着煽动性言论的报纸，胡佛对这些报社进行了残酷的镇压。

这次行动声势浩大，帕尔默俨然成了一位所向披靡的英雄，赢得了政界和媒体的一片拥戴之声，有人甚至开始呼吁由帕尔默出任总统。帕尔默陶醉在骄傲和妄自尊大中，公然宣称，这次抓捕行动摧毁了“一次共产主义的反美阴谋”。

然而，对于这次行动的结果，公众毫不知情。调查局特工抓获的嫌疑犯人数大大超出了预期，而胡佛获得的逮捕令也远远不够。根据调查局的档案，在美国8个州的18座城镇中，共有1182人被捕，比帕尔默公开承认的数字多出近 1000 人。根据法律，其中 199 人应该被驱逐出境，剩下的近 1000 人只能暂时扣留在各级郡县和市镇的监狱中。在这些人里，有的人被羁押了几个月，还有更加不幸的，遭到了调查局特工和当地警察的殴打和折磨。

对俄国工人联盟的这次围捕只是一个开始。数周以后，胡佛将展开一次更大规模的镇压行动。

胡佛准备对外界发布诉讼案情摘要，宣称抓捕到的嫌犯都是“蓄谋颠覆美国的犯罪分子”。“他们将破坏国家安定，让美国陷入混乱无序、缺乏法制和道德的状态，其严重程度超乎我们的想像。”胡佛写道，而这也正是他终生的信条。

11 月 18 日，胡佛向所有外勤特工发布签署了自己姓名缩写 JEH 的“个人密令”。他想要获得有关每一个“共产主义运动积极分子”的宣誓陈词，从而将其指认出来，并根据《无政府主义者排斥法案》将他们驱逐出境。

这项任务显然十分艰巨，因为仅在纽约市就有 79 个共产党和共产主义劳工党的支部，而每一个支部都有自己的领导系统。“要想搜集一份准确的名单，就需要特工人员进行大量的秘密和公开调查。”12 月 4 日，调查局特别探员 M.J. 戴维斯不无气馁地提醒总部说。

胡佛早已迫不及待。12 月 6 日，胡佛警告卡米内蒂，他即将获得“相当一批宣誓陈词”，但没有透露具体数量。12 月 20 日夜，胡佛和 5 名国会议员及记者团乘坐小艇穿过纽约港。哈德逊河中不时有冰块漂过，一阵寒风吹来，刮起了埃利斯岛军营中的积雪。在高墙内，249 名外国无政府主义者正在那里等候，正是他们煽动了俄国工人举行罢工，其中包括知名反战人士爱玛·戈德曼和亚历山大·伯克曼。子夜刚过，这些被驱逐者鱼贯而出，向停在港口的一艘驳船走去。

“这群人十分狂妄，”胡佛回忆道，“他们开始冷嘲热讽。”胡佛也不甘示弱，他再次来到激进分子的代表爱玛·戈德曼的面前。

“难道我对你的处置不够公平吗，戈德曼小姐？”胡佛质问道。“哦，”戈德曼回答，“我想你已经竭尽所能了，只不过力有未逮而已，我们可不会异想天开。”

驳船将这些政治嫌疑犯载往史坦顿岛沃兹沃思堡的港口。那里曾经是美国早期的军事基地，“布福德号”就停泊在码头。爱玛·戈德曼最后一个登上运输船。

“1919 年 12 月 21 日，也就是末日审判当天下午 4 时 20 分，”几年以后，戈德曼写道，“我感到头晕目眩，仿佛看到了一群正在被押往西伯利亚的政治犯……旧日的俄国开始在眼前浮现……但不对，这里是纽约，这里是美国，这里是自由之邦！透过舷窗，我看到这座大都市渐行渐远，只能隐约望见摩天大楼高耸入云的顶端。这是我最钟爱的城市，也是新世界的发祥地。是的，美国正在重蹈昔日沙皇俄国的覆辙！我抬起头来，蓦地发现自由女神像在那里昂然矗立！”

“布福德号”载着这群囚犯离开纽约港，向目的地苏俄驶去。胡佛登上第一班火车返回华盛顿。在接下来的 10 天里，他进一步完善了自己反共斗争的计划。

新年当天，胡佛在家中度过了 25 岁生日，此时他仍然住在母亲那里。随后，他立即投入工作，以保证这场战争能够准时打响。

本章注释

①共产国际的有关档案回答了共产国际是否曾为美国共产党提供资金的问题。这些档案显示，从 1919 年至 1920 年，共产国际为后者提供了 4 次秘密援助，即总价逾 200 万卢布的贵金属和钻石。由于无法确定这些贵金属和钻石是怎样进行兑换的，所以很难精确地将其折合成美元。据粗略估计，其价值约为数十万甚至数百万美元。尽管如此，1920 年 8 月，美国共产党的一名特使路易斯·C. 弗瑞纳再次向共产国际提出了一项总额为 6 万美元的预算申请，其中 20000 美元用于“为囚犯辩护”，15000 美元用于“在黑人中进行煽动”，10000 美元用于“在陆军和海军中进行煽动”，15000 美元用于开办 3 家报社。

第5章

胡佛先生是谁?

1919年12月30日下午，美国共产党领袖卢森堡与7名关系密切的同志在纽约共进午餐，其中一个是调查局的卧底。他的报告被直接呈送司法部，上面写着“胡佛先生亲启”。

卢森堡骨瘦如柴，年仅37岁就开始谢顶，所以看起来要比实际年龄老得多。他曾经参加过俄亥俄州社会主义党内高层领导的竞选，并且获得了相当一部分选票。1918年，根据《反间谍法》，他以反战罪名被捕入狱，出狱后成了美国共产党的中坚分子。最近，由于在纽约发行共产党党纲，卢森堡被控从事无政府主义违法活动。根据胡佛接到的卧底密报，卢森堡称，“美国共产党已经名存实亡。大部分领导人不是身陷囹圄，就是东躲西藏，提心吊胆。”他担心，新一轮抓捕行动即将开始。如果联邦政府再次发动袭击，他不无忧虑地说，美国共产党就只有转入地下，甚至坐以待毙。

此时，胡佛的镇压行动已经蓄势待发。

胡佛一共掌握了2280个美国共产党员的姓名。12月31日清晨，他又在这份名单上增加了数百人。在过去的6周中，为了获得这份名单，他的手下夜以继日地进行搜索。仅在纽约一地，调查局就确认了至少700名共产党员。美国共产党内部的高级卧底、军方的情报官员、各州县的警察、企业主管、私家侦探、美国保卫同盟的自卫队员以及刚刚成立的美国退伍军人协会的老兵都为胡佛提供协助。截至新年前夜，胡佛从劳工部负责移民工作的代理部长手中一共拿到了约3000张逮捕令。此外，胡佛还说服移民局对他们的执法程序进行修改，从而否决了被捕嫌犯与律师见面的权利。

“通知秘密线人安排共产党和共产主义劳工党在约定时间举行会议。”调查局负责23个州镇压行动的特工接到命令。他们得知，除非在绝对必要的情况下，他们无需考虑搜查令的问题。根据上级指示，对于嫌疑人的藏匿之处，无论是私人住宅还是办公场所，他们都可以破门而入，搜索证据，带走所有“文章、书籍、报纸以及悬挂在墙上的所有物品”。

“在抓捕行动中出现的一切重大问题都要立即向胡佛先生电话请示。”胡佛的直属下级弗兰克·伯克签署命令，“被捕人员的详细名单要标注‘胡佛先生亲启’，并由专人送达局办公室。”调查局提醒所有特工，保密工作至关重要，因此“绝不能走漏半点风声”。直至抓捕行动开始数小时前，他们才能够通知各州县警方。

经胡佛批准，调查局下达了最后指令。“必须严格执行此前就抓捕行动下达的所有命令，”上面写道，“调查局期望你们能够大获全胜。”按照命令，有33名特工负责通知记者，“这次围捕行动将在全国范围内展开，并直接受命于司法部部长”。

1920年1月2日星期五晚上9点，美国开展了历史上最大规模的一次集体抓捕行动，史称“帕尔默围捕事件”。不过，这次行动组织和指挥者不是帕尔默，而是胡佛。

错杀三千，也不能放过一个

在全国各地，调查局的特工闯入政治集会、私人住宅、社交俱乐部、舞厅、餐馆和酒吧，将嫌疑犯从书店和卧室中强行拖走。与此同时，胡佛也通宵达旦地接听请示电话和阅读加急电报。

不是所有的围捕行动都一帆风顺。“当天夜间，我们一共逮捕了25名外国嫌疑人。在有些情况下，虽然我们确信他们是共产党员，但手中没有任何证据。”负责在纽约州布法罗开展行动的特别探员向胡佛汇报，“如果他们坚决否认，我们就只能将其释放。”

星期五夜间和星期六清晨，共有2285人被调查局收监，这还不到既定目标的一半。在接下来的一周里，调查局的特工再次获得了至少2705张逮捕令。除此之外，还有数以千计的嫌疑人是在未经许可的情况下被捕的。如果把几个数字加在一起，这次行动一共逮捕了6000至10000人。至于究竟有多少人被捕入狱，又有多少人接受审讯或者无罪释放，官方从未进行过正式统计，因此具体数字任何人都不得而知。

这次围捕行动让美国共产党大为惊恐。卢森堡及其他高层人士因为转入地下，才得以逃过一劫。此后，他们隐姓埋名，深居简出，仅仅通过代号相互联系。直至20世纪初，人们才在共产国际的档案中发现了卢森堡亲笔撰写的报告。

“在遭受袭击后，”他写道，“党组织已经不可能继续在全国范围内开展工作。”接下来，在他人生的最后7年中，卢森堡不是四处流亡，就是被起诉审判，即使暂时被保释出狱，也很快被再度关进去，自由转瞬即逝。

截至1月7日星期三，全国的联邦拘留所和县级拘留所中一共关押了大约5000名囚犯。埃利斯岛不堪重负，芝加哥的监狱人满为患。在底特律，800多名嫌疑人不得不挤在邮局顶层的走廊里。当地市长对此表示强烈抗议，某知名人士甚至将其比作“加尔各答黑洞”(是一座用来监禁英国俘虏的土牢，环境极为恶劣。1756年6月20日，120余名英国俘虏在加尔各答黑洞中窒息身亡，此事在国际上引起了争端。——译者注)。在波士顿港，600多人被羁押在没有任何取暖设施的鹿岛监狱中。

“天网恢恢，疏而不漏。”司法部部长帕尔默写道。他的助手向美国各大报纸和杂志发送了大量新闻稿件、政治讽刺漫画以及被拘留者蓬头垢面的照片。帕尔默宣称，他正在为这个国家扫除“外国渣滓”，“美国民众敢于挺身而出，成为这次大规模行动中的一分子”，这种精神让他备受鼓舞。

“如果任由外国极端势力在国内推行他们的纲领，那么美国政府将走向何方？”帕尔默问道，“到时候不仅国将不国，联邦政府各部门中也会充斥着布尔什维克的恐怖暴行……司法部必须保持高度警惕，密切监视这些‘赤色分子’对联邦政府的破坏行为。凡是宣扬颠覆现存法律和秩序者，一个都不能放过。”

国会开始认真讨论帕尔默此前提出的反煽动法令，根据这一法令，美国可以在和平时期监禁因政治言论而遭到起诉的嫌疑人。众议院通过投票，罢免了其中唯一一位社会主义党成员。纽约市议会也驱逐了5名民主选举产生的社会主义党议员。

帕尔默的民望日益高涨，许多政治家纷纷对帕尔默出任下一届美国总统表示拥护。

此时的胡佛可谓春风得意。他不仅成了一位公众人物，而且被人们誉为司法部打击赤色势力的最高权威。

从胡佛早年在司法部任职的照片中可以看出，他的心中充满了骄傲。照片中的他体魄健壮，面容整洁，衣着讲究。他身上的西服入时而不流俗，颈间的领带严谨而不失潇洒。他的下巴微微昂起，双目严厉冷酷，脸上看不到一丝笑容。他用钢笔签署了一道又一道命令。他看起来还是那样年轻。

就像帕尔默一样，胡佛开始拉拢记者。他的剪贴簿越来越厚，里面贴满了有关自己的各种剪报。从前，人们会把他的名字误认为是J.A. 胡佛或J.D. 胡佛，这种情况以后不会再出现。

胡佛定期发布有关美国赤色分子和激进势力的公告，大力提升自己在政府部门和民间的形象。1920 年 1 月，就在围捕行动发生数天后，他发布了第一次公告。胡佛坚持认为，美国在过去一年中受到的所有威胁，包括恐怖主义爆炸袭击和全国大罢工在内，其幕后主使都是克里姆林宫。

“革命阴谋遍及世界各地，其推行者来势汹汹，其领导者无比狡诈。”胡佛在给国会的一份报告中写道，并警告说这一威胁关系到美国的危急存亡?“从野蛮部落统治西欧和开启黑暗年代之后，这是文明世界面临的最严重的一次威胁。”他断定，共产党很可能在墨西哥建立了秘密巢穴，用于储藏从德国和日本购买的武器。他们越过边境，在美国南方黑人中散播革命的种子。胡佛相信，一场颠覆现存秩序的斗争已经拉开了序幕。

1920 年 1 月 14 日，胡佛发动了第一次反共围捕行动。调查局与当地警察局联手，突袭位于新泽西州帕特森的租住宅和工业仓库，逮捕了 17 名意大利无政府主义派系“新时代”的成员。

4 周以前，调查局曾在该组织内部安插了一个秘密线人。“帕特森围捕行动抓获恐怖分子。”《纽约时报》在头版头条写道。调查局宣布，这次围捕行动中缴获的大量空白粉色纸笺与 1919 年 6 月爆炸案后在司法部部长帕尔默住宅附近发现的传单极为相似，是“这场令举国震惊爆炸案的第一条线索”。

但是，胡佛没有时间再追查这条线索。因为他接到命令，到波士顿联邦法院为调查局在开展反共斗争中的极端行为进行辩护。

民主制度岌岌可危

胡佛完全没有料到，这次围捕行动激起了政界的反感。

费城首席联邦检察官、美国律师弗朗西斯·费舍尔·凯恩公开向总统递交辞呈。“我坚决反对举国上下对外国人开展的集体围捕行动，”他写道，“同时对大批个人进行围捕，这一措施不仅很不明智，而且极易违反司法公正。”西雅图的首席联邦移民官在向华盛顿特区的上级报告时说，为了抓获一小撮嫌疑犯，调查局逮捕了不计其数的无辜民众。在波士顿，面对正在哈佛自由俱乐部旁举行集会的200多名听众，一个名叫乔治·W.安德森的联邦法官公开对这些围捕行动的合法性提出质疑。

安德森法官认为，所谓的阴谋完全出自政府的捏造。“我们‘斗争的目的是为了让民主世界变得更加安全’，然而其结果是，现在美国的民主制度已经岌岌可危。”他说，“两年前一手炮制了亲德阴谋的那些人和报社，如今又开始大肆鼓吹‘红色恐怖’……”

“我不能说美国不会再有炸弹客。赤色分子的确存在，而且很有可能极其危险。然而，他们对美国造成的威胁尚不及那些喋喋不休的伪爱国人士的一半……”

“真正的美国人信仰法律、秩序和自由，他们能够容忍政治和宗教上的不同意见，他们不会到处宣扬自己是一个爱国主义者。在他们的心中，‘美国精神’和‘爱国主义’有着无比崇高的地位，任何人都不能亵渎。然而，为了进行个人攻讦和政治抹黑，有些人的行为却令‘美国精神’和‘爱国主义’这两个词语一再蒙羞。”

在第二天，波士顿的联邦法院接到一份申请对全体鹿岛囚犯执行人身保护令的上诉状。在经过向哈佛大学著名的年轻法学教授、自由俱乐部中坚分子菲利克斯·法兰克福特进行咨询后，安德森法官亲自策划了这次上诉，并秘密安排由自己审理这起案件。波士顿的联邦移民局局长亨利·J.斯凯芬顿被列为首席被告，在得知此事以后，他顿时感到怒不可遏。“我很高兴亲手抓获这些哈佛自由俱乐部的成员，”他疯狂地叫嚣，“如果能够拿到逮捕令，我会立即将他们捉拿归案。”

当时，司法部部长帕尔默正准备宣布参加总统竞选，他不希望对这起案件的具体细节进行无谓纠缠，于是命令由胡佛处理此事。

司法部将在公开的法庭上，面对一个充满敌意的法官，为调查局的围捕行动以及在鹿岛开展的驱逐行动进行辩护。胡佛知道这次出庭绝不会风平浪静，因为调查局逾越了自己的职权，它经不起严格的审查。

1920 年 4 月 7 日星期三的黎明时分，胡佛乘坐卧铺火车从华盛顿来到波士顿，准备迎接自己遭遇的第一次法律挑战。这次案件审理由安德森法官主持，作为鹿岛囚犯的代表，菲利克斯·法兰克福特很快向法庭提交了有关证据——在围捕行动中，调查局的特工接到电报，命令他们回避搜查令的问题，没收能够找到的任何东西，并直接向胡佛本人汇报。坐在政府席上的胡佛与律师低声耳语，奇怪这些标有“绝密”字样以及签署着自己名字的密令怎么会落入这些激进嫌疑犯的手中。接着，法兰克福特对胡佛派驻在新英格兰的高级特工乔治·凯莱赫进行了质询。

问：凯莱赫先生，当天夜间，你曾经在没有搜查令的情况下对某些人进行抓捕，这是否属实？
(反对。反对无效。)
答：属实。
问：在对住宅、大厅和人身进行搜查后，你的手下逮捕了其中一些人？
(反对。反对无效。)
答：是的。
问：他们是否没收了文件、资料、书籍，以及其他诸如此类的东西？
(反对。反对无效。)
答：根据司法部命令……
问：在进行搜查期间，负责实施逮捕的警官是否不在意他们有没有搜查令？
(反对。反对无效。)
答：……这取决于不同警官的自行判断。
问：对于那些与搜查令描述不符或根据搜查令不应被捕的人，你作何处理？
(反对。反对无效。)
答：他们被拘留在火车站，或者押往波士顿后关在鹿岛。

这份证词笔锋一转，提到了政府部门采用卧底的做法。“有人受雇使用化名或假名，在经过某种形式的伪装后，佯称自己是共产党员、社会主义者或无政府主义者……这是一件极其危险的事情，对吗？”法官问道，“对于在过去6个月中没有人遭到迫害的说法，我感到怀疑。”

接着，安德森法官亲自对波士顿移民局的局长亨利·J. 斯凯芬顿进行了一番质询。

问：在你所谓的“围捕行动”中，实施拘捕的是你的手下，还是司法部？

答：司法部，法官大人……

问：你是否可以指出，根据哪一条法规或法令，司法部特工有权进行逮捕？

答：对此我一无所知，法官大人……

问：对于这次行动的过程，你是否接到了有关命令？

答：我们达成了谅解。

问：书面指令？

答：不是。我们在华盛顿……与胡佛先生举行了会议……

问：胡佛先生是谁？

答：胡佛先生是司法部的一名官员。

胡佛并不想对这次围捕行动宣誓作证。在耐着性子听了大半天的见鬼证词以后，他索性离开法庭，开始收拾自己的行装。

“这起案件似乎是在现代政治家的理念下实施的：先处以绞刑，再进行审判。”安德森法官在判决书上写道。

13名鹿岛囚犯在缴纳500美元保释金后被准予释放。在终审判决中，他认定调查局的做法有悖于宪法和法律。

政府部门建立了一个“破坏诚信和散布憎恨的间谍系统，”他总结道，“暴众就是暴众，无论他们是一帮歹徒、无业游民或者邪恶势力，还是一群根据司法部命令开展行动的政府官员。”

对于安德森法官的判决，司法部没有提出任何异议。

五一节红色警戒

回到华盛顿后，胡佛要面对另一个新的仇敌，即71岁高龄的劳工部副部长路易斯·F.波斯特。4月10日,也就是胡佛从波士顿铩羽而归的3天之后,波斯特否决了剩余的1000多起驱逐案件。

波斯特终生信奉自由主义，对爱玛·戈德曼推崇备至。但是，作为劳工部负责监督联邦移民体系的官员，他却亲笔签署了对戈德曼的驱逐令。这一次，波斯特利用自己手中的行政权力，调阅了在这次反共围捕行动中被捕的1400人的档案,并发现在其中3/4的案件中,调查局的做法都违背了法律。有数百人并不是共产党员却遭到了拘留。他们的名字没有出现在共产党员的名单之上,有的只是出于好奇信步走进了会场,有的甚至是被抓错了。此外,波斯特还驳回了那些当事人没有经过律师辩护以及通过非法手段获取证据并宣判的案件。他作出判决的依据是不折不扣的法律规定，而不是时代思潮。按照波斯特的估计，有4000至5000个反共围捕案件毫无胜算。

胡佛发起了猛烈的反击。他的做法为美国政客对政治对手进行监视的制度开了先河。

胡佛搜集了大量波斯特结交左翼人士的资料，将其送到国会主要成员的手中，试图据此免除波斯特的职务并推翻他的判决。胡佛在政界最高层进行了首次政治冒险，一开始很顺利，议会规则委员会不仅接受了他要求对波斯特行为进行调查的上诉，而且定于一个月后就此事举行听证会。

司法部部长帕尔默将胡佛的案件直接递交了白宫，并要求立即面见总统。这是7个月来第一次由威尔逊总统主持的内阁会议。自从发生严重中风以后，威尔逊就一直在白宫过着与世隔绝的生活。

1920年4月14日上午10点，帕尔默来到白宫，由于大门全部落锁，他只能从旁边警卫把守的入口进去，然后拾级而上，径直来到总统的书房。威尔逊似乎已经命在旦夕，一举一动需要依靠他人的帮助。他的思维断断续续，语言也失去了往日的流畅。对于美国正在开展的反共斗争，威尔逊只是略有耳闻。

会议一开始，帕尔默就试图控制局面。海军部部长约瑟夫斯·丹尼尔斯亲眼目睹了帕尔默挑起的这场“激烈辩论”，并在自己的日志中作了记录。帕尔默声称，美国正面临着革命和叛乱的威胁。他特别提醒总统注意，波斯特的做法会导致一场巨大的危机，并要求总统罢免波斯特。

总统“告诉帕尔默不要让国人一叶障目”，丹尼尔斯写道，“这是一个非常及时的劝诫，因为在帕尔默看来，仿佛每一个阴谋下都隐藏着赤色威胁。”但是，对于总统的这句话，帕尔默有着完全不同的理解。他听到的正是自己想听到的，因为在他看来，这无异于一道在全国范围内开展共产主义清洗运动的放行令。

4 月 29 日，帕尔默宣布，美国将会在五一国际劳动节遭到恐怖袭击。他的消息来自胡佛和调查局。据悉，赤色分子将开展国际阴谋，刺杀美国领导人，并破坏美国的地标性城市。

“这次阴谋遍及全国。”司法部部长告诉各大媒体。他说，刺客袭击的目标包括政府官员和企业主管。司法部已经对所有身处险境的人士发出了警告。全国各地的调查局特工、州民兵组织成员和警察正枕戈待旦，重点防守纽约、芝加哥、费城和新奥尔良等地，严密监视火车站、港口、华尔街的办公室以及国内显要人物的住所。

事实证明，这只是虚惊一场。5 月 1 日当天，什么事情都没有发生。

“虽然夜晚还没有结束，但现在看起来，预期的骚乱很可能已经被及时制止。”当天深夜，胡佛告诉记者说。人们开始暗中窃笑，夹杂着怀疑。正如胡佛记述的那样，这场五一节阴谋完全出自“司法部部长的凭空臆想”。很快，媒体、公众和政界纷纷开始对这位国家首席执法官员的判断能力表示质疑。国会随即将帕尔默为调查局申请的预算额削减了 1/3。

将美国共产党赶尽杀绝

5 月 7 日，胡佛坐在国会听证室的后排，一边倾听波斯特对议会规则委员会陈词，一边做记录。在长达两天的听证过程中，波斯特把帕尔默和胡佛为自己罗织的政治渎职罪名驳斥得体无完肤。通过对每一起案件的回顾，波斯特认为，在 1 月围捕行动中，能够以阴谋策划武力颠覆政府罪名起诉的还不到被捕人数的 1/100。他争辩说，即使是对那些图谋不轨的外国人，也应当履行法定诉讼程序；未经许可逮捕、强迫嫌犯认罪以及妄加猜测定案都与美国精神背道而驰。在听完波斯特 10 小时的证词后，国会决定不对他进行弹劾或判处有罪。相反，国会要求帕尔默亲自出面，对波斯特的指控进行答复。

胡佛开始为司法部部长准备证词。他对逻辑严密的诉讼案情摘要进行了修改，并辩称，在美国作为共产党员本身就构成了犯罪，这些人理应被驱逐出境。胡佛告诉帕尔默，现在正是让世界“了解赤色威胁真相”的最佳时机。

但是，波斯特却率先发起了还击。在波斯特辩护律师的动员下，一个名叫“国家大众政府联盟”的组织成立，并准备对外发表一篇抨击文章。共有12名法学院院长和知名律师在《关于司法部非法执业告美国人民书》（以下简称《告美国人民书》。——译者注）上署名，其中包括胡佛的头号敌人、哈佛大学自由派人士菲利克斯·法兰克福特。胡佛下令，让调查局驻波士顿负责人乔治·凯莱赫为即将进行的最高法院审理公开一份文件。

这篇于1920年5月28日发表的《告美国人民书》指控帕尔默和胡佛非法拷打和监禁，宣称他们的行为是“对宪法自由精神最神圣原则的蓄意践踏”。

“未经许可或履行法律程序即对外国人和美国公民进行集体逮捕；不允许被羁押者接触他们的亲友或律师；在没有搜查令的情况下擅自闯入民宅。”上面写道，“司法部有权动用调查局的特工，以确定是否存在违法行为，对此我们没有异议。然而，对于利用卧底特工进行煽动，或者效仿俄国沙皇与西班牙王国派遣奸细的做法，美国人民则坚决不能容忍。在司法部的授意下，这些特工采取极端手段……触发了有可能被称之为‘犯罪’的行为。”

在接下来的3天中，胡佛废寝忘食地为帕尔默在国会答辩作准备。为此，他拿出了自己手中的一切证据，其中包括调查局对赤色威胁发出的公告、查抄的美国左翼人士的记录、有关特工对驱逐出境者的宣誓证词、激进传单的复印件、俄国革命大事记、共产国际的行动纲领以及1847年马克思的《共产党宣言》。这些文件跨越了不同国家和数十年的时间，但胡佛却在短短的72小时内将所有资料汇集成一份3万字的证词。

民主党全国大会即将在4个星期后召开，帕尔默仅以微弱优势暂时领先，因此，最终他是否能够参加总统大选，成败在此一举。帕尔默的表现决定了美国反共斗争以及他的首席战略家胡佛的未来。如果帕尔默胜出，胡佛就有望担任司法部部长。

6月1日清晨，帕尔默和胡佛一起来到国会大厦的顶层。狭窄的议会规则委员会听证室内挤满了记者和听众。从国会山南侧的一扇窗户向外望去，刚好能看到胡佛的住处。上午10点整，堪萨斯州共和党人、众议员菲利普·坎贝尔宣布听证会开始。

胡佛一语不发地坐在帕尔默旁边。司法部部长低下头，开始宣读面前的证词，直到次日下午才宣读完毕。他为大家描述了一个水深火热的世界，共产主义势力正在攻击美国的政治机构、教堂、学校、工厂和报社，利用阴险狡猾的谎言赢得信徒。“革命的疾恙”已经通过意识形态的“病毒”，从纽约贫民窟到阿富汗棚户区这样的地方散播开来。帕尔默希望任何对赤色威胁持有异议的人们亲眼看一看调查局拍摄的这些囚犯的照片，因为他们“刁滑狡诈的双目”中闪烁着“残酷、疯狂和罪恶”。

“我的人身安全每天都受到威胁。”帕尔默说，这些“罪犯的朋友”不仅在法庭上和国会中为赤色分子代言，而且不惜中伤他的人格。最后，帕尔默对波斯特和在《告美国人民书》上署名的律师进行了恶毒的攻击。“这些人与苏俄沆瀣一气，”他说，“他们为所有共产党分子和罪名昭彰的无政府主义者进行辩护，指控我们粗暴地对待这些人……”

“我认为，公众有权了解国内的情况，”帕尔默说，“我想要他们知道真相，并且告诉了他们事情的真相。”

然而，这并不是全部的真相。次日，帕尔默在国会议事录中增加了一份胡佛准备的有关调查局反激进司工作的文件。其中包括“一年前的今天在十几座城市中发生爆炸案的全部经过”，帕尔默说。在这份长篇累牍的文件中，仅有几段文字提到，政府将这些爆炸案归咎于共产党的看法也许是错误的。但是，司法部部长根本没有读过这份文件。“太浪费时间了，”他说，“要看完文件至少需要个把小时。”

帕尔默发布的威胁警告没有变作现实，这次事件大大损害了他在公众中的形象。1920 年 6 月末，民主党全国大会在旧金山召开。帕尔默的政治声誉急转直下，他希望被提名为总统候选人的梦想也化作了泡影。司法部的几名助理陪同帕尔默一起来到旧金山宾馆，其中一个人就是胡佛，这是他第一次来到美国西岸。对于帕尔默的胜出，他们仍然抱有一线希望。

但是，在经过 44 轮投票后，帕尔默选择了退出。他的政治生涯也从此宣告结束。

在威尔逊政府的最后几个月里，帕尔默和胡佛再次应召来到国会大厦，就 1 月围捕行动作证。帕尔默坚持声称，他并不清楚这次行动的具体细节。“难道连签署了多少张搜查令你也不清楚吗？”蒙大拿州民主党人、参议员托马斯 ·J. 沃尔什问道。“我不能告诉你，沃尔什参议员，”帕尔默答道，“如果你询问这次行动的负责人胡佛先生，他可以告诉你。”于是，参议员转向年轻的反共斗士。

胡佛说他不知道。“你对此一无所知吗?”沃尔什参议员问道。胡佛回答：“是的，先生。”在以后的人生中，胡佛始终对自己在这次围捕行动中的作用矢口否认。他逐渐意识到，诡秘莫测和尔虞我诈是政治斗争必不可少的武器。

血腥的华尔街爆炸悬案

胡佛向国会递交报告，称这次围捕“一举捣毁了国内的共产党势力”[①]，但这种吹嘘显然难以自圆其说。在这次行动中，共有591名外国人被驱逐出境。根据有关反间谍和煽动的法律，178名美国人被判处有罪。就连胡佛自己提供的记录也显示，在1920年1月的围捕行动中，至少有9/10的囚犯被无罪释放。他原计划将数千名激进分子驱逐出美国，但现在未能达到这一目标。

胡佛认为，反激进司必须立即进行改组。

于是，他将其更名为“情报总部”。这不是一次装点门面的改组。胡佛认为，该机构的职责不应仅限于美国境内的激进活动，还要包括具有国际性质的颠覆阴谋；不应仅限于打击极端政治势力，还要应对经济和工业骚乱。他的野心在不断膨胀，为了保卫美国所能采取的手段也在不断扩张。

“一言以蔽之，这就意味着情报。”胡佛写道，与颠覆分子开展的斗争必须在暗中进行；政府部门“仅从刑事检控方面着手，不足以应对极端局面”。也就是说，只有秘密情报，才能够洞察和摧毁左翼势力的威胁，保卫美国免遭袭击。

1920年9月16日星期四，正午刚过，就在胡佛着手最后完善情报总部的组建方案时，一辆马车在曼哈顿的华尔街和布罗德街拐角处突然爆炸。

当时的天气十分晴朗，又加上正值金融区的休息时间，人们纷纷离开办公桌，准备享用午餐，或者外出散步。而这时，一枚炸弹却将美国的资本中心变成了一个血腥的杀戮场。在国会第一次召开会议并制定《人权法案》的地方，鲜血洒满了街头。美国最大的银行J.P.摩根大通银行的墙上弹片斑驳，窗户也被炸得粉碎。时至今日，在人行道对面的柱石上，这些伤痕依然清晰可见，令人想起那触目惊心的一幕。

这次爆炸导致38人丧生，400多人受伤。在接下来的75年中，这成了美国有史以来遭到的最严重的恐怖袭击（1995年4月19日，俄克拉荷马爆炸案造成168人死亡，500多人受伤。——译者注）。

就在爆炸发生的前几分钟，一名邮递员在距离这里3条街以外的地方打开了一个邮箱，在里面发现了5本手工制作的小册子。这些册子使用的是橡皮图章和红色墨水，拼写上存在大量的错误。“立即释放政治犯，否则你们所有人都难逃一死。”上面写道。署名是“美国无政府主义斗士”。

几乎可以肯定，华尔街爆炸案是对两名意大利籍无政府主义者尼古拉·萨科和巴托洛梅奥·万泽蒂遭到起诉的报复行为。因为在5天前，这两个人被指控在波士顿郊外持械抢劫并谋杀了某制鞋厂工薪出纳员及守卫。胡佛立即下令对华尔街爆炸案进行彻查，但调查最后无果而终，没有任何嫌疑犯被绳之以法。

“我们一定会将他们缉拿归案。”胡佛的上司比尔·弗林郑重宣布。然而，调查局始终未能兑现这一诺言。

本章注释

①胡佛的这句话只有一半是事实。20世纪末公开的共产国际有关档案显示，在这次围捕行动后，美国共产党的正式党员从1919年12月的23744人骤跌至1920年2月的2296人，并于1920年4月增加到8223人，而其中会讲英语的成员只有不到1000人。

第6章

光天化日下的“地下活动”

“我不适合担任这一职务，也不应当出现在这里。”沃伦·G.哈定总统在白宫不无痛惜地宣称。也许仅有这一次，他的判断才是明智的。

哈定本是一个小镇上的报纸发行商，后来飞黄腾达，成了俄亥俄州共和党参议员。1921年3月4日，当哈定出任美国总统时，他将一些不务正业的朋友也带到了华盛顿。其中与哈定关系最密切的是他的竞选活动负责人，也就是后来成为美国司法部部长的哈里·M.多尔蒂。

两名德高望重的共和党参议员对哈定发出严重警告，表示反对他的这一提名。“多尔蒂在大选中一直是我最好的朋友，”这位尚未就职的总统当选人回答，“他告诉我他想担任司法部部长，那他理所当然要成为司法部部长！”多尔蒂是一个手腕高明的政治掮客。在过去的几年中，他一直在俄亥俄州议会从事游说活动和化解政治难题，他最擅长的是扼杀那些大公司反对的立法。多尔蒂经常在商人和政客之间进行权钱交易，在来到华盛顿之前，他就已经声名狼藉。在担任司法部部长后，他变得更加胆大妄为。在美国的白领犯罪分子中，多尔蒂位列榜首。

在哈定执政期间，虽然司法部和调查局的声望一落千丈，但胡佛个人却青云直上。

在年仅26岁时，胡佛就成了调查局的2号人物。他的良好声誉无可指摘，他从事内部斗争的才能无可争议，他对赤色威胁的打击残酷无情，他的过人才干不容置疑。在他看来，无论是共产党和社会主义者，还是无政府主义者和反战人士，美国的激进势力并没有太大分别，因为他们都是国家公敌。

当胡佛专注于反共斗争时，多尔蒂开始提携自己的好友。1921 年 8 月，这位新任司法部部长委任自己的故交威廉·J. 彭斯担任调查局局长。此时的胡佛已经十分擅长处理与上级的关系，他向彭斯保证，调查局打入美国激进势力的高层已有数年之久。“为了在境内每一个激进组织内部都安插一个卧底，我们已经竭尽全力。”他说。对于左翼派别的下一次袭击，情报总部正严阵以待。

花甲之年的彭斯是美国最著名的私家侦探，最令人印象深刻的是他四处钻营的本领。1905 年，在罗斯福总统提起的土地诈骗诉讼案中，作为联邦调查员的彭斯曾经贿赂陪审团成员，从而臭名远扬。但是，在 1910 年导致 21 人丧生的《洛杉矶时报》炸药袭击案中，彭斯利用电话监听和房间窃听的手段将两名劳工诈骗犯定罪，为自己赢得了一片赞誉之声。1915 年，因为涉嫌从某纽约律师事务所窃取文件，他险些锒铛入狱。就在 1920 年华尔街爆炸案发生几小时后，彭斯公开宣称共产党是这次袭击的幕后主使，并发誓要将肇事者绳之以法。他以 W.J. 彭斯国际侦探社的名义悬赏 5 万美金，希望有人提供能将这些炸弹客逮捕并定罪的信息。现在，作为调查局局长，彭斯再次向公众作出承诺，调查局一定会将制造华尔街爆炸案的犯罪分子捉拿归案。

在寻找有关这次爆炸案的线索时，调查局派驻芝加哥的特工截获了一封来自纽约共产党地下组织的信件。这封信写道，“政府部门正试图将华尔街惨剧归咎于我们”，并发出了新一轮镇压活动的警告。“1 月围捕行动已经过去，”信的开头写道，“有的党员开始认为，局势已经变得安全起来。我们提醒大家注意，司法部并没有放松警惕。只要我们作为一个革命组织依然存在，他们就不会停止对我们的打击。为了打入组织内部和获得有关活动的信息，间谍、密探、奸细，他们可以无所不用其极……一定要严加防范……如果遭到逮捕……不要回答任何问题。”

无处不在的监视网

胡佛开始发动自己一手建立起来的日益庞大的线人网络。他亲自对调查局特工、海军情报官员、美国保卫同盟领导人、美国退伍军人协会指挥官、公司主管、银行家、保险员、电话和电报公司提供的报告和线索进行了筛查。胡佛警告说，赤色分子已经潜入了工会、工厂、教堂、学校、报社、杂志社、妇女俱乐部和黑人组织。在每周递交司法部部长的报告中，他不遗余力地想要多尔蒂意识到，赤色威胁已经近在咫尺。但是，多尔蒂不需要胡佛来游说就已认定，“苏维埃俄国是全人类的大敌，”他宣称，“他们不仅妄图征服美国，还要征服整个世界。”

1921年春夏，根据胡佛的指令，调查局的数十名特工开始对全国范围内的共产党嫌疑人进行监视，潜入他们的会场，闯进他们的总部。当调查局特工和纽约拆弹小组突袭布利克街的一幢公寓，查抄党员名单、内部报告和秘密公报时，他们发现了一本题为《党组织地下工作守则》的小册子。

这些守则言简意赅：

1. 任何情况下都不能背叛党的工作和工作者。
2. 不要随身携带未经加密的姓名和地址。
3. 不要在住处公开摆放任何有可能被用于定罪的资料和文献。
4. 不要给党的工作招致不必要的风险。
5. 不要因为危险而逃避党的工作。
6. 不要吹嘘自己为党作出的贡献。
7. 不要在不必要的情况下泄漏自己的党员身份。
8. 不要让间谍尾随至见面或会议地点。
9. 不要在发生危险情况时惊慌失措。
10. 如果被捕，不要回答任何问题。

这本手册的最后写道：“可以采取一切必要手段，以避免遭到逮捕。”对于美国共产党的高层人士来说，上述守则显然十分苛刻。在接下来的40年中，美国共产党的领导人几乎都因为在1918年至1923年从事政治活动而被捕了，很少有人不用面对警察、法官以及牢狱之灾。他们不是被长期羁押，就是以阴谋或煽动罪名而遭到起诉。

“在每一座城市中，每一天都有间谍在到处刺探我们的成员名单、集会地点和工作场所。”布利克街查抄的手册上写道。共产党认为，无论是公开工作还是地下活动，他们时刻处在政府部门的监视之下。

1921 年 5 月，调查局的一名间谍参加了在纽约州伍德斯托克瞭望山宾馆举行的“共产党团结大会”。这次秘密会议为期 4 天，参加者包括来自美国各地的共产党领袖。2011 年 8 月解密的联邦调查局文件显示，克莱伦斯·哈萨维渗入了这次会议。他不仅是美国共产党的创始人之一，根据文件记录，哈萨维从一开始就是调查局的秘密线人。

调查局在报告中称，莫斯科在伍德斯托克的这次美国共产党集会上投入了 5 万美元，并命令他们停止争吵，团结一致。苏俄方面敦促美国共产党结束地下状态，为夺取政权进行公开斗争。这一愿望显然难以实现。“美国共产党在美国无疑是一个非法组织。”当年夏天，美国共产党的缔造者之一卢森堡在星星监狱中写道。他因为从事无政府主义活动遭到了纽约州的指控。如果继续处于地下状态，党组织很可能日渐消亡。如果公开从事活动，他们就会遭到攻击和追杀。因此，卢森堡认为，党组织必须同时作好两手准备：“一面走出来进行公开活动，另一面继续在地下从事秘密工作。”

调查局派往伍德斯托克的间谍报告称，两年前试图掀起全国钢铁业大罢工的美国劳工组织者福斯特正准备前往莫斯科。这份报告的消息是准确的。1921 年六七月间，福斯特在莫斯科参加了共产国际会议和革命贸易联盟世界大会。福斯特见到了列宁，并对他钦佩不已。回到芝加哥后，福斯特已经成了一名坚定的苏俄代言人和共产国际在美国首屈一指的工会领袖。他开始奔走全国各地，在莫斯科的资助下，将煤矿工人和汽车工人组织起来。随着福斯特逐渐成为美国共产党的最高领导人，调查局开始密切监视他的一举一动。

司法部的堕落

哈定总统大张旗鼓地寻求和平与和解。1921 年秋，苏俄出现大面积饥荒，哈定派出一个美国工作组，并运送了 10 万磅食物，但仍有 500 万苏俄人死于饥饿。他签署公告，宣布结束美国与德国之间的战争状态。此外，哈定还在报纸头版刊登圣诞赦令，赦免美国知名社会主义者德布斯，取消他的 10 年徒刑，并邀请他到白宫做客。

但是，圣诞节期间，占据了各大报纸头条的却是调查局的彭斯局长。这位美国的头号侦探似乎已经破获了一桩最大的悬案。他认为，华尔街爆炸事件出自列宁和共产国际的手笔。彭斯的说法令人震惊：4 名共产国际成员通过纽约的苏俄外交代表得到了 3 万美元，用于开展工作。然而事实证明，这条消息来自纽约彭斯侦探社一个擅长行骗的职业密探。该密探宣称自己曾经在莫斯科召开的共产国际大会上与列宁交谈，而列宁表示，他对华尔街爆炸案感到欢欣鼓舞，并下令在美国开展新一轮恐怖袭击。这纯粹是一派谎言。

“彭斯在信口开河。”新闻写道。

然而，堕落成性的彭斯不仅不以为耻，反而变本加厉。他一向喜欢在自己的部门安插坐探，导致调查局内的渣滓泛滥成灾，其中包括加斯顿·布洛克·米恩斯。在长期的职业生涯中，米恩斯先后被控谋杀、盗窃、假誓、伪造以及从事反美间谍活动等罪名，但彭斯还是聘用他担任调查局特工。1922 年 2 月，当上述劣迹败露后，彭斯仍然将米恩斯作为一名线人，并为其支付薪水。在司法部，米恩斯与来自俄亥俄州一个名叫杰斯·史密斯的政治掮客沆瀣一气。史密斯不仅是司法部部长多尔蒂在俄亥俄州的故交，也是他在华盛顿沃德曼公园酒店的室友。当时，杰斯·史密斯因为一起案件被派驻到司法部。

从 1920 年起，美国开始执行禁酒令，然而其结果却是政治腐败蔚然成风。人们对烈酒走私的大量需求导致团伙犯罪急剧增长。为了求得保护，走私贩经常贿赂联邦、州以及当地警察，违法者与执法者之间的畸形关系甚至蔓延到了华盛顿。在司法部，杰斯·史密斯和加斯顿·布洛克·米恩斯联手经营了一个利润可观的副业——向走私酒贩出售政府没收的威士忌。

“黑社会传出流言，说司法部有人能够‘摆平一切’。”在 1938 年出版的一本由他人代笔的自传中，胡佛记录了他们在哈定执政时期投机钻营的往事。胡佛推测，这些传言一定令人心醉神迷。“我是总统的挚友。作为司法部的一名高级官员，我认识所有的内阁成员……如果你按照这个价钱买我的威士忌，我可以保证你想要多少就有多少。坦率地说，我在华盛顿手眼通天，除了谋杀案以外，要想摆平任何事情都不在话下……”

白宫本身就像一个地下酒吧。艾丽丝·罗斯福·朗沃斯是罗斯福总统的女儿，也是俄亥俄州一位大权在握的共和党众议员的妻子。哈定每周都要在白宫举办两场社交聚会。有一次，当朗沃斯走上楼时，她看到总统的书房高朋满座，其中包括多尔蒂和杰斯·史密斯。她写道：“托盘上的威士忌琳琅满目、应有尽有，人们的手中握着纸牌和筹码，背心全都敞开着，双脚放在桌子上，痰盂就在他们的身旁。”朗沃斯试图告诫哈定，但却是枉费唇舌。“哈定不是一个坏人，”她写道，“他只是一个懒汉。他生性懒散、本质善良，但是却不幸被那些品行败坏的淫朋狎友所包围。”

在这群人中，最重要的两位就是司法部部长多尔蒂和调查局局长彭斯。

激进势力首领

胡佛始终十分低调。当赤色威胁开始从纽约和芝加哥向中西部的煤矿、钢铁厂和铁路站场蔓延时，他把自己全部精力都放在了对激进势力的监视上。整个20世纪20年代，工会组织与工业巨头之间的斗争连绵不断。其中大部分工人既不是共产党员，也不是激进分子。他们没有远大的政治纲领；他们想要的只是提高工资，过上衣食无忧的生活，而不是开展武装革命，推翻统治阶级。

调查局为这些工业巨头提供了支持。胡佛认为，在反共斗争中，从始至终都存在着资本家与劳动力之间的矛盾。“共产党以及大多数颠覆势力都善于利用劳工问题，”胡佛在数年后写道，“实际上，共产主义与劳工问题密不可分。”

1922年夏，随着劳资双方矛盾的不断激化，数十万煤矿和铁路工人开始在全国范围内掀起了大罢工。调查局立即予以还击。

在过去3年中，一个名叫弗朗西斯·莫罗的造船厂工人一直在为胡佛提供情报。他是调查局的秘密线人，代号为K-97。莫罗逐渐渗透到共产党的核心机构，并赢得了他们的信任。莫罗对调查局发出警告，美国共产党即将在密歇根湖畔秘密召开全国代表大会。作为费城的正式代表，他提前得知了这一消息。调查局驻芝加哥办事处立即派遣4名特工前往探听情况。他们驾车两个小时后来到郊外，集结起当地的警员，对密歇根州布里奇曼的一处避暑胜地进行监视。但是，与会的共产党发现了潜伏的特工。由于担心遭到围捕，他们在仓促之间就面临的主要问题举行投票表决，即是否继续开展非法地下工作，最后仅以一票之差通过，而投出关键性一票[①]的正是K-97。

1922年8月22日清晨，调查局特工和当地警员逮捕了布里奇曼的15名共产党员，其中包括刚刚出狱4个月的美共领导人卢森堡。他们查抄了大量文件记录，并对芝加哥的另外 16 名代表进行了追踪，其中包括工会运动领袖福斯特和日渐崛起的共产主义思想家厄尔·R. 白劳德。他们声称，这两者终生都是共产国际的忠实信徒。

烈日当空，美共领导人被两个两个地铐在一起，他们拖着沉重的步伐，从当地监狱前往密歇根州圣约瑟夫的法庭接受提审。根据密歇根州法律，他们被控采取蓄意破坏和武力手段阴谋推翻联邦政府。“在苏俄的资助下，这些激进势力的首领妄图在美国建立苏维埃制度，并因此遭到了指控。当他们从县属监狱出来时，就像一群被拴在锁链上的囚犯，旁边还站着荷枪实弹的警员和联邦特工。”当地报纸报道，“联邦当局希望能够将美共与一年前摧毁了 J.P. 摩根大通公司的华尔街爆炸案联系起来。”

在 27 名以煽动罪名遭到起诉的嫌犯当中，只有卢森堡一人被判处有罪。在接下来的 5 年中，他一直向法庭上诉，直到 44 岁那年死去。他的骨灰被埋葬在克里姆林宫的红墙中。

让胡佛感到懊恼的是，由于陪审团悬而未决，福斯特最终被无罪释放。法官指示陪审团成员，如果要为福斯特定罪，他们必须找到被告“宣扬犯罪、破坏、暴力和恐怖主义”的证据。但是，陪审团以 6 比 6 的投票结果僵持不下。“控方无法证明共产党宣扬暴力，”一名赞成无罪判决的陪审团成员说，“这正是我们意见相左的地方。”

在布里奇曼一案中，所有其他被告都没有接受审判，但是这次围捕行动却让共产党的活动变得更加隐秘起来。经过筛选，党组织只剩下不足 6000 名忠诚的正式党员，其中仅有不到 1/10 是会讲英语、土生土长的美国公民，因此他们的影响力微乎其微。虽然仍有人幻想能够在美国的铁路站场和煤矿工人中间掀起暴动，并且到处散发显系出自莫斯科的传单，但是在福斯特向共产国际申请 25000 美元资金的报告中，他说自己准备组织手下仅有的两名党员在美国开展共产主义运动。

胡佛在晚年曾经写道，在 20 世纪 20 年代初，共产党对美国产生的影响“几近于无”。但在当时，他的看法却截然不同。

胡佛及其情报总部反复发出警告，共产党即将进行暴力革命。多尔蒂告诉总统，一场内战已经迫在眉睫。就在布里奇曼围捕事件发生后 10 天，司法部部长申请并获得了联邦法院强制令，禁止抗议政府强行削减工资的罢工工人从事任何请愿活动。这是美国有史以来实施的规模最大的一次劳工禁令，涉及大约 40 万名工人。政府不仅对他们合理合法的要求置若罔闻，反而勒令他们闭上嘴巴任人宰割。对于这一决定，就连哈定的内阁成员也表示不满，认为这是一种非法和不明智的举动。

然而，多尔蒂和胡佛的做法却让事态进一步激化：他们向全国各地派遣了数十名特工，以搜集工人运动领袖阴谋违反这一禁令的证据。根据打入罢工工人内部线人提供的消息，每天都有大量报告从各地调查局涌向情报总部。多尔蒂开始担心，这是一次旨在颠覆政府的有组织的斗争。在诸多铁路私家侦探的协助下，司法部执行官及各地警官根据政府禁令，控告罢工工人及其组织者犯下了 17000 项罪行。

数周以后，司法部部长终于将这场罢工镇压了下去。但是，由此带来的种种负担让他的身体很快垮了下来。

1922 年 12 月，由于巨大的压力和负担，多尔蒂身心交病，精神彻底崩溃，开始不断出现幻觉。有一次，在发表演说时，他觉得墙上装饰的花篮正在向外释放毒气。多尔蒂在华盛顿一病不起，但他坚持认为，苏俄间谍无处不在，甚至就连国会中也暗藏危机。

谁更有可能葬送美国

在创立之初，调查局本应是一种执法力量，但是现在却成了从事政治斗争的非法武器。

1923 年 3 月，当国会重新召开会议时，多尔蒂和彭斯已经开始对凡是在他们看来有可能危及国家安全的参议员进行政治监视。秘密特工闯入他们的住所和办公室内，拦截他们的信件，窃听他们的电话。调查局的这种做法与他们对共产党员采取的手段一模一样，而他们唯一的借口就是参议院中萌生了呼吁美国给予苏联（1922 年 12 月 30 日，俄罗斯、乌克兰、白俄罗斯和外高加索联邦这 4 个苏维埃社会主义共和国联合起来，正式成立苏维埃社会主义共和国联盟，简称苏联。——译者注）外交承认的势头。

如果从外交上承认苏联，美国就会出现苏联大使馆和外交官，间谍也就不可避免地产生了。调查局对爱达荷州参议员、外交关系委员会主席威廉·E. 博拉进行了暗中监视，因为多尔蒂认为这位支持承认苏联的参议员“与激进分子无异”。此外，调查局还监视了蒙大拿州的另外两位参议员：一位是司法委员会成员托马斯·J. 沃尔什，他曾经对胡佛围捕赤色分子的做法表示质疑；另一位是刚刚进入参议院的伯顿·K. 惠勒，刚就任两周，他就开始为自己前往莫斯科进行实地调查而四处游说。在此之前，惠勒是蒙大拿州的一名正式律师，由于曾经为某激进报社的编辑比尔·邓恩辩护，调查局早就盯上了他。在州法庭否决了对邓恩的煽动罪指控后，他随即当选蒙大拿州议员。在华盛顿，至少有两名参议员和两名众议员成了调查局进行政治监视的目标，而他们都曾经对总统和司法部部长的做法进行批评。

1923 年 4 月，惠勒参议员在出访苏联时认为，革命的混乱和恐怖有可能催生资本主义和信仰自由。回到美国以后，这位参议员表示，他支持美国给予苏联外交承认。对此，多尔蒂怒不可遏。

“我在他的眼中已经成了一个布尔什维克。”惠勒回忆道。多尔蒂对惠勒的诋毁很快从私下变为公开，他指责后者是“参议院中的共产党领袖”，“并不比他在莫斯科的同志斯大林更民主”。惠勒宣称，多尔蒂“通过欺骗和诡计，不遗余力地拉拢参议院成员，从而在华盛顿和国会的藏污纳垢之地传播致命的毒气，正是这种毒气让美国在第一次世界大战中损兵折将”。

在有关是否承认苏联的政治斗争中，胡佛的作用更为复杂。他小心翼翼地从调查局的档案中搜集资料，并私下为反共人士提供资助。在胡佛的帮助下，一个名叫理查德·惠特尼的前美联社记者对一系列激进文章进行了研究，并将其汇集出版。在《美国的赤色势力》一书中，惠特尼对胡佛的个人援助表示感激。惠特尼认为，苏联特工在美国的各大机构中无孔不入，他们已经渗入了美国人生活中的每一个角落。他声称“美国即将遭遇一场史无前例的惊天阴谋”，而布里奇曼会议正是这场阴谋的关键时刻。在参观过好莱坞的无声电影制片室后，惠特尼宣称查理·卓别林是一名秘密的共产党员。此外，他还指责自己的母校哈佛大学为诸如法兰克福特等同情共产主义的人士提供避难所。惠特尼警告说，在参议院，共产国际的政治代理人正在积极谋求美国承认苏联。

参议院推动的给予苏联外交承认的活动因此而中途夭折，直到 10 年以后才重见天日。人们表示反对的原因似乎十分简单：为什么要承认一个妄图颠覆美国的政权？

然而，现在看来，美国政府更有可能葬送在国内的腐败分子之手，其核心正是司法部和调查局。

家丑外扬

就在此时，在沃德曼公园酒店多尔蒂的套房中发生了一起案件，预示着腐败势力已经岌岌可危。1923 年 5 月 30 日，多尔蒂的室友及心腹杰斯·史密斯在沃德曼公园酒店举枪自杀。住在他们楼下的调查局局长彭斯迅速赶到现场控制了局面。但不管怎么掩盖，有关史密斯自杀的消息还是不胫而走。

3 个星期后，哈定总统离开华盛顿开始长期度假。他横跨美国来到太平洋沿岸，然后乘船前往阿拉斯加州游览。7 月 4 日，当他从皮吉特湾出发时，商务部长赫伯特·胡佛也登上了轮船。哈定总统在自己的座舱中召开会议，赫伯特·胡佛在回忆录中记述了这段谈话。

“如果你得知内阁中发生了严重丑闻，”哈定问道，“为了国家的利益以及共和党的命运，你会选择将其公诸于众还是秘而不宣？”这场丑闻，总统明确表示，与司法部有关。“对外公开。”赫伯特·胡佛回答。但是哈定认为，这种做法“在政治上极其危险”。随后，当赫伯特·胡佛询问这场丑闻的主角是不是多尔蒂时，总统立即“沉默不语”。

1923 年 8 月 2 日，在旧金山的王府酒店，哈定的心脏停止了跳动，终年 57 岁。他的继任者是为人耿直的前马萨诸塞州州长卡尔文·柯立芝。由于一手平息了波士顿警察大罢工，柯立芝在国内声名鹊起。他虽然生性刻板、不苟言笑，但却有很强的道德感，而这也正是他平步青云的关键所在。当时，美国总统的威信已经降到了自南北战争以来的最低点。

就像一场灾难过后遍地残骸那样，即将断送美国政府的腐败行为开始逐渐败露。参议员沃尔什和惠勒对这些丑闻展开了调查，却遭到了多尔蒂和彭斯的极力阻挠。他们派出了至少 3 名调查局特工，这些人在蒙大拿州兴风作浪，利用伪证捏造罪名，指控惠勒收受贿赂。但没过多久，法庭就宣布惠勒无罪。

最终，一切得以真相大白。在哈定的内阁中，官员从上至下崇尚金钱交易，他们不仅玷污了政府和法律，而且将美国人民引入歧途。内务部部长长阿尔伯特·福尔曾经接受石油公司 30 万美元的贿赂，作为交换，他将海军在加利福尼亚州埃尔克山和怀俄明州蒂波特山的战略储备油田拱手相让。司法部虽然听到了这场丑闻的风声，但却设法撤销即将开展的调查。此外，哈定总统的牌友、刚刚成立的退伍军人事务部部长查尔斯·福布斯也曾经从承包商那里接受了数百万美元的回扣，用以中饱私囊。司法部官员托马斯·米勒收受企业贿赂，并私下解禁了政府没收的资产。数年以后，有证据显示，司法部部长多尔蒂在这场肮脏的交易中至少获利4万美元。

当惠勒对外界宣布，调查局特工将自己和其他一些参议员作为监视目标时，整个政界义愤填膺，举国上下也一片哗然。

1924年3月1日，参议院决定对司法部进行调查。刑事司司长约翰·H. W. 克里姆表示愿意出庭作证。克里姆已经在司法部工作了18年，并曾在调查局短期任职，现在即将退休。他直接向参议院建议：“撤销调查局可以一劳永逸。”

参议院立即传唤多尔蒂，要求他提供调查局的内部记录。但是，多尔蒂公然违抗这一命令，走上了一条不归路。

经过几个星期的施压，3月28日，柯立芝总统宣布，司法部部长正式辞职。虽然参议院以诈骗罪对多尔蒂进行指控，但由于陪审团两次僵持不下，他侥幸躲过了牢狱之灾。根据宪法第五修正案有关不能自证其罪的规定，多尔蒂最终被判无罪。

柯立芝总统提名哥伦比亚法学院常任院长、法律界精英、自己大学时代的好友哈伦·菲斯克·斯通出任新一届司法部部长。斯通自称不属于自由派，但却坚定不移地捍卫公民自由。他对20年代的赤色围捕行动进行了尖锐的抨击，认为逮捕和驱逐激进分子是对法律和宪法的无情践踏，并呼吁参议院就此事展开调查。

斯通于1924年4月8日宣誓就职。在接下来的一个月中，他在司法部的走廊里四处徘徊，一边倾听人们的谈话，一边进行记录。这些记录显示，在斯通看来，调查局内部“乌烟瘴气……很多人都有不良记录……和犯罪前科……整个部门目无法纪……许多行动根本未经联邦法令授权……特工在开展活动时手段极其残忍和专横”。

5月9日，斯通免去了彭斯调查局局长的职务，并向外界发布了一则声明，这则声明至今仍然掷地有声：

> 秘密警察制度有可能导致滥用职权，从而对自由政府和自由体制构成威胁，这一点人们也许很难立即理解。随着联邦民事及刑事法律法规的不断增加，调查局成为一支必不可少的执法队伍。然而

重要的是，调查局的活动必须严格限定在其创立之初的职能范围之内。所有特工既不能凌驾于法律之上，也不能超越自己的权限。

调查局不应对个人的政治及其他观点进行干涉，而只应规范自己的行为，并对美国法律所禁止的行为进行干预。作为一个警察部门，如果逾越了上述界限，就会危及司法行政和公民自由，而这些恰恰是我们应当坚决予以捍卫的；反之，只有遵循上述界限，这个部门才能成为一种令违法作恶者胆战心惊的力量。

5 月 10 日，斯通召见了调查局的 2 号人物 J. 埃德加 · 胡佛，对该局内部无法无天的情况进行调查。距离而立之年还有 7 个月的胡佛头发乌黑锃亮，粗壮的脖子紧绷在衣领当中。斯通身高 1.9 米，比胡佛高出整整一个头，因此胡佛不得不仰面而视。斯通朝下望去，在浓密的灰色眉毛下，胡佛的目光如钢铁般冷酷无情。斯通告诉他，他现在处于试用期。

从现在起，斯通说，由胡佛暂时担任调查局代理局长，并直接向自己报告。此外，调查局的规章制度必须作出改变。

调查局只能对违反联邦法律的行为进行调查。结党营私者和敲诈勒索者必须立即予以开除。禁止半夜三更闯入国会大厦。禁止从事不可告人的行动。禁止实施集体围捕。调查局绝不充当任何人进行政治斗争的工具。必须立即停止一切间谍活动。

胡佛回答：是的，先生。

斯通的命令言简意赅，并很快见诸报端。他不打算急于求成，斯通告诉媒体，胡佛尚且处于试用期间，他想要为调查局物色一个合适的人选。在此之前，他将亲自负责调查局的所有事务。

在升任最高法院大法官之前，斯通只在调查局待了 9 个月。然而，胡佛在这里的任期却长达 48 年。

本章注释

①在回忆起这次投票时，出席布里奇曼会议的代表之一马克斯·毕达特提到了联邦调查局的秘密线人 K-97。“我逐渐结识了这个最令人鄙视的内奸……也就是警方唆使嫌疑人从事犯罪活动的坐探。”后来，毕达特也转入地下，成为美国共产党和苏联情报机关的主要联系人。1932 年，他招募了一名年轻的马克思主义刊物编辑惠特克·钱伯斯为莫斯科从事间谍活动。参见纽约大学塔米门特图书馆马克斯·毕达特未出版的回忆录，《地下和地上：20 世纪 20 年代美国的共产主义》。

第7章

监视从未停止

调查局之所以能够继续存在，并作为一个秘密情报部门东山再起，完全取决于胡佛狡诈的政治谋略、坚韧不拔的耐心和钢铁般的意志。随着时间的推移，他最终成了这个机构的化身。在接下来的人生当中，正是它们让胡佛抵抗住每一场政治风暴的打击。他从不怀疑，自己以及自己的工作直接关系到这个国家的命运。对于自己的敌人，他丝毫也没有放松警惕。

在胡佛担任调查局代理局长的试用期间，美国公民自由联盟主席、斯通的故交罗杰·鲍德温对司法部部长斯通发出了警告。鲍德温出身贵族，其先祖可以追溯到300年前的“五月花号”时期（1620年9月6日，102名受到英国国教迫害的清教徒乘坐“五月花号”轮船，由英国普利茅斯出发前往北美，在那里建立起第一块殖民地，并制定了著名的《五月花号公约》，从而奠定了新英格兰诸州自治政府的基础。——译者注）。第一次世界大战期间，他曾因从事政治颠覆活动和拒服兵役而接受调查。美国公民自由联盟成立于1920年，其宗旨是为那些因反间谍和煽动法而遭到迫害的个人进行辩护，捍卫宪法赋予他们的权利。

鲍德温敦促斯通阅读一份由美国公民自由联盟所写的题为《以司法部为中心的全国间谍系统》的最新报告。该报告指控调查局对合法组织及个人进行窃听、擅自拆阅秘密邮件、强行入室、诛除异己和暗中监视。美国公民自由联盟称，调查局已经沦为“一个具有政治特征的秘密警察系统”，并指出胡佛建立的档案正在为这架间谍机器提供源源不断的动力——从 1919 年起，情报总部及其前身反激进司就开始为调查局从事间谍活动。

这份报告引起了斯通的高度关注。对于其中涉及的内容，在上任之初，他就曾经发誓坚决予以革除。于是，斯通将这份报告转交胡佛，问他对此作何感想。

胡佛利用高超的辩才挽救了自己的仕途。在长达 7 页的报告中，他对鲍德温的说法进行了激烈的驳斥。胡佛坚称，调查局只对违反联邦法律的“极端激进”的组织和个人进行调查。即使不是绝大部分，其中也有许多人的活动“危及我们的体制和政府”。从 1919 年成立之日起，调查局的工作“完全正当合法”。该部门没有对任何人进行窃听，也从未强行入室。“在此类事情上，调查局有着极为严格的规章制度。”胡佛写道。反之，美国公民自由联盟却打着维护公民自由的幌子从事犯罪活动，“无时无刻不在为共产主义分子……大声疾呼”。

一周以后，即 1924 年 8 月 7 日，胡佛、鲍德温和斯通在司法部进行了一次长谈。在此期间，胡佛滔滔不绝。每当面临潜在的危险时，他就会表现出自己的一贯作风。胡佛宣称，自己从始至终都不愿主动参与对赤色分子的围捕行动。他向鲍德温保证，政治间谍活动已经彻底终结，情报总部即将不复存在。他会暂时保存所有档案，直到国会下令进行销毁。调查局会严格遵守有关规定，仅对违反联邦法律者立案侦查。他对自己过去的所作所为表示否定。他的这番“悔悟”言论令人心情放松了。“我想我们错了。”几天后，鲍德温在寄给斯通的信中写道。他告诉记者，胡佛是这项工作的最佳人选。对于鲍德温此举，胡佛立即彬彬有礼地致信答谢。他的愿望是，“每天离开办公桌时都问心无愧，因为我知道，自己从未侵犯美国公民的合法权利”。

然而，就在他们互致寒暄的同时以及随后的数年中，联邦调查局暗中渗入了美国公民自由同盟，并在其中安插了一名间谍。1924 年秋，调查局不仅授意这名特工窃取了美国公民自由同盟在洛杉矶召开会议的记录，而且开始对其赞助人进行严密监视。就在胡佛与鲍德温的恳谈过去 7 周之后，他接到了大量有关该同盟行动计划的最新详细报告，以及同盟领导人和重要支持者的档案卷宗，其中包括著名的聋哑人士海伦·凯勒。然而，在联邦调查局关于美国公民自由运动的记录中，她的档案只不过是沧海一粟。

“我们不知道胡佛及其联邦调查局是怎样对我们进行监视的，”时隔半个世纪以后，鲍德温表示，“但是这种监视从未停止。”

胡佛并没有真正撤除情报总部。从文件上看，这个部门已经不复存在；但是它的命脉，也就是胡佛建立的那些档案依旧丝毫未损。为了对外界保密，胡佛独创了一套“官方机密”的文件保管制度，将所有档案置于自己的掌控之下。从理论上讲，调查局的记录隶属司法部管理，因此必须接受法庭的庭令和国会的传唤。但是，根据“官方机密”制度，胡佛掌握的档案只属于他个人所有。在接下来的 50 年中，任何人都无法窥知他手中的这些秘密。胡佛之所以能够成功地对颠覆分子实施间谍活动，其原因在于他的行动总是诡秘莫测，而非大张旗鼓。在这些活动中，机密档案的作用要远胜于煊赫一时的新闻头条。尽管随时随地都有可能被人发现，但胡佛和调查局始终没有停止对美国境内共产党的监视。

反共遭遇棘手难题

司法部部长斯通指示胡佛要严格执法。他不止一次询问胡佛，哪一条联邦法律规定共产主义属于非法活动。答案是根本没有。“迄今为止，共产主义和其他极端激进势力的活动并不违反联邦法令。”1924 年 10 月 18 日，胡佛写道，“因此，从理论上说，司法部无权对这些活动进行调查。”

斯通规定，调查局禁止从事政治斗争，这条规定使得一战期间制定的《反间谍法》彻底失效了。此外，从美国内战时期至今的所有反煽动法令，如果控告某一被告，必须提供被告阴谋使用武力推翻当局的证据，但调查局掌握的文件不足以向法庭证明美国共产党符合这一规定。如果继续向前追溯，1790 年的《罗根法案》曾经宣布与外国敌对阴谋势力建立联系就属非法活动。从掌握的证据来看，美国共产党与莫斯科方面存在着一定瓜葛。但由于国会没有通过给予苏联外交承认的提案，根据美国法律，苏联还不算一个国家，所以这种情况也不能适用《罗根法案》。因此，胡佛找不到任何法律依据。在反共斗争中，他遇到了一个前所未有的棘手难题。

经历了这么多的风波之后，胡佛已经达到了司法部部长的标准。1924 年 12 月 10 日，斯通宣布，胡佛的试用期结束，他将正式担任调查局局长。

值得注意的是，就在同一个星期，胡佛终于在司法部 8 年前的预算授权法案中找到了对美国左派开展秘密调查的法律依据。1916 年，由于担心敌国外交官从事间谍活动，威尔逊政府开始派遣调查局特工对德国大使馆进行窃听，并为司法部增加预算，授权调查局“在司法部和国务院（此处加了着重号。——作者注)的控制下对政府事务开展调查”。这项议案后来成为法律，其有关条款也一直保留至今。1924 年，当参议院就是否承认苏联一事召开听证会时，国务卿查尔斯·埃文斯·休斯要求胡佛草拟一份关于莫斯科对美国共产主义有多大影响的报告。在这份将近 500 页的报告中，胡佛详细阐述了自己的观点。在他看来，苏联的共产主义势力妄图渗透到美国人生活的每一个方面。

胡佛认为，持续不断的外交和政治论战无异于为他对美国共产主义活动进行调查的做法大开绿灯。为了能够开展秘密情报工作，他不惜穿凿附会、断章取义。

此时，斯通已经调往最高法院，并最终成为美国首席大法官，以后再也没有离开过那里。但是，他仍然注视着胡佛的一举一动。对于这一点，胡佛也十分清楚，因此他始终严格遵循斯通的法令。如果想要调查局从自己手中东山再起，他就绝不能露出丝毫违法的迹象。“调查局再也经不起一次公众丑闻了。”1925 年 5 月，胡佛在给所有特工的一封私人密信中写道，“我所要做的就是保护调查局免遭外界批评，任何人都不能玷污它的声誉。”

胡佛开始削减人员，并解雇了调查局中不诚实和不合格的探员，最终只剩下不到 300 名对他忠心耿耿的特工。根据禁酒令，胡佛严禁调查局的特工在工作期间和生活中饮酒。随后，他统一了犯罪报告的规范，建立起一座现代刑事实验室和一座训练学院，还组建了国家指纹档案系统。在接下来的 10 年中，他极有针对性地缩小了调查局从事间谍活动的范围。

对美国公民进行监视需要承担很大的风险，但是在胡佛看来，不进行监视将会承担更大的风险。在 20 世纪 20 年代后半叶，胡佛和调查局在秘密线人、共产党叛徒、警方侦探以及国务院官员的协助下，对美国境内的共产主义势力进行了追踪。

1927 年，国内掀起了一场阻止对意大利无政府主义者萨科和万泽蒂执行死刑的运动，胡佛对此展开了深入调查。美国的自由派人士认为，萨科和万泽蒂的谋杀罪名是一种诬陷，其中包括胡佛昔日的宿敌、曾经在鹿岛驱逐案上与他针锋相对的法兰克福特。胡佛向调查局特工发出指令，要求他们“全面掌握”为萨科和万泽蒂辩护的当地团体的有关信息，并“及时向我报告”；与此同时，“绝不能走漏半点风声”。胡佛始终怀疑，1920 年在华尔街对美国领导人发动血腥恐怖袭击的正是那些意大利无政府主义者，但是却从未找到证据。迄今为止，这起事件仍然是一桩悬案。

此外，胡佛还对共产党的长期总统候选人、共产国际知名劳工领袖、共产党工会教育联盟主席福斯特进行了监视。从 1927 年起，联邦调查局的档案记录了共产党领导人在芝加哥和纽约召开秘密会议的详细内容。其中有报告称，赤色分子准备招募新人，并打入美国劳工联盟内部。胡佛告诉自己在国务院最信任的密友，共产党已经控制了“纽约所有工会成员”，并准备图谋“接管全国工会的行政管理权”。1929 年 5 月，福斯特及其追随者赴莫斯科开会，他们的举动引起了胡佛的高度警惕。在会议上，斯大林对美国共产党代表团发表了讲话。胡佛拿到了这些讲话记录，在接下来的日子里，这份记录一直不离他的左右。

“革命危机席卷美国的日子已经为期不远，”斯大林说，“因此要不惜一切代价和手段做好准备工作，同志们。”

这场危机已经到来：它从 1929 年 11 月的华尔街爆炸案发端，在大萧条时期达到鼎盛，直至第二次世界大战爆发之日才终于结束。

第8章

任何人都可以挥舞红旗

“这个国家的工人把苏联视作他们的祖国，对吗？”纽约州众议员汉密尔顿·费希质问美国共产党领袖福斯特，“把苏联国旗当作他们的国旗？”

“这个国家的工人只有一面旗帜，”福斯特回答，“那就是红旗。”

大萧条造成的破坏成了共产主义运动的基础。1930年，约有800万工人失业，成千上万家银行破产，全国1/4的生产线停业。赫伯特·胡佛总统似乎无力采取任何措施，国会也几乎毫无建树。这种情况给了美国共产党崛起的机会，逐渐赢得了工会与失业工人的支持。

1930年，国会首次对美国共产主义展开正式调查。众议院共产主义活动调查委员会声势浩大，但却一无所获。从一开始，国会调查员就因为伪造文件、篡改证词和哗众取宠而备受指摘。

胡佛试图与共和党众议员费希领导的这场公开讨伐保持一定距离。费希生性好斗，来自纽约州罗斯福的家乡。但是，胡佛同意对调查委员会作证，并提供了调查局有关美国激进势力的部分档案。与此同时，胡佛对共产主义的强大宣传攻势发出严重警告，并将其称之为一种新型斗争工具，用以在雇主和雇员之间制造武装冲突和阶级斗争，从而危及美国资本主义业已摇摇欲坠的基础。胡佛表示，调查局不能对美国共产主义势力进行打击，除非国会再次宣布散播革命言论为非法行为。他希望国会能够出台法律，将从事共产主义活动列为罪行。

1931 年，随着大萧条波及的范围越来越广，反政府抗议此起彼伏。众议员费希恼羞成怒地终止了自己的听证会。最后，他总结说："国会没有授权任何政府部门或为其划拨资金，用于对共产主义进行调查。没有任何一个政府部门，尤其是司法部，对美国境内的共产主义革命活动有所了解。仅纽约一地就有 10 万名共产党员，一旦意识到这一点，他们就会冲进白宫，绑架总统。到时候，任何一个政府部门都不清楚究竟发生了什么情况，而只能从第二天的报纸上得知这一消息。"

然而，无论是国会还是最高法院都没有对反共斗争表示明确支持。前国务卿、新任首席大法官查尔斯·埃文斯·休斯是共和党中的改革论者。在他看来，即使是共产党也享有宪法赋予的公民自由。这位首席大法官在一份主要意见书中推翻了加利福尼亚州对一名 19 岁指导教师叶塔·斯特罗伯格的判决。她因为每天早晨在某共产党夏令营中升红旗而被判处 5 年徒刑。最高法院认为，这一判决有悖于《美国宪法》和《人权法案》。在美国，任何人都可以挥舞红旗。

但是，众议员费希想要将这面红旗镇压下去。他想要国会宣布散播共产主义言论和进行活动为非法行为。他希望调查局重操旧业。于是，他转而向胡佛求助。

调查局局长胡佛向这位众议员解释了自己眼下的危险处境。"还没有立法授权调查局可以对美国民众进行监视。"胡佛告诉费希。调查局的行动依据"仅仅是一项预算授权法案"，而其中也只是隐约提到，他们可以为国务院开展工作。这显然不是一种严谨的表述：预算法案包含的立法性语言只不过是语言而已，而不是法律。如果国会和最高法院想要宣布从事共产主义活动为非法行为，他们就应该采取切实可行的措施。反之，调查局没有权力对人们的政治行为进行公开调查。因此，胡佛现在就像在一条极细的钢丝上行走。

胡佛告诉司法部部长威廉·D. 米切尔，要想"在共产党内部占据一席之地"，及时掌握他们"变幻无常的方针政策和诡秘莫测的宣传计划"，地下卧底工作尤为关键。但是，"长期以来，调查局不仅始终处于严格的审查之下，而且还成了涉嫌使用秘密及不当手段的指控对象。"胡佛警告道。根据法律，他不能对那些"在联邦政府看来尚未被认定为非法"的政治行为进行调查。

尽管如此，胡佛仍然没有放松对共产党的监视，只不过按照他对法律的解读，他还需要向国务院递交秘密报告。

1931 年 1 月 20 日，也就是在与众议员费希谈话后的一天，胡佛写信给国务院大名鼎鼎的苏联问题专家、东欧司长罗伯特 ·F. 凯莱。根据共产党内部秘密线人提供的消息，胡佛对调查局驻纽约办事处的一系列报告进行了概括。

胡佛提到了一个名为“退伍军人工人联盟”的组织，他认为这是由第一次世界大战后美国退伍老兵组成的一个“活跃的共产主义团体”。该团体要求政府兑现承诺，继续发放从 1945 年就已经停发的“额外津贴”。他们“正在组织一批退伍军人，准备前往华盛顿进行‘津贴游行’。”胡佛写道，“在这次运动中，工人联盟听命于共产党中央委员会。”胡佛说，这些退伍军人已经与共产党联起手来，密谋发动一场前所未有的大规模示威游行。

胡佛关于“津贴游行”的情报很快就变成了现实。1932 年夏，全国各地数以万计衣衫褴褛的一战失业老兵聚集在一起，对政府的做法表示抗议。在这支浩浩荡荡的队伍中，有一面旗帜上写着：“在上一场战争中，我们曾为雇主而战；在下一场战争中，我们将为工人而战。”很多游行者携家带口，一路来到华盛顿，在那里建立起破旧不堪的临时营地。国会山成了这支流浪大军的驻地，他们在安那卡那斯提亚河畔搭建帐篷，盘踞在废弃的联邦大楼里。

7 月 28 日，总统下令召集军队。在道格拉斯 · 麦克阿瑟将军及其副官德怀特 ·D. 艾森豪威尔少校的率领下，他们出动了全副武装的骑兵、带着刺刀和催泪瓦斯的步兵、机关枪和坦克，逼近了游行队伍的所在地。麦克阿瑟将军手下的士兵放火焚烧了河边的帐篷，这场混战导致一名示威者丧生。美国陆军开始攻击手无寸铁的退伍老兵及其家小，强行将他们从国会大厦驱逐出去。自南北战争以来，美国还没有出现过这样大规模的城市斗争。很快，这次暴动的新闻照片和纪录片就开始在各大媒体出现。对于刚刚赢得共和党提名，谋求连任的赫伯特 · 胡佛总统来说，这无疑是一场巨大的政治灾难。

司法部部长米切尔宣布，共产党应当对此承担责任。他找到 J. 埃德加 · 胡佛，希望后者能为自己的指控提供证据。在接下来的几个月中，纽约、芝加哥和圣路易斯的调查局特工千方百计想要证明，共产党一手策划并资助了这次游行。于是，他们开始潜入示威集会，查找银行记录，跟踪这次游行的领导者，但是这一切都枉费心机。随后，法庭召集大陪审团，试图搜罗事实，以证明这次游行是一次阴谋，但同样没有找到任何证据。

在调查局，精通业务、守法奉公的特工不过数百人，其中具有间谍和反间谍活动经验的仅有寥寥几十人。因此，无论是调查局还是胡佛都没有足够的资本一举成名。如果说美国民众知道调查局局长的名字，这很可能是因为总统曾经提名胡佛出任“联邦援助协调员”，对一个“世纪大案”进行调查，即 1932 年，查尔斯和安妮 · 林德伯格尚在襁褓中的幼子遭到绑架，在胡佛的指挥下，这个案子直到两年以后，肇事歹徒才落网伏法。

430 万“犯罪常规军”

大萧条让美国的政治和社会满目疮痍。在这样一场灾难中，如果有哪个政治家挺身而出，承诺他能够带领美国人民走出困境，那么他就能够一呼百应。然而，直至 1932 年 11 月总统大选来临之际，美国共产党仍是一支十分薄弱的力量，其麾下只有数千名效忠于斯大林和苏联的成员。他们在美国工人和工会内部产生了一定影响，其思想在那些对美国政治制度感到绝望的知识分子和激进势力中间也越来越有吸引力。

美国民众并不打算开展打击犯罪分子和共产党的斗争，他们最大的问题是如何生存下去。他们渴望出现一位坚定有力的领导者。他们希望总统能够“在被统治者一致同意的基础上，建立起美国的独裁政治”，众议员费希一语惊人地宣称。从富兰克林 ·D. 罗斯福接受提名的那一刻起，他就注定要成为美国总统。罗斯福准备运用宪法赋予自己的一切权力，甚至宪法以外的，从水深火热中挽救美利坚合众国。

在富兰克林 ·D. 罗斯福总统执政期间，联邦调查局成了美国政府的高层部门之一。但是，在权力过渡期间，胡佛险些丧失了大位。

1933 年 3 月 4 日，富兰克林 ·D. 罗斯福总统宣誓就职，并提名蒙大拿州参议员托马斯 · 沃尔什出任司法部部长。10 年前，在哈定政府的鼎盛时期，沃尔什曾经是调查局进行政治监视的首要目标。因此，胡佛保住职位的机会异常渺茫。然而，就在罗斯福举行就职典礼的前夜，沃尔什和自己年轻的新娘乘坐卧铺火车前往华盛顿，途中因心脏病突发而死亡，终年 72 岁。

罗斯福急于物色一个替代人选。新任国务卿科德尔 · 赫尔向他推荐前民主全国委员会主席霍默 ·S. 卡明斯。在 1932 年的民主党全国大会上，他曾经担任富兰克林 ·D. 罗斯福的现场负责人，并且向与会代表发表了振奋人心的演讲。更为重要的是，卡明斯曾在康涅狄格州担任检察长长达 10 年。

因此，与司法部许多前任不同的是，对于如何执法，他显然具有更加丰富的个人经验。

“我们正面临着一场战争，”1933年8月，司法部部长卡明斯在向“美国革命女儿会”发表演说时宣称，“一场打击有组织犯罪势力的战争。”

为此，卡明斯炮制了一份所谓的“公敌”名单，其中包括银行大盗约翰·狄林杰、“美少年”弗洛伊德、“娃娃脸”尼尔森以及雌雄大盗邦妮和克莱德。卡明斯授权调查局特工携带枪支、执行搜查令和实施逮捕。在卡明斯的倡议下，国会通过了一项新的联邦犯罪法律，给予调查局对诸如诈骗和跨州犯罪等案件的执法权限。卡明斯希望，在那些充斥着腐败警吏和无能治安官的州县，胡佛的手下能够严格执法。

卡明斯呼吁好莱坞也加入到这场战争来。在好莱坞拍摄的电影当中，胡佛俨然成了一个明星式人物。卡明斯相貌文弱，看起来就像是一个图书馆员，所以不可能成为影片中的主角，相比之下胡佛更适合这个角色。为了拍摄宣传照片，无论是需要手持冲锋枪，还是需要对着某个女明星微笑，胡佛都乐此不疲。对于这个传奇般的角色，人们在银幕上塑造了各种各样的形象。在电影《执法铁汉》中，吉米·卡格尼饰演一名风度翩翩的联邦调查局特工。在国会的听证会上，影片里的胡佛代表卡明斯慷慨陈词。“一定要彻底消灭这些败类！”胡佛宣誓，“这就是战争！”

在不到一年的时间里，胡佛一跃成为打击犯罪斗争的化身、一场令美国民众目眩神迷的作秀演出的主角、各大报纸的焦点人物以及美国政界的代表。他在公共场合的一举一动、一言一行以及他为国会提供的统计数字，其夸张程度比起电影来，甚至有过之而无不及。

胡佛宣称，430万美国人已经加入了“犯罪常规军”，并对国家安全构成了威胁，其中包括“杀人犯、小偷、纵火狂、刺客、强盗和抢劫犯”。按照这个数字计算，每30个美国男人、女人和儿童当中，就有一个人是持有武器、逍遥法外的危险罪犯。当时，没有人对这个极端的声明表示质疑。后来的事实证明，其中很多数字纯属杜撰。然而，它们在当时却为胡佛带来了巨大的名望和权力。

现在的胡佛不仅大权在握，而且在国内声名鹊起。于是，他所执掌的机构也有了一个新的名字——联邦调查局。

与此同时，美国开始向内部敌人宣战。这场斗争绝不能大张旗鼓地开展。

因此，富兰克林·D. 罗斯福委任胡佛在绝对保密的前提下发动这场战争，并给予了他作为总统所能给予的最大权力。

在大西洋彼岸，希特勒正在德国建立起独裁政权。富兰克林·D. 罗斯福很快预见到，有朝一日，美国将不得不与纳粹威胁针锋相对。在克里姆林宫，斯大林不断要求美国承认苏联。罗斯福意识到，如果他和参议院通过这项议案，届时苏联也许会成为抵抗希特勒及其纳粹冲锋队的一道堡垒。于是，承认苏联就顺理成章了。至于胡佛，他心甘情愿地接受罗斯福的一切指示，打击国内外的一切敌人。

第二部分
在世界大战中壮大

罗斯福时期的 FBI：1934 ~ 1944

1934 年，富兰克林 ·D. 罗斯福总统和 J. 埃德加 · 胡佛开始向内敌宣战。

当社会主义苏联逐渐崛起时，富兰克林 ·D. 罗斯福感到了前所未有的压力。苏联间谍盛行、纳粹间谍无孔不入、国内共产主义势力发展，甚至同性恋泛滥……美国国内似乎变得草木皆兵。罗斯福越来越依仗联邦调查局，大权独揽的胡佛更是将窃听技术发挥到了极致。此时的联邦调查局俨然成了美国的“盖世太保”，而野心勃勃的胡佛更是成为这个情报世界名副其实的统治者。

第9章

日益猖獗的间谍活动

“去追查这些混蛋吧”

1934年5月8日，富兰克林·D. 罗斯福总统向胡佛发出了第一道作战命令。罗斯福说，他要对美国的法西斯势力展开一次“极其慎重和彻底的调查”。

总统想要胡佛追查希特勒的所有党羽及仰慕者。他们都是哪些人？他们究竟有多强大？他们造成的威胁有多严重？德国大使馆是否存在纳粹分子？德国是否在华尔街大量投资来扩大他们的影响？美国境内是否有希特勒派遣的秘密特务和注入的秘密资金？

此时，希特勒已经对美国的盟友欧洲构成了严重威胁。在第一次世界大战中，为了颠覆和破坏美国，德国特务无所不用其极。对于这一点，罗斯福和胡佛都十分清楚。根据总统的指令，联邦调查局仿佛成了美国政府部门之间的一座信息交换站。然而，总统的目的不是为了提起诉讼，而是为了搜集情报。

在这场反法西斯斗争中，胡佛不仅行动缓慢，而且格外谨慎。昔日打击共产主义的热情似乎一去不复返。他向各地办事处发出了严谨的指示，命令他们对美国的法西斯运动开展“所谓的情报调查”。胡佛的措辞显然是仔细琢磨过的。在接下来的两年中，调查局的工作大都只是核对各地警方档案、监视公共集会以及收集简报资料，并对诸如德美同盟（该组织是在汽车巨头亨利·福特的赞助下创立的。——作者注）和美国本土法西斯团体“银衬衫”等纳粹组织进行了监视。联邦调查局记录了“自由游说团”和名噪一时的反犹主义广播传教士查尔斯·科格林等人广为流传的右翼言论，甚至还对一个名叫“全国反共委员会”的组织展开了调查。但是，在调查局有关希特勒的档案中，大都是对这个独裁者发出的不切实际的死亡威胁。

胡佛竭尽全力想要将罗斯福的注意力重新转移到反共斗争上来。经过10年的辩论后，在罗斯福执政初期，美国终于宣布正式承认苏联。斯大林开始在美国建立大使馆和领事馆。然而，哪里有外交官，哪里就有间谍。此外，国会刚刚通过了《劳工关系法案》，允许工人组织工会；而凡是有工会的地方，就会出现共产党。1930年至1936年，共产党员的人数翻了四番，达到了3万人左右。美国的左翼人士也开始自告奋勇，奔赴西班牙打击法西斯势力。

在胡佛看来，这些都是不祥之兆。因此，他要求单独面见总统。

1936年8月24日，罗斯福邀请胡佛来到白宫。在整个任期内，对于重要会议，尤其是那些与秘密情报有关的会议，罗斯福一贯都会拒绝保存任何书面记录。唯独这一次与胡佛的谈话是个例外。

根据胡佛的记录，罗斯福想要谈论有关“美国境内的颠覆活动，尤其是法西斯主义和共产主义”，并希望“全面了解”他们可能对美国政治和经济造成的影响。但胡佛仅着重谈了联邦调查局对美国共产主义的持续调查。他向总统发出警告，共产党正在接管西岸地区码头工人的联盟，他们已经掌握了联合矿工工会以及全国的煤炭供应，并通过报业行会对新闻媒体产生了巨大的影响。

“我告诉他，”胡佛写道，“共产党蓄谋已久，想要控制这三个组织。如果做到了这一点，他们就能够让美国陷入瘫痪……中断航运……中断工业……中断新闻发行。”胡佛指出，共产党正在通过全国劳工关系委员会渗入联邦政府。

接着，胡佛告诉总统，要想继续开展秘密情报工作，联邦调查局就需要新的授权。在这里，他援引了1916年国务院授权调查局从事秘密情报工作的法令。

翌日，即1936年8月25日，罗斯福在白宫召见了国务卿科德尔·赫尔和胡佛。总统表示，由于共产主义的威胁遍及全球，而其“幕后指挥者正是莫斯科”，因此国务院应当准予胡佛对美国境内的苏联间谍进行追捕。

关于这段对话，无论是总统还是国务院都没有保存书面档案，胡佛也没有一字一句地记录下来。但是联邦调查局却流传着这样一种说法，赫尔曾这样对胡佛说道：“去吧，去追查这些混蛋吧。”

总统下达的命令并没有明确限制，现在胡佛可以名正言顺地对美国的敌人开展秘密情报行动了。在接下来的日子里，他一次又一次援引了罗斯福总统给予他的授权。

胡佛立即将命令下达到联邦调查局驻各地办事处：“从一切可能的渠道，获取共产党、法西斯党以及其他宣扬通过非法手段推翻或取代美国政府的组织开展颠覆活动的有关信息。”就像十几年前在赤色围捕狂潮中遇到的情况那样，为了获取情报，胡佛不得不在陆军、海军和国务院之间进行协调。

联邦调查局开始对共产党及其派系的每一名成员以及美国境内的法西斯和反法西斯运动领袖进行一一追查。他们跟踪了矿业、航运、钢铁、报社和制衣业的左翼劳工领导人，在中小学校、大学、政府部门和军队中搜寻共产党及颠覆分子。胡佛下令，要求调查局特工招募更多线人，递交更多有关重要颠覆势力的报告。从此以后，他开始将“颠覆活动”列为仅次于美国政治经济生活的重大事项。

重启搭线窃听

借助总统的最新授权，胡佛重新启用了联邦调查局最有价值的一门情报技术——搭线窃听。

很久以前，政府部门就开始进行窃听活动。在美国内战中，南北双方的军事间谍一直在监听彼此的电话。早在几十年前，警察和私家侦探就开始偷录嫌疑人的谈话。第一次世界大战期间，在威尔逊总统的授权下，联邦政府接管了公共电话线的操作权。战争结束后，国内一度混乱不堪，在长达数年的时间里，调查局窃听了不计其数的电话，其中不仅包括共产党，还有诸多参议员、众议员和法官。

现在，搭线窃听已经属于合法行为，不过前提是必须秘密进行。

在 1928 年的奥姆斯特德一案中，由于前美国总统、首席大法官威廉·霍华德·塔夫脱投出了关键性一票，最高法院以 5 比 4 通过了判决。罗伊·奥姆斯特德是西雅图的走私酒贩，财政部负责执行禁酒令的探员对他的电话进行了窃听。奥姆斯特德的律师认为，为了搜集犯罪证据而秘密安装窃听装置的做法，违反了宪法第四修正案中“禁止非法侵入他人土地与非法搜查和扣押”的有关条款。

但是，奥姆斯特德一案中的多数派判定，政府并没有逾越自己的职权。“如果确立原则，禁止政府官员以使用除了符合良好道德规范行动以外的手段获取证据，那么这种原则不仅有损于社会，而且还会让罪犯得到比以往任何时候都更大的豁免权。”

对于上述看法，以路易斯·布兰德斯和胡佛的前任上司斯通法官为首的少数派表示了强烈的异议。布兰德斯警告道：“那些本意良好、满腔热情但缺乏见地的人士进行的潜在侵犯，恰恰是对自由的最大危害。”

“犯罪具有传染性。”布兰德斯写道，“如果政府部门以身试法，就会有更多人置法律于不顾，就会导致私法泛滥和无政府主义。如果我们宣布，在施行刑法的过程中可以用目的为手段正名，或者为了给某个罪犯定罪，政府部门可以触犯法律，这种做法必将酿成严重的恶果。”

在谈到搭线窃听和安装窃听器时，布兰德斯提到，在独立战争造就美国之前，英国政府曾经利用“协助执行令”和“总逮捕令”，对殖民地居民的住所进行任意搜查。“同样是间谍手段，与窃听比起来，“协助执行令”和“总逮捕令”只不过是微不足道的专制压迫工具。”布兰德斯一针见血地指出，一旦开始对某个人实施窃听，其波及范围就会无限扩大。“窃听一个人的电话，就包括这个人打给其他任何人的电话，也包括其他任何人打给这个人的电话。”对于这一点，胡佛的手下当然再清楚不过。

奥姆斯特德案发生 6 年后，即 1934 年，国会通过了《通讯法》，禁止拦截通话信息并泄露其内容。立法者认为，他们已经宣布搭线窃听为非法活动，但却给胡佛留下了可乘之机。对于“泄露”一词，胡佛作出了如下解释：如果该信息没有在法庭上被用作证据，窃听就不算是违法行为。也就是说，如果窃听是秘密进行的，就属于合法之举。从那以后，只要有胡佛的授权，联邦调查局就可以进行窃听。从 20 世纪 30 年代开始，搭线窃听、安装窃听器和入室行窃成了联邦调查局开展情报工作的三件法宝。胡佛相信，为了使美国免遭间谍和阴谋者的荼毒，这三件工具必不可少。罗斯福总统也深知，在国与国的角逐中，上述手段早已司空见惯。

在华盛顿的最高层，有人开始意识到，胡佛很可能对很多私人谈话进行了窃听。联邦调查局仿佛无处不在，这本身就是一种无形的权力。1936年，在对最高法院判决泄密案进行调查时，调查局特工在一名法庭书记员的家中安装了窃听器。首席大法官查尔斯·埃文斯·休斯怀疑，胡佛甚至在法官裁决案件的会议室里也安装有窃听设施。如果人们在最高法院的议事厅里讲话时也要心生警惕，只能说明这个时代已今不如昔。

FBI严重落后

1937年，胡佛发现，与经验丰富的外国间谍机构相比，他所执掌的联邦调查局只能相形见绌。早在数年前，苏联、德国和日本就已经开始对美国的造船厂、飞机制造厂、军事基地以及大西洋和太平洋地区的演习进行监视。令胡佛感到悲哀的是，他居然直到现在才知道。

他是从军方的密码破译工作中了解到这一情况的。当时，陆军信号情报部正在对外国的无线电通讯进行窃听。海军也想要破译日本军方的密码和暗号，以便提前预知太平洋地区可能发生的袭击。他们与美国无线电公司达成了秘密协议，从后者那里获取日本往来电报的复印件。

海军方面取得了一定进展，正是他们提供的线索使联邦调查局逮捕了哈里·汤普森。这是第一次世界大战后美国首次对一名间谍审判并定罪。海军密码破译专家阿吉·德里斯克尔注意到，在一份日本无线电电报中出现了一个奇怪的单词“TO-MI-MU-RA”，于是便对此展开了调查。“mura”在日语中的意思是“城镇”或者“儿子”，对应的英语单词分别是“town”和“son”。她自言自语地嘟囔这两个单词，忽然发现它们连起来的读音就像是“Thompson”，即“汤普森”。而哈里·汤普森是一名前海军士兵，曾经为在加利福尼亚州攻读英文的日本皇家海军少佐宫崎敏夫从事间谍活动。根据德里斯克尔提供的信息，联邦调查局发现，汤普森把美国高度机密的武器和海军工程的有关资料卖给了日本。

此外，在军方的密码破译工作协助之下，联邦调查局还逮捕了海军学院毕业的前海军少校约翰·法恩斯沃斯。他不仅酗酒成性，而且曾因行为不端遭到军方遣散。法恩斯沃斯经常出现在太平洋沿岸的海军基地，一边拿出大把钞票替别人结账，一边打探有关海军密码、武器和军舰设计的消息。最后，海军方面把这起案件移交联邦调查局处理。1937 年，由于向日本出售军事机密获得 2 万美元，法恩斯沃斯在接受审判后被判处有罪。

但是，与联邦调查局开展的第一次大规模国际间谍调查“鲁姆里希案”相比，上述案件只不过是小巫见大巫。

无孔不入的纳粹间谍

1938 年 2 月 14 日情人节当天，胡佛正在迈阿密度假。由于母亲刚刚去世，此刻他正沉浸在悲痛之中。在过去的几十年里，他们一直住在一起。现在，43 岁的胡佛不得不开始寻找新家。此外，他的第一本书《隐藏者》也即将出版。这本书由他人代笔，内容也不怎么新颖，只是将一些联邦调查局打击不法之徒的故事改头换面而已。当胡佛接到总部电话，得知冈瑟 · 鲁姆里希被捕后，他的心中疑窦丛生。这起案件甚至比他在书中添枝加叶的那些故事还要离奇。

一个名叫盖伊 · 利德尔的英国高级情报官员向伦敦的美国大使馆发出警告称，美国境内潜伏着一个纳粹间谍组织。几天以后，位于纽约的国务院护照处接到了一个电话。来电者自称是国务卿科德尔 · 赫尔，他命令办事员把 35 份空白护照送到曼哈顿的麦卡尔平酒店。

当冈瑟 · 鲁姆里希接过护照包裹时，纽约警方立即将其逮捕，还在他的房间里发现了一份有关阴谋窃取美国防卫大西洋沿岸军事计划的记录。

26 岁的鲁姆里希是一名美国公民，性格十分懦弱。他的父亲是一名奥地利外交官。鲁姆里希毫不隐讳地供认，他来自德国的反间谍机关。

胡佛立刻委派联邦调查局的明星探员里昂 · 图罗对此案进行调查。图罗是胡佛最得力的手下之一，他结交了相当一批纽约的新闻记者。图罗认为，自己完全可以借助鲁姆里希案件名利双收。1938 年 4 月，他本来应该正在为联邦大陪审团的案情说明做准备，但却在深夜约见了一名记者，计划在《纽约邮报》上刊登自己亲身经历的系列连载，并出版一本名为《美国的纳粹间谍》的冒险故事集。在这本书中，他讲述了自己是如何与活生生的罪犯斗智斗勇的，不过其内容显然真假参半。

图罗得知，德国在美国从事间谍活动已有数年之久。从 1927 年起，该组织成员就开始偷窃美国的军事技术。他们的首领是曼哈顿的一名医生——伊格纳兹 · 格里布尔博士。格里布尔借助自己的名望，公开成立了一个亲纳粹政治团体“新德国之友”。在过去的两个月中，根据鲁姆里希提供的线索，联邦调查局确认了该组织的 18 名成员，其中既有德国人，也有美国公民。他们窃取了很多美国新一代战斗机和驱逐舰的设计图纸和操作说明。该组织将柏林转来的资金投入到规模日渐壮大的德美同盟以及美国纳粹自卫队成员身上，而后者的人数已经多达数万。

这本来是一个不错的电影题材，但图罗犯了一个错误。他告诉这 18 名德国反间谍机关成员，他们将于 1938 年 5 月 5 日接受纽约大陪审团的传讯。其中 14 人闻讯后立即逃离美国，有些人还偷偷登上了那些船长或乘务员是德国间谍的客轮。鲁姆里希在与美国政府达成交易后认罪伏法，与其他 3 名微不足道的从犯留在了纽约。事后，联邦调查局驻纽约办事处负责人在写给胡佛的信中不无懊丧地称，德国反间谍机关的格里布尔博士已经在柏林露面，他和他的同伙“很可能正在嘲笑我们在这起案件上的做法”。“鲁姆里希案”最终功亏一篑。当图罗带着其余从犯接受传讯时，人们都认为他纯粹是在信口开河。

“鲁姆里希案”让联邦调查局成了世人的笑柄，而这正是胡佛最为担心的事情。

大权独揽的胡佛

在美国境内开展间谍活动的不只是日本和德国。当鲁姆里希被判处两年徒刑而锒铛入狱时，另一个名叫米哈伊尔·戈林的苏联间谍也在洛杉矶被捕。这是第一起苏联在美国军队中招募间谍的案件，内奸来自海军情报处，而胡佛有关外国间谍活动的线索大多是从那里得到的。

罗斯福总统震怒不已。他表示，“对于国内正在进行的间谍活动，我们毫无防范。”总统认为，“只有加强情报机构的工作，我们才能在打击外国特务活动的斗争中取得胜利。”

1938 年 10 月 14 日，胡佛向总统和司法部部长提出了一个大胆的建议。他想要建立一个由自己掌控的庞大的情报机构。当人们还没有为下一场战争做好准备时，胡佛已经开始野心勃勃地为自己攫取权力了。

胡佛提出了自己的具体方案。他指出，迄今为止，联邦调查局共有 587 名特工，必须再增加 5000 人。他计划接管移民局和海关。他想要将控制着国内和国际无线电、电报、电话系统的联邦通讯委员会纳入自己的麾下。他必须对每一座持有政府合同的工厂以及每一处军事研究设施的安全负责。他将要监督国务院发放的每一份护照和签证。他有权对美国境内任何被怀疑为外国间谍的人展开调查。

胡佛建议，上述所有工作应当由总统下令在暗中进行。

“在扩大现存情报工作体系时，必须绝对保密。”1938 年 10 月 20 日，胡佛在递交总统的一份备忘录中写道。其目的是“为了免遭外界可能随之而来的批评或反对”。

“间谍在美国人心中一直是一个令人反感的词语，”胡佛接着写道，“因此，如果试图就此立法，人们就会注意到这一事实，认为其目的是为了发展特殊的反间谍机构，而无论其规模如何，都有可能带来令人不快的后果。”

1938 年 11 月 2 日，罗斯福总统在白宫召见胡佛。同样，这次谈话的记录仅仅存在于胡佛私人的秘密备忘录中。上面写道：“总统表示批准我提出的方案。”

但是，胡佛很快发现，在大权独揽的同时，这种秘而不宣的做法并非毫无弊端。

第10章

民主国度的“禁卫军”

在大多数情况下，每当富兰克林·D. 罗斯福发布密令时，其结果往往隐患丛生。

“你们知道，我就像一个杂耍演员。我绝不会让自己的右手知道左手在做什么。”有一次，罗斯福在谈起自己的政治谋略时说，“我对欧洲的政策可能与对南北美洲的政策截然相反。有人说这是自相矛盾，但只要有助于打赢战争，我毫不介意误导和说谎。”

总统没有告诉任何人，他“批准了”胡佛提出的为联邦调查局带来巨大权力的方案。罗斯福从白宫的秘密金库中暗中拨给胡佛 60 万美元，这笔资金相当于经国会核准联邦调查局预算额的 1/10。虽然胡佛利用这一小笔意外之财雇用了 140 名新的特工，不过距离他增加 5000 人的最初设想显然还相去甚远。

经过数月的努力，胡佛赢得了另一道总统批令，从而得到了自己想要的一系列新的授权。为此，他不得不使出浑身解数，才终于说服了总统和新任司法部部长弗兰克·默菲。默菲于 1939 年 1 月出任司法部部长，是胡佛的第八位上司。对于默菲想要听到什么，以及自己应该说些什么，这时的胡佛早已驾轻就熟。默菲积极倡导公民自由，因此胡佛解释说，要想避免过去赤色围捕行动中出现的混乱和无序状况，就需要由联邦调查局来掌管情报工作。

1939 年 6 月 26 日，罗斯福发出密令，指示联邦调查局、陆军和海军情报部门共同负责对所有间谍、反间谍以及破坏活动的调查工作。每周，胡佛与军方负责人都会在联邦调查局召开例会，协调彼此的工作。届时，国务院也会派出一名高级官员作为顾问参加会议。这个“跨部门情报委员会”由胡佛担任长期主席，而军方参谋长每两年轮换一次。当战争的阴云笼罩欧洲之际，罗斯福的这道密令无疑确立了胡佛在美国情报界至高无上的地位。

当年夏末，第二次世界大战爆发。1939 年 9 月 1 日，希特勒出兵波兰，开始发动侵略战争。两天以后，法国和英国分别对德国宣战。在此之前，希特勒和斯大林已经签订了《苏德互不侵犯条约》。让美国大多数左派人士和自由主义者感到震惊的是，莫斯科的共产党竟然会在柏林与纳粹分子媾和！有了这一条约，德国就不用担心自己会在欧洲东线遭到红军的袭击了。

纳粹势力很快开始向大西洋逼近。日本在中国暴虐横行，妄图把战火烧到太平洋。没有人知道这场战争会不会，或者说什么时候会席卷到美国。

罗斯福正式宣布美国保持中立。但是，从 1939 年 9 月起，他开始向英国运送军舰并表示支持共享情报，打击轴心国在美国境内开展的间谍和颠覆活动，预测苏联下一步可能采取的行动，以及在胡佛的协助下严密监视国内的敌对势力。

迄今为止，总统与胡佛之间已经建立起了一种相互信赖的关系。这种关系源自他们对彼此能力达成的共识。胡佛对总统满怀崇敬，虽然后者并没有给予他想要的所有授权，但也赋予了他很大的权力，对于这一点，胡佛充满了感激。同样，罗斯福对秘密情报工作也格外倚重。虽然胡佛并没有解开他心中的一切谜团，但对于后者提供的大量情报，他感到十分满意。

1939 年 9 月 6 日，也就是战争在欧洲爆发 5 天以后，罗斯福总统对美国民众发表了一则公开声明，而声明的内容正中胡佛下怀。总统扩大了早先密令的范围，表示联邦调查局将“负责与间谍活动有关的一切调查工作”。他命令美国的所有执法官员向联邦调查局提供“他们获得的与间谍、反间谍、破坏、颠覆活动以及违反中立法有关的任何信息”。罗斯福说，他希望“保卫这个国家……不再出现 1914 年至 1917 年初我们参加战争前发生的一些情况”。

对于 1916 年的黑汤姆岛爆炸案，包括总统、最高法院法官、司法部部长及其核心人士和胡佛在内的当权者都记忆犹新。他们也不会忘记 1920 年的赤色围捕行动。但是这一次，司法部部长默菲向民众表示，美国的公民自由一定会受到良好的保护。

“20 年前，在维护正义的名义下，美国发生了一些惨无人道的事情，”他告诉媒体说，“我们希望今天不再重蹈覆辙，因此才将这项工作置于联邦调查局的管理之下。”默非宣称：“我认为，所谓民主，并不必然意味着舍弃对国家利益的维护。我相信，如果这项工作得以正确开展，如果对内部侵略的防范进行精心筹划，在这个自由的国度里，我们的人民就绝不会遭受世界上其他地方发生的以及我们曾经亲眼目睹的惨剧。我们完全可以在无损自由的情况下，阻止有人利用破坏、骚乱和暴力对自由进行侵害，并将其公诸于众。”

窃听必不可少

胡佛没有时间聆听这篇激动人心的声明。他已经枕戈待旦，但是现在他的手中还缺少 3 件新的武器。

第一，胡佛希望国会颁布更加严格的反颠覆法令。为了达到这个目标，他已经等了足足 20 年，现在终于等到了这一天。国会正在召开听证会，并于 1940 年出台了《史密斯法》。该法最初的目的是为了对外国侨民进行指纹采集和登记，但是随着时间的推移，它逐渐成为美国自 18 世纪以来第一项在和平时期制订的反煽动法。《史密斯法》对言论自由进行了前所未有的限制，并规定所有蓄意推翻美国政府的言论和思想为非法活动，以及任何此类机构中的个人都触犯了联邦法律。

第二，胡佛再次开始大力搜集潜在敌人的名单，而美国一旦宣战，就必须立即将这些人逮捕或扣押。这次行动与胡佛第一次世界大战期间在敌侨局开展的工作毫无二致。

1939 年 12 月 6 日，胡佛向手下的每一名联邦特工发出了一道名为“内部安全”的“个人密令”，要求他们准备一份能够以国家安全名义关押的美国公民和外国侨民的名单。胡佛认为，这份名单应当包括共产党和社会主义者、追随希特勒的法西斯分子、亲日派以及其他所有在联邦特工看来有可能发动政治战争的嫌疑人。他想要得到所有与美国为敌者的名字。这次行动被命名为“监管拘留计划”。

第三，胡佛想要不受任何约束地进行窃听，但现在他的面前却出现了一道似乎难以逾越的新障碍。1939 年 12 月 11 日，最高法院推翻了先前的判决，宣布政府部门的窃听活动属于非法行为。

在纳东一案中，联邦政府与不法之徒针锋相对，其中最重要的证据是500份电话窃听的录音。辩方律师援引了1934年的《通讯法》，该法禁止泄露窃听谈话的内容。最高法院在判决中提到，有关法律规定一清二楚，不仅“明令……禁止任何人……拦截电话信息，而且使用同样明白无误的语言指出，任何人都不得向他人泄露或公布窃听的内容或实物”。

此外，最高法院明确表示，这部法律同样适用于联邦特工。

从表面上看，这一判决似乎禁止窃听，但对胡佛来说并非如此。两天以后，他向手下特工发出指令，声称任何事情都没有改变。“继续照以前的原则行事，没有我的批准，不能进行电话窃听。”但只要他本人，也只有他本人，批准以搜集情报的名义进行秘密窃听，那么一切都将平安无事。

纳东一案的公诉人对窃听谈话的内容进行了美化、概括和转述，从而将被告定罪。然而，在最高法院重审时，这套把戏却玩不下去了。胡佛的宿敌，也就是20年前曾在鹿岛驱逐案上与他据理力争的哈佛大学自由俱乐部知名律师菲利克斯·法兰克福特法官，在判决中对此进行了尖锐的批驳。

“窃听不仅有悖于道德规范，而且有损个人自由”，法兰克福特在法庭判决中写道。因此，对窃听录音进行概括的做法是行不通的。“政府部门通过不当行为获取的信息不予采用。”他的判决一锤定音：政府部门既不能进行窃听，也不能采用通过窃听获得的信息。

1940年1月18日，司法部部长默菲出任最高法院大法官，由司法部副部长罗伯特·杰克逊接替他的职务。在纽伦堡审判中，杰克逊曾经担任纳粹战犯的首席公诉人，后来成了一名优秀的最高法院法官。上任伊始，杰克逊就宣布，司法部将不再进行任何窃听活动。3月15日，他正式出台禁令，但这条禁令只维持了9个星期。

胡佛一面设法削弱这位新任司法部部长的权力，一面找到了一条绕过法律的途径。每当有上司阻拦自己的去路时，他不仅擅长审时度势，而且在下手时毫不留情。他四处透露风声，暗示在打击间谍和破坏者的斗争中，联邦调查局被人束缚了手脚，从而对杰克逊进行暗中打击。此外，胡佛还求助于自己在战争部和国务院的政治盟友，并发出严厉警告称，国家的安危取决于是否能够使用窃听器。

1940年4月13日，胡佛在写给杰克逊的信中说，“他对当前禁止实施电话窃听的规定深感忧虑”。对于联邦调查局来说，窃听是进行情报调查和间谍活动"必不可少"的手段。否则,"我们可以预见,类似黑汤姆岛爆炸案的巨大灾难将会重新上演"。联邦调查局"无法在放弃使用窃听手段的情况下,应对此类问题",胡佛辩称,"我有责任提醒您注意眼下这种局面,而不是坐视不理。一旦发生国家危机,届时司法部将会因为没有防患于未然而成为众矢之的。"

胡佛想要告诉司法部部长,除非以国家安全的名义撤销这一禁令,否则司法部的双手就会沾上美国人民的鲜血。

一份威胁美利坚的名单

胡佛与司法部之间的冲突愈演愈烈。在得知胡佛的"监管拘留计划"后,司法部部长杰克逊大为震惊。在他看来,监视敌侨的动向情有可原,但是搜集美国公民的档案以便在国家临危之际将其一网打尽,这种做法则另当别论。

胡佛警告杰克逊不要对此横加干涉。如果就"监管拘留计划"展开争辩,极有可能产生"泄露特定反间谍活动信息"的危险。杰克逊对他的职权发出挑战,无异于让联邦调查局"放弃获取与颠覆势力有关信息的责任"。因此,他不会终止这份名单。

胡佛命令美国的每一名联邦特工,继续搜寻"德国、意大利和共产党的同情者"。无论这些人是美国公民还是外国侨民,都应当作为战时的羁押对象。他想要得到美国境内所有共产党员以及德国和意大利报纸编辑、发行商和订阅人的名单。他想要知道美国的一切政治嫌疑组织以及那些为纳粹德国歌功颂德的团体都有哪些成员。他命令手下特工,通过招募线人和安插卧底的方式,对"美国各种各样的激进势力和法西斯组织"进行监视,从而确定他们的"人员名单、行动纲领和最终目标,以及他们在国家危难之际可能从事的活动"。

联邦调查局开始罗织一份包括数以万计嫌疑犯的名单,而这些人"在战争时期或国家危机时,有可能对公共秩序和国家安全构成威胁"。这些档案中的情报是由全国各地的联邦特工通过"秘密消息来源"获得的,他们采取的手段不仅包括扶植地下线人,而且包括经胡佛批准进行入室盗窃、搭线窃听和安装窃听器。有些情报来自公共和个人档案,另一些则来自就业经历、学校记录和审讯资料。

这份名单上的人员大致可以分为两类。一类是当美国与该嫌疑犯所效忠的国家处于敌对状态时，必须立即对其实施逮捕和监禁的人员。另一类是当战争爆发时，该嫌疑人的“行为方式有可能违背美国政府的最高利益”，因而需要对其进行“密切监视”。胡佛指示手下特工，对这些人的审讯和问话记录必须“绝对保密”。他明确表示，一旦有人问及此事，他们应当声称联邦调查局正在根据1938年的《外国代理人登记法》进行合法调查。该法案规定，代表外国当事人或机构的个人必须到国务院进行登记。很显然，这是一种欺骗。

“违法又怎样？”

胡佛开始在美国政界最高层玩弄权术。由于在是否可以实施窃听的问题上与司法部部长争执不下，他需要在内阁中为自己寻找盟友。

最终，他找到了时任财政部部长的亨利·摩根索。胡佛知道，摩根索不仅是罗斯福总统的终生挚友，也是一位深谙世故的经济学家。由于他的祖父是德国的犹太移民，所以他对轴心国与美国银行之间的资金流向非常感兴趣。

1940年5月10日，胡佛告诉摩根索，纳粹势力正在阴谋推翻美国总统。他说，联邦调查局需要利用窃听就此事进行调查。

早在数年前，德国人就已经开始在美国从事情报活动，其资金来自没收和偷窃犹太人的财产。无论是对纳粹分子还是美国银行家来说，这笔资金都有利可图，因此这成了希特勒在美国境内筛选和招募德国间谍的有力武器。

第三帝国对外出售一种特别的德国马克，即“归侨马克”，用以换取美元。要想在美国开设归侨马克的账户，德裔居民首先要到当地的德国领事馆，宣誓效忠于第三帝国，并表明自己返回祖国的决心，然后再将美元转入德国，为德国的胜利押宝。

美国境内共有4家银行开展这种利润可观的归侨马克兑换业务。其中最有名的是大通国家银行，还有一家名不见经传的是德国侨民及纳粹党员奥古斯特·T. 高泽贝克开设的罗伯特·C. 迈耶公司。

胡佛声称，高泽贝克曾向臭名昭著的右翼广播传教士查尔斯·科格林神父寄出数万美元用于洗钱，由于这笔资金均是5美元和10美元的小面额钞票，所以根本无法进行追踪。科格林不仅坚决反对罗斯福及其“新政”，大肆鼓吹武装民兵运动“基督徒阵线”，而且不断为法西斯战胜共产主义摇旗呐喊。他和有望成为1940年共和党总统候选人的著名飞行员查尔斯·林德伯格一起成了罗斯福的强大政敌。胡佛甚至还在报告中称，高泽贝克还蓄谋将50万美元的小额钞票寄往共和党总统竞选委员会。

总之，胡佛表示，德国间谍已经在美国的银行系统中建立了自己的资金和信息网络，纳粹黄金即将流向罗斯福的重要政敌。

然而，由于不能进行窃听，联邦调查局对此无能为力。

“在与胡佛交谈期间，我问他是否能够对德国间谍进行搭线窃听，他回答说不行。除非撤销杰克逊的禁令，否则他将无法开展行动。”1940年5月20日，一向谨慎的摩根索在自己的日记中记录了这段谈话，这本日记现存于富兰克林·D.罗斯福罗斯福图书馆。“我说我会立即想办法处理。胡佛表示，他已经迫不及待了。”

随后，摩根索与总统的私人秘书埃德温·沃森取得了联系。“我打电话给沃森少将，告诉他这件事情应当予以解决。他说：‘我认为这样做不合法。’”

“就算不合法又怎样？”摩根索回答。他的意思是，谁在乎它合不合法？

5分钟后，沃森回电话。“他请示了总统。总统说：‘告诉罗伯特·杰克逊派人去找胡佛，让他解决此事，一定要有书面备忘录。’”

次日，总统给司法部部长杰克逊写了一张秘密便条。一言以蔽之，上面的意思是，让最高法院见鬼去吧。

纳东案件的判决“毫无疑问是稳妥的①”，罗斯福写道，“在通常情况下，政府特工没有充分的理由实施窃听，因为这种做法会损害公民自由。”但现在是非常时期，“我相信，”罗斯福接着写道，“最高法院并不打算将其判决应用于关系国家安危的重大事项上。”

“当然，众所周知，某些国家正准备……进行蓄意破坏，真枪实弹的破坏。”总统写道，“如果坐等破坏、暗杀和‘第五纵队’（第五纵队，1936～1939年西班牙内战期间在共和国后方活动的叛徒、间谍和破坏者等反革命分子的总称，后来成为帝国主义在他国进行颠覆活动时收买的内奸和派入间谍的通称。——译者注）间谍活动的发生，届时采取任何行动都为时已晚。”总统称，他授权联邦调查局对“包括可疑间谍在内的、从事颠覆美国政府活动的嫌疑人”使用“收听装置”。这道签署有总统姓名首字母缩略“FDR”的命令一直沿用了25年。

其间，在未经任何授权的情况下，联邦调查局以维护国家安全的名义安装了至少6769个电话窃听器和1806个微型窃听器。可以肯定地说，真实数字远不止于此。虽然当时的政治环境变幻莫测，但司法部的有关记录还是保存了下来。据记载，为了保密起见，有些偷录、窃听和非法入室行动没有留下任何书面报告。

借助罗斯福的钧令，胡佛现在终于可以任意进行窃听了。但是，这种做法仍然属于非法活动，即便是总统也无法改变这一事实。从此以后，联邦调查局成了罗斯福的御用情报机构，而胡佛在这场与司法部部长的角力中获胜。像总统一样，他也学会了杂耍技巧。

司法部部长随即发起了还击。“联邦调查局频繁进行袭击，其行动与盖世太保无异。”杰克逊在司法部内部发行的一份秘密会议记录中写道，“这些袭击一旦得到大多数人的认可，就会对其工作以及在法庭上的地位带来灾难性的影响。”他希望联邦调查局能够恪守法律，遵循正统的和既定的行为方式，对颠覆美国的罪行展开调查。

然而，最后的赢家还是胡佛。他立刻作出回应，为司法部部长讲解了“调查活动和情报活动的差异”。联邦调查局开展情报工作的目的，不是在不法分子犯罪以后对其进行控告，而是在其发动袭击之前，及时阻止他们的间谍和破坏行动。“要想维护这个国家的内部安全，有一点极其重要，那就是在联邦调查局的档案中，必须包括具有颠覆倾向的个人及组织活动的相关信息。”胡佛坚称。这就是说，当联邦调查局从事情报活动时，它已经不再听命于司法部部长和司法部，而是直接为美国总统效命。

这次交锋是一个巨大的转折点。

在接下来的20年中，对于历任司法部部长，除非胡佛本人愿意，否则他不需要告诉他们自己正在开展哪些活动。从此以后，无论是杰克逊还是其继任者，都无法再对联邦调查局行使司法部部长的合法权力。

胡佛知道，他的行动已经超出了法律许可的范围。因为窃听信息在法庭上属于无效证据，所以任何一个法官都能够以政府行为不合法为由驳回他的案件。

但是，窃听手段确实行之有效，它是联邦调查局开展情报工作最有力的武器之一。窃听活动的威力巨大，这种威力一旦释放就一发不可收拾。一次窃听仿佛打开一扇通向秘密世界的窗户，而这个世界的统治者就是胡佛。

白宫的御用情报机构

在此之前，富兰克林·D. 罗斯福与胡佛虽然有一定的交往，但并没如此密切。随着他们分享的秘密越来越多，他们之间的关系也在不断加深。

1940 年 5 月 21 日，也就是罗斯福发布窃听命令的当天，他交给了胡佛一份电报复印件。有人将电报发往白宫，对查尔斯·林德伯格的反干涉政策进行声援。“我完全相信，林德伯格是一个纳粹分子。”此前一天，罗斯福曾对财政部部长摩根索说。在胡佛收到的这份电报上，还有一张来自总统私人秘书的便条，上面写着：“总统认为，你也许想要对此事进行调查，并获知电报发送人的姓名和住址。”

在接下来的 5 年中，胡佛经常向罗斯福呈送反对总统政策人士的政治情报和捕风捉影之词。联邦调查局监视的对象不仅包括总统的政敌林德伯格，还有美国保守党第一联盟、反共人士、亲希特勒反动分子；胡佛怀疑的同情德国的 3 名美国参议员，其中包括他 20 年来的宿敌、蒙大拿州参议员伯顿·惠勒；来自罗斯福家乡的一名众议员、仇视赤色分子的汉密尔顿·费希；以及其他数以百计对罗斯福及其观点表示不满的人士。

美国保守党第一联盟四处散发宣传册，对罗斯福向英国租借船只的政策表示反对。这一举动触怒了总统，于是他命令助手，“找人查一查，到底是谁在出资赞助他们？”胡佛不仅对宣传册进行了调查，而且还摸清了该联盟的整个财政底细。

最后他告诉总统，美国最有影响力的两家报纸发行商曾经暗中为该联盟提供了数额巨大的活动资金，即《纽约每日新闻》的约瑟夫·梅迪尔·帕特森和《芝加哥论坛报》的罗伯特·R. 麦考密克。

胡佛还称，该联盟的部分秘密资金有可能来自国外的法西斯势力。总统闻讯后立即下令司法部设立联邦大陪审团，对美国第一联盟展开调查。联邦调查局对该联盟的领导人、与林德伯格同为飞行员的劳拉·英格尔斯实施窃听。随后，司法部以为德国政府从事间谍活动并制造影响的罪名，对英格尔斯指控并定罪。

1940 年 6 月 14 日，罗斯福致便函对胡佛表示感激。“在过去的几个月中，你所提供的报告不仅引人入胜，而且具有很高的价值。”胡佛将这张便函保存了一生。3 个月后，他通知白宫，自己正在对“下列大使馆的所有电话”

进行窃听，其中包括德国、意大利、法国、苏联和日本，并对轴心国的间谍人员展开了大规模的情报调查活动。

现在的胡佛俨然成了总统的情报总长。

本章注释

①参见 1940 年 5 月 21 日富兰克林 ·D. 罗斯福总统的机密备忘录。罗斯福的第二任司法部部长弗朗西斯 ·D. 比德尔后来写道，“总统显然没有就此事与任何人进行商榷，这份备忘录很可能是他在与鲍勃，即司法部部长杰克逊，谈话后仓促完成的。该备忘录扩大了对颠覆分子嫌疑人进行窃听的范围。鲍勃不喜欢这种做法，因此在涉及此类案件时，他索性不闻不问，而是直接将其交给胡佛。”

第11章

秘密情报之争

在珍珠港事件发生一年半以前，美国对德战争开始在全世界范围内全面展开。联邦调查局成了美国第一个真正的外国情报机构，然而它开展的很多活动直至上个世纪末才终于为世人知晓。

双面间谍的骗局

联邦调查局对纳粹间谍的打击始于1940年5月。在纽约长岛森特波特小镇海滩上的一间小木屋里，有特工正在使用莫尔斯电码，通过短波无线电发送情报。这条情报穿越大西洋上空，来到德国军方情报机关“阿勃韦尔”位于汉堡的办公室里。

阿勃韦尔很快作出回应，下令美国各地的德国间谍继续提供秘密情报，其中包括美国的兵力部署和军事训练情况、飞机制造厂的地点、向英国运送的战舰数量、航空母舰的构造、化学武器的说明、机械工具制造厂的方位、轰炸瞄准仪的参数以及海上船只的动向。这道命令是发给美国境内的33名德国间谍的。这些间谍有的在西屋电气、福特和克莱斯勒公司工作，还有一些在大西洋间往来的船只上工作。

阿勃韦尔以为，在长岛的小木屋中接收指令并向汉堡发送情报的是美国公民威廉·西伯德，一个40岁的无线电操作员。

实际上，这里的真正操纵者不是西伯德，而是联邦调查局。

第一次世界大战期间，西伯德曾经在德国陆军服役。战争结束后，他当过商船水手和飞机修理工，先后在纽约和圣迭戈定居，并于1939年初返回德国。接着，根据阿勃韦尔的命令，他带着一本新的美国护照和500美元现金，被送上前往纽约的轮船。1940年2月8日，当“华盛顿号”从意大利到达美国后，西伯德向联邦调查局投案自首。他说，在返回德国后自己受到了德国情报机关的胁迫。西伯德被绑架到汉堡的一所间谍学校，然后在那里接受了电报加密和秘密通讯技术的训练。

在联邦调查局特工的注视下，西伯德摘掉手表，打开后盖，从里面取出5张微型照片。借助显微镜可以看到这份文件正是阿勃韦尔的命令，要求他们搜集包括防空炮、化学武器和军队部署在内有关美国军事秘密的情报。

阿勃韦尔指示西伯德与一个叫赫尔曼·朗格的人先行接头，在建立地下短波无线电基地后，再与德国汉堡的情报机关进行联络。联邦调查局很快找到了朗格的工作地点，并且对西伯德的说法深信不疑。原来，朗格是诺顿轰炸瞄准仪制造厂的一名检验员，而这正是美国严加防守的军事技术机密。

1940年2月12日，也就是西伯德抵达纽约的4天以后，胡佛将这则骇人听闻的消息告诉了富兰克林·D. 罗斯福总统。

现在，联邦调查局的问题是[①]，如何利用西伯德蒙骗德国，从而将他们在美国的间谍组织一网打尽。然而，无论是胡佛还是他的手下都没有利用双面间谍的经验。一次成功的双面间谍行动就像一场精心策划的骗局。表面上，西伯德是在为阿勃韦尔工作；而实际上，他正在为联邦调查局效力。

要想做到这一点，关键在于无线电。1940年5月19日，当森特波特的地下电台向空中发送电波时，其操作者不是西伯德，而是联邦调查局一个名叫莫里斯·普莱斯的特工。

在接下来的13个月中，普莱斯一共向阿勃韦尔发送了302份电报，收到了167次回复。在此期间，联邦调查局与陆军和海军情报部门相互配合，向纳粹德国发送了大量真假参半，甚至有意误导的信息。阿勃韦尔向这33名间谍下达命令，要求他们继续提供有关情报。胡佛定期向白宫递交报告，告诉总统德国人想要从这些间谍那里了解哪些内容，其中主要包括美国参战的可能性以及向英国运送军事物资的信息。

阿勃韦尔的官员并不知道，他们已经被美国人玩弄于股掌之上。他们向西伯德下达命令，要求他在纽约开设银行账户，为间谍组织成员发酬劳。这样一来，西伯德不仅掌握了整个情报组织，而且与其他 33 名间谍建立了联系。

联邦调查局开始在一家经过伪装的公司内设置陷阱，并秘密安装了窃听器和照相机，而建立这家公司的资金一部分来自尚且蒙在鼓里的阿勃韦尔，还有一部分来自罗斯福总统的密友文森特·阿斯特。

阿斯特早就开始为罗斯福从事间谍活动。他是美国富豪阿斯特家族的继承人，受总统之命在纽约负责协调情报行动。作为西部联盟电报公司的负责人，他利用职务之便，拦截往来的国际电报。阿斯特在百慕大拥有一处庞大的地产，他与英国情报机构相互勾结，在那里从事非法行动。在途径该岛的船只和飞机上，他们擅自打开外交邮袋，拆阅国际信件。此外，阿斯特还将位于纽约西 42 大街《新闻周刊》总部第 6 层的 3 间套房交给了联邦调查局，作为办公之用。

阿勃韦尔在墨西哥的间谍向纽约寄来 5000 美元支票进行资助。借助这笔资金，联邦调查局在《新闻周刊》的大楼里成立了一个名叫“迪泽尔研究中心”的公司，由威廉·西伯德负责经营，并在隐蔽之处安装了麦克风和照相机。西伯德就是在这间办公室里为该间谍组织成员支付薪水并接收情报的。从信使传递的消息中，西伯德逐步掌握了每一名重要成员的活动和下落。

在迪泽尔研究公司，联邦调查局的特工使用隐藏在镜子后面的麦克风和照相机，一共记录下了西伯德与阿勃韦尔间谍之间的 81 次会面。同年，该间谍组织的成员悉数落网。

西伯德一案本身已属罕见，这次反情报活动的重大胜利更是绝无仅有。这次调查让胡佛大开眼界，并且开始认识到骗术在战争中的巨大力量。

“特洛伊木马“和“第五纵队”

在通过短波无线电报与阿勃韦尔进行联络的同时，联邦调查局逐渐发现了德国在墨西哥、巴西和秘鲁等地从事间谍活动的一些线索。胡佛准备利用这些情报，开展一项前所未有的全球情报行动。

助理国务卿阿道夫·A. 伯尔勒是胡佛的重要盟友之一。他个性坚强，注重实际。伯尔勒掌管着美国外交事务中的情报工作，并担任国务院与联邦调查局、陆军和海军之间的联络员。在此之前，他曾经负责拉丁美洲事务，是罗斯福智囊团中最足智多谋的人物之一。作为一名心高气傲的哈佛自由派人士，伯尔勒本应受到胡佛的憎恨，但是相反却赢得了胡佛的信任。因为他们对地下情报工作有着颇为相似的看法。

1940 年 5 月，法国在纳粹的铁蹄下陷落。面对即将遭到袭击的危险，英国新任首相丘吉尔转而向美国求援。此时，胡佛和伯尔勒正在商谈如何在世界范围内建立起美国的情报机构。在美国的大西洋沿岸，德国潜水艇随处可见。5 个月前，德国和英国的军舰已经在乌拉圭的里约·普拉塔河口展开激战。

伯尔勒提议，联邦调查局应当对从哈瓦那到里约热内卢一带的纳粹间谍展开调查。在此之前，胡佛已经向墨西哥城派遣了一名特工，并与墨西哥警方和内务部一起搜捕德国间谍和颠覆分子。另一名特工被派往里约热内卢，对巴西的秘密警察进行训练。

胡佛和伯尔勒向陆军情报总长谢尔曼·迈尔斯准将以及海军情报总长沃尔特·安德森少将谈起了他们的计划。但是，胡佛和军方一直在责任和授权问题上互不相让。协调工作无法展开，情报分享也无从谈起。此外，迈尔斯将军和胡佛都十分厌恶对方，海军和陆军方面也因为原则问题争执不下。于是，在胡佛的倡议下，他们一致同意把建立全球情报机构的问题交由总统裁决，而此时罗斯福的心中早已打定了主意。

1940 年 5 月 26 日，在一次炉边谈话中，罗斯福通过广播，向数千万美国民众传达了他的想法。

“今天，对我国安全构成威胁的已经不只是军事武器方面的问题，”总统告诉美国人民，“据我所知，还有其他新的进攻方式。”

“特洛伊木马，第五纵队，他们背叛了一个对于叛国行为毫无防范的国家。”

“这种新型进攻战略的实施者就是间谍、破坏者和卖国贼。面对他们，我们必须奋起还击。”

1940 年 6 月 3 日，伯尔勒来到胡佛在联邦调查局总部的办公室。他们“就情报协调工作进行了长时间的商议”。正如伯尔勒在日记中描述的那样，两人一致认为：“建立秘密情报机构的时机已经成熟。世界上的其他国家都存在这样一个机构，但是我们却从未有过。”8 天以后，他们批准了各自助手在仓促之间拟定的方案，雄心勃勃地准备在美国成立一个史无前例的机构。

根据这一方案，联邦调查局将成立一个极为隐秘的间谍机构，并对外界否认它的存在。对于其他人来说，这个机构就像是纽约一家分支遍及世界各地的公司，其国际销售代理可以在神不知鬼不觉的情况下，根据总部下达的秘密任务搜集情报，并暗中将其发回美国。这个机构被命名为“特别情报服务处”。

就像往常一样，总统仍然没有留下任何书面记录。1940 年 6 月 20 日，他告诉伯尔勒，从现在开始，由联邦调查局负责整个西半球，即从得克萨斯州边界到南美洲南端火地岛的外国情报工作，而世界其余各国则由陆军和海军方面负责。

“总统说，他希望将这个领域一分为二。”伯尔勒在报告中写道。对胡佛来说，这无疑是一个宿命的谶语。这一次，这位杂耍演员马失前蹄了。

本章注释

① 2007 年，雷蒙德 ·J. 巴特维尼斯在《联邦调查局的反情报起源》一书中对西伯德案件作出了详细说明。据作者所知，巴特维尼斯是第一个对此案进行评论的作家，本书承袭了他的观点。美国的情报档案称，“此前，联邦调查局曾经接到有关西伯德这次行动的报告，此人有意协助调查局指认美国境内的德国间谍。”在被迫接受阿勃韦尔的训练期间，西伯德先后 4 次试图逃离德国，并曾就此事向科隆的美国副领事递交了一份详细声明。

第12章

扼杀美国的阴谋

1940年7月1日，胡佛使用总统秘密账户中的资金建立了特别情报服务处。该机构的成立也没有经过任何法律授权，国会对于此事一无所知。除了二战后编纂的联邦调查局的秘密历史以外，相关的书面记录都没有。然而，即便是这部秘史，在成书后的60多年中也始终无人知晓。

拉美告急：到处都是纳粹间谍

特别情报服务处的书面计划虽然雄心勃勃，但在付诸实践时过于草率。显然，这不是联邦调查局最擅长的事情。

胡佛将特别情报服务处交给自己最得力的助手珀西·福克斯沃斯执掌。福克斯沃斯年仅33岁，是联邦调查局驻纽约办事处的负责人。他能言善辩，谦和而又不失威严。人们都喜欢称他为萨姆。在密西西比河畔出生和成长的福克斯沃斯看起来就像是一只纯种的比特犬（比特犬是美国的一种名贵犬种，体型优美、意志顽强、头脑聪明，但是生性好斗、至死不休。——译者注）。从他身上，可以隐约看到胡佛当年的影子。

福克斯沃斯酷爱社交，无论是高贵的伯爵夫人还是古巴的秘密警长，他很快就能与之攀谈起来。在曼哈顿的上流社会中，福克斯沃斯结识了不少名人，其中与他交往最密切的就是文森特·阿斯特和纳尔逊·洛克菲勒。后者不仅是大通银行的继承人，而且刚刚被任命为国务院助理国务卿，负责拉丁美洲的文化和商贸关系。作为特别情报服务处头面人物，富甲天下的洛克菲勒再合适不过，他的商业和外事交往遍及整个西半球。罗斯福希望洛克菲勒能够利用他的个人名望和财富，尤其是他手中掌握的石油和工业股份，对抗德国和日本的政治经济影响。

胡佛希望福克斯沃斯能够尽快找到对轴心国开展间谍活动的途径。居住在巴西、阿根廷、智利和秘鲁的德国和日本人约有 100 万之多，他们不仅在那里开采金矿和银矿，而且还掌握着包括白金和工业钻石在内诸多重要的战争物资。日本人的航线从墨西哥一直延伸到南极洲，而对于那些喜欢长靴和军队的南美洲国家领导人来说，德国同样具有极大的影响。

1940 年 8 月，由洛克菲勒扮作房地产经纪人的进出口服务公司在纽约的洛克菲勒广场 4332 房间开始营业，而特别情报服务处也宣告成立。从表面上看，这家进出口公司的业务是为客户开拓发展国际商贸的机会。实际上，这里是一座情报交换站，也是全国各地联邦调查局特工赴海外开展秘密行动的庇护所。在《新闻周刊》老板阿斯特的鼎力支持下，执行任务的特工可以假扮该杂志的记者。此外，他们还可以装作美林证券公司的股票经纪人，联合水果公司、亚美肉类公司、美国电话电报公司以及美国钢铁公司的业务经理。利用这些身份作为掩护，他们开始搜寻在墨西哥、古巴、巴西和阿根廷等地开展活动的纳粹分子和苏联间谍。在其余的时间里，他们负责挖掘和提炼政治、经济和外交方面的秘密情报。

近年来，联邦调查局雇用了数百名新人，总人数比最初增加了 80%。1940 年，特工人数为 898 人，1941 年增长至 1596 人。截至 1943 年，联邦调查局的规模达到了原有的 3 倍，共有 4591 名特工和 7422 名工作人员。尽管如此，其中业务娴熟、经验丰富、有资格进入特别情报服务处的特工还是寥寥无几。人手的奇缺和任务的繁重形成了巨大反差。胡佛很快就意识到了这一点。

“一开始，我们肯定为特别情报服务处挑选了一些蹩脚的角色。”胡佛说道。

福克斯沃斯希望能够尽快招募到 250 名特工，以便进行调遣。虽然特别情报服务处最终增加至近 600 人，但是在第一年里，他只找到了 25 名合适的人选。在联邦调查局，能够讲外语的特工并不多见，了解国外风土人情的屈指可数，而知道怎样开展股票经纪和钢铁业务的更是绝无仅有。比较而言，扮作记者可能简单些，因为这个职业只需要拿着笔和本，一边问问题，一边作记录就行了。虽然联邦调查局的每一名特工都能做到这一点，但是《新闻周刊》不可能让胡佛的特工占据西半球的所有外国办事处。他们没有时间学会怎样更加逼真地扮演自己用于掩人耳目的角色，而这恰恰是作为一名优秀间谍应该具备的基本素质。

此时，胡佛的两名高级情报助理斯坦利·特雷西和 W. 理查德·格拉文，正在联邦调查局总部胡佛办公室外的会议室内等候。令人难以置信的是，即将与他们会面的这个人是战时国会图书馆馆长、诗人阿奇博德·麦克利什。在富兰克林·D. 罗斯福的授意下，麦克利什在图书馆内建立了一个特别信息处，以便向美国的情报官员提供其他国家的有关资料。他们三人凝视着画架上悬挂的一张巨大的地图，地图上包括中美洲和南美洲的 20 个国家。

达拉斯·约翰逊是福克斯沃斯的办公文员，负责记录特雷西认为“适合在某个国家开展活动的特工姓名”，约翰逊回忆道。“我们首先找出某一类特工的个人档案，比如说，那些会讲西班牙语的，”他说，“然后再把其中看起来比较合适的人选资料送给福克斯沃斯查看。特别情报服务处的第一批特工就是这样挑选出来的。”约翰逊在胡佛用于保存“不归档文件”的蓝皮书上记下这些候选人的名单。

所谓“不归档文件”，是胡佛以保密名义创建的一种前所未有的文件管理系统。这类文件不编入目录索引，因此对于那些涉及监视、搭线窃听、安装窃听器、入室盗窃和政治调查等极为敏感的行动记录，在销毁原件时可以不留任何痕迹，以免受到来自外界，比如法庭或国会的质询。这一系统直到胡佛死后被撤销。

联邦调查局特别情报服务处的秘史中记载，“最初，这些经过筛选，准备前往拉丁美洲执行任务的特工，都会被带往华盛顿，进行简单的训练。”

事实的确如此，他们接受的训练再简单不过。在得知自己即将前往的国家后，有人会发给他们一些相关资料。这些资料内容十分有限，无非是来自大使馆陆军或海军随员的一些过时的报告、一捆新闻剪报和一本旅游指南，而有针对性的情报工作训练基本没有。“当时美国还没有掌握此类信息，所以不可能向特工介绍有关颠覆活动以及类似组织的详细情况。”

“由于纳粹势力的渗透范围不断扩大，纳粹活动已经遍及拉丁美洲，所以美国境内遭到逮捕的人数也随之增加。”秘史中写道。但是，“在开展这一行动时，联邦调查局发现，有关拉丁美洲现存或潜在颠覆活动的范围及性质，他们的手中几乎没有任何算得上准确或详细的资料。”

1940年12月29日，在著名的炉边谈话中，富兰克林·D.罗斯福强调指出，目前的当务之急是保护美洲。“有人说，轴心国的势力无意进攻西半球，”总统对美国民众说，“然而，正是这种一厢情愿的危险想法让许多被征服民族丧失了抵抗能力。事实再清楚不过，纳粹分子一再鼓吹，所有的其他民族都属于劣等民族，因此必须服从他们的号令。最为重要的是，美洲所在的半球拥有丰富的资源和巨大的财富，势必会成为全世界的必争之地。”

如果美国决意参战，按照计划，会通过海上封锁、空中轰炸以及在法国被占领土开展地下行动，首先对德国发动攻击，而这一计划需要美国与英国的情报部门通力合作。

16世纪女王伊丽莎白一世登基之后，伦敦方面就开始在间谍、外交和军事情报上实施骗术。英国的情报官员亲自向胡佛的特使休·克莱格示范，如何对间谍分子进行跟踪和侦察，如何保护军工制造厂与航运港口，如何搜集和整理国内外嫌疑犯的名单，如何安装秘密照相机以拍摄监视照片，如何在大使馆和领事馆安插卧底特工，以及如何在不被觉察的情况下拆阅重要邮件。就在克莱格在伦敦接受间谍训练之际，胡佛向白宫提交了两份报告，阐述了英国在轴心国开展破坏行动的计划，并预言英国人的意图在于，“在战争结束后，从经济上重组世界，尤其是欧洲，从而达到复国兴邦、牟取利益和阻止共产主义传播的目的”。在纳尔逊·洛克菲勒的率领下，特别情报服务处负责人福克斯沃斯及其代表团乘飞机南下，进行了为期两个月的考察。他们使用伪造护照，先后造访了14个特别情报服务处计划在其领土上开展间谍活动的国家。1941年2月，福克斯沃斯向胡佛递交了报告。他的看法十分悲观：所有特工都漫无目标，他们既不知道自己身在何方，也不知道自己该采取哪些行动。

联邦调查局清楚，拉丁美洲已经遍布纳粹分子，但是他们不知道从何入手以及如何展开追捕。

“在成立之初的一段时间里，特工们搜集的情报不仅信息量少，而且价值也十分有限，”特别情报服务处的秘史中记载，“当然，这些特工对他们即将开展行动的国家尚不熟悉，再加上语言能力欠缺，在这样的环境中，他们往往需要相当长的时间才可能对当地的情况有所了解，招募有价值的线人以及获得可靠的消息来源。此外，大部分特工在自己被派往的国家里只能孤军奋战，对于正在开展的秘密行动，他们甚至难以自圆其说……在经过一段极为艰难的时期后，联邦调查局才得知，几乎所有涉及国务院外交官、陆军和海军方面的有关信息……包括这些消息来源在内，都会不可避免地遭到谴责。”

胡佛从一开始就感到事情不妙。1941 年 3 月 15 日，他终于决定撤销特别情报服务处。

胡佛告诉司法部部长杰克逊，特别情报服务处应该交由陆军或海军情报部门掌管，而现在他暂时还没有找到接替这一职务的合适人选。陆军和海军正忙着破译电码，以便了解德国在欧洲和大西洋以及日本在亚洲和太平洋地区的阴谋企图和军事能力。3 周以后，胡佛再次重申自己的提议，声称“只要情报工作的范围涉及拉丁美洲，调查局就无暇旁顾”。

美国的苏联共产党始终是胡佛最担心的问题。在他的授权下，联邦调查局对苏联驻美国外交人员的窃听活动越来越频繁，其中包括总部位于纽约的苏美贸易公司“阿姆多尔戈”。该公司曾经投资数百万美元，用于购买美国的先进技术。

1941 年 4 月，由于英国情报官员向美国发出警告，联邦调查局开始对阿姆多尔戈展开间谍调查。29 岁的泰勒·肯特是一名美国公民，从普林斯顿大学辍学后，在随后的 6 年里，他先后担任美国驻莫斯科和伦敦大使馆的办事员。英国方面在对一名疑似纳粹间谍的嫌犯进行追踪时，尾随此人来到肯特在伦敦的公寓中。他们闯入室内进行搜查，结果发现了 1500 份美国外交电报、代码和密码的复印件。在大使馆工作期间，肯特窃取了不少秘密公报，并将其转交给苏联和轴心国的间谍。根据他所偷来的文件，现在莫斯科和柏林完全了解伦敦和华盛顿之间使用美国外交密码进行的秘密通讯。

在肯特偷窃的文件中有一份是英国情报报告，其中谈到苏联特工正在为阿姆多尔戈驻纽约办事处负责人、42 岁的化学工程师盖克·巴拉多维奇·奥瓦基米扬工作。1941 年 5 月 5 日，联邦调查局以违反《外国代理人登记法》为由逮捕了奥瓦基米扬。该法案规定，凡是在美国为外国组织和机构开展宣传的代理人必须到司法部进行登记。但是，在联邦调查局进行审讯之前，奥瓦基米扬被人以 25000 美元保释出狱，并交由纽约苏联领事馆总领事监管。10 周以后，希特勒入侵苏联。为了向莫斯科示好，国务院下令，取消对奥瓦基米扬的指控。奥瓦基米扬随即离开纽约，之后再也没有回来。

回到莫斯科后，奥瓦基米扬摇身一变，成了苏联对美国开展情报行动的负责人。

假使联邦调查局能够对奥瓦基米扬进行审讯并起诉，历史也许会改写。然而，直至40年代末，联邦调查局才得知，从1933年起，奥瓦基米扬就是苏联在纽约的头号间谍，并负责在北美洲开展情报活动。他不仅在美国建立起情报网络和避难所，而且招募了大量间谍和信使，其活动范围覆盖美国、墨西哥和加拿大等国。虽然在20世纪30年代斯大林开展的清洗运动中，苏联的情报机构变得支离破碎，但奥瓦基米扬却得以幸免。

不过，联邦调查局最终还是抓获了美国境内的这名苏联间谍首领。在奥瓦基米扬被捕之前，他正在与一个叫雅各布·格罗斯的旅行代理商会面。从20世纪30年代起，格罗斯就开始四处推行苏联之旅。14个月前，格罗斯因为使用伪造护照和违反《外国代理人登记法》被判处有罪，并处以500美元罚金和缓期执行。直到数年以后，联邦调查局才得知，格罗斯不仅是共产党在美国的高级成员，而且还是苏联情报机构与美国地下共产党之间的关键联系人。

在返回莫斯科前，奥瓦基米扬已经不再掌控手下的美国间谍和信使。很快，这些人的名字就变得举世皆知。

1941年5月5日，也就是联邦调查局抓获奥瓦基米扬的当天，日本驻华盛顿大使、富兰克林·D. 罗斯福总统的故交野村吉三郎收到一则来自东京外交部的消息："几乎可以肯定，美国政府正在阅读你的密码信息。"

这条令人震惊的情报来自德国。在过去的6个月中，美国陆军和海军一直在努力破译日本使用"紫色代码"加密的外交电报，并将他们从破译电报中获得的情报称之为"魔术"。

5月20日，野村吉三郎向日本外交部回复称，他发现美国的确读懂了"我们的一部分代码"，但他不确定是哪一部分。然而，令人难以置信的是，麻痹大意的日本人仍在使用紫色代码系统，因此"魔术"破译行动也在继续。这些情报的内容令人不寒而栗，但是只有极少数人能够读到"魔术"，其中包括总统、战争部部长，国务卿、陆军和海军参谋长，而不包括太平洋舰队司令赫兹本德·J. 基梅尔海军少将、夏威夷陆军司令沃尔特·J. 肖特中将和胡佛。

然而，美国没有对“魔术”情报进行成功分析，也没有采取相应措施，这造成了致命的危险。搜集情报固然重要，但是相互协调并将那些看似互不相干的事实联系起来，同样十分关键。显然，陆军不知道海军了解哪些情况，海军也不清楚陆军知道哪些内容；而双方都没有告诉胡佛他们掌握的情报。

罗斯福曾经表示，他希望将情报界一分为二。事实也的确如此，并且仍在继续。

1941年5月，据“魔术”情报显示，日本开始在西半球建立起复杂的情报网络，以应对即将到来的世界大战。东京方面命令华盛顿的外交人员，利用他们能够接触到的美国政界、科学界、制造业和运输中心内“具有外国血统的美国公民（日本人除外）、侨民（日本人除外）、共产党、黑人、工会成员和反犹主义者”，在美国各地搜集有关的政治、经济和军事情报。

“一旦美国参战，我们的情报组织将迁至墨西哥，并在那里建立情报网络的神经中枢，”这条命令称，“为了防患于未然，我们必须建立美国—墨西哥国际情报网络……其中包括巴西、阿根廷、智利和秘鲁。”

1941年5月，美国的日本间谍和秘密特务向东京发回报告，其中涉及美国在太平洋的军舰和飞机的行动、渗入美国军工制造厂的方案以及招募第二代日裔美国士兵作为间谍的计划。当年夏末，东京方面开始搜集与美国太平洋兵力部署有关的情报，包括美国在珍珠港军舰和航空母舰的具体位置。

联邦调查局、陆军和海军三方各自持有部分情报，但是没有人能够把它们拼凑到一起，也没有人预见到美国在太平洋的军事基地即将遭到袭击。相反，他们的目光盯在了另一个方向。

1941年5月27日，罗斯福总统认为纳粹势力很可能对美国发动袭击，他宣布美国进入“非常紧急状态”。随后，他在白宫向来自西半球各个国家的大使和部长发表了演说。

“我们正面临着这样一个冷酷和艰难的事实。”总统说道。

“纳粹势力蓄谋已久，要将一场欧洲战争演变成为争夺全球统治权的世界大战，这是目前最重要和最基本的事实，”罗斯福接着说，“毋庸置疑，对我们所有人来说，除非以强大的力量阻止希特勒的不断推进，否则西半球也将沦为纳粹分子的杀戮场所。纳粹德国的鱼雷正在攻击大西洋上的商船。无论纳粹势力控制或占领大西洋中的哪一座岛屿，最终都会危及美国大陆的安全。”

总统警告说："希特勒很快就会控制新世界的岛屿前哨站，即亚述尔群岛和佛得角。"如果出动轰炸机或军用运输机，佛得角诸岛与巴西之间只有"7小时"的距离，而那里正是通往南美洲航运路线的要冲。"战争正在逼近整个西半球，"他说，"距离我们近在咫尺……美国每一个家庭的安全与新斯科舍、特立尼达或巴西人民的安全存在着直接联系。"

罗斯福毫不讳言地宣称："纳粹分子妄图征服世界，我重申的只不过是他们蓄谋已久的事情。他们准备像对待巴尔干地区一样对待拉丁美洲国家。接着，他们就要扼杀美国。"胡佛深知，纳粹势力的间谍在拉丁美洲十分活跃，如果特别情报服务处不能成功地履行自己的使命，这些间谍就有可能渗入美国。胡佛亟需获得轴心国在西半球开展活动的情报，但对于特别情报服务处的特工来说，成功这个字眼仿佛遥不可及。

除了一些"道听途说的流言蜚语"以外，胡佛派往国外的特工几乎没有递交任何报告，特别情报服务处的秘史中记录道。这些风言风语来自拉丁美洲的"专职线人"，他们"对那些具有情报价值的信息添枝加叶，并且专门以此赚钱，但从来没有人对这些信息的准确性进行调查或者核实"。相反，这些江湖骗子发现，秘密特工们十分容易上当。"这些人通常都精于盘算，并且很早就意识到，在与特别情报服务处的交易中，他们提供的消息越骇人听闻，情报的价码就越高，因此他们赚钱也就越多。"

他们变得越来越"热衷于从兜售情报中赚钱。他们不仅千方百计地向美国和英国兜售情报，而且不遗余力地为自己寻找新的主顾，以便从中牟利"。"经过这些线人添枝加叶的信息虽然并不都是天方夜谭"，但却导致买主辨认困难，他们往往得花几个月甚至几年才能分辨真伪，特别情报服务处的秘史在事后解释道。"事实上，这些信息中经常包含着大量事实。不过，也有时候，它们只不过是一些纯属伪造的文件和敌方代码等。当地线人将它们卖给调查局特工、美国大使馆的陆军和海军随员，以及在拉丁美洲开展情报工作的包括英国在内的其他国家的人员，从而换取数额可观的酬劳。"

胡佛是同性恋吗?

在一场类似的骗局中，绰号"疯子比尔"的威廉·J. 多诺万即将成为美国的新任情报总监。

人们将他称为“疯子比尔”并非偶然。多诺万每天都会产生不计其数的奇思妙想，其中有些的确不乏远见卓识，而总统喜欢的也正是他这一点。就像罗斯福一样，多诺万对外国情报着迷不已，十分热衷于从事间谍活动。由于仕途失意，他转而进入情报界。虽然多半是无师自通，但他经常以专家自居。不过，以美国当时的标准来看，他确实称得上是一位专业人才。

他一直游说总统建立一个属于自己的间谍部门。1941 年 6 月 10 日，多诺万提议，成立一个由他掌管的“中央对敌情报机构”，对联邦调查局、陆军情报部和海军情报部进行监督，从而将美国的各个情报部门融为一体。多诺万负责协调工作，统一目标，汇集秘密，并直接向总统汇报。

罗斯福曾两次派遣多诺万出使伦敦。他先后会见了英国首相丘吉尔、英国情报局局长斯图尔特·孟席斯和英国海军情报局局长约翰·戈弗雷少将。这两次出访让多诺万对英国心驰神往。随后，多诺万将一份只有 4 页的报告交给自己的密友、资深共和党员、新任海军部部长弗兰克·诺克斯。在这份报告中，就像胡佛在一个月前曾经做过的那样，多诺万对英国的情报体系进行了描述，只不过他的言辞更加引人入胜。胡佛虽然与英国情报机构取得了联系，但始终保持着一定距离。相比之下，多诺万却对那些英国专家倾心不已。

威廉·斯蒂芬森是洛克菲勒中心负责在美国开展行动的英国情报官员。在他的大力支持和不断鼓励下，多诺万在自己纽约的家中对建立情报机构的计划进行了重新设计。在此过程中，多诺万在英国结识的两个朋友一直对他的工作表示关注，并且提出了不少有益的建议。这两个人是海军少将戈弗雷及其副官伊恩·弗莱明中校，后者即是大名鼎鼎的小说人物詹姆斯·邦德的创造者。

多诺万野心勃勃地想要将联邦调查局、陆军情报和海军情报部门结合起来。但遭到了胡佛和陆军情报部门负责人的坚决反对。他们签署联合声明，向战争部指责多诺万的设想有损国家安全。他们称，“建立一个超级情报机构不仅会弄巧成拙，而且还会让事情变得更加复杂。”

胡佛对多诺万的愤怒日益加剧，这种态度从 1941 年 7 月 5 日他与阿斯特的电话录音中便可窥一斑。当时，作为纽约的“情报协调员”，阿斯特负责监督特别情报服务处的地下工作。在听到从南美洲传来的一些闲言碎语后，他曾经对胡佛在拉丁美洲的工作进行了批评。

胡佛认为，阿斯特和多诺万企图赶他下台，因此录下了这段谈话：

胡佛：关于调查局更换局长的提议……我想你大概认为，这份工作对我来说还不至于那么重要。

阿斯特：怎么会呢，你的工作当然很重要，埃德加。你的工作再好不过——

胡佛：我的工作让人头疼得要命，要是谁想要……他们只管开口好了，因为我根本就不在乎。

阿斯特：不过，埃德加，我认为你不应该在这个时候谈起辞职的事情，你知道现在我们国家的整个局面……

胡佛：没错。这是让我犹豫不决的唯一原因……如果他们想要多诺万上校上台，或者他们想要你来这儿……如果总统真的是这样想，见鬼，我今晚就会递交辞呈……这丝毫无损于我……这份工作对我来说算不了什么。[①]

几个月来，胡佛真的开始担心他会失去自己的工作，因为他已经在政界高层招惹了不少敌人。

当联邦调查局对第一夫人埃莉诺·罗斯福的社交秘书伊迪丝·赫尔姆进行政治背景审查时，这令第一夫人大为光火。她写信告诉胡佛："类似调查似乎让我联想起了盖世太保的所作所为。"

此外，联邦调查局还毁掉了助理国务卿萨姆纳·韦尔斯的名誉。韦尔斯不仅是罗斯福最信任的外交政策顾问，也是拉丁美洲政策的首席设计师。调查局对他的同性恋倾向进行了长期调查，并详尽地描述了烂醉如泥的韦尔斯是如何在一列客运火车中试图与一名卧车搬运工口交的过程。对于联邦调查局的做法，罗斯福的内阁成员感到怒不可遏。

胡佛的声誉在很大程度上离不开他所进行的秘密监视。有的人尊敬他，有的人害怕他，也有相当一部分人对他十分憎恶。胡佛对此一清二楚。

胡佛告诉他在联邦调查局的心腹克莱德·托尔森说："现在出现了一股想要解除我局长职务的势头。"他说得没错，这次行动的幕后推手正是多诺万。从1924年起，当多诺万还在司法部担任胡佛的直接上司时，这两人就开始彼此交恶，并且展开了明争暗斗。胡佛曾经成功地摧毁了多诺万成为司法部部长的美梦。对于多诺万想要建立一个由自己执掌的秘密情报机构的设想，胡佛进行了公开谴责。

胡佛认为，多诺万是一个奸诈危险的人物，并且四处散布谣言，宣称多诺万同情共产主义。多诺万立刻反唇相讥，称胡佛在外国情报工作上一败涂地，并传播流言蜚语，说他是一个秘密的同性恋者。

从 1937 年开始，也就是联邦调查局决定根除政府内部同性恋者的那一年，胡佛就一直是此类流言的主角。时至今日，多诺万的这一影射仍然为世人所熟知。

似乎很多人都知道，胡佛与自己的密友托尔森之间存在性关系。多年前，一名英国记者曾经在书中将这件事情公诸于众，他对胡佛异装癖的描写给人留下了极为深刻的印象。果真如此，这的确是一个引人注目的题材，但几乎可以肯定的是，这种说法是错误的，因为其来源是一些极不可靠的消息人士和道听途说的第三手材料。没有任何证据可以显示，胡佛曾经与托尔森或者其他人发生过性关系。不过，他们无论在生活还是工作中都形影不离，胡佛甚至在遗嘱中将自己所有的财产都留给了托尔森。从两人在一起的照片中可以看出，他们之间的感情极为亲昵。胡佛的一位传记作者将这种关系称作无性婚姻，也许这才是最接近事实的说法。对于这一点，凡是与胡佛在生活中和工作中有过接触的人都表示认同。

“他非常厌恶同性恋。”胡佛的助理卡撒·德克·德洛克说。多年以来，他一直对胡佛忠心耿耿。因此调查局才解雇了那么多同性恋者。假如胡佛本身就是一个备受压抑的同性恋者，而隐忍的感情又激起了他对敌人的满腔怒火，那么这种愤怒恐怕从来都无人知晓。

一份骗倒美国的地图

胡佛没有失去自己的工作，但也没有停止对多诺万的打压。1941 年 7 月 11 日，总统提名“疯子比尔”出任国家“信息协调员”，授权他“收集和分析”任何与国家安全有关的情报。现在，已经被富兰克林 ·D. 罗斯福一分为二的美国情报界，变得更加支离破碎。

英国情报官员威廉·斯蒂芬森拍电报到伦敦：“几个月来，我在华盛顿克服了种种困难，使尽了浑身解数。可以想象，当得知最终就任的是我们的人以后，我是多么的如释重负。”这封电报的措辞十分引人注目。毫无疑问，英国情报界已经将多诺万视作己出。1941 年，英国人在千钧一发的时刻利用多诺万达到了他们的目的，成功地让美国参战。

“我掌握了希特勒政府在德国炮制的一幅秘密地图，这幅地图是由新世界秩序的阴谋策划者一手绘制的。”1941 年 10 月 27 日，总统发表全国广播演说，“它包括希特勒准备进行重新规划的南美洲和部分中美洲地区。在这片区域里，今天一共有 14 个国家，但是柏林的阴谋者却无情地抹去了它们现存的疆界，将南美洲划分为 5 个附庸国，将整个大洲置于他们的统治之下。按照他们的设计，这些新生的傀儡国家还包括巴拿马共和国，以及我们重要的一条命脉——巴拿马运河。”

“这就是他的阴谋，”罗斯福说，“这张地图清楚地显示，纳粹势力不仅要攻打南美洲，而且还要进攻美国。”

总统是从“疯子比尔”多诺万那里拿到这张地图的，而多诺万又是从英国驻纽约办事处的负责人、好友斯蒂芬森那里得到的。至于它的最初来源，斯蒂芬森的高级助理 H. 蒙哥马利·海德称，英国情报部门曾经从德国驻里约热内卢大使的信差那里窃取了这张秘密地图。“总统对此极为关注，”海德写道，“因为这张地图足以证明，德国准备进攻拉丁美洲。对于美国所有的爱国民众来说，这都是一件令人震惊的事情。”然而，这张地图却出自英国情报机构的伪造，其目的是为了将美国拖入欧洲战争。直到数十年后，这一事实才为世人所知晓。

在总统的操纵下，美国情报界各自为营，从而引发了一系列恶果。其中之一是这张伪造的世界地图，而另一个则是偷袭珍珠港。

本章注释

①参见联邦调查局1941年7月5日的电话录音。后来西奥哈里斯·阿斯特在《J. 埃德加·胡佛秘密档案》一书中对这段谈话进行了编辑和注释。在此之前，总统曾致电阿斯特，请他处理一件敏感的私人事务：阿斯特的密友、后来担任总统的西奥多·罗斯福的儿子克米特不仅骄奢淫逸、酗酒成性，而且刚刚和一个名叫赫塔·彼得斯的女按摩师消失不见。有人怀疑彼得斯是一个德国间谍，因此阿斯特将这枚烫手的山芋交给了联邦调查局。

第13章

FBI开始扬帆起航

1941年12月7日，当日本袭击美国珍珠港时，胡佛的作战计划已经成竹在胸。几个月来，他手下的特工一直在搜集有关美国政治嫌疑犯的情报。

新任司法部部长弗朗西斯·比德尔签署命令，拘留了3846名德国、意大利和日本外侨。无论是否持有逮捕令，胡佛及其手下都已开始对数以百计危险分子进行围捕。为了获得这些嫌疑者的名单，他们不惜采取包括非法入室在内的一切手段。有一次，联邦调查局特工莫顿·奇利斯潜入了某德国同情者嫌疑人的公寓，偷走了他的地址簿，并在该嫌疑人返回家中时匆忙逃离。仓促之间，奇利斯将这本地址簿丢入邮箱。次日，当地邮局将其交给了联邦调查局。

“这是非法的入室盗窃。”奇利斯说。但是，根据地址簿上的名单，“我将114人关进了集中营。”

珍珠港事件发生后，对于总统将112000名日本人和日裔美国人强行监禁的命令，胡佛并不赞同。他不希望根据一个人的种族将其关押起来，而是希望对其进行调查，并且在必要的情况下，根据他们所效忠的国家将其监禁。

总统扩大了胡佛在战时的权力。胡佛负责对每一个政府职位的申请人开展秘密调查。他开始与移民局合作，并且控制了美国边境、机场和火车站。他必须确保数以百计军事物资制造厂的安全。他有权对美国媒体进行审查。胡佛及其手下开始拆阅往来于纽约和华盛顿的特快信件，以及通过西部联盟、国际电话电报公司和美国无线电公司发送的所有电报。

在战争的最初几个月中，当美国士兵、水兵和飞行员在北非、西欧和南太平洋浴血奋战时，联邦调查局也开始在国内外的战场上打击外国间谍和破坏者。

1942 年 5 月的最后两天，两艘德国潜艇驶离了法国的洛里昂港口。在第一艘潜艇上，有 4 名身着德国海军制服的纳粹破坏者。6 月 13 日夜，他们在长岛的阿默甘西特登陆。第二艘潜艇载着另外 4 名纳粹间谍，一路开往佛罗里达州的杰克逊维尔。

这 8 名德国奸细已经在美国居住了数年之久。他们不仅口音纯正，而且对美国各大城市十分熟悉，被纳粹势力招募后，他们扬言要炸毁美国的桥梁、隧道、火车站、百货商场和军事工厂。他们携带了装有烈性炸药的防水手提箱、外形酷似煤块的炸弹、雷管、引爆装置、伪造的社会保障卡以及约 18 万美元现金，并听命于阿勃韦尔一个名叫沃尔特 · 卡普的中尉。从 1925 年至 1937 年，卡普曾经在美国生活和工作，并担任美国最大法西斯和纳粹同情组织的宣传首领。回到德国以后，他开始为希特勒建立国际间谍网络。

在长岛登陆的潜水艇上，由乔治 · 达施担任 4 名间谍的队长。在一战期间，年仅 14 岁的达施曾在德国陆军服役。19 岁那年，他乘船偷渡到美国。在陆军服役一年后，他和一个美国女人结了婚，开始在纽约及其周边地区做侍应生。现在，他所效忠的国家有两个。虽然达施已经申请加入美国国籍，但是还没有完成手续，也没有宣誓效忠。

子夜时分，达施和其他破坏者在海滩登陆时，被美国海岸警卫队的巡逻人员发现。约翰 · 卡伦看到有 4 个人在一艘救生艇上奋力划行，并且听到他们正在讲德语。其中一个人的手里还拿着枪，于是卡伦悄悄撤退。黎明时分，他带着一支海岸警卫队返回岸边。他们很快挖开了一个秘密埋藏地点，里面有炸弹、香烟和白兰地。卡伦随即向当地警方报告，警方很快与联邦调查局取得了联系。与此同时，这 4 个德国人乘坐清晨 6 点的火车，一同来到了纽约。达施及其同伙埃内斯特 · 伯格在市中心的一所旅馆入住。伯格虽然是一个德裔美国公民，但是已经被德国彻底同化。1927 年至 1933 年，他住在底特律和密尔沃基，曾经从事机械工作。1933 年返回德国后，他成了一名纳粹宣传者。直到 1940 年，在一次政治清洗活动中，伯格被盖世太保逮捕，并且在集中营里待了整整 17 个月。随后，他被阿勃韦尔招募，准备在美国开展破坏活动。

达施和伯格在旅馆里进行了一番长谈。他们对这次行动十分怀疑，两人对第三帝国的忠诚也开始动摇，但是装满了现金的手提箱对他们来说充满了诱惑力。伯格想要将钱取出，然后一走了之。达施却说，他有一个更好的主意。随后，他拨通了联邦调查局驻纽约办事处的电话。

不过，接电话的特工却认为达施肯定是疯了。在纽约办事处的办公室里，有一个 3 只抽屉的档案柜被人们称作“疯人柜”，里面保存着数年来一些酗酒之徒和行动怪异者的谈话记录。联邦调查局对达施的电话进行了记录，然后直接扔进了“疯人柜”。

6 月 18 日，达施决定孤注一掷。他乘坐火车来到联邦调查局的华盛顿总部，要求面见胡佛。在叙述了自己的经历以后，达施打开手提箱，将 82350 美元现金哗地倒在桌子上，人们这才信以为真。8 天以后，达施终于全部讲完。根据他所提供的信息，联邦调查局立即逮捕了纽约的其他 3 名德国人。随后，在他的协助下，联邦调查局开始对在佛罗里达州登陆的另一队破坏者也实施围捕。1942 年 6 月 27 日，这 8 名德国破坏者全部落网。

“必须将这些叛国者枪毙”

胡佛改编了抓获这些纳粹破坏者的经过。他没有告诉总统和媒体，达施在变节后主动来到联邦调查局投案自首。在递交富兰克林 ·D. 罗斯福的报告中，胡佛声称，6 月 22 日，也就是达施自首 4 天后，这名破坏者被联邦调查局逮捕。

“这份报告没有提到达施事无巨细的供词，”时隔 20 年后，司法部部长比德尔将军这样写道，“人们大都认为，联邦调查局有一名杰出的特工加入了这 8 名破坏者进行训练的学校，成功地打入其内部，并且定期向美国汇报，后来才抓捕了这些破坏者。”

针对这起事件，总统、司法部部长和胡佛组成了美国有史以来最为特别的军事法庭，这一做法的影响直到今天仍然没有消散。1942 年 6 月 30 日，在达施的故事见报两天后，司法部部长比德尔收到了罗斯福的一张便条，上面写道（括号中是比德尔的评注）：

> 我一直没有机会与你讨论如何对这两艘德国潜艇上 8 名破坏者

进行起诉的问题，最近也没有时间研读此案应当适用的所有法律条文。(注意罗斯福式的独特用语，这就是说：我对法律条文一清二楚，根本不需要去研读，因为现在是战时。)

但是，我有以下两点想法：

其一，其中的两名美国公民属于严重叛国。值此战争时期，我倾向于他们应当在军事法庭接受审判。我看不出让他们进行任何辩护的必要。这两人无疑罪大恶极，似乎判处死刑也不为过。

其二，至于其余6人，虽然是德国人……但我看不出其中存在任何差别。(用不着在细枝末节上纠缠，司法部部长先生。)

富兰克林·D. 罗斯福

但是，美国法律和最高法院的判决却截然相反。作为国内案件，最高法院认为，平民不应在军事法庭受审，除非总统宣布实施军事管制，关闭民事法庭。不过，比德尔找到了一条绕过这一判决的途径。他建议总统成立一个特别军事委员会，由该委员会按照军法对破坏者进行秘密审判。当判决最终不得不经最高法院复审时，比德尔会辩称，敌国士兵企图对美国发动秘密战争，因此应当按照战争法在军事法庭对其进行审判和惩罚。直到 21 世纪，在美国发动的反恐战争中，这种做法仍然被沿用。

随后，罗斯福签署行政命令，成立一个军事委员会。在接下来的一周里，由 7 位陆军将军担任委员，对这些德国破坏者进行秘密审判。在荷枪实弹的士兵护送下，一辆装甲车将这 8 名囚犯从哥伦比亚特区监狱带往司法部五楼一个平时用作联邦调查局小型演讲厅的会议室中，进行闭门审讯。

比德尔负责进行指控。胡佛坐在他的右边，一份接一份地将每一名原告的相关资料、证据概括、陈述录音和供词递给比德尔。在长达两周的审讯里，达施和伯格直到最后才出庭。两人对自己的罪行供认不讳，但均声称无意执行这次破坏任务。

8 月 3 日，7 位将军一致达成裁决，并由总统定谳宣判。罗斯福早就表示，“判处死刑也不为过”，而这也正是他即将宣读的判决。但是，比德尔最终说服总统，判处伯格终身监禁，达施 30 年有期徒刑。司法部部长辩称，这两人的供词有一定价值。他当然清楚，如果没有达施，联邦调查局根本不可能结案。

8月8日上午7点，考克斯将军告诉这几个破坏者，他们大限将至。6名罪犯鱼贯而出，被带往哥伦比亚特区监狱的死刑区。在吃过有火腿和鸡蛋的早餐后，他们被剃成光头。12点1分，他们坐上电椅，戴上橡胶面具和钢盔，然后被处以电刑。这6个人死后被埋在华盛顿郊外的贫民公墓中，他们墓前用木板做的墓碑上没有留下任何名字。

达施和伯格被押往亚特兰大的联邦监狱。达施被单独监禁，这里再也不会有人听他讲述自己的遭遇。从他变节之日至同伙被先后处死，前后只有不到7个星期。

在作出最终裁决之前，最高法院曾经召开会议，讨论总统是否有权在遭遇破坏和恐怖袭击的情况下建立秘密军事法庭。但是，由于对这些罪犯的施刑过程极其秘密，最高法院没有得到任何书面记录。无论是秘密审讯和判决，还是成立军事委员会，以及由总统宣判被告死刑，这一案件让首席大法官斯通感到极为困扰。法庭意见由他负责书写，而他的措辞也相当谨慎。以其中一名破坏者名字作为标题的《奎瑞诉讼案》成了随后60年中关于这个特别的军事法庭的唯一一段文字。

10月29日，斯通在法庭意见中写道，最高法院既不能“极为慎重地确定军事法庭依据战争法进行审判这一司法权限的最终界限”，也不能留下可能为军事委员会创造宪法基础的任何裁决。此事应当由国会作出决定。但是，在这起案件中，政府将被告作为敌方非法武装力量成员进行了审讯。

总统和联邦调查局的做法让最高法院处于进退维谷的境地。这6名破坏者已经被定罪并处决。如果最高法院认为这一过程有悖于宪法怎么办？如果有人发现为了套取达施的口供，胡佛曾经向其作出自由的许诺怎么办？正如首席大法官斯通在这起案件的个人备忘录中写到的那样，最高法院被置于“一种不可避免成为旁观者的境地，并在所有当事人包括总统本人，尚未全部弄清楚事实以前，允许这6个人被判处死刑，从而造成了一个悬而未决的问题，而这个问题直接关系到保护上诉人的自由”。

这个问题就是，总统成立军事委员会之举是否合法。直到2001年，当美国面临新型敌方武装力量成员之际，这一问题才终于得以解决。

纳粹破坏者案件为联邦调查局带来了两个意外之喜，其一是公开的，另一个是秘密的。这次事件起到了极大的宣传效应，人们普遍认为，联邦调查局仅凭一己之力就破获了这起案件。对于乔治·达施变节和自首一事，美国民众毫不知情。于是，联邦调查局的公共关系机器开始高速运转，呼吁为胡佛颁发国会奖章以示褒奖。虽然胡佛并未如愿以偿，但对于联邦调查局的整体形象来说，这起案件绝对是一件好事。

纳粹破坏者一案带来的第二个好处就是，联邦调查局加深了对归侨马克运作系统的了解。在对这些破坏者过去的活动进行调查后，胡佛发现其中 3 人曾经通过在纽约和芝加哥银行购买纳粹马克的方式表示效忠于第三帝国。他们申请用美元兑换马克，以便让德国情报机关得知，他们是什么人，在哪里居住，以及如何与他们取得联系等。随后，阿勃韦尔出资让他们返回德国接受训练，并且最终成为破坏分子。

在美国，有数以千计的德裔居民购买了归侨马克并返回德国。其中又有多少人作为纳粹间谍回到了美国呢？

1942 年秋，联邦调查局在全国范围内开展密集调查，这也是他们经手的最大最复杂的一桩案件。在此过程中，美国境内共有 997 名德国外侨受到了审讯，其中 441 人因为效忠德国由司法部部长授权被拘留或监禁。这起案件涉及了上千名间谍、数万份文件以及美国最大的一家银行——大通银行。

在纽约，分管国家安全事务的联邦调查局副局长珀西·福克斯沃斯接手了这起案件。根据他所掌握的的文件来看，美国银行家、与德国从事地下交易的跨国公司、德美同盟以及纳粹政府之间存在某种密切的金融联系。至于福克斯沃斯是如何获得这些文件的，是一个十分敏感的话题。

联邦调查局从大通银行纽约总公司的对外部中招募了一名助理出纳员和一个中层经理。每逢深夜，调查局的特工就会秘密潜入该公司，筛查对外部的有关档案。然而，这次搜查行动是在没有经过任何授权的情况下开展的，属于入室盗窃和情报调查之间的灰色地带。事实上，无论是入室盗窃还是情报调查都属于非法行为。

联邦调查局推测，作为德国政府的代理人，大通银行违反了《外国代理人登记法》，也就是司法部曾经用来指控间谍嫌疑人的法案。按照这一推测，这起案件已经不再是棘手的政治问题，而无异于指控该银行与希特勒狼狈为奸。

这一指控最终未能变作现实。大通银行技高一筹，聘请了见多识广的著名律师约翰·卡希尔，他是负责调查这起案件大陪审团的联邦公诉人。卡希尔十分地清楚，所有不利于大通银行的证据都是联邦调查局通过非法手段获得的，仅这一点就足以让联邦调查局的指控站不住脚了。卡希尔威胁要将联邦调查局告上法庭。如果继续追查下去，其入室盗窃的行径就会暴露无遗，这个代价胡佛当然负担不起。最后，这次轰轰烈烈的政治调查以联邦调查局的失败告终。

根除德国间谍的秘诀

当年冬天，联邦调查局再次遭遇了一起悲剧性事件。1943 年 1 月 15 日，由于飞机在南美洲东北部的荷属圭亚那丛林中坠毁，福克斯沃斯不幸丧生。当时，福克斯沃斯和联邦调查局的另一名特工正在前往摩洛哥的途中。由于罗斯福和丘吉尔在摩洛哥召开战争协商会议，战争部和国务院授权福克斯沃斯，对卡萨布兰卡据称是纳粹通敌分子的一名美国公民进行审讯，以免对总统造成潜在威胁。对特别情报服务处来说，福克斯沃斯之死不啻于一个沉重的打击。截至 1943 年，该服务处已经增加至 583 名特工，但是要想完成任务仍然显得力不从心。

胡佛再三提议，撤销特别情报服务处。“我强烈建议，解除联邦调查局在西半球从事任何特别情报工作的任务，这一职责完全应当由多诺万所在的机构承担，”他写信给新任陆军情报负责人乔治·维奇·斯特朗少将，“我急切地希望将联邦调查局的特工从拉丁美洲全部撤除。”胡佛竟然心甘情愿地将手中的权力拱手让给像多诺万这样的政敌，这种情况可谓绝无仅有。然而，特别情报服务处令人窝火的行动却接连不断。

“要知道，我们的情报工作几乎是白手起家，”1943 年被特别情报服务处派往哥伦比亚麦德林负责国家安全工作的特工约翰·沃什说，“在这件事情上，我们谁也不能指望。”

特别情报服务处在哥伦比亚的任务是搜捕希特勒的间谍和关闭间谍分子与德国首领进行联系的地下无线电网络。但是，在到达哥伦比亚以后，沃什很快发现，这项工作令他无从下手。“当时，所有的德国侨民都已经被捕，”他回忆道，“由于哥伦比亚向德国宣战，因此他们逮捕了所有在哥伦比亚的德国人。”

“大部分时间我都待在乡村俱乐部里，”他说，“对于这项任务，我真的不知道该从何入手。”

联邦调查局在事后宣称，特别情报服务处在 1942 年至 1943 年一共逮捕了 389 名轴心国的间谍，摧毁了 24 个纳粹间谍组织无线电台。实际上，胡佛将本应属于联邦通信委员会无线电情报处的功劳据为己有。联邦通信委员会是在富兰克林 ·D. 罗斯福“新政”期间成立的，负责监督美国的所有广播电台。胡佛与该委员会主席詹姆斯 · 劳伦斯 · 弗莱势不两立，早在数年前两人就开始在安装窃听器的问题上争执不下。

一次偶然的机会，无线电情报处的工作人员截获了德国与拉丁美洲间谍之间的秘密通讯。随后，他们与美国大使馆官员以及当地警方合作，共同关闭了这一地下网络。1942 年，无线电情报处再次获知，纳粹分子准备击沉载有数万美军和加拿大士兵的“玛丽皇后号”。在得知这一情报后，巴西警方逮捕了 200 余名德国间谍。仅这起案件牵涉到的人数就相当于联邦调查局声称自己在二战期间抓获轴心国间谍人数的一半，或者特别情报服务处抓获间谍人数的总数。

联邦调查局的秘史中写道：“一名间谍至少需要几个月时间，才能熟悉当地的风土人情和语言文化，然后才有可能提供任何具有价值的情报。”

但是，对于联邦调查局的特工来说，即使短短的几个月时间也难以忍受。数十名到数百名特工要求退出特别情报服务处的地下工作，并申请调回国内。“他们发现，眼前的情景与接受任务时那种前途无量的想像完全不同，他们彻底丧失了信心。”他们有时候甚至“沦为众人的笑柄”，因为经常有驻拉丁美洲的美军士兵和水兵质问他们：“为什么不穿制服，是不是想兜售香皂、推销杂志，或者从事一些与战争无关的微不足道的工作？”秘史中记录，国务院的外交官和大使馆随员也热衷于“发现、揭露并当众羞辱调查局的卧底特工”，将他们称作逃避兵役者。“事实上，这些卧底特工大都是年轻、健康、聪颖、品貌兼优的美国公民，他们虽然到了服役年龄，并且具有卓越的军事资质，但是却不得不装作孱弱无能甚至行动失常。”

此外，特别情报服务处的人员还背上了叛徒和卖国贼的骂名。“为了获得亲纳粹分子的信任，并从亲纳粹势力的高层人物那里获取信息”，他们“从事的活动以及进行的联络在当地美国国务院、陆军和海军官员看起来似乎极为可疑”，联邦调查局的秘史记载。“很多人甚至遭到了英国方面的怀疑。有些怀疑也许不无道理，但有些纯粹是因为英国人认为他们是调查局特工，所以想要揭露并羞辱他们。”

胡佛终生都秉持着这样一条原则，即不能让调查局蒙羞。为此，他不得不设法挽回联邦调查局在国外的恶名以及低下的地位。胡佛在国务院的密友、国务卿阿道夫·A. 伯尔勒为他想出了一个绝妙的主意。

伯尔勒建议，在西半球各国的美国大使馆为联邦调查局增设一个司法随员的职位。就像陆军随员和海军随员一样，司法随员也拥有相应的外交地位和岗位补贴，并受到大使馆的保护，其职责是向美国大使馆汇报联邦调查局在该国的活动。如果可能的话，这名随员应当与陆军和海军部门相互配合。从理论上讲，他是“对该国地下情报、尤其是颠覆活动负责的美国官员”，秘史中记载。

司法随员系统拯救了联邦调查局在外国的情报机构。

胡佛授意这些司法随员拉拢拉丁美洲各国的警察局长和内部安全部长。他们可以通过饮酒、宴请甚至是贿赂的手段，与当地的警察局长或秘密警察局长建立联系。显然，比起杂志通讯员和肥皂推销商来，司法随员搜集情报的工作更加富有成效。

联邦调查局通过司法随员建立起来的关系网络成了罗斯福战时睦邻政策的一件利器。随着这种关系的不断发展，美国的资金和权力也开始从美国大使馆流向拉丁美洲各国的总统府和警察局。司法随员和驻外大使说服那些在政治上地位不稳的拉丁美洲总统，让联邦调查局特工作为安全顾问对他们进行保护，这必将是一种明智之举。当然，在担任顾问的同时，这些特工还需要从事间谍活动。

从 1943 年夏开始，在各地司法随员的努力下，联邦调查局“几乎可以从所有拉丁美洲的警察局获得任何种类的调查协助和相关信息”，秘史叙述道。各国的警察局长和内务部长开始为胡佛的手下提供机会，以便他们能够从邮局、电话电报公司、航空和航运公司、海关及一系列政府机构，“甚至是总统府邸”获取情报。

如果说有一点可以让胡佛和拉丁美洲的每一个警察局长、每一位总统达成一致的话，这一点就是反共。只要拉丁美洲的左翼势力仍然存在，司法随员在第二次世界大战期间建立起来的联盟就不会消失。

1943 年夏，德国在西半球的间谍活动逐渐销声匿迹，轴心国入侵的危险也已经不复存在。当抗击希特勒的战局反败为胜时，美国领导人开始展望战后的世界。

在华盛顿，胡佛和其他一些与自己观点相似的人们看到，斯大林和红军正在不断西进。他们看到，当法西斯被打败后，这场战争仍然没有结束。他们看到，一场反共战争正在日渐逼近。

而此时，胡佛面临的最大挑战就是如何打赢这场战争。

第14章

"我们可以监视任何人"

在第一次世界大战期间，胡佛就开始追查境内地下共产党的阴谋。经过长达25年的调查，他最终发现了第一条令人震撼的证据。1943年春夏之交，联邦调查局秘密录下了一段可能改变历史进程的对话。

从1940年起，调查局的特工一直在监视加利福尼亚州奥克兰的共产党领袖史蒂夫·纳尔逊。1941年5月，旧金山的联邦特工将纳尔逊写进了"监管拘留计划"的名单。这份名单上记录着在联邦调查局看来国家危机期间应当立即予以拘留的美国公民和外国侨民的姓名。

胡佛告诉司法部部长弗朗西斯·比德尔，对纳尔逊进行监听将"极有可能获得有关共产党政策的重大信息"。1942年2月，联邦调查局在纳尔逊的家中安装了窃听器，开始偷录他的所有通话。据纳尔逊的档案显示，他性格倔犟，只受过八年级教育。纳尔逊是斯拉夫人，他的真名是梅沙罗什。1920年，他使用伪造护照来到美国；1925年加入共产党；1936年，作为宾夕法尼亚州众议员候选人，他获得了19张选票；1937年，在西班牙内战期间，他参加了战争；现在，纳尔逊在美国共产党全国委员会任职，经常混迹于加利福尼亚大学伯克利分校的毕业生之中。

1943年3月29日夜，联邦调查局录下了纳尔逊和乔之间的谈话。乔又名"科学家X"，是一名正式共产党员和物理系学生。他告诉纳尔逊说，在伯克利辐射实验室有一个浓缩铀的项目。他还说，在新墨西哥州的洛斯阿拉莫斯和田纳西州的橡树岭，有数以万计的人正在为该项目工作。

纳尔逊将这些信息记录了下来。几天以后，联邦调查局跟踪他来到附近医院的一次集会上，特工们看到他将一些文件交给了苏联在旧金山领事馆的工作人员。

1943 年 4 月 10 日，联邦调查局再次录下了纳尔逊和苏联外交官瓦西里·扎鲁宾，又名祖比林的谈话。当时调查局特工并不知道，祖比林是美国境内苏联间谍组织的首领。不过从一开始，调查局就知道他是个重要人物。“显然，祖比林掌握着这个情报组织。”在录完这段对话后，联邦调查局的特工在报告中写道。苏联人为纳尔逊提供资金，让他“将共产党员和共产国际特工安插在美国的秘密军事工业中”。

5 月 7 日，胡佛向白宫递交报告，称苏联正在利用美国共产党在美国境内建立间谍网络。这是联邦调查局第一次发现苏联情报和美国共产党之间的联系。这正是长期以来让胡佛感到担忧的事情。更为糟糕的是，苏联间谍的目标是窃取美国的高度机密，对于这些机密就连胡佛也几乎一无所知。几周以前，胡佛刚刚听说“曼哈顿计划”，即制造原子弹的秘密项目。随后，他又风闻陆军方面正在努力破译苏联间谍和外交官与莫斯科方面的密码电报。

一项秘密行动往往需要数年的时间，比如发明新式武器、建立或摧毁间谍网络以及破译密码等等。现在，胡佛同时启动了两项情报调查，为此联邦调查局耗时达 10 年之久。其中一项被称作“CINRAD”，即“共产党在辐射实验室渗透活动”的缩略语；另一个项目被称作“COMRAP”，即“共产国际机构”的简写。这两项调查的目的都是为了对苏联在美国的间谍网络有所了解。从 1943 年 5 月开始，联邦调查局在纽约和华盛顿的约 100 名特工开始对“阿姆多尔戈”假扮成外交人员和政府采购经纪人的苏联间谍进行跟踪和窃听。随后，胡佛再次向纽约、芝加哥和旧金山等地派出 125 名特工，对那些没有外交豁免权的秘密卧底和苏联间谍展开搜捕。这次国内搜捕行动历时甚至超过了国际战争。

谁才是联邦的潜在威胁

第二次世界大战期间，在与苏联间谍展开斗争时，联邦调查局特工就像是“在森林中迷路的孩子”，国务院官员劳伦斯·达根在向前来华盛顿了解情况的苏联情报官员说道，而他本人就是一名共产党特工。对于莫斯科的情报机构，联邦调查局确实知之甚少。调查局的特工曾经见过苏联在纽约的间谍首领奥瓦基米扬，但当时却不知道他是何许人也。在听取苏联变节间谍瓦尔特·克里维斯基的供词时，调查局的特工根本不清楚他讲的是什么。

联邦调查局既不是无能，也不是无动于衷，它只是不清楚它尚未了解的事情。在情报战争中，信息就是最重要的武器。如果你在敌营中安插了一名间谍，你就能在一场战斗中取胜。如果你了解到敌人的想法，你就能够赢得一场战争。

联邦调查局在苏联没有可靠的消息来源，而美国政府也不急于和苏联开战，因为斯大林杀死的纳粹分子比罗斯福和丘吉尔杀死的加起来还多。但是，如果有美国人串通苏联的情报机构，并且在从事间谍活动时被捉，胡佛就能够将其加入“监管拘留名单”。一旦发生战争，胡佛就可以将这些人秘密逮捕，并且在不经审判的情况下将其送入军事法庭。

就在此时，司法部部长比德尔发现了这份秘密名单。

在有关胡佛的话题上，温文尔雅、不乏贵族作派的比德尔常常以专家自居。4 年以前，他们开始在一起工作。从那时起，比德尔就开始对胡佛进行研究，并且发现了“胡佛极少有人看到的人性的一面”。

“胡佛的性格引起了我的兴趣，”多年以后，比德尔写道，“我想要赢得他的信任。很快，我开始邀请他在办公室隔壁的房间里共进午餐，而作为回报，胡佛也与我分享一些令人惊异的私密信息。比如说，我在内阁的同事做了哪些事情，说过什么话，喜欢和不喜欢什么东西，他们的缺点以及交往的人物等……从某种程度上说，我不得不承认，我乐于听到这些信息。”

从某种程度上说，比德尔喜欢胡佛在联邦调查局呼风唤雨的方式。在战争时期，他作为司法部部长签署了很多窃听命令，在法律允许的范围内利用手中的一切权力，以对抗美国敌人造成的威胁。但是，对于联邦调查局开展的秘密行动、“这架庞大的侦查机器和数千万份个人档案”以及“滥用民众信任的可能性”，比德尔终生都感到十分困惑。

比德尔不希望看到 1920 年赤色围捕行动在自己的眼皮底下重演。他要求联邦调查局与自己刚刚成立的特别战争政策司相互协作，由该政策司的平民委员负责监督战时对敌侨的拘留工作。他的原则是，只能拘留外国人，而不是美国公民。即使在战争期间，比德尔也始终坚持这一原则。

珍珠港事件发生后的19个月中，联邦调查局一共逮捕了16062名外国颠覆嫌疑犯。但是，平民委员会认为其中约有2/3，即近1万人对美国并没有构成明显的威胁，于是便将这些人释放了。就像20多年前发生的情况那样，联邦调查局危及了数以千计的无辜民众。随着这些案件被接二连三地驳回，司法部部长开始对联邦调查局情报档案的深度和准确性表示质疑。

1943年7月6日，比德尔发现，胡佛保存了一份在他看来应当进行军事拘留的美国人名单，对此他感到瞠目结舌。没有法律允许胡佛建立“一份这样的监管拘留公民的名单”，司法部部长说。他认为，对美国来说，这些秘密档案的存在本身就是一种潜在的危险。

联邦调查局的职责是“对违法者的行为进行调查”，司法部部长写道，并下令撤销这项计划。“按照危险与否将人们进行分类，是一种有害无益的做法……”

“显而易见，这种分类系统极不可靠，”比德尔在给胡佛的信中写道，“首先，需要进行这种分类的证据并不充分；其次，分类标准存在严重的缺陷；最后，如果不考虑时间、环境以及其他相关因素而判定一个人的危险程度，这种分类是不切实际、不明智和危险的。”

然而，胡佛很快把这道命令抛到了一边，并且阳奉阴违。无论是司法部部长还是联邦调查局以外的任何人，谁也不知道他正在做什么。胡佛改头换面，将这份名单称为“安全目录”，其中的内容没有任何变化，只是变得比从前更加机密。这一决定一直持续到他死后。

当然，胡佛也保留了自己对任何人进行监视的权力，他的这一权力不容置疑。这就意味着，他可以对美国人的政治信仰开展情报调查。在战争期间，胡佛在“安全目录”中增加了数以千计的个人，其中大部分是美国共产党员。除了正式共产党员以外，还有那些撰写文章或出版书刊宣扬共产主义思想，或者在共产主义集会上发言、参加“鼓吹革命”会议的人。此外，这份名单还囊括了德美同盟和意大利法西斯组织的头目，以及诸如3K党之流的美国本土法西斯团体的成员。

胡佛确立的标准是：凡是“反对美国生活方式”的人，都应该被写入这份名单。

司法部部长希望联邦调查局能够把工作重点放在搜捕轴心国的间谍上。他认为，目前在美国开展反共斗争的时机还不成熟。“胡佛一定怀疑，我对共产党的态度过于软弱，尤其现在正值战时。然而，很多自由人士其实并不清楚，共产党的宗旨究竟是什么，”比德尔写道，“显然……胡佛既不懂得自我反省，也不喜欢思考。他更倾向于立即付诸行动。”

在美苏结盟后，美国共产党的活动空前高涨，正式党员的人数达到了8万名之多。对此，胡佛感到忧心忡忡。他下达命令，要求对其中的每一个人进行彻底调查。

1943年8月14日，胡佛命令手下的特工对“安全目录”上的嫌疑人加强搜查，同时必须确保这份名单绝不外泄，尤其是不能传入司法部部长的耳朵。这份“有可能对公众安全和美国国家安全造成威胁或潜在威胁”的嫌疑犯名单，只能“在绝对保密的情况下”与值得信任的军方情报官员分享。所谓“潜在威胁”，就意味着除了不忠于美国以外，这些嫌疑人也许并没有触犯任何法律。

人们常说，将军总是停留在自己的上一场战争中。但是，胡佛已经准备打响他的下一场战争。

此时，斯大林仍是美国最有力的军事同盟。“疯子比尔”多诺万和战略服务处的情报官员希望，美国能够与苏联携手合作。但是，胡佛却对联邦调查局的“安全目录”做了重新调整,这份名单的重点不再只是正式的共产党员，还包括在美国境内从事颠覆活动的“关键人物”和“潜在关键人物”。很快，这份目录上就增加了1万余人。在胡佛看来，几乎所有的共产党员都是潜在的苏联间谍。

在接下来的两年中，联邦调查局将不得不孤军奋战。而就在此时，冷战的情报斗争也已经拉开了序幕。

第15章

重新划分世界

要想对苏联人进行监视，就离不开对美国人的监视。对于自己在美国政府部门内的敌人，胡佛进行了最严密的监视。

1944年2月10日，胡佛写信给富兰克林·D.罗斯福在白宫最信赖的助手哈里·霍普金斯，警告说“疯子比尔”多诺万正图谋将苏联间谍引入美国：

> 我刚刚从可靠的消息人士那里得知，美国战略服务处和苏联内务人民委员会之间的联络方案已经一切就绪，这确保双方官员可以通过两个机构进行交换。战略服务处即将派遣人员前往莫斯科，而后者也将在华盛顿特区建立办公场所……
>
> 苏联的秘密机关公开承认，其目的是刺探各个政府部门的官方秘密，因此我认为，在美国建立这样一个机构，是一种极其危险、极其有害的做法……
>
> 为了防患于未然，我希望请您留意此事。如有进一步相关消息，我会随时告知。
>
> 诚挚的J.埃德加·胡佛

问题在于，正是总统本人委任多诺万出使莫斯科。罗斯福派遣多诺万和美国大使W.埃弗里尔·哈里曼会见苏联外交部长维亚切斯拉夫·莫洛托夫。他们来到苏联情报总部，捷尔任斯基曾经是列宁的间谍活动和反恐行动负责人。此外，他们还见到了苏联的外国情报负责人帕维尔·菲汀将军及其助理奥瓦基米扬。8 年来，奥瓦基米扬一直是苏联在美国情报行动的负责人，他在纽约遭到联邦调查局逮捕后，1941 年夏美国国务院下令将其释放。

为了能够让美国情报部门在莫斯科建立驻地以及苏联情报机关在华盛顿开设办公地点，4 人举杯相庆。斯大林很快就对此表示许可。

1944 年 1 月 11 日，多诺万开始游说罗斯福，以获得总统的批准。多诺万指出，在对希特勒的战争中，美国如果能够与苏联情报部门互通有无，必将带来极大的优势。至于苏联间谍有可能随之而来的问题，他对总统说："他们早就在这里了。"

总统将多诺万的计划告诉了白宫参谋长、海军上将威廉·D. 利希。这是一个糟糕的主意，利希回答。随后，他向其他几位参谋长谈起了这个计划，后者将其转告胡佛，胡佛立即准备发动攻势。他决不允许苏联在距离白宫咫尺之遥的地方建立情报机构。胡佛甚至怀疑，苏联人已经渗入了多诺万的战略服务处，也许他的某个助手就是斯大林的间谍。事实证明，胡佛的怀疑是正确的。

胡佛在一份备忘录中向司法部部长比德尔透露了这条极为机密的信息，并强调其中存在着巨大的威胁。于是，比德尔随即向总统指出了这项计划可能引发的后果。首先，根据《外国代理人登记法》，苏联间谍必须填写表格，以表明自己的身份。其次，这些文件存在泄密的风险，而一旦公众知晓这一安排，就可能引发严重的政治后果。最后，正如胡佛所警告的那样，苏联正试图窃取美国政府的高度机密。利希将军正式通知多诺万，这项计划到此为止。在这场重大战役中，"疯子比尔"功亏一篑。

现在，胡佛开始考虑在战后接管美国情报工作。他始终以美国的反共总司令自居。届时，联邦调查局将与军方合作，在向世界各地投射武力的同时保卫国家安全。

胡佛的手下共有 4886 名特工和 8305 名支援人员，相当于 1940 年的 5 倍。联邦调查局的预算也比战前增加了 3 倍，共 80% 的财力和人力被用于维护国家安全。毫无疑问，现在的联邦调查局已经成为打击共产主义威胁的一支强大力量。

截至1944年12月，胡佛声称，在他所谓的这场国际阴谋中，苏联情报机构与美国共产党联合起来，以渗透到美国政府的各个部门，窃取战时军事工业的机密。为此，联邦调查局开始与伦敦的英国情报和安全官员紧密合作。

随着纳粹势力的退却，联邦调查局特工先后在莫斯科、斯德哥尔摩、马德里、里斯本、罗马和巴黎开始了工作，而司法随员也在美国驻英国、法国、西班牙和加拿大大使馆设立了永久性职位。在英国、瑞典、西班牙和葡萄牙，胡佛的手下开始对大使馆密码室内的间谍威胁进行侦查；在苏联，他们对一系列敏感问题展开了调查，即苏联政府是否曾将美国价值110亿美元租借援助中的资金用于窃取美国的军事机密（在第二次世界大战初期，美国通过“租借法案”，向英、苏、法、中等几十个反法西斯国家提供了500多亿美元的物资。——译者注）。在渥太华，联邦调查局特工与加拿大皇家骑警进行了通力合作。在拉丁美洲，联邦调查局的司法随员与他们在当地警察局和政界结识的新朋友一道，建立起反共斗争的国际网络。

胡佛写道：“我们应当将美国在西半球成功运作的系统向全球扩展。”在首次提出建议让联邦调查局向全球扩张的同时，除了已取得的成功以外，他必须将特别情报服务处以往的历史深深掩埋。

原子弹机密再次泄露

联邦调查局继续挖掘巨大的苏联间谍活动之谜。1944年9月29日，联邦调查局特工潜入某唱片公司一个共产主义歌曲销售员在纽约的公寓。这个中年人化名为亚瑟·亚历山德罗维奇·亚当斯，是一名熟练的机械工程师。早在20世纪20年代，他就来到了美国，亚当斯很可能是美国第一个身份掩饰得最好的苏联间谍，也是联邦调查局发现的第一个苏联间谍。

这次非法潜入行动带来了意想不到的收获。

对于联邦调查局的特工来说，亚当斯的笔记本好像没有任何意义。“他获得了一份与某种类型的水有关的文件。”时隔60年后，调查局苏联间谍小组成员特工唐纳德·香农在接受采访时说道。“我们无法确定这一信息的价值，所以将其交给了原子能委员会进行评估。”有关专家发现，这本笔记本涉及到“曼哈顿计划”中高度机密阶段的详细信息，其中包括原子弹秘密研究的关键内容——重水。

“我们得知，这个笔记本的主人肯定掌握着美国原子弹研究的部分信息。”香农说道。很快，亚当斯受到了纽约大陪审团的指控，根据《外国代理人登记法》，国务院下令将他驱逐出境。

从联邦调查局获得斯大林的间谍试图窃取有关原子弹信息的第一条线索到现在，已经过去 18 个月了。如今，第二条线索又浮出了水面。

胡佛只是大体上了解“曼哈顿计划”的研究内容。由于洛斯阿拉莫斯的实验室里出现了间谍，战争部才将这项研究告诉了胡佛。他开始意识到，掌握原子弹已经不再只是为了赢得战争,而是为了让美国能够在战后继续生存。

在珍珠港事件发生之前，胡佛及其助手曾经写道，英国情报部门在战时的目标是为了“在战后重新组织世界”。胡佛认为，这个角色理所应当由美国来扮演，而原子弹则是获得这一至高无上地位的关键。胡佛相信，只有联邦调查局才能保守这个关系到国家安全的秘密。

最后的决战尚未展开。但是，胡佛已经开始为了掌控美国情报界而进行不懈的努力，开始为了美国政府的利益而左右冷战进程。

第三部分
在冷战中呼风唤雨

杜鲁门、肯尼迪、约翰逊时期的 FBI：1945 ~ 1972

肯尼迪总统及其胞弟司法部部长罗伯特·肯尼迪试图秘密控制胡佛的权力。

随着冷战序幕的正式拉开，美苏两国的情报战也进入白热化阶段，此时一手遮天的胡佛变得更加肆无忌惮。他手中的秘密情报更像一把双刃剑，它既是胡佛打击对手、攫取权力的致命武器，同时也让各界高层心生畏惧。于是，一场场旨在推翻胡佛的阴谋在暗中展开，胡佛在调查局的专制统治正面临着前所未有的挑战……

第16章

自由世界的“盖世太保”

1945年2月初，罗斯福总统在俄国末代沙皇尼古拉二世的避暑胜地里瓦几亚宫下榻。在冰雪覆盖的雅尔塔山上，他们四周的村庄已经在战争中化作一片断壁残垣。

罗斯福在雅尔塔与丘吉尔和斯大林举行会晤，对战后的世界进行规划。正如丘吉尔所言，他们相信，“引导历史进程的权力是对胜利的最高奖赏”。

2月9日，罗斯福返回国内，发现他的头号政敌在各大城市由他们控制的报纸上刊登了这样一则头条消息：美国超级间谍项目泄密……超级盖世太保机构……将接管联邦调查局。报纸上白纸黑字详细地描绘了“疯子比尔”建立全球情报机构的宏伟蓝图，还有媒体在后续报道中称：“参谋长联席会议已经对威廉·J. 多诺万准将宣战。”

在政界最高层，多诺万的方案只印发了15份，其中一份交给了联邦调查局。最可能泄密的是罗斯福的情报中心——白宫地图室的负责人小理查德·帕克上校。帕克曾就多诺万及其战略服务处向罗斯福总统递交了一份措辞严厉的报告，并在雅尔塔会议期间离开总统的身边，前往欧洲和北非走访有关的陆军将领和情报官员。帕克之所以能够身居要职，离不开陆军情报总长乔治·维奇·斯特朗将军的提携。斯特朗不仅专横跋扈，而且阴险狡诈；他对胡佛推崇备至，对多诺万却不屑一顾。这起泄密事件有可能出自将军的授意，但真正能够授权此事的人只有一个，那就是美国总统。

1945 年 4 月 4 日，罗斯福对美国情报界的未来作出了临终的遗言。在佐治亚州的沃姆斯普林斯休养身心之际，这位疲惫不堪的总统下令多诺万召集自己的盟友和政敌，以达成最终协议。4 月 12 日，由于突发脑溢血，罗斯福与世长辞，终年 63 岁。仅 4 周以后，欧洲战场传来了胜利的捷报。

那是一个春光明媚的下午，华盛顿在 5 点左右接到了总统逝世的噩耗。然而在此之前，这一消息已经泄露了出去，通过电话在政界高层不胫而走。

当电话铃声响起时，司法部部长比德尔正与国务卿小爱德华 ·R. 斯特蒂纽斯和海军部长詹姆斯 ·V. 福里斯特尔对由胡佛执掌新建国家情报机构的利弊进行深入的交谈。

在得知总统的亡讯后，胡佛立即命人调出联邦调查局关于哈里 ·S. 杜鲁门的档案。

就像平时一样，下午 5 点左右，这位副总统正在国会大厦一个隐蔽的房间里，与几位好友享用着波旁威士忌，却突然接到命令要他火速赶往白宫。人们翻寻了好一阵子才找到一本《圣经》，首席大法官斯通主持仪式，宣布由哈里 ·S. 杜鲁门担任这个世界头号强国的最高统帅。

这是一个令人极度悲伤和惊恐的时刻，杜鲁门说，他仿佛感到整个宇宙都压在了自己肩上。他在副总统的岗位上才待了 82 天。在来到华盛顿成为密苏里州参议员之前，他不过是堪萨斯城议会中的一个无名之辈。当然，杜鲁门之所以能够入主白宫，不仅是因为法律上的规定，更是凭借他过人的胆量、果决的判断，甚至敢于说“不”的勇气。但是，对于美国政府内部的秘密，他却闻所未闻。

杜鲁门于 1945 年 4 月 13 日星期五正式就职。当天早晨，在椭圆形办公室内，战争部部长亨利 ·L. 史汀生、国务卿斯特蒂纽斯、军事参谋长以及罗斯福的助手利希上将一起，为杜鲁门上了如何执掌总统大权的第一课。随后，杜鲁门来到地图室，帕克上校交给了他一份有关“疯子比尔”多诺万战时表现的报告。

这份报告就像一把被胡佛和美国陆军削尖了的匕首，直插敌人的心脏。上面写道，战略服务处已经对美国的国家安全造成了严重损害，因为他们能力有限，所以“无法想像其能担当起战后世界的秘密情报机构的责任”。在标有“高度机密”的附函中，帕克上校建议，新任总统应当采取“有力措施”，将战略服务处“一举撤除，并将所有人员移交到能够充分发挥他们才智的其他部门”。总之，“最重要的是，多诺万将军的职务应当由他人取代”。令人纳罕的是，胡佛的档案中竟然同时出现了这份密信的副本。

从此以后，杜鲁门踏进了一个秘密武器、秘密情报和秘密行动的世界，并逐渐从一无所知变为驾轻就熟。

必须坚决制止“盖世太保”的出现

10天以后，即4月23日，胡佛第一次在白宫的短会上见到了杜鲁门，但却给总统留下了一个很坏的印象。

胡佛试着向杜鲁门谈起联邦调查局的秘密。然而此时，总统尚不知道原子弹为何物，更不用说苏联间谍妄图行窃的阴谋了。对于罗斯福曾经特许胡佛未经授权就进行窃听的政治伎俩、联邦调查局在海外开展的秘密行动，以及胡佛意欲扩大职权范围的宏伟计划，杜鲁门更是毫不知情。

杜鲁门立即派人将哈里·沃恩叫到会议室。在第一次世界大战中，沃恩曾经与杜鲁门同在军中服役，因此两人相交甚笃。总统特命沃恩作为他的军事顾问，并授予后者准将之职。

杜鲁门说，今后胡佛如果有事告知白宫，应当首先通知哈里·沃恩。说完，总统将这两人留在会议室里，自己扬长而去。

胡佛与沃恩的关系十分融洽。沃恩为人热情开朗、风趣幽默，喜欢喝波旁威士忌，是一个善于化解难题的政治能手。胡佛向他讲起了罗斯福内阁成员的一些私人秘闻，并主动提出要开展一次“白宫安全调查”，以辨别哪些人真正忠于杜鲁门，哪些人只是虚与委蛇。随后，胡佛把华盛顿诸多达官显贵的谈话记录交给了沃恩。

“我说：‘这是什么鬼玩意儿？’他们回答：‘这是对某某人的窃听。’”沃恩回忆道。

但是，杜鲁门总统却对此表现得颇有兴致。胡佛的报告让他有理由怀疑，白宫中是否充斥着一群狼子野心的家伙？罗斯福的助手是否会继续效忠于他？他是否能够信任这些人？

接着，胡佛开始对白宫一个名叫爱德华·普理查德的助手进行窃听。联邦调查局怀疑，是他向媒体走漏了风声。普理查德曾经担任最高法院法官菲利克斯·法兰克福特的法庭书记员，而后者正是胡佛的宿敌。此外，普理查德还是美国公民自由联盟创始人之一。很快，沃恩告诉胡佛，总统对普理查德的报告表示极其关注，并希望“在你认为必要的时候……继续就这条线索提供消息”。

胡佛随即对普理查德进行了窃听，很快便得到了他与法兰克福特法官之间的谈话记录。联邦调查局在报告中称，他们一共对最高法院的12位法官实施了窃听，而法兰克福特位居其首。此外，胡佛还对华盛顿名噪一时的专栏作家德鲁·皮尔逊和政治神经敏锐的律师汤米·科克伦进行了窃听。这4人均散布了一些有关新任总统的闲言碎语。杜鲁门的另一名助手，也是他在堪萨斯城的故交埃德·麦基姆向联邦调查局回话称，总统对此印象极其深刻。这一切发生在杜鲁门上任之初的7个星期内，所有窃听都是以总统的名义实施的，其目的是为了堵塞情报漏洞和收集政治流言。

沃恩向胡佛表示，这些不法之举一旦败露，联邦调查局得独自承担责任，届时白宫将对所有非法窃听活动予以否认。

杜鲁门也许是尝到了政治情报的甜头，但他始终不信任胡佛。1945年5月4日，总统告诉白宫预算局局长哈罗德·S. 史密斯说，他担心胡佛“正在建立一个类似盖世太保的机构”。此后，总统又在谈话中再三提到了这种看法。希特勒于同一周内在地堡中自杀，第三帝国随之土崩瓦解，因此“盖世太保”这个词在政界引起了广泛的共鸣。“我们不希望建立盖世太保或者秘密警察的类似机构，”5月12日，杜鲁门总统在日记中写道，“联邦调查局正朝着这个方向发展。他们已经涉及性的丑闻和赤裸裸的勒索……这些必须坚决予以制止。”

然而，事实却并非如此。两周以后，疑心重重的总统表示，他无法信任司法部部长弗朗西斯·比德尔，并索性将其解职。这无疑是杜鲁门在总统任期内作出的最糟糕的一次决定。在随后纽伦堡国际军事法庭对纳粹战犯进行的审判中，比德尔的表现尤为突出。杜鲁门提名政治党棍汤姆·克拉克出任司法部部长。克拉克来自得克萨斯州，是一名职业石油说客，曾经以反垄断律师起家，最终成为司法部刑事司司长。多年以后，杜鲁门总结道，克拉克不是一个坏人，而只是“一个笨蛋”。

胡佛从一开始就预感到了这一点。7月1日，汤姆·克拉克上任伊始，胡佛就已经为这位新任司法部部长准备好了用于呈送总统的公函。信中称，罗斯福曾经特许胡佛在未经授权的情况下进行窃听。但是，胡佛显然故意遗漏了一个关键的事实：罗斯福还命令他将窃听活动降至最低限度，并尽可能只用于外国人。克拉克在信上盖好图章，并于7月4日假期后以自己的名义寄给了总统。杜鲁门批准了胡佛的请求。在新一届政府成立两个月后，胡佛再次获得了进行任意窃听的权力。对于此事，司法部部长的原则是，凡是涉及联邦调查局开展的窃听、偷录和非法入室活动，他选择置若罔闻。因为他不想知道，胡佛在法律规定的界限之外都做了些什么。

同一周内，总统再次谈到了联邦调查局的职权问题。他虽然从白宫的秘密金库中为联邦调查局特别情报服务处划拨了6个月的资金，但显然十分不情愿。总统告诉预算局局长哈罗德·史密斯，他希望“将联邦调查局的活动范围仅限于美国境内”，并且“尽快削减联邦调查局的预算”。杜鲁门对史密斯十分信任，并希望他能够发现政府内部存在的问题，而预算局局长对罗斯福在二战期间用于开展秘密行动的白宫秘密资金也一清二楚。尽管按照宪法规定，总统的一切开支必须经过国会授权，但当时杜鲁门所在的国会对于这笔资金却毫不知情。史密斯得知，罗斯福的秘密款项来自财政部，其中每年约有数千万美元用于开展间谍活动，还有20亿美元投入了制造原子弹的“曼哈顿计划”。

横空出世的原子弹

1945年7月7日，杜鲁门乘坐“奥古斯塔号”巡洋舰出行，这是他自第一次世界大战以来首次前往欧洲。8天以后，杜鲁门抵达比利时的安特卫普，盟军总司令德怀特·D. 艾森豪威尔正在那里恭候。他们从陆路来到布鲁塞尔，然后一起飞往曾经是世界第四大城市的柏林。美国和英国的战斗机已经将这里炸成一片瓦砾，而苏联又将它们化作齑粉。7月16日，在车队的护卫下，杜鲁门缓缓穿过这座城市。废墟中不时散发出阵阵恶臭，到处都是正在腐烂的尸体，野狗三五成群地啃食着尸体的骨头。昔日的文明已经湮灭在焦土之中。

“我想起了迦太基、巴贝克、耶路撒冷……”杜鲁门在日记中写道。“我希望世界能够获得某种和平，但是比起人们的道德标准，战争机器恐怕已经遥遥领先了几个世纪，而当前者最终赶上后者时，一切都为时已晚。”当时，柏林正值下午，美国还是黎明时分。在新墨西哥州阿拉莫戈多附近的沙漠上空，忽然闪过了一道比太阳还要耀眼的光芒。

杜鲁门在柏林以东波茨坦的苏军占领区会见了丘吉尔和斯大林。他们举行会议的地点萨西林霍夫宫曾经是普鲁士威廉王储的避暑之地。对于如何运用自己手中的巨大权力，杜鲁门显得犹豫不决。刚刚在首相选举中失利的丘吉尔看起来老态龙钟、筋疲力尽。斯大林总是面无表情，任何人都无法参透他的想法。杜鲁门在日记中写道，“乔大叔（即约瑟夫·斯大林，乔是约瑟夫的简称。二战期间，罗斯福曾亲昵地将其称为Uncle Joe。——译者注）看起来疲惫憔悴，而首相先生似乎茫然若失。”翌日，杜鲁门总统得到了从新墨西哥州传来的消息。当天夜间，他心情愉快地来到斯大林的宴会上。

为期17天的波茨坦会议决定了一个重大事项，即对日本投掷原子弹。7月24日上午11点30分，杜鲁门和丘吉尔分别召见了各自的军事参谋长。下午晚些时候，杜鲁门将斯大林叫到了一边。“我漫不经心地对斯大林提到，我们已经掌握了一种杀伤力非同寻常的新型武器，”杜鲁门在回忆录中写道，“这位苏联领导人却很平静地说，他很高兴听到这个消息，并希望我们能够‘在日本人身上好好派上用场’。”

原来斯大林已经通过苏联的情报机构掌握了有关原子弹的消息。

两周以后，这件秘密武器已经不再是秘密。两颗原子弹导致广岛和长崎约20万日本人丧生，其中绝大多数都是平民。在第二颗原子弹爆炸之前，“奥古斯塔号”已经在弗吉尼亚州靠岸。当杜鲁门回到白宫后，100万苏联军队入侵满洲，裕仁天皇在东京上野的帝国图书馆内召开军事会议，商谈如何应对这一奇耻大辱。1945年8月14日，华盛顿获悉，日本宣布无条件投降。

全世界都将成为联邦调查局的战场

直至此时，杜鲁门总统才发现自己对其他国家发生的事情了解得竟是如此少。他不知道怎样才能获得更多消息。胡佛当即作出承诺，自己能够为总统提供他想要的东西。作为回报，胡佛希望总统能够给予他更大的权力。

“美国在未来战争中势必需要一个高效的全球情报机构。”8月29日，胡佛在给司法部部长的信中写道。联邦调查局“完全可以胜任此类行动，”

胡佛表示，“事实上，众所周知，调查局在西半球开展的特别情报服务项目极为成功。”

9月6日，胡佛急不可耐地敲开总统办公室的门。从他手中便条上的两处无心之错就可以看出，此时的胡佛已经是怒火中烧。胡佛对“多诺万包藏祸心的阴谋”和“多诺万不可告人的秘密”进行了严厉斥责，并要求总统立刻作出决定。

胡佛最终如愿以偿。9月20日，杜鲁门解除了多诺万的职务，并撤销了战略服务处。1945年夏末，美国一度没有任何情报机构。

第二天，胡佛特地将自己亲手制定的一份报告塞进司法部部长手中，并催促他立即将其转交总统。这份报告的标题是《联邦调查局关于开展美国全球秘密情报活动的方案》。毫无疑问，现在的胡佛已经成了美国国家安全的监管人。

在胡佛的领导下，联邦调查局的特工将对苏联在国内外的活动进行监视，然后由国务院情报分析人员对收集来的信息进行筛选。胡佛会随时将自己的秘密行动告知国务卿和战争部部长。他希望总统明白，把美国的情报工作分为国内和国外两个领域的做法，必将导致灾难重演。他已经开始向杜鲁门寄送情报简讯，其中包括有关十几所驻美大使馆开展颠覆活动长达上百页的报告。

1945年10月2日，胡佛向白宫派遣了一名特别探员，以确保杜鲁门总统亲自阅读自己的提议。精明的胡佛选中了总统的一位故交之子莫顿·奇利斯。奇利斯尚在襁褓之中时，杜鲁门就已经认识他了。“我拜见杜鲁门总统的时间约有35分钟，”奇利斯在当天交给胡佛的报告中写道，“我们就调查局参与西半球情报活动以及将其权限扩大到世界范围内的可行性进行了深入探讨。”

奇利斯立即意识到，总统对胡佛的提议似乎一无所知。即使他看到了这份报告，也肯定没有仔细读过。“我趁机向他详细解释了调查局的总体计划、行动方式以及在全球开展活动的所有原因，”奇利斯在报告中写道，“但是他担心，这样一个全球情报组织可能会被人冠以‘盖世太保’之名。”

显然，这已经不是胡佛第一次听到有人把联邦调查局与纳粹势力相提并论，但从一位总统的口中听到这种说法还真是第一次。

杜鲁门召集国务院和战争部的行家里手，共同商榷美国情报和国家安全的有关问题。11 月 20 日，在国务院金碧辉煌的议事厅内，数十名高官济济一堂。这次由副国务卿迪恩·艾奇逊主持的会议收效甚微，但是，“总统直言不讳地表示，联邦调查局不能在美国以外开展行动”。

在这次会议上，有一个人从始至终一言未发，却高度关注美国情报的走向。他就是国务院特别政治事务处的阿尔杰·希斯。希斯是美国外交界一颗冉冉升起的新星，曾经与罗斯福总统一起前赴雅尔塔会见丘吉尔和斯大林，对战后世界进行重新规划。在过去的 10 年里，他一直是苏联共产党安插在美国政府内部的一名特工。

就在同一天，莫斯科的外国情报负责人收到了伦敦头号间谍发回的电报。“美国人即将对其境内的另一个苏联国际机构展开调查，”金·菲尔比在报告中称。菲尔比表面上是英国的情报人员，实际上却是苏联的奸细。他从英国驻华盛顿情报指挥官威廉·史蒂芬森的电报中得知了这一消息，而史蒂芬森的情报来源正是联邦调查局局长胡佛。

一周以后，胡佛开始进行部署。1945 年 11 月 27 日，他向总统、司法部部长、国务卿提交了一份长达 71 页、令人震惊的绝密报告——《美国境内的苏联间谍活动》。这份报告提到许多人的名字。哈里·德克斯特·怀特便是其中之一，他此刻正代表美国财政部积极筹划国际货币基金组织和世界银行蓝图；另一个便是协助构建联合国框架组织的阿尔杰·希斯。胡佛告诉总统，这两个美国战后世界规划的高级设计师，其实是苏联共产党的间谍。

总统向来对胡佛不屑一顾，也很少过问联邦调查局有关国家安全的档案和备忘录。“杜鲁门总统并不欣赏或懂得情报工作的重要性，”胡佛的心腹助手卡莎·德洛克说过，“在他看来，胡佛先生是他的敌人，因此对胡佛十分仇视。”

转眼之间，联邦调查局局长和总统成了势不两立的敌人，而他们之间的政治摩擦也逐渐发展成为一场有关美国国家安全的战争。从第一次世界大战开始，胡佛历任 7 位行政首长，但还没有哪一位总统与他为敌。他暗中从罗斯福那里获得了在美国开展政治斗争的巨大权力。无论杜鲁门是否知晓，胡佛都决定使用手中的这一权力。

胡佛相信，总统是行政管理系统中薄弱的一环，因此只能由他率领将军、政客以及美国民众开展反共斗争。胡佛认为，在美国后方开展的这场殊死搏斗中，联邦调查局是一支坚不可摧的力量。

胡佛的脑海中展开了一幅宏大的地图。他的情报活动并没有在美国边界止步。从柏林到纽约，从莫斯科到新墨西哥，从东京到夏威夷，他面临的威胁来自世界各地。胡佛断定，苏联正阴谋策划对美国发动突袭，而美国共产党将是他们的先头部队。为了保卫美国，华盛顿的情报工作和巨大权力必须向全球延伸。届时，整个世界都将成为他的战场。

第17章 将美国带入冷战

1945年底，胡佛建立了一份秘密情报档案。他亲自批阅助理送来的每一份报告，用一支深蓝色钢笔在纸张边缘潦草地记下自己的看法，并在上面签署胡佛的首字母“H”，从而使他写下的每一个句子都变成一道命令。

这些手写的记录就像是胡佛在自言自语。字里行间的个人政治恩怨不仅辛辣刻薄，而且难以消释。他野心勃勃，目空一切。他时而冷嘲热讽，时而乖戾无常。他的情报包罗万象，但心胸却无比狭隘。

这些档案一直保存了27年。它们既像胡佛撰写的一本个人日记，又像他所构建的一部冷战秘史。从中可以看出，对于美国有可能在反共战争中大败而归，胡佛的心中始终充满了恐惧。

从1946至1947年，胡佛在3个方面开展了斗争。他不遗余力地想要控制美国情报界；他试图说服美国领导人，冷战在他们有生之年都不会停止；他发起了一场反对总统的政治战役。

当胡佛得知杜鲁门准备组建中央情报局，以接管联邦调查局打击间谍和叛国者时，他极为愤慨。“这种做法根本行不通，”1946年1月15日，胡佛在给司法部部长汤姆·克拉克的信中写道，“这只会让包括联邦调查局在内的现存机构毁于一旦。”对于胡佛尖锐的措辞，司法部部长表示反对。胡佛立刻发起了还击，“我显然不能赞同司法部部长的观点……绥靖政策只会导致更多麻烦”。

然而，让胡佛感到惊愕的是，1946 年 1 月 24 日，杜鲁门总统亲自从海军后备役人员中挑选了一名少将，即密苏里州的民主党中坚分子西德尼 · 索尔斯作为中央情报局首任局长。在椭圆形办公室举行的临时仪式上，杜鲁门赠给索尔斯一件黑色的斗篷、一顶黑色的礼帽和一把木制的匕首，并加封他为“斗篷和匕首侦探组织的首领”。

次日，胡佛将索尔斯叫到了自己在联邦调查局总部的办公室，并很快就将他纳入麾下。“他十分清楚地表示，他将在很大程度上依靠联邦调查局提供建议和咨询”，胡佛在给自己高级助手的信中写道。随后，他将索尔斯少将列入了自己的走卒名单。

仅凭一己之力，胡佛无法抹杀即将成立的中央情报局。但是，为了维护自己的权力，他将不惜采取一切手段。胡佛来到五角大楼，想找美国军界大权在握的德怀特 ·D. 艾森豪威尔将军商议对策。胡佛认为，杜鲁门刚刚建立的中央情报体系将彻底毁掉美国的间谍工作。“艾森豪威尔将军问，这会对联邦调查局产生什么影响”，胡佛记录道。他回答说，“届时联邦调查局将不得不从海外行动中撤出”。艾森豪威尔“感到大为惊讶,并表示十分忧虑”。于是，胡佛将他列入了自己强大盟友的名单。

与中情局势不两立

胡佛未能制止中央情报局的成立，因此准备对这个刚刚成立的机构进行渗透和破坏。

此时，比尔 · 奎恩上校向胡佛打来求助电话，前者正在组建中情局的秘密行动和间谍活动组织，但遭到军方的强烈反对。军方告诉奎恩，他的部门中充斥着共产党员。联邦调查局档案中也存在着同样的流言蜚语，据称中情局雇用了一些赤色分子。

奎恩上校手里拿着帽子，来到胡佛的办公室。根据奎恩的回忆，他们之间的对话如下：

“你想要我做什么？”胡佛问。

“胡佛先生，”奎恩说，“这个问题的答案很简单，就是查一查我的组织内部有没有共产党。”

“这个我们可以做到，”胡佛说。

“在追查他们开展颠覆活动的同时，请问你是否可以从刑事方面对他们进行调查？”

“可以。”

“在我们决定怎样采取行动之前，为了长远着想，也为了今后的合作，我想请你派驻一名代表，作为我们之间的联络人。”

听到这里，胡佛差点儿从椅子上跌下来，上校回忆道。“我知道他是怎样想的，”奎恩说，“他大概觉得：‘天哪，这个人是在让我直接渗透到他的机构内部。’”

奎恩的确提出让胡佛对他手下的间谍进行监视。所谓联络就意味着渗透。当你伸出右手与他人握手时，你的左手可以趁机放进他们的口袋。

联邦调查局对数十名中情局官员的忠诚度进行了调查，其中很多人都是因为具有苏联和东欧国家的工作背景才被雇用的，因此他们在胡佛的眼中显得更加可疑。中情局连续三任局长都希望联邦调查局能够为他们提供一些经验丰富的特工、实地训练、正式报告、可靠线人以及外国特工的姓名与身份，但胡佛一口回绝了他们的请求。

对于总统将自己排斥在全球情报活动之外，胡佛的怨愤之情日益加剧。他准备重新夺回属于自己的荣耀。

“这是一个疯狂的时代”

1946 年 4 月 17 日，应胡佛的请求，索尔斯少将致信杜鲁门总统：“当务之急在于允许联邦调查局……在西半球以及伦敦、巴黎、罗马、马尼拉、东京和德国的美占区……继续履行其在安全方面的职责。在渥太华开展的‘加拿大调查’不仅涉及美国，而且还牵连到英国，这起案件足以说明联邦调查局安全行动的性质。”

正在进行的“加拿大调查”即将揭示，苏联间谍曾经试图窃取美国有关原子弹的情报。

这起案件源于一个 36 岁的红军中尉伊戈尔·谢尔盖维奇·古琴科。古琴科是苏联驻加拿大使馆的一名陆军武官，同时他也是斯大林派出的间谍。作为密码员，他的职责是处理密电和密码。一天夜间，他随手丢掉了两份准备发给莫斯科加密电报的初稿。一名扮作清洁女工的苏联安全官员发现了这些被揉成一团的初稿，立即通知了大使。在斯大林的秘密情报机构中，对违犯安全条例者的惩罚是流放到西伯利亚或者处死。因此，害怕遭受惩罚的古琴科迅速卷走了自己能够带走的所有密电，从此踏上了逃亡之旅。3 天以后，他终于说服了加拿大皇家骑警对自己进行保护。

联邦调查局驻渥太华的司法随员参与了对古琴科的审讯。很快，胡佛为这起案件派出了 75 名特工。

古琴科一案揭露了 4 件事情：渥太华是苏联在北美洲从事间谍活动的指挥中心；苏联已经在美国国务院安插了一名间谍；一个名叫艾伦·纳恩·梅的英国核物理学家曾经为莫斯科打入了"曼哈顿计划"；苏联情报部门的首要目标是窃取有关原子弹的机密。

随后，联邦调查局又抓获了苏联间谍机构的另一名叛徒伊丽莎白·本特利。本特利曾经是一名忠诚的美国共产党员。1942 年，她首次来到联邦调查局，但当时的调查局特工并不相信她所说的话。无论是从心理上还是意识形态上，就连本特利自己也不明白，她为什么要弃甲倒戈。

"她根本就是个疯子，"对这起案件进行了长达数年调查的特工杰克·丹尼说道，"从意大利的法西斯分子到美国的共产党员，她有很多疯狂的情人。"当本特利向联邦调查局自首后，"她试图引诱办公室里每一个与她交谈过的特工……对此我们感到十分困扰"。

联邦调查局始终对本特利的话将信将疑。她虽然酗酒成性，但清醒时却记忆力过人。她的故事十分离奇，但至少有一点是真的：本特利曾经是苏联间谍网络中的一名信使。她一共提到了 80 个名字，但最终这 80 个人里没有一个由于间谍罪被判刑，只有两人被定罪。

胡佛决定相信这个行为怪诞的叛徒的供词。

根据她提供的线索，联邦调查局开始对十几年前旨在打入美国政府内部的苏联情报系统重新进行追踪。在联邦调查局接受了本特利的供认后，胡佛为这次调查派出了 227 名特工。同时，他已经向英国驻华盛顿的情报部门透露了案情梗概。当情报传到伦敦后，这则消息却被英国政府内部的苏联奸细金·菲尔比获知并立即通知了莫斯科。

苏联方面很快就注意到菲尔比发出的警告。他们命令大多数战时情报人员离开美国，同时切断与网络内部特工的联系。当联邦调查局开始搜寻苏联间谍时，他们发现自己扑了个空。

1946年5月29日，胡佛向白宫呈交了后续报告，但杜鲁门总统却对此满腹疑虑。

“华盛顿存在着一个庞大的苏联间谍组织，”胡佛在交给总统和司法部部长的“私人密信”中写道，“很多高级政府官员都牵涉其中。”这份名单上的一些姓名令人瞠目结舌。此外，胡佛的怀疑对象还包括政界的两位显要人物——副国务卿迪恩·艾奇逊以及前战争部副部长约翰·J. 麦克洛伊，而他们的反共立场在过去从未遭到质疑。

司法部部长同样不相信胡佛的说法。“这是一个有些疯狂的时代”，克拉克说道。但是，他已经逐渐意识到，胡佛手中秘密情报的威力绝对不容小觑。克拉克发现，胡佛正在对自己进行监视。“只要国务院出现一丁点儿关于我的负面信息，他们就会将其记录在案，”司法部部长说，“这一点令人愤慨至极。”

公开向白宫宣战

胡佛想要让白宫相信，斯大林的间谍正妄图窃取美国的原子弹机密。他的做法得到了联邦调查局情报工作负责人、北达科塔州达参议员之子米基·拉德的支持。拉德呼吁，以反间谍的名义，对共产主义发动一场大规模战争，其中包括对从事颠覆活动的嫌疑犯进行集体逮捕和拘留。拉德希望将8万名美国共产党员悉数列入联邦调查局的秘密安全目录之中。一旦进了这份名单，联邦调查局就可以“在发生危机时”，利用集体逮捕令在全国范围内对他们进行围捕。

胡佛表示同意。他隐瞒了有关安全目录的事实，而告诉司法部部长克拉克，联邦调查局准备“加强对美国共产党活动的调查”，并“收集一份在美国与苏联断绝外交关系时，有可能危及国家安全的共产党以及其他人员的名单”。胡佛毫不避讳地写道，一旦发生政治危机，联邦调查局将需要“立即拘留一大批美国公民”。

胡佛与白宫之间的斗争愈演愈烈。他提出申请为联邦调查局增加资金，以雇用数百名新的特工，从而对苏联的间谍活动和共产党的颠覆活动展开调查。但是，在提交国会的第一次预算案中，杜鲁门反而将胡佛的精锐部下削减了1/7，即600名特工。自从胡佛担任局长以后，联邦调查局还没有遭遇过人手削减的局面。作为回应，胡佛下令海外特工返回国内。

1946 年 7 月 8 日，胡佛命令拉丁美洲和加勒比海国家的特工立即终止行动。他曾经向中情局新任局长霍伊特·范登堡将军作出承诺，一年之内将这些地方交给中情局负责。但当年夏末，联邦调查局已经全部撤出，只剩下一些空空如也的办公室和气急败坏的大使。

“迅速行动，并尽快脱身。”胡佛下令。7 个星期以后，联邦调查局撤出中美洲和加勒比海沿岸，并很快退出了南美洲。“所有尚未完结和已经结案的调查档案都被全部焚毁”，在终止墨西哥、危地马拉、哥斯达黎加、尼加拉瓜、萨尔瓦多、洪都拉斯、委内瑞拉、海地和古巴的行动以后，胡佛的实地助手 C.H. 基特·卡森向总部报告。

胡佛来到白宫准备摊牌。如果总统想要联邦调查局退出海外情报的领域，如果他想要中情局局长来接管，事情的结果就是这样。

联邦调查局的所有人员，无论是现役特工还是退休探员，无论是高级官员还是无名小吏，都不得为中央情报局工作，胡佛告诉总统的参谋长利希上将。利希随即告诫范登堡将军“不要去招惹胡佛先生”。但是，当范登堡提议建立全球外国联系人记录时，胡佛立即对联邦调查局的高级助手发出了警告：“严密监视该组织的所有指令。我认为，他们正陶醉于权力之中，并将狡猾地攫取一切能够到手的东西。”胡佛得知，新出台的法令给予了中情局局长更多授权，他写道：“这些‘帝国建造者’……为了保存他们拥有的庞大机构，对国内和民事领域做出了进一步侵犯的举动。”

胡佛断然拒绝与刚刚成立的中情局合作，并公然违抗国务院的命令。胡佛这些居心叵测的决定“对安全和情报工作的有效性造成了沉重的打击”，副国务卿艾奇逊写道。但是，胡佛却毫不畏惧。他已经公开向白宫宣战。

“我认为，决一死战的时候到了”，他在写给米基·拉德的信中称。

总统不愿意对共产主义发动大规模战争，胡佛对此怀恨在心，他的怒火变得越来越猛烈。他不断向参众两院的议员游说，希望国会能够授权他抵抗“外国间谍、敌对思想和军事征服的威胁”，从而保卫美国。对于这些威胁，胡佛始终坚信不疑，并且逐渐影响到华盛顿的一批自由派人士，其中包括杜鲁门总统。

胡佛正在一手制造美国的冷战政治氛围。

第 18 章

“赤色法西斯”泛滥

1946 年 9 月 26 日，白宫顾问克拉克·克利福德及其助手乔治·埃尔西向杜鲁门递交了一份秘密报告，提醒总统做好与苏联人开仗的准备。他们是从联邦调查局和胡佛那里得到了这一消息的，而胡佛正在为这场末日对决拟定战争计划。

他们告诉杜鲁门，他需要做好准备，在这场第三世界战争中使用原子弹和生物武器。他们的敌人是妄图利用阴险狡诈的情报机构和美国的地下组织征服世界的苏联独裁者。每一名美国共产党员都有可能成为莫斯科的间谍和走卒。同一个星期，杜鲁门在日记中写道：“赤色分子、骗子与革命者似乎串通起来，正在危及美国的安全。我担心，他们是为乔大叔卖命的破坏阵线。”

1946 年 11 月，这是自大萧条以来共和党首次横扫全国大选，在参众两院赢得了多数席位。共和党的选战中出现了强势的反共主张。他们打出标语，呼吁美国民众在“共产主义与共和主义”之间进行选择。

共和党的这一政治口号不胫而走，美国商会出版了一本长达 40 页的宣传手册，并在全国范围内发行了 40 万份。手册的标题是《渗入美国境内的共产主义》，有人开始在全国各地的政治集会和宗教讲坛上，大肆鼓吹其中的思想。手册的作者是约翰·F. 克罗宁神父。克罗宁是巴尔的摩的一名牧师，在联邦调查局的高层人物中有不少拥趸者。他的资料直接来自调查局的机密档案，其中包括胡佛写给白宫的报告。此外，克罗宁神父还结交了第 80 届国会中的一名新任议员理查德·米尔豪斯·尼克松。这个人由于在共产主义威胁的问题上态度坚定而当选，并于 1947 年 1 月从加利福尼亚州来到华盛顿。

尼克松今年 34 岁，是一名聪明机智、雄心勃勃的政治家。他在阴谋诡计方面的天资过人，但至今还没有用武之地。他出生寒微，希望能通过努力工作达成远大的梦想，但却屡遭失意。在当选众议员的 10 年前，他还在法学院就读。那个时候，尼克松就曾向联邦调查局递交申请，但没有得到回应。在接下来的 25 年中，他与调查局始终保持着联系。这种联系始于 1947 年 2 月，克罗宁神父亲自向尼克松介绍了联邦调查局对美国共产主义和苏联间谍活动的调查情况，还把尼克松引荐给负责追捕赤色分子的特工。后来，克罗宁成了尼克松与联邦调查局之间进行联络的秘密渠道。

上任伊始，尼克松曾经在众议院反美活动调查委员会任职。该委员会的主席是新泽西州共和党员 J. 帕内尔·托马斯。托马斯心地狭隘、为人粗俗，很快就因为政治腐败锒铛入狱。反美活动调查委员会也由于做法过激而声名狼藉。1939 年，该委员会对电影业开展的调查一度登上各大媒体的头条。当他们发现这项调查进行不下去时，竟然做出影射满头卷发、活泼可爱的小女孩秀兰·邓波儿是共产党员的荒唐举动。但是现在，众议院反美活动调查委员会的专业人员不仅包括联邦调查局的退休特工，还包括美国共产党的前任成员，这些人的档案成了美国共产主义秘史的一部分。他们与联邦调查局携起手来，成了冷战政治中最强大的力量之一。

与杜鲁门彻底决裂

1947 年 3 月 26 日，众议院反美活动调查委员会召开会议，听取胡佛的公开作证。这是胡佛人生当中的一个重大时刻。他今年 52 岁，执掌联邦调查局已有 25 年之久。他仿佛成了美国反共运动的象征。

就在那天，胡佛与杜鲁门政府彻底决裂。在接下来的 25 年，直到他死去，只有在认为总统的行政命令合理时，他才会表示服从。胡佛的证词既是对杜鲁门政府的公然反抗，也是在公开宣布，他已经与总统在国会中的强大政敌结盟。

他甚至试图支配总统的权力。经过胡佛几个月来的反复施压，5天以前，杜鲁门刚刚签署一道行政命令，授权联邦调查局开展美国历史上最大规模的政府调查，即“联邦忠诚与安全计划”。

在这项计划中，联邦调查局对超过200万的政府雇员进行背景审查，并对其中14000多名雇员的私生活和政治信仰进行深入挖掘。虽然该计划并没有在政府内部发现任何苏联间谍，但所谓的不忠调查却在美国的政治系统中蔓延开来。

胡佛告诉国会和美国民众，为了实现苏联主宰世界的幻想，共产党的势力已经渗透进美国的社会和政治框架，妄图颠覆美国，但杜鲁门政府却对这种说法不以为然。“实际上，共产主义不只是一个政党的名称，”他在自己的证词中宣称，“而是一种生活方式，一种不良和邪恶的生活方式。它就像一种四处传染的疾病，因此我们也应该像对待传染病那样，将其隔离起来，以免危及整个国家。”

从理论上看，美国共产党在美国的政治生活中只是一支微不足道的力量。胡佛称，美国虽然只有74000名共产党员，但他们的影响却举足轻重。“每存在一名正式的共产党员，就有另外10个自愿并能够为共产党工作的非正式人员。因此，共产主义已经构成了一种巨大的威胁，这些人正在渗入并影响美国人生活的方方面面。”

胡佛说：“很少有美国人能够认识到赤色法西斯的威胁。我的确担心，一些自由和进步人士已经受到了愚弄和哄骗，开始与共产主义者相互勾结。只要共产党能够继续传播其使命，我就始终充满忧虑……我的确担心，教育委员会和家长容忍美国共产党及其追随者打着学术自由的名义，将年轻一代引入歧途……我的确担心，共产主义的思想已经渗入、充斥并控制了劳工组织……正如那些没有受共产主义影响的美国人民一样，我担心的是，有人仍然对此熟视无睹。”

胡佛宣布，在反共斗争中，他将给予反美活动调查委员会有力的政治支持。此时此刻，他们休戚相关。联邦调查局将在暗中搜集证据，从而对颠覆分子进行“无情的控告”。反美活动调查委员会将发动强大的宣传攻势，正如胡佛所言，“公开揭露那些威胁美国的力量”。

在这次听证会上，胡佛与尼克松初次相见便一拍即合。尼克松问，美国共产党在哪些方面会造成危险。胡佛指点他说，最大的危险就在操场上、广播电视中、银幕上以及政府内部开展的颠覆活动之中。

尼克松的表现给胡佛留下了深刻的印象。

“这个年轻人是谁？”在听证会结束后，胡佛向一位老朋友问道，“看起来他将是我们的一个合适人选。”

第19章

另一个“珍珠港事件”

对于共产主义的威胁，总统越来越深信不疑；但对胡佛，杜鲁门还是心存警惕。“他对联邦调查局极其反感，”1947年5月2日，白宫顾问克拉克·克利福德在一份记录中写道，“并且希望将其压制到底。”

杜鲁门意识到，胡佛正在领导“一场专制的行动”，财政部部长约翰·斯奈德说道。斯奈德不仅是总统的故交，也是他的心腹。

“我认为，杜鲁门已经隐隐地感到，胡佛正在联邦调查局建立起一个弗兰肯斯坦（玛丽·雪莱在1818年创作的一部科幻小说里的主人公。弗兰肯斯坦是一名疯狂科学家，他用许多碎尸块拼接成一个“人”，并用闪电将其激活。后来，弗兰肯斯坦一词经常用来指代“人形怪物”以及“脱离控制的创造物”。——译者注）式的怪物。”

胡佛当然知道总统的想法。在夺回美国情报控制权的斗争中，他驾轻就熟地利用自己手中掌握的情报。

1947年春夏，就在新的《国家安全法》即将出台之际，胡佛与国会的达官显贵展开了一场智谋的较量。

该法案提议，在五角大楼的主持下，联合美国所有的军事力量；成立国防部，监管陆军、海军以及掌握有核武器的空军；组建新的国家安全委员会，通过白宫协调军方、情报机构和外交力量；建立美国第一个和平时期的永久性间谍机构。

“间谍活动与人类历史一样古老，”胡佛说道，“我们过去一直，将来也会一直从事间谍活动，直到人类和平相处的理想成为现实。”在此之前，美国必须依法成立一个永久性的专职间谍机构。胡佛更表示，没有人比他更有资格掌管这个机构。

胡佛承认，“心忧社稷、有责任感的领导人”亟须了解有关苏联及其盟国的战略意图和军事能力的情报。胡佛说，他可以满足这些领导人的需求。他将负责监管联邦调查局特工、外交官和海外驻军搜集的外国情报交给国务院的专家进行分析。与此同时，联邦调查局将继续追捕外国间谍和揭露苏联的阴谋。

有效的情报将阻止另一次珍珠港事件。

“美国境内可能再次发生袭击，”胡佛声称，“情报工作能够为我们提供线索，以便防患于未然，从而在最大限度地降低灾难程度。现代科学的发展及其在军事上的应用可以让我们知道，将来有可能发生什么事情。然而，这还远远不够。要想未雨绸缪，我们还必须了解敌人的袭击将在何时何地以怎样的形式发生。只有在全球范围内掌握足够的情报，我们才能做到这一点。”

胡佛说：“联邦调查局只需要大约1200名人员和每年1500万美元左右的资金，就可以提供世界各地的情报。”相比之下，他指出，由中央情报局开展全球情报工作的计划却需要“3000名雇员和每年6000万美元年的资金”。胡佛明确表示，成立中情局的提议只不过是一些“帝国建造者不切实际的幻想”。

14个月前，海军少将罗斯科·希伦科特成为第三任中情局局长。胡佛及其助手在见到希伦科特后，后者向胡佛及其助手“坦承，他对于自己的新工作一无所知”。胡佛认为，情报工作应该“不只是一份差事，而是一项事业”；如果任由一些得过且过的军人来开展情报活动，将是“对国家的极大不公”。最重要的是，胡佛认为，美国不需要一个由名不副实的“专制沙皇”来掌管的中情局，在开展间谍活动的同时还对联邦调查局搜集的情报和海外特工的工作说三道四、指手画脚。

最后，胡佛利用总统对秘密警察的顾虑心理，对自己的秘密陈词进行了画龙点睛。“对我们来说，幸运的是，”他说，“我们知道建立一个规模庞大的超级中央机构，其后果会是怎样。德国的盖世太保就是前车之鉴。”

中情局在弄虚作假

然而，胡佛的对手比他更加善于鼓弄唇舌。艾伦·杜勒斯不仅是“疯子比尔”的头号门徒，也是多诺万在华尔街律师事务所中的明星人物。他的兄长就是共和党影子内阁的国务卿约翰·福斯特·杜勒斯。1947 年 6 月 27 日，在国会就《国家安全法》举行的闭门听证会上，艾伦·杜勒斯一边吞云吐雾，一边宣读了一份精明圆滑的证词。

杜勒斯表示，新建中情局的构想十分周密。美国虽然“有能力组建世界上最大的情报机构”，他说，但这项任务只需几十名经验丰富的海外工作人员就可以完成。“我认为，一个机构并不是越大越好，”他说，“而是应当尽量缩小其规模，否则一旦它过于臃肿，必然无法顺利运转……这个机构在开展行动时既不能大肆张扬，也不能像业余侦探想像的那样神秘莫测。要想获得成功，我们需要的只是孜孜不倦的工作、明辨是非的能力和一些普通的常识而已。”

一个月后，即 7 月 26 日，杜鲁门总统签署了《国家安全法》。联邦调查局没有得到继续开展冷战的任何权力，但中情局局长所掌握的权力却越来越大。

从同一天起，胡佛开始对中情局进行监视。他对那些被怀疑有同情共产主义或同性恋者倾向的中情局官员实施了窃听。在读到有关中情局“一团混乱”的报告时，胡佛作出了如下评价：“中情局完全是在弄虚作假，他们竟然没有暴露，这真是一场悲剧。”中情局多次恳请联邦调查局提供一些具有间谍活动经验的人手。胡佛对此表示同意，他希望自己手下的特工能够借机对中情局进行监视。然而事与愿违，胡佛几乎没有得到任何消息，只有一名特工发回报告称：“如果这个国家的人民指望中情局阻止下一次珍珠港事件，那么他们最好马上开始挖掘战壕。”

随着时间的推移，胡佛的政治斗争愈演愈烈。在中情局官员参观过联邦调查局开设的训练学院后，胡佛写道，“我认为，成立这样一个组织纯粹是浪费时间”。他的助手代拟了一封写给中情局局长的公函，但是胡佛立即将这份彬彬有礼的草稿扔到了一边，并严厉斥责他的助手：“这些阿谀奉承之词还是省省吧。众所周知，他们对我们毫无用处。我可不想要为了息事宁人而让他们得寸进尺。”当中情局向联邦调查局询问有关共产国际的情况时，胡佛断然拒绝了他们的请求。“不要在这个上面浪费时间。我们还有很多亟待处理的事情。”

胡佛很快与新任国防部部长詹姆斯·福里斯特尔结成了同盟。后者不仅是华尔街的巨贾，而且在海军内很有影响力。1947 年 10 月 24 日，胡佛在五角大楼召开的会议上大放厥词，与会者除了中情局、陆军和海军情报部门以外，还有总统的国家安全顾问。他声称，“总统的看法早已人尽皆知，好像我们的情报组织全都碌碌无能”。胡佛斥责，正是由于国务院走漏了消息，才导致纽约大陪审团对共产党开展的调查功败垂成。他解释道，对于原子能委员会属下的左翼科学家将会产生何种影响，联邦调查局感到十分怀疑。原子能委员会是一个刚刚成立的民间机构，负责掌管美国最致命的新型武器。该委员会的委员曾经告诉胡佛，美国人对苏联的威胁浑然不觉。

偷运原子弹入境

几天后，胡佛致信福里斯特尔，信中的内容令人不寒而栗。他警告说：“可能有人偷运原子弹入境，也可能只是偷运零件，然后在国内组装。”胡佛设想，莫斯科的间谍也许会通过外交邮袋携带原子弹零件，接着由破坏者在暗中组装，最后由自杀式炸弹客在美国的地标性建筑内将其引爆。胡佛始终担心，敌人可能会发动突然袭击。

1947 年 11 月，胡佛第一次发出类似警示。在接下来的 10 年中，他反复警告美国政府，恐怖分子和外国间谍有可能使用原子弹、生物和化学武器对美国城市发动袭击。时至今日，这种恐惧仍然是美国领导人挥之不去的梦魇。福里斯特尔成立了一个名为“战争委员会”的秘密组织，对胡佛的警告作出了回应。该委员会找到总统的首席科学顾问万尼瓦尔·布什和麻省理工学院院长卡尔·康普顿。在二战期间，正是这两人建议杜鲁门总统对日本投掷原子弹，而且没有发出任何预警。战争委员会开展了一个高度机密的计划，对敌人将大规模杀伤性武器作为制造政治恐怖手段的威胁进行评估，并对投掷“生物制剂和可裂变材料”——脏弹的情景，以及应对灾难性袭击的措施进行了研究。这项研究直到今天仍然没有停止。

“你最初的来信促使我们发起了这项研究，”国防部部长在写给胡佛的信中称，“由于联邦调查局在获取整个计划的有关信息方面承担重大职责，”福里斯特尔继续写道，“只有我们双方开展最紧密的合作，才能在这一特定领域内做到有备无患。”

胡佛成功地将这种威胁上升到关系国家危急存亡的高度，接下来他要做的就是提起一系列情节严重的诉讼，指控美国共产党的领导者阴谋“通过武力和暴力摧毁政府”。但是，这一指控需要政界共识和司法判决，即断定美国与苏联之间处于紧急状态，而美国共产党是这场冷战中的非法斗士。

在首次审讯中，11 名共产党领导人被定罪，并被判处 5 年徒刑；其中 6 人先后入狱，另外 5 人获得了保释。在接下来的几个月中，全国各地共有 115 名共产党员面临着同样的指控。他们的定罪依据是 1940 年《史密斯法》，根据该法案规定，成为共产党员本身就是一种非法活动。所有案件都离不开胡佛向法庭提交的长达 1350 页的文件，从第一次世界大战起，他就已经开始为此案搜集材料，这次诉讼只不过老调重弹。现在，胡佛还有了目击证人。5 年前，调查局在美国共产党内部安插了一名双面间谍。这名间谍是一名温文尔雅的行政人员。在上述 11 人的审讯过程中，他向大陪审团提供了决定性的证词。后来，这个间谍的故事被改编成为一部经典的黑白电视剧——《我的三重人生》，其中的一段台词令当时的美国人耳熟能详。“这是一个发生在赫伯特·A. 菲尔布里克身上的离奇故事……他不仅是一名普普通通的公民，还是共产党的高级成员和联邦调查局的反间谍专家。”

“我们已经深入美国心脏”

苏联档案中记录的一些文件成了上述案件的秘密证据，让胡佛对共产主义阴谋的指控变得更加有力。这些文件来自五角大楼附近波拖马可河畔的阿灵顿大厅，这里曾经是一所女子学校，从第二次世界大战起这里就成了美国破译苏联密码电报的中心。

美国陆军信号情报处截获了数千份从莫斯科发往苏联在美国前哨站的电报，其中包括苏美贸易公司“阿姆多尔戈”。从 20 世纪 20 年代起，阿姆多尔戈就开始从事间谍活动。1944 年，在一次秘密入室行动中，联邦调查局潜入该公司在纽约的办事处，窃取了大量俄语文书和加密电报。

苏联使用的密码是五位数字，这五位数字被排列在 5 个相互独立的加密系统之中。按照规定，这种密码每组只能使用一次，由于每条信息的模式都独一无二，因此整个密码系统根本无法破解。但在二战期间，由于重重压力，苏联的情报机构曾经铸下大错。在德国入侵苏联并逼近莫斯科时，他们向世界各地的苏联间谍发送了完全一样的密码组合。1943 年 10 月，陆军密码专家发现了少量重复使用的密码，如果能够找到其中的模式，从理论上说，他们就有可能破解苏联间谍与情报组织之间的通讯内容。

梅雷迪斯·加德纳是一位密码破译高手。他只需要一支铅笔、一个便签本和一些穿孔卡片，但从他手上破译出来的信息却越来越多。第二次世界大战刚刚爆发时，尚不到而立之年的加德纳作为一名民间语言学家加入了陆军的密码破译队伍，并很快学会了俄语和日语。1946 年，加德纳破译了苏联情报的一些片段。他发现，在两年前从纽约发往莫斯科的一份报文中有一个英语拼写的名字，名字的前后各有两个俄语代码字。加德纳灵光一闪，认为这两个代码一定是"开始拼写"和"结束拼写"的意思，并且由此打开了苏联密码系统的缺口。随后，加德纳破译了另一份二战期间发往莫斯科的电报，其中出现了为"曼哈顿计划"制造原子弹的顶尖科学家的名字。在这份苏联电报中，原子弹的代码字是"伊诺莫兹"(Enormoz)。

1947 年 5 月，也就是胡佛在众议院反美活动调查委员会上作证数周以后，加德纳刚刚破译的两份电报显示：在二战末期，苏联曾经在战争部的总参谋部内安插了一名间谍。莫斯科已经深入美国军队的心脏。于是，陆军情报处次官卡特·W. 克拉克将军把他们在密码破译工作上取得的进展告诉了胡佛。

1947 年 7 月，联邦调查局开始在阿灵顿大厅与陆军方面通力合作。梅雷迪斯·加德纳每天都会和联邦调查局一名 30 岁的天才——特工鲍勃·兰菲尔联系，鲍勃·兰菲尔负责处理调查局通过非法进入阿姆多尔戈窃取的密码电报。他们的行动被命名为"维诺纳计划"。

维诺纳计划是冷战期间美国最有力的秘密武器。由于该计划高度机密，就连杜鲁门总统和中情局也被蒙在鼓里。假如胡佛不得不将自己从维诺纳计划中提取的情报呈交上级，胡佛就会对这些情报进行净化处理，并声称它们来自"某个高度敏感的消息渠道"。胡佛下令："鉴于中情局的工作散漫无羁，其部分人员形迹可疑，我们必须慎之又慎。"

在将近 5 年的时间里，联邦调查局一直试图挖开苏联情报机构的秘密，但都徒劳无功，调查局没有破获一起与苏联间谍有关的案件。二战结束以后，由于受到了美英联盟内部特工的警告，苏联情报人员开始韬光隐晦。现在，苏联人重新启动了美国境内的间谍网络，虽然他们的踪迹就像漆黑小巷中的足音一样转瞬即逝，但联邦调查局还是隐约看到了一线希望。要说耐力，胡佛比苏联人有过之而无不及。

截至 1948 年夏，“维诺纳计划”破译了苏联大量重要的密码、代码和电报，透露了 20 年来苏联在美国开展间谍活动的蛛丝马迹。这次调查很快就发现苏联窃取美国原子弹机密这一国际阴谋的确凿证据。

“有几十封电报已经被全部破译，”兰菲尔回忆道，“我们已经深入敌营。”

可怕的政治考验

此时，杜鲁门的政治权力陷入了最低谷。“我正经历一场可怕的政治考验，”1948 年 7 月 10 日，杜鲁门在写给丘吉尔的信中称，“我们正处于一个严峻和艰难的时代。您在推翻纳粹主义和法西斯主义的斗争中立下了汗马功劳，对此我们都无比钦佩。接下来，我们最大的问题就是所谓的‘共产主义’。我希望，我们能够将其彻底解决，而不需要再次付出‘血与泪’的代价。”

杜鲁门给共产主义加上了引号，而胡佛把它登上了醒目的头条。

胡佛向来擅长在暗中出手，秘而不宣。但这一次，他选择了大张旗鼓。20 世纪 30 年代，在打击黑帮的斗争中，他曾经利用电影造就了联邦调查局的巨大权力和崇高声望；而现在他准备利用政客、报纸和电视，对共产主义予以无情的打击。显然，这种策略与执法无关：证人极不可靠；他通过非法窃听搜集的信息法庭不予采纳；而刚刚破译的电报属于高度机密，不可能将其公诸于众。

然而，胡佛懂得如何将情报作为自己从事政治斗争的工具。他为国会内的共和党与反共人士提供了一件有力的武器，以此对总统和民主党发起迎头痛击。

胡佛派遣负责公共关系的副局长、联邦调查局与国会的联络员卢·尼克尔斯与众议院反美活动委员会以及参议院调查小组委员会的成员见面。尼克尔斯手中掌握着联邦调查局的大量机密档案。他向国会及其成员透露了调查局两名线人的名字。尼克尔斯在华盛顿的活动已经不再是秘密。很快，以揭发丑闻而著称的记者德鲁·皮尔逊在报道中称，尼克尔斯就像“一个会动的羽毛球一样”，正在众议院反美活动调查委员会的总部进进出出。

1948 年 7 月 31 日，伊丽莎白・本特利在调查委员会中公开露面。她显然不是一个理想的证人。早在数年以前，联邦调查局就认为她很不可靠；她在 1942 年到 1944 年提供的有关苏联间谍的供词被扔进了“疯人柜”。由于本特利精神状况不够稳定和严重的酗酒，她的证词在法庭上无法采用。如果根据她的证词进行判决，其结果必然是“在极其尴尬的情况下宣布无罪释放”，胡佛的一名助手警告道。

尽管如此，胡佛还是把本特利送往国会。她长篇大论地谈起第二次世界大战期间自己作为苏联间谍机构信使的经历。本特利一共提到了 32 个人的名字，其中包括财政部副部长哈里・德克斯特・怀特、“疯子比尔”多诺万、战略服务处总部的 6 名成员及她本人的助理邓肯・卓别林・李，以及罗斯福执政期间从军界到白宫的一些高级官员。虽然她的证词大都属于道听途说，但却是外界第一次得知苏联间谍已经渗入美国的政府部门，而这一消息无疑来自胡佛。

次日，众议院反美活动调查委员会传讯了《时代》杂志的一名资深编辑，惠特克・钱伯斯。

在大多数情况下，钱伯斯说的都是实情，但却不是全部的实情。早在 6 年以前，他就曾经向联邦调查局和副国务卿 A.A. 伯尔勒讲述了自己的遭遇。当时，联邦调查局对钱伯斯的说法十分怀疑。因为钱伯斯曾经是一名坚定的共产党员，所以胡佛及其手下认为，这个人毫无可信之处。但现在，他们不得不相信钱伯斯的证词。

钱伯斯衣着凌乱，眼圈通红，但他的故事引起了人们的关注。

1925 年，钱伯斯加入了美国共产党。在 20 世纪 30 年代，他曾经担任苏联情报机构的特工长达 6 年。他声称，苏联人在罗斯福政府的高层安插了间谍。其中一个是国务院拉美司司长、联邦调查局特别情报服务处的发起人之一劳伦斯・达根。另一个是国务院高官、卡内基国际和平基金会负责人阿尔杰・希斯。该基金会的主席是约翰・福斯特・杜勒斯。如果共和党在 11 月的总统大选中获胜，杜勒斯将成为下一任国务卿。

1948 年 8 月 3 日清晨，众议院反美活动调查委员会的首席调查员罗伯特・斯特里普林将钱伯斯带到闭门听证会上，开始进行审讯。斯特里普林率先发问：当钱伯斯身为共产党员时，他是否曾经“注意到有所谓的间谍组织在华盛顿成立或者开展活动”？

“不，我没有听说过。”钱伯斯回答。

这无疑是一条赤裸裸的谎言。当天早上，当调查委员会在国会大厦中最大的公共场合众议院筹款委员会的听证室内，面对大批记者和摄像师举行公开集会时，钱伯斯突然改变了口风。他声称，从1932年到1938年，他曾经隶属“美国共产党的一个地下组织”。随后，钱伯斯提供了该组织内8个成员的姓名，其中最引人注目的就是阿尔杰·希斯。

“那个时候，该团体主要任务不是从事间谍活动，”钱伯斯说道，“它最初的宗旨是渗入美国政府。当然，间谍活动是最终目的之一。”这一点十分关键。暗中渗透和施加无形的政治影响虽然有悖道德，但从理论上讲并不违法。相反，从事间谍活动则属于叛国行为，一般来说犯罪者会判处死刑。

对于反美活动调查委员会的明智之士来说，其中的区别非常明显。众议员尼克松提出的问题一针见血。他十分清楚自己应当如何发问，因为他已经提前知道了问题的答案。在过去的5个月中，承蒙胡佛的眷顾，尼克松得以阅读联邦调查局的有关档案，并希望将阿尔杰·希斯一案以及罗斯福政府中的秘密共产党员查个水落石出，借此在仕途上飞黄腾达。

杜鲁门对诸如尼克松之流的反共人士十分蔑视，他撤销了希斯的案件。但他并没有公开批评胡佛，因为后者开始令他心生畏惧。

杜鲁门已成傀儡

对于美国的民主制度来说，这是一个岌岌可危的时刻。胡佛已经不再听命于总统。

“胡佛这个人自行其是，”陆军反情报指挥官、新任白宫安全顾问史蒂芬·斯平加恩说道，“他已经不再服从杜鲁门，就更不用说司法部部长了。”

国防部部长福里斯特尔向总统施压，要求给予胡佛更大的执法和搜集情报的权力，以维护国家安全。这无疑会让胡佛成为秘密警察的沙皇。

白宫方面不甘示弱。“这不符合我们的传统，”斯平加恩表示，“对于共产主义和法西斯国家来说，这种做法或许行得通，但在美国肯定不行。”

与此同时，胡佛也敦促司法部部长克拉克授权联邦调查局在美苏发生严重危机时拘留数以千计具有政治嫌疑的美国公民。既然苏联的间谍机构在美国已经初具规模，胡佛辩称，那这场危机恐怕也不远了。

在有关“共产主义渗透”的问题上，司法部部长克拉克说：“我们展开了激烈的争论。”

联邦调查局在成立之初曾经有这样一个共识，那就是司法部部长必须了解调查局开展的所有活动，这也是总统的想法。但是，出于对白宫的不信任，胡佛的行动开始变得愈发诡秘莫测，他隐藏了很多事实。在涉及国家安全领域时，他的行动已经超出了法律和宪法规定的界限。

胡佛准备对美国的共产主义势力进行最严厉的镇压，并开始着手制定计划。其中包括对政治嫌疑犯进行集体拘留、建立关押美国公民的秘密监禁系统以及暂停执行人身保护令。胡佛负责国家安全事务的助手米基·拉德开始制定 1948 年 10 月“拘留共产党的详细计划”，以及联邦调查局“与陆军部的协议草案”。一旦逮捕的人数超出了联邦监狱的承受范围，胡佛可以将他们羁押在纽约、旧金山和洛杉矶的军事基地中。根据这项协议，联邦调查局、中央情报局和陆军情报部门将各司其职，对数以万计的政治嫌疑犯进行审讯。

直到将近两年以后，胡佛才正式向白宫和国家安全委员会透露自己的计划。“几个月来，联邦调查局和司法部的有关人员共同制定了一项行动方案，以便在紧急情况下将有可能对国家内部安全造成潜在威胁的人员逮捕和拘留。”在遭遇战争爆发、紧急情况、国家危机、“威胁入侵”或“内部叛乱”时，联邦调查局将开始实施拘捕。按照这项方案，届时总统将签署暂停执行人身保护令的紧急命令，并授权联邦调查局在全国范围内展开围捕。司法部部长将根据联邦调查局的安全目录向总统呈送“集体逮捕令”。最终，胡佛还是向总统透露了这份安全目录。“长期以来，联邦调查局积累了一些个人的姓名、身份及其从事的活动，这些人的信息被记录在一份安全目录中，”胡佛写道，“这份目录涉及大约 12000 人，其中 97% 左右为美国公民。”这个数字后来翻了一番。“该方案需要对每一名被拘留者提出指控并进行听证，”胡佛向白宫提议，“听证程序将不受证据规定的约束。”

按照胡佛的计划，在发生国家危机时，所有的拘留中心都将人满为患。20 世纪 50 年代，国会曾经秘密拨款，兴建了 6 座集中营用于羁押嫌疑犯。然而，对于将颠覆嫌疑犯集体监禁的方案，冷战时期的任何一位总统都没有认真对待。直到 21 世纪，美国总统才将其付诸实践。

1948 年 11 月，就像绝大多数美国人一样，胡佛认定纽约州州长、共和党人托马斯·E. 杜威将当选总统。在身为联邦公诉人时，杜威曾经因为严厉打击犯罪而声名远扬。如果能够在总统大选中获胜，他将成为20多年来入主白宫的第一个保守派人士。在美国即将发生重大危机的看法上，杜威与胡佛两人不谋而合，于是胡佛开始在幕后全力支持杜威。他希望杜威当选新任总统后能够给予自己更大的权力，也许在保留他对联邦调查局指挥权的同时，还可以任命他为下一届司法部部长。

随着大选日渐临近，杜鲁门显得孤立无援、力不从心。在乘坐火车开展竞选活动途经印第安那州时，杜鲁门无意中看到《新闻周刊》在50个知名政治记者中进行的民意调查。他们对这次大选作出了完全一致的预测：杜威将击败杜鲁门。所有的民意测验和政治评论也都如出一辙。在大选之夜，胡佛安然入睡，选举结果似乎已经没有任何悬念。

1948年11月3日，星期三上午11点14分，大选结果公告传遍了世界各地：杜鲁门赢得了选举。这是美国总统选举史上最大的一次反败为胜的案例。在加利福尼亚州、伊利诺伊州和俄亥俄州，仅有33000名选民投票给杜威。

在得知这一消息后，胡佛立刻离开了联邦调查局的总部。在接下来的两个星期，他都没有露面。他的公共关系办公室告诉媒体，胡佛患上了肺炎。这位联邦调查局局长突然消失得无影无踪。

第20章

核垄断之争

1949年春，美国成了世界上最强大的国家。“她就像一个巨人那样凌驾于全球之上，”就在当年，一名英国历史学家这样写道，“在世界历史上的任何一个时期，没有哪一个国家对其他国家拥有如此广泛、如此巨大的影响。”大英帝国已经土崩瓦解，苏联在战争中损失了2700万人口，中国正忙于内战……美国不仅拥有世界上一半的财富，其原料生产占全世界的1/2，机械制造占2/3，而且还是唯一一个掌握原子弹技术的国家。

但是，就在同年底，苏联成功的“研制”出原子弹，成为世界上第二个拥有核武器的国家。美国丧失了原子弹的垄断权，政府高层人士立即陷入一片恐慌。

胡佛得到消息，苏联间谍已经渗透到中情局、五角大楼、司法部以及联邦调查局。

新年伊始，“维诺纳计划”取得了振奋人心的突破。美国成功地破译了苏联在二战期间的15份密电。这些电报提到，1944年，一个女人进入了司法部在纽约的经济战争局。1945年，她移居华盛顿，随后获得了司法部的另一个职位。从苏联人的观点来看，后者显然更加有利。这个女人在外国代理人登记局工作，负责联络联邦调查局并追踪外国势力的政治活动。

她的化名是西玛。“她给人的印象是一个严肃谦逊、思维缜密的年轻女性，其思想观念与我们十分相近”，将她招募至麾下的克格勃特工在报告中写道。

联邦调查局很快便断定，司法部符合西玛特征的女人只有一个。她就是朱迪斯·科普朗。科普朗有权阅读联邦调查局海外特工的秘密档案，其中包括追捕苏联间谍和美国共产党的大量记录。

胡佛打算将计就计，利用科普朗。联邦调查局迅速采取措施，对苏联正在进行的间谍活动开始了监视。

调查局首先在科普朗的住处和办公室以及她父母的住所安装窃听器，随后又对一个名叫瓦伦丁·古比切夫的苏联人在纽约的住宅进行窃听。古比切夫虽然在联合国工作，但显然是一个苏联间谍，他曾经与科普朗通话。50名特工夜以继日地监视并录下了他们的对话。接着，联邦调查局的鲍勃·兰菲尔设下了一个圈套。他捏造了一份文件，佯称为苏联在纽约的贸易组织阿姆多尔戈工作的一名律师是联邦调查局的线人，并将这份文件混进了科普朗能够在司法部看到的资料之中。很快，科普朗就中计偷走了这份文件。

联邦调查局得知，科普朗准备前往纽约会见古比切夫。当有关特工请求司法部副部长佩顿·福特签署逮捕令时，福特认为他们缺乏足够的证据。他说，只有在发现科普朗亲手将机密文件交给某个外国间谍时，联邦调查局才能将其抓获。1949 年 3 月 3 日，科普朗坐火车前往纽约。调查局的一队特工紧随其后。科普朗和这名苏联间谍发现有人跟踪，因此没有交接文件。尽管如此，联邦调查局还是在未经授权的情况下逮捕了他们。

科普朗即将面临两次审讯：一次在 4 月份，罪名是她在华盛顿偷窃机密文件；另一次在 11 月，罪名是她在纽约从事间谍活动。然而，这两次审讯却成了胡佛和联邦调查局的一场灾难。

毫无疑问，科普朗的确是一名间谍。但在对她追查时，联邦调查局违反了法律，对科普朗与律师之间的通话进行了非法窃听。在第一次审讯中，联邦调查局的一名特别探员出庭作证，否认曾经对科普朗的电话实施窃听，但这条谎言很快被人戳穿。

随后，令胡佛感到惊愕的是，法官下令将联邦调查局有关苏联窃取原子弹机密间谍组织的报告呈堂作供。这一举动有可能导致“维诺纳计划”泄密。

1949 年 7 月 29 日，为了避免联邦调查局的秘密情报在法庭上暴露，胡佛建立了一项新的内部安全程序，并将其命名为“六月邮件”，用于暗中保存有关窃听、非法入室以及来自高度机密消息渠道并可能产生严重后果的报告。联邦调查局的中央记录中搜索不到“六月邮件”的内容，为了防止外人窥探，这些报告被藏匿在一间秘密档案室中。

联邦调查局总部发布了一道书面命令，“鉴于庭审在即，请求销毁纽约现场办公室的所有行政记录”，其中包括对科普朗的窃听报告。这道命令还包括一张用蓝色墨水书写的便条：“好。”

尽管胡佛千方百计地遮掩，在第二次审讯中，联邦调查局的窃听活动还是暴露无遗。胡佛的秘密再次被人戳破。随后，曾经在上一次审讯中说谎的特工承认，是他烧毁了有关窃听记录。

科普朗虽然被判有罪，但这一判决并没有维持多久。勒尼德·韩德法官受理了科普朗的上诉，并推翻了原判25年的徒刑。他对胡佛进行了公开驳斥，这一举动在美国司法界实属罕见。借用联邦调查局调查负责人鲍勃·兰菲尔的话来说，胡佛对于“整个科普朗案件，尤其是撤销原判一事”感到怒不可遏。韩德法官提醒联邦调查局，最高法院禁止实施窃听的判决仍然有效。这条禁令是基于“对道德和民众福祉的广泛考虑”，而通过非法逮捕获得的证据如同“一棵毒树上的恶果”，对此法庭将不予采纳。韩德法官接着写道，在这起案件中，被告应当有权确认联邦调查局的“秘密消息来源”。这个消息来源正是维诺纳计划，也是美国情报界最深藏不露的秘密。

联邦调查局的违法活动再次大白于天下。从20世纪20年代以来，这是律师、学者和媒体首次公开对胡佛的权力表示质疑。尽管人们认为，在对叛国、间谍和破坏活动进行调查时，联邦调查局应当具有进行窃听的能力。因为搭线窃听有助于抓获间谍，而未经授权拆阅邮件、搜查私人住宅和办公室、窃取文件和安装窃听器同样如此。但联邦调查局的这些惯用伎俩全都属于非法行为。即使在冷战的顶峰时期，自由社会对于秘密警察仍然心存疑虑。

将原子弹拱手送给斯大林

胡佛不断向手下施压，要求尽快破获苏联间谍组织的秘密。但是，克格勃早已在美国和英国的情报机构内部巧妙地安插了间谍，并准确地预见了这次搜捕行动。

每隔一段时间，美国的有关特工就会与英国秘密情报机构——军情六处在华盛顿的首席代表彼得·德怀尔进行会商。1949年8月，德怀尔将联邦调查局维诺纳计划破译的部分情报转给了英国在伦敦情报机构的负责人。

这些情报包括5年前苏联的一封电报，其中原封不动地记录了曼哈顿计划中一位顶尖英国原子弹科学家克劳斯·福克斯的一段话。这段话显示，在美国原子弹的完善阶段，福克斯曾经在洛斯阿拉莫斯为苏联从事间谍活动。福克斯刚刚逃离纳粹德国，他不仅是一位杰出的理论物理学家，也是一名坚定的共产党员，因此成了苏联窃取有关原子弹和氢弹机密情报的最佳人选。1949年8月7日，英国情报机构获悉，福克斯博士是一名苏联间谍，其消息来源正是维诺纳计划。英国人想要设法在不暴露这一秘密计划的前提下，将福克斯逮捕并判刑。

9月20日，中情局发布报告称，在接下来的4年内，苏联研制出原子弹的可能性极小。3天以后，杜鲁门总统向全世界宣布，斯大林已经掌握了原子弹。美国飞机检测到了苏联秘密核试验的放射性沉降物。顷刻之间，恐怖平衡发生了偏转。

胡佛向全国各地派出特工，对曾经与福克斯共事的科学家进行调查。美国也开始向英国方面施压，要求对福克斯提起公诉。1950年1月31日，经过数周的紧张审讯，福克斯终于在伦敦招供。就在同一时刻，杜鲁门公开宣布，美国准备研制威力更加强大的氢弹。早在总统作出这一决定之前，胡佛曾经发出警告，福克斯在洛斯阿拉莫斯几乎畅通无阻，可以接触到那里的绝大多数机密，其中包括美国对氢弹的长期研究。

“关于氢弹，任何一位美国科学家了解的情况福克斯都知道，因此苏联人也知道”，在福克斯招供几天以后，联邦调查局在一份报告中写道。

联邦调查局迫不及待地想要查出窃取原子弹机密的其他间谍组织成员。但是，在正式宣判之前，英国外交官不允许调查局对福克斯进行问讯。胡佛宣称，这种拖延无法容忍。几周以后，联邦调查局终于得到了对他进行审讯的机会。在回答问题时，尤其是在涉及原子弹技术的重大进展方面，福克斯隐瞒了许多事实。但是，联邦调查局还是得到了他们想要的内容，即福克斯与苏联在美国地下间谍组织之间联络人的真实身份。

这个人名叫哈里·戈尔德，15年前就开始在美国境内为苏联从事间谍活动。1947年，联邦调查局的档案中曾经出现过戈尔德的名字。调查局驻纽约办事处的特工对戈尔德进行了审讯，后者直言不讳地承认，他是二战时期苏联间谍网络中的一名成员，而该网络的信使正是伊丽莎白·本特利。“但是，在与戈尔德接触过以后，3年的时间就这样白白过去了”，联邦调查局特别探员唐纳德·香农说。这次审讯的记录被送往总部后就束之高阁。

胡佛发现，早在4年前，联邦调查局就建立了克劳斯·福克斯的档案，但却忽略了这一记录，对此他感到十分窝火。二战结束后不久，联邦调查局掌握了美国缴获德国军方文件的英文译本，而当时福克斯正在美国为苏联从事间谍活动。这些文件记载，福克斯是一名“比较重要的共产党员”。

这一疏忽是联邦调查局的反情报主管威廉·K.哈维造成的。哈维聪明绝顶，但性格反复无常。1947年，胡佛以酗酒为由将其开除。随后，哈维加入了中情局。在福克斯招供之前，联邦调查局一直忽视了这条证据。

“要做记录，”1950年2月16日，胡佛在写信给负责国家安全事务的副局长时称，“我们绝不能容忍类似的马虎行为。”

“维诺纳计划”陷入瘫痪

令人难以置信的是，对于福克斯招供以后案情会如何发展，克格勃作出了精确的预测。他们推断，福克斯会供出戈尔德，而后者会出卖窃取美国原子弹机密的苏联间谍组织和信使。克格勃不无嘲讽地表示：“我们的对手掌握的情况不仅可以显示，我们的工作与他们之间存在着不容置疑的牵连；而且能够证明，是他们把有关原子弹的机密材料传给了我们。”克格勃所说的“对手”就是联邦调查局。

克格勃的消息来自一个名叫威廉·维斯班德的苏联间谍。5年前，维斯班德曾经打入维诺纳计划在阿灵顿大厅的总部。

时至今日，有关维斯班德的很多情况仍然没法解答。他究竟出生在埃及的亚历山大还是苏联的敖德萨，他是什么时候来到美国的，人们都不得而知。他很可能于20世纪30年代初期在莫斯科的共产国际列宁学院接受过训练。维斯班德能讲一口流利的俄语和标准的英语，还懂得一些阿拉伯语。1936年，他成了苏联情报机关在纽约的一名信使。1938年，他正式成为美国公民。随后，维斯班德参加了美国陆军，并先后在英国、意大利和北非从事信号情报工作。

1944年，维斯班德作为一名俄语翻译来到阿灵顿大厅。他善于交际，有着极好的人缘。“在大厅里，人们都知道他喜欢‘溜达’。他总是四处游逛，在闲谈之中搜集风言风语，”国家安全局在此案的秘密记录中写道，“他通过要弄手段得到了分发文件的工作，其中大部分文件都与他的工作没有直接关系。维斯班德性格随和，因此结识了很多朋友……他在战后举行的婚礼不啻于陆军密码破译专家的一次名人聚会。”此外，他的妻子也在阿灵顿大厅工作。

从 1948 年 2 月起，维斯班德开始向莫斯科发送大量有关维诺纳计划的情报。莫斯科立即改变了正在使用的密码。苏联人“实施了一系列防御措施，导致陆军情报破译工作的效率骤降”，克格勃有关维斯班德的档案显示。在苏联成功引爆第一颗原子弹 6 周以前，他在一份报告中称，美国情报部门“突然无法读懂我们的加密电报了”。

国家安全局在有关此案的秘密记录中写道，“联邦调查局开始拼凑信息”，试图弄清维诺纳计划为什么走进了死胡同。在得知维斯班德曾经于 1950 年受雇成为阿灵顿大厅苏联电报组组长后，调查局目瞪口呆。对于自己从事的活动，维斯班德在遭到逮捕后没有吐露任何情况。由于拒绝为联邦大陪审团作证，他被以蔑视法庭罪处以一年徒刑。出狱后，维斯班德开始在华盛顿周边地区推销汽车和老年公寓，16 年后去世。

苏联间谍的渗透使维诺纳计划陷入瘫痪。在接下来的 30 年中，对苏联的高度机密电报，美国始终束手无策。密码破译人员只能折回头来，试图解读 20 世纪 40 年代以来的陈旧电报。

联邦调查局一直没有查清，维斯班德究竟向苏联人透露了哪些信息。国家安全局在后来总结道，“维斯班德案件发生后，情报界开始变得人心惶惶”。

这种恐慌情绪让调查局深受其扰。胡佛坚持认为，联邦调查局应当建立并掌控属于自己的秘密通信系统。“胡佛先生绝不会轻信他人，”联邦调查局的顶尖密码破译专家罗纳德 ·M. 弗格森说，“所有加密设备全都出自国家安全局，而他担心后者很可能已经被渗透。”

维斯班德曾经从底层潜入美国情报机构。现在，另外一名苏联间谍金 · 菲尔比已经打入了情报界的最高层。

胡佛从一开始就认为，苏联间谍极易从中情局入手。后来的事实证明，胡佛的担心不无道理。

1949 年 10 月，英国军情六处一名圆滑世故、能言善辩的特工金 · 菲尔比来到华盛顿。他对中情局和五角大楼的要人做了自我介绍后，随后便加入了美国高度机密的行动。菲尔比得知，中情局计划将苏联和东欧的一些政治流亡者和难民空降到铁幕以后，从而对苏联及其卫星国开展间谍、破坏和突袭活动。菲尔比随即将此消息传到莫斯科，这次行动最后以失败而告终，中情局招募的外国特工也纷纷被捕甚至遇害。此外，菲尔比对联邦调查局与英国方面在维诺纳计划中的所有反情报工作都了如指掌。正是借助他的报告，克格勃才得以了解美国密码破译工作的进展、克劳斯·福克斯的下场以及苏联原子弹间谍组织成员即将面临的威胁。

菲尔比在五角大楼几乎畅通无阻。6个月前，由于精神崩溃，国防部部长詹姆斯·福里斯特尔从贝塞斯达海军医院的高楼跳下，当场身亡。五角大楼顿时陷入了一团混乱。福里斯特尔是胡佛在美国政界最有力的盟友，他的死让胡佛对美国情报界深感绝望，并担心美国已经无力招架日渐迫近的苏联威胁。

就在菲尔比大肆窃取美国机密的同时，胡佛展开了最后一搏，试图阻止艾伦·杜勒斯出任中情局局长。杜勒斯曾经受到五角大楼委任，作为一名私人律师对美国情报工作的低劣现状进行秘密调查。杜勒斯决定利用递交总统的这份报告作为自己执掌中情局的进身之阶。在长达一年的调查过程中，杜勒斯没有与胡佛或联邦调查局进行协商。在胡佛看来，这显然是对自己的刻意怠慢。于是，他煞费周折地从五角大楼得到了这份报告的副本，并且发现对于总统授予自己在国家安全事务上的权威，杜勒斯并不买账。

“联邦调查局竟然被排除在外，这一事实实在令人无法容忍”，胡佛写道。

但是，杜勒斯没有对此作出回应。联邦调查局的一名特工想方设法终于从众议院拨款委员会的一名成员手中获得了中情局的最新预算。这份预算被隐匿于五角大楼七八个不同的预算案之中，只有4名国会议员了解此事。“这是我所见过的最不平衡的账目，这件事情不能不令人感到震惊”，胡佛在备忘录中写道。然而，更加令人震惊的事情是：中情局每年的开支超出联邦调查局5倍半之多。

胡佛知道，为了夺回自己在反共战争中的最高指挥权，他必须重新审视这场政治斗争。

第21章

“第三次世界大战”

1950年夏，美国民众逐渐意识到，冷战不啻于一场真刀真枪的战争，自由世界的命运已经岌岌可危。胡佛率领联邦调查局在后方展开激烈的斗争，每一个政府部门、每一个法庭以及每一所大学都能够感受到他们的力量。

1950年7月24日，在朝鲜战争爆发后一个月，胡佛终于从杜鲁门总统那里得到了一则声明，授权联邦调查局对危及美国国家安全的“间谍、破坏和颠覆活动及其相关事宜”展开调查。这一授权甚至超出了罗斯福在战时发布的指令。8月24日，为了证明自己得到的权力理所应当，胡佛向总统提交了一份骇人听闻的绝密报告。他警告说，数以万计美国地下共产党的中坚分子组成了一支无形的军队，他们已经蓄势待发，准备在美国揭竿而起。

此外，胡佛还列出了一份有可能遭受自杀式炸弹客袭击的美国城市的详细名单。胡佛声称，他对这次恐怖主义浩劫的警告来源于“联邦调查局10名至关重要并极为可靠的线人”。这些秘密线人包括曾经在联邦大陪审团或法庭上作证的前美国共产党员，以及在苏联间谍机构内部潜伏了20多年的特工，胡佛在给白宫的报告中写道。

“为了实现主宰全世界的目标，苏联领导人将不惜采取任何手段，”胡佛在报告中称，“一旦美苏之间发生冲突，每一名共产党员都会无所不用其极，从而危害整个美国。”他们会渗入美国军队，煽动士兵哗变，挑起种族骚乱，破坏军工企业，通过罢工削弱美国经济，控制广播电视台，并且向人们灌输激进思想。美国共产党已经对“大型工业中心”进行了侦察，一名线人断言，“其中包括战时需要夺取或摧毁的战略据点”。

最后，胡佛发出了耸人听闻的警告：“即使这种行动无异于自杀，苏联也将毫不犹豫地向任何目标投下原子弹。”胡佛预言，届时将会出现载有原子弹的自杀式飞机以及携带小型炸弹或其他毁灭性武器的自杀式伞兵对美国发动大规模袭击。在着陆以后，这些伞兵会得到当地美国共产党的协助。胡佛断定，数百万苏联儿童已经被训练成伞兵，因此敌人袭击的规模不容小觑。

原子弹和氢弹的零件可以偷运入境，用于对美国发动袭击。它们可以“通过远程控制或者甘愿牺牲自我的个人引爆”，而这些“个人”就是美国地下共产党。该报告称，“20000 名忠诚的党员组成了共产党的中坚力量”。这个数字与胡佛在安全目录中记录的在危急关头需要扣押的人员总数大致相当。一旦发生战争或者危机，这支队伍将自觉服从苏联政府的指挥。

胡佛认为，核弹飞行敢死队和儿童自杀式炸弹客的预言简直就是对美国政府的一记当头棒喝，从而改变后者的思维。他所描述的这场浩劫就像科幻小说里的场景，而这也正是胡佛最担心的事情。

如果美国共产党在战时发起政治总动员，联邦调查局就会面临巨大的威胁。

胡佛看准时机，向白宫递交了自己的报告。一个星期以前，纽约联邦大陪审团对协助将曼哈顿计划有关机密交给莫斯科的间谍提出了指控。1950 年 8 月 17 日，朱利叶思 · 罗森伯格被判间谍罪名成立。初审和终审法官一致认为，此案的证据不容辩驳，而美国民众也无可置喙。

1950 年 9 月 23 日，国会通过了《国内安全法》，早在 10 年前，胡佛就对其中的有关条款非常赞赏。该法案断言，国内的间谍和破坏活动出现了不断扩大和加强的趋势。从事颠覆活动的美国公民理应受到政治监禁。美国共产党以及共产主义阵线组织必须到刚刚成立的颠覆活动控制委员会进行登记。新任司法部部长 J. 霍华德 · 麦格拉斯认为，《国内安全法》中关于预先拘留的条款和暂缓宪法保护的建议，以及涉及 2 万余名美国公民的嫌疑犯名单，无异于从法律上正式认可了胡佛的安全目录。现在，这份目录已经名正言顺地被公众接受，并且成为美国国家安全制度的一部分，其效力将继续延续 21 年之久。

对杜鲁门总统来说，1950 年有许多令人沮丧的日子。但是，没有哪一天比 11 月 1 日更加黯淡无光。

当天清晨，中情局新任局长沃尔特·比德尔·史密斯将军发布公告称，中国军队参加了朝鲜战争。然而，中情局的报告严重地低估了这次袭击的规模。30 万中国军队大兵压境，几乎将美国人从山区逼到了海边，导致数以万计的美国士兵殒命。美国的将军们推测，中国的背后就是斯大林，而后者刚制造出原子弹不久。

11 月 1 日下午，华盛顿热浪滚滚，温度高达 29℃。杜鲁门来到白宫对面的布莱尔宫小憩。这座官邸破败不堪，正在进行修缮。就在这时，在布莱尔宫门外的人行道上，突然出现了两个波多黎各的民族主义者。其中一人举着德国制造的鲁格尔手枪，另一个拿着德国的瓦尔特手枪。他们试图举枪冲进布莱尔宫，为了波多黎各的独立大业刺杀美国总统。在交火中，一名刺客中弹身亡，联邦调查局一名秘密特工因此殉职。另一名刺客被生擒后定罪并判处死刑，杜鲁门后将其改为无期徒刑。联邦调查局立即对独立运动的领导人及其追随者展开调查，这项调查一直持续了 50 多年。

1950 年 11 月 28 日，在摸清了中国在朝鲜的进攻规模以后，杜鲁门总统极为罕见地召开了国家安全委员会的全体会议。对第三世界国家使用大规模杀伤性武器的威胁已经迫在眉睫。杜鲁门宣布国家进入紧急状态，将五角大楼的预算增加到原来的 3 倍，并任命艾森豪威尔将军为北约组织最高司令。麦克阿瑟将军和参谋长在联席会议上公开呼吁，美国应当倾其所有，对中国，特别是东北地区投掷原子弹。这一提议遭到了杜鲁门的拒绝，但总统表示，他已经做好了准备，在必要的情况下动用原子弹。

通敌的二十年

在追查维诺纳计划的一条旧线索时，联邦调查局怀疑，华盛顿的英国大使馆中一直隐藏着一名克格勃特工。调查局只知道，这个特工是一名高级外交官，代号是“霍默”。

10 年来，英国与美国在情报方面早已密不可分，但胡佛始终对这种合作关系感到十分不快。他鄙视美国的亲英分子，对英国情报部门的技术专家不屑一顾。胡佛尤其对英国人在霍默调查案中的沉默态度感到不满。

1951 年 4 月一个星期六的晚上，春风和煦，金·菲尔比在华盛顿的家中高朋满座，英国和美国的高级情报官员齐聚一堂。来宾包括中情局的詹姆斯·安吉尔顿和比尔·哈维；联邦调查局的鲍勃·兰菲尔和米基·拉德；英国情报机关的罗伯特·麦肯齐和杰夫·帕特森；以及菲尔比邋里邋遢的房客、一个名叫盖伊·伯吉斯的外交官。晚餐虽然不尽如人意，但烈酒却饮之不尽。二战结束后，这群老兵就是攥着酒杯来到 50 年代的。安吉尔顿是中情局的顶尖人才，他喜欢在午餐时一边与菲尔比喝酒，一边讨论美英两国在铁幕后的突袭计划。安吉尔顿预言，菲尔比将成为英国对外情报的下一任负责人。

这次聚会最终不欢而散。因为伯吉斯酩酊大醉，举止失态，与这群美国人和他们的妻子厮打成了一团。联邦调查局的米基·拉德的心中顿时疑窦丛生，菲尔比身为英国情报界高官，为什么会容忍伯吉斯这样的家伙在自己的家中无法无天？

几个星期后，即 1951 年 5 月 25 日，大西洋两岸的报纸纷纷报道，伯吉斯和英国外交部美国办事处的负责人唐纳德·麦克莱恩一起消失在铁幕之后。从1944年到1945年，麦克莱恩一直在英国驻华盛顿大使馆担任一等秘书。

毫无疑问，他就是霍默。

在霍默飞往莫斯科后，英国外交部部长珀西·西利托男爵带着有关菲尔比、麦克莱恩和伯吉斯的卷宗，匆匆赶往华盛顿。西利托向胡佛和联邦调查局出示了这些档案材料。这 3 个英国人有着 20 多年的交情，在剑桥大学三一学院就读期间他们就已经成为好友。在 20 世纪 30 年代，他们三人分别成了共产党员和社会主义者。这些档案中记录的秘密早已人尽皆知：伯吉斯是一个放荡不羁的同性恋者，麦克莱恩尚未承认自己的同性恋倾向，菲尔比的妻子是一个奥地利共产党员和苏联间谍，这三人全都嗜酒如命。他们的上级虽然对此有所耳闻，但仍然对他们进行庇护和升迁。现在，麦克莱恩和伯吉斯已经到了莫斯科，菲尔比被召回了伦敦。胡佛认为，菲尔比显然是一个苏联间谍，莫斯科正是通过他打入了中情局和五角大楼的最高层。对于这种看法，西利托委婉地表示反对。他很不愿意承认，像菲尔比这样一个教养良好的高级官员竟然会沦为卖国贼。

在对这 3 名英国间谍 30 年代在剑桥大学的生活进行回顾后，胡佛开始将共产主义与同性恋混为一谈。

对胡佛来说，这两者之间的联系似乎不言而喻。无论是同性恋者还是共产党员，都会被美国政府部门以及其他大多数机构解雇。两者同样过着不为人知、与世隔绝的生活。他们同属于秘密的地下群体。他们通过暗号进行联络。就像自己的同僚一样，胡佛认为，这两种人都极易落入外国间谍机构的桃色陷阱[①]或者受到敲诈勒索。

联邦调查局开始高度关注这一新的威胁。“当时就连苏联人也知道，政府部门的工作人员如果是同性恋，就会丢掉自己的饭碗”，联邦调查局华盛顿现场办公室负责苏联间谍活动的特工约翰·T. 康韦说道。康韦对一名国务院官员展开了调查。他怀疑这名官员在一家同性恋酒吧与一个年轻英俊的金发克格勃特工见面。“原来他根本不是在执行任务，”康韦说，“一天晚上，我们在进行监视的时候发现，他带着一个年轻男孩回到自己的公寓，整夜都没有离开。第二天，我们找到这个男孩，录下了他的口供，于是那位官员丢掉了自己的工作。”

1951 年 6 月 20 日，霍默案发生还不到 4 个星期，胡佛升级了联邦调查局的“性行为不当者计划”。调查局的特工对各大学校和各地警局发出警告，意欲将同性恋者从美国的政府部门、高等院校和执法机构中驱逐出去。联邦调查局关于美国同性恋的档案骤增至 30 万页，这些档案直到 25 年以后才被销毁。60 年后，也就是 2011 年，美国才允许同性恋者公开在军中服役。

随后，胡佛再次升级了 1951 年春夏在全国范围内秘密启动的“责任计划”。根据法律规定，只有行政部门的官员才能阅读联邦调查局的调查档案。事实上，这一界限早就被胡佛打破——他将有关资料透露给了与自己相交甚笃的国会议员。这项计划开始为州长、市长以及各地领导人提供情报，从而对当地的颠覆势力发动攻击。由联邦调查局地方办事处的特工作为胡佛与政治官员的中间人，责任计划成了清洗高等院校和中小学校数以千计左翼分子的工具。直到 4 年以后，为了增加自己的曝光度，一名州级教育委员才揭露了这个秘密。截至此时，“责任计划”和“性行为不当者计划”已经导致全国各地不计其数的教师遭到解雇。

在第一次与杜鲁门任命的中情局局长、四星将军沃尔特·比德尔·史密斯见面时，胡佛就提到了同性恋的问题。在二战期间，史密斯曾经是艾森豪威尔将军的参谋长。在其他人的眼中，他就像艾克（艾森豪威尔的昵称。——译者注）的打手和将军温暖笑容背后的一把尖刀。他曾经受杜鲁门总统的委派出任美国驻苏联大使，与斯大林针锋相对。史密斯将军脾气暴躁，不能容忍任何缺点。他和胡佛有很多共同之处，因此两人一拍即合。

他们在五月花酒店的一个私人套房里举行了非正式午宴。在互致寒暄以后，胡佛提出了中情局的同性恋问题。“对于这一现象的广泛程度，史密斯将军似乎感到十分惊讶，”胡佛写道，“他询问在全国具有这种倾向的人口占多大比例。”胡佛表示，他会向对方送去联邦调查局对阿尔弗雷德·S. 金赛《人类男性性行为》一书的摘要。根据这份报告，约有1/10的男性具有同性恋倾向，这个比例显然远比一般人认为的多。

胡佛和史密斯将军感到忧心忡忡。他们认为，苏联间谍已经打入了中情局内部。在过去两年里，中央情报局开展的每一项行动都功亏一篑。中情局曾经在国外招募了数以百计的特工，并将他们空降到铁幕之后，但这些特工绝大多数都被俘虏或杀害。中情局在海外的反共斗争毫无收获。与此同时，联邦调查局也未能破获任何共产党间谍的案件。

这些失败有部分要归咎于菲尔比的变节，但显然不是全部。只要美国情报机构的高层仍然存在苏联人的眼线，斯大林就能够继续对美国在国内外开展的秘密行动进行破坏。

胡佛决定改变联邦调查局和中情局在苏联问题上的合作方式。他派遣调查局的萨姆·巴比克入驻中情局总部，而史密斯将军委任吉姆·安吉尔顿来到联邦调查局。巴比克出生于蒙大拿州，祖籍南斯拉夫，在二战期间及战争结束后曾经扮作邓白氏公司代表，在里约热内卢为联邦调查局担任卧底。安吉尔顿来自爱达荷州，毕业于耶鲁大学，二战期间曾在意大利为美国开展间谍活动。在随后的20年中，他们两人一直充当着联邦调查局和中情局的联络人。

不久后，安吉尔顿升任中情局反情报部负责人，其职责是识别苏联间谍。他对过去几十年里的间谍案件进行了专门研究，试图破解苏联人的骗术。功夫不负有心人，安吉尔顿从这些案件中发现了一些其他人很难察觉的行动模式，对于思维正常的普通人来说，这些蛛丝马迹根本就看不见。

安吉尔顿的擢升对胡佛产生了巨大的影响。他对联邦调查局透露的坦率程度令人吃惊，要想了解中情局的内幕，安吉尔顿显然是胡佛的最佳人选。“他不仅十分合作，而且自愿为我们提供了大量有用的信息，”巴比克在报告中写道，“他对调查局坦诚相见，丝毫没有中情局斗篷和匕首式的作派，正是这一事实让他成了调查局联络官的不二人选。”

1952年7月2日，安吉尔顿告诉联邦调查局，中情局在欧洲的政治阵线和宣传组织“大都已经被苏联间谍渗透”。他说，克格勃一定在中情局从德国和英国的东欧和白俄难民中招募的数以千计特工中安插了间谍。中情局在欧洲开展的行动离不开政治流亡者，但是“这些流亡者却利用组织谋取一己之私”，安吉尔顿称。他还透露，中情局的秘密行动指挥官弗兰克·威斯纳已经暗中花掉了数亿美元，却还申请再次增加2800万美元的预算，用于扩张自己的海外帝国。胡佛用蓝色钢笔写道：“这种铺张浪费和毫无成效的做法大行其道，居然没有任何人过问，对此我感到十分震惊。”

事实上，这件事情不是没有人过问。美国的国家安全取决于1952年的总统大选。胡佛想要确保艾森豪威尔将军当选美国总统，并由尼克松担任副总统。7月11日，共和党确定了自己的总统候选人。7月24日，民主党推举伊利诺伊州州长阿德莱·史蒂文森参加总统竞选。这时，胡佛已经拿到了一份有关史蒂文森的报告。联邦调查局副局长米基·拉德从性行为不当者计划中挖出了这些档案。“根据您的要求，兹附上关于史蒂文森州长的备忘录。有消息称，他是一个知名的同性恋者。”

就在阿德莱获得总统提名之际，一份有关这位民主党候选人长达19页的记录被转到联邦调查局负责联络国会和媒体的官员卢·尼克尔斯手中。这份记录汇集了许多恶意的流言蜚语，其中包括来自纽约警察局某个侦探的报告。该侦探声称，史蒂文森化名为“艾德琳”，是伊利诺伊州最著名的同性恋者。胡佛授意尼克尔斯，一定要保证让理查德·米尔豪斯·尼克松、共和党竞选委员会和一大批记者得知上述内容。

1952年11月，艾森豪威尔和尼克松不仅赢得了总统大选，而且获得了参众两院的多数席位，从而结束了20年来民主党独霸华盛顿的局面。参议员约瑟夫·麦卡锡把这段时间称作“通敌的20年”。20年前，胡佛执掌的机构不仅规模较小、权力有限，仅有353名特工和每年300万美元的预算。现在，他率领的这支反共大军已经有6451名特工和8206名后勤人员，年预算额高达9000万美元。

在总统选举大获全胜几天以后，艾克向胡佛作出承诺，他希望在自己的任职期间，胡佛能够一直担任联邦调查局局长，从今以后，白宫将给予胡佛全力支持。在华盛顿，也许有人比胡佛更位高权重，但比他更令人恐惧的却绝无仅有。

本章注释

①“外国间谍机构的桃色陷阱”：苏联曾经开展了一项名为“甜蜜陷阱”的行动。一名迷人的年轻女子（或男子）勾引在海外工作的美国特工，克格勃会对他们在旅馆房间里交欢的过程进行拍照和录音，然后以此作为要挟：要么为莫斯科效力，要么等着这些照片和录音被公诸于众。在杜鲁门总统执政期间，中情局遇到过数起此类案件。中情局驻瑞士站长是一名同性恋，在被克格勃偷拍后，中情局怀疑他已经变节，并且正在为苏联人服务。在被召回华盛顿后，这名站长举枪自尽。

虽然中情局极力保密，但联邦调查局还是有所耳闻。几年以后，华盛顿最著名的外交政策专栏作家乔·奥尔索普受到了莫斯科派出的一名年轻男子的要挟。联邦调查局对这起事件一清二楚。此外，他们还知道，在为苏联从事地下间谍工作期间，惠特克·钱伯斯在纽约和华盛顿与不少男子有过露水情缘。

第22章

“麦卡锡主义”的幕后黑手

一条电话线从白宫直通胡佛家。总统艾森豪威尔只是偶尔打电话过去，但尼克松却每天与胡佛通话两次，一次在清晨，一次在深夜。

在日渐扩张的国家安全体系中，胡佛的影响力已经延伸到了每个角落。1953年1月26日，胡佛在递交给刚刚上任的总统的报告中称，现在联邦调查局特工已经与白宫、五角大楼、国防部办公室、参谋长联席会议、国家安全局、中情局、国务院、国会、6座驻美大使馆、陆军在德国和奥地利的情报基地以及十几个美国全球权力中心建立了日常的私人联系。

此外，胡佛还在国家安全委员会获得了一席之地，与国防部部长、国务卿分庭抗礼。新任司法部部长赫伯特·布劳内尔对胡佛言听计从。布劳内尔的副手和接班人威廉·罗杰斯与胡佛私交甚笃，每周都会与这位联邦调查局局长共进午餐两次。从国家安全到公民权利，胡佛对美国的方针政策产生了决定性的影响。

在艾森豪威尔执政期间，美国的反共斗争进入了高潮。胡佛的手下对上至驻外大使下至国会助手的提名人选展开了调查。他们负责监督政界的国内安全清洗活动，葬送了不计其数政治不忠和同性恋嫌疑人的生活和工作。

胡佛对国务院的影响也不容小觑。在国务卿约翰·福斯特·杜勒斯的鼎力支持下，联邦调查局派遣特工R.W.斯科特·麦克劳德担任国务院内部安全负责人。麦克劳德采用了包括窃听在内的调查局的惯用伎俩，对华盛顿和美国的驻外使领馆进行了大规模的清洗，并迫使自由派人士和嫌疑人离开外交部门。不计其数的外交官在绝望中递交了辞呈。

联邦调查局的特工甚至出现在艾森豪威尔为了向世界各地投射美国的影响和权力而刚刚成立的机构中，其中包括向全球传播美国意识形态的美国信息局。特别探员查尔斯·奴恩和乔·沃尔什负责该局在华盛顿和纽约开展的内部安全行动。此外，联邦调查局还对美国信息局的每一名雇员进行了背景调查，审核他们从儿童时期至今的每一个生活细节。

“我们的尚方宝剑就是艾森豪威尔总统颁布的第 10450 号行政命令，”沃尔什回忆道。“这条命令对危及国家安全的联邦雇员作出了明确规定，不得雇用任何共产党员、同性恋者、酒鬼和其他被认为有可能对美国安全构成威胁的反社会分子，以及与上述人员交往的个人。但是，寻找并确定同性恋嫌疑人是一件令人不快的差事，”他说，“我和中情局的一些特工关系十分融洽。这些人教养良好、头脑聪明，但是突然之间就消失得无影无踪！经过调查后我才发现，原来他们承认了自己是同性恋，并且递交了辞呈。”

政府部门中任何人都不能例外，即使是那些已经获得高级涉密资格的人员。斯坦利·格兰德是一名国务院官员，1954 年曾与中情局一起发动了推翻危地马拉当局的政变。“当时在国务院很不好过，”他回忆道，“所有人都要经过联邦调查局再次审查才能重新获得涉密资格。我们大部分人都通过了调查，但也有一些人遭到了灭顶之灾……我认识一位很出色的官员，由于担心有人会罗织罪名指控自己，他选择了自杀。这真是一场悲剧。”

然而，艾克新建的内部安全体系对胡佛来说却意味着极大的成功。这一体系足以证明，总统已经把联邦调查局视作美国国家安全的排头兵。

在白宫看来，胡佛有关苏联问题的报告是政界最权威的论断。司法部部长布劳内尔称，“联邦调查局向我汇报了对苏联共产主义阴谋开展反情报工作的一项成果。他们获悉，斯大林已经病入膏肓，马林科夫正在代理执政。如果斯大林逝世，马林科夫将成为其继任者。1953 年 3 月 3 日，斯大林去世，马林科夫接替了他的职位。这一判断现在成了历史”。

相比之下，在斯大林逝世之际，莫斯科没有一位美国的外交官，中情局也没有向苏联派出间谍人员。第一个抵达莫斯科的中情局特工受到了自己苏联管家的诱惑，这个管家其实是一名克格勃上校，她拍下了自己与这名特工交欢的照片并对其勒索。1953 年，中情局以言行失检为由将这名特工开除。

他的继任者在到达苏联后不久，就因为从事间谍活动当场被捕并驱逐出境。

现在，联邦调查局的线人已经遍布全国各地。他们通过窃听、偷录、非法入室和秘密监视，渗入美国共产党的内部。根据《史密斯法》，很多共产党员在受到指控后被暗中判刑监禁。只有少部分人转入地下，另外一些成了与当局合作的证人。让胡佛感到满意的是，许多共产党的高级官员纷纷被捕入狱。胡佛认为，情报活动甚至比与执法工作更加重要，区别在于这两者需要不同的技巧。

对待不法之徒，警察首先想到的是如何将其捉拿归案，而间谍首先想到的则是如何对其加以利用。等待和监视需要付出极大的耐心，而这正是胡佛最拿手的事情。经过 20 年的追捕和 10 年的反追捕后，他逐渐摸清了克格勃在美国的行动范围。

联邦调查局掌握着不到 10 名负责打击克格勃的双面间谍，而第一次重大突破发生在鲍里斯·莫罗斯身上。莫罗斯于 1895 年出生于俄国，和胡佛同岁。十月革命发生后，他来到美国洛杉矶的好莱坞。莫罗斯在派拉蒙影业公司工作，负责为动画片进行配音。作为副业，他还经营着鲍里斯·莫罗斯唱片公司。

1934 年，莫罗斯来到纽约的苏联领事馆，为父亲办理回国的签证手续。假扮签证官的苏联间谍问他，是否愿意为自己的祖国效力？莫罗斯答应了，并且利用伪造的证件在派拉蒙驻柏林办事处设立了一个虚职。这个职位成了瓦西里·扎鲁宾的绝佳掩护，而扎鲁宾正是二战期间在美国从事间谍活动的苏联负责人。扎鲁宾把莫罗斯在好莱坞的唱片公司作为苏联卧底特工的前哨站，并向后者支付了客观的报酬。

1943 年春，联邦调查局录下了扎鲁宾与美国共产党员史蒂夫·纳尔逊关于在伯克利辐射实验室内安插苏联特工的谈话。当年夏天，胡佛接到一封来自华盛顿某苏联间谍的匿名信。信中称，扎鲁宾是苏联在美国境内开展间谍活动的外国情报负责人；苏联间谍正在招收人马,以扩大其地下特工网络，从而“将美国的军事工业洗劫一空”。这封信一共提到了 5 名利用外交和商业职务作掩护在美国开展情报活动的苏联特工，其中包括鲍里斯·莫罗斯。

直到 4 年以后，即 1947 年 6 月，联邦调查局才派遣特工前往洛杉矶，对莫罗斯进行盘问。如此长时间的延误着实令人费解，因此胡佛在便条中不无痛惜地写道：“我最担心的是，在我们的档案中，究竟还存在多少类似情况。”

然而幸运的是，莫罗斯同意为联邦调查局效命。他决定作为双面间谍为美国刺探莫斯科的消息，这种做法实属罕见。更为罕见的是，莫罗斯手中过去的苏联档案不仅证明他的确与克格勃有着极深的渊源，而且给了陆军密码破译人员和联邦调查局极大帮助。每隔相当长的一段时间，苏联的加密人员就会疏忽大意。莫斯科给鲍里斯·莫罗斯的代号是“弗罗斯特”，在英语中是“霜”的意思。莫罗斯的俄语原名为鲍里斯·莫洛茨，而“莫洛茨”正是俄语中的“霜”。苏联的情报体系坚如铠甲，因此能够打开任何一个小小的缺口都不啻于战神赐予美国的礼物。

在为莫斯科服务了10年后，莫罗斯转而成了联邦调查局的双面间谍，他的工作被称为“莫卡斯”。好莱坞的唱片公司仍然作为克格勃在纽约和洛杉矶开展行动的前哨站。1948年，联邦调查局的莫卡斯工作取得重大进展。莫罗斯接到邀请，前往日内瓦会见亚历山大·科罗特科夫，而后者正是克格勃在世界各地开展非法活动的首领。1950年，莫罗斯在莫斯科再次与科罗特科夫见面。为了引起克里姆林宫的重视，莫罗斯信口开河，谎称自己曾经受到白宫和梵蒂冈的邀请。克格勃虽然半信半疑，最终还是接受了他的说法。

在20世纪50年代初，莫罗斯的这种情况可谓绝无仅有。无论是中情局还是五角大楼，都未能成功打入克格勃。白宫和国会仅有极少数经过筛选的内部人士知道，胡佛在情报工作方面取得了重大突破，而这些人几乎屈指可数。

“FBI就是胡佛”

在国会中，有3个调查委员会与胡佛通力合作，共同应对共产主义威胁。众议院反美活动调查委员会四处搜捕好莱坞的左翼分子，对同情共产党的神职人员提出指控。参议院内部安全小组委员会竭力追查苏联在联合国开展的阴谋以及大学教师中同情共产主义的人士。参议院永久调查小组委员会刚刚选出一位新任主席，他就是来自威斯康星州的共和党参议员约瑟夫·麦卡锡。

在过去的3年中，麦卡锡对美国共产党发动了猛烈的攻击。1950年，他肆意歪曲联邦调查局一份已经错误的报告，悍然指出众议院潜伏着数百名共产党员，从此一炮走红。麦卡锡表示，他并没有掌握这些人员的详细名单，而只有不同时期共产党人数的大致变化。麦卡锡的声名和权力显然离不开联邦调查局与国会的联络员为他提供的报告。麦卡锡和众议院永久调查小组委员会共产主义威胁首席调查员、联邦调查局前任特工唐·苏赖恩阅读了联邦调查局有关共产主义威胁的大量报告。作为回报，苏赖恩需要定期向胡佛报告麦卡锡的工作进展。

就像国会中的其他同僚那样，这位参议员也经常在公开场合或者私下对胡佛表示忠心不二。“人们没有必要为您树立丰碑，”麦卡锡在写给胡佛的信中恭维道，“您的丰碑就是联邦调查局，而联邦调查局就是胡佛。我认为，只要情况没有改变，我们就可以高枕无忧。”

1953 年春，随着罗森伯格夫妇刑期的不断临近，美国政界似乎已经为参议员麦卡锡残酷无情的反共运动做好了准备。宣布将这两名原子弹间谍判处死刑的法官认为，他们的罪行“比谋杀更严重”。他的调门与时代旋律不谋而合。这名法官宣称，朱利叶思·罗森伯格将原子弹送入斯大林之手，从而“导致中国军队进入朝鲜以及 5 万余人丧生。因为你的叛变，数百万无辜的人民为此付出了代价”。1953 年 6 月 19 日，两名间谍被处以极刑。就连胡佛本人也怀疑，将埃塞尔·罗森伯格处死在政治上是否属于明智之举，但联邦调查局无疑促成了这起案件。

臭名昭著的麦卡锡

在大多数时候，麦卡锡参议员的攻击都漫无目标。只有当他手中拿着调查局的报告时，他才能做到有的放矢，命中靶心。譬如，他曾经发出威胁，要揭露中情局高薪雇用了一名特工，该特工曾因有过同性恋行为而被捕。此外，他还千方百计地想要从一名被联邦调查局怀疑是苏联间谍的国际货币基金组织官员口中套取供词。

胡佛对麦卡锡的做法表示理解。他告诉一名新闻记者：“麦卡锡曾经是一名海军陆战队员和一个业余拳击手。他还是爱尔兰人。如果将这几个因素综合起来，你就会看到一个精力旺盛、绝不会任人摆布的人……在麦卡锡参议员来到参议院之前，我并不认识他。但是，我逐渐在正式和私人场合加深了对他的了解，并将他视作朋友。我相信，他也是这样看待我的。当然，他也是一个颇有争议的人物。他热情诚实，也四面树敌。无论你是哪一类敌对势力——共产主义、法西斯主义，或者是 3K 党，都会遭到他最恶毒的批评。

对此我深有感触。”但是，当麦卡锡的行为即将动摇国家安全的核心机构时，胡佛就不得不设法干预，以阻止这名参议员危及整个反共运动和美国政府。

1953 年夏，麦卡锡准备对中情局展开调查。在调查委员会的秘密会议上，他指控中情局雇用共产党员，并从事共产主义阵线活动。麦卡锡警告局长艾伦・杜勒斯说，中情局“并非神圣不可侵犯，或者有权逃避调查”。杜勒斯感到山雨欲来之势，于是把麦卡锡的原话转告给自己的兄长——国务卿约翰・福斯特・杜勒斯。

胡佛手下的特工向他汇报，“参议员麦卡锡发现，中情局是一个十分‘刺激’的目标”。联邦调查局的国会联络员卢・尼克尔斯在报告称，该参议员及其委员集结了“31 名潜在的有利证人”，准备对中情局的 59 名雇员和官员提起诉讼。

麦卡锡的攻击目标包括中情局官员、同性恋者詹姆斯・克伦索，并怀疑他曾经受到苏联的勒索，克伦索在接受审查的过程中自尽；另一名中情局官员据称与国务院官员欧文・拉蒂莫尔“关系亲密”，而后者曾经被麦卡锡指控为苏联在美国境内的高级间谍；此外，还有很多被怀疑“酗酒、性变态、私通、吸毒以及滥用中情局公款的”雇员也受到了调查。

麦卡锡的大多数指控都源于中情局的报告，而这些报告中的内容很多都未经证实，甚至有一些是辗转得来的风言风语。由于担心调查局的档案有可能暴露，胡佛传话给参议员，要他暂缓势头。但是，麦卡锡没有这么做，反而大张旗鼓，寻找下一个目标。

1953 年 10 月，参议员麦卡锡对陆军信号团在新泽西州蒙默斯堡中心的间谍活动召开了长达一周的闭门听证会，而这里正是朱利叶思・罗森伯格曾经工作过的地方。当联邦调查局得知罗森伯格是一名地下共产党员时，他正在蒙默斯堡担任陆军信号团的电子工程师。当时，在信号团从事雷达和无线电研究的另外 7 名共产党员被怀疑是原子弹间谍组织的成员，罗森伯格被处死的当天，仍有 4 人在逃。

1951 年，胡佛曾经致信陆军情报总长亚历山大・R. 博林将军。麦卡锡得到了这封信的 3 页摘要，其中提到蒙默斯堡的 35 名工人有可能是颠覆分子。很快，一名雷达专家和一名电子工程师遭到解雇，理由是他们曾经与朱利叶思・罗森伯格交往。另外 33 人被暂时停职并接受安全审查。但陆军方面并没有从中发现间谍。

麦卡锡感到怒不可遏。美国历史上第一次大型电视新闻直播“陆军—麦卡锡听证会”已经一切就绪，并于1954年5月4日达到高潮。

麦卡锡抽出胡佛有关蒙默斯堡35名颠覆分子书信的副本，把它扔给旁边衣冠楚楚的陆军部部长。当麦卡锡在大庭广众下挥舞着这封信时，胡佛觉得深受其辱。在此之前，很少有人知道这名参议员能够接触到胡佛的秘密档案。

此时，胡佛和艾森豪威尔总统一致认为，麦卡锡对陆军和中情局的攻击已经违背了反共斗争的初衷。在他们的授意下，司法部部长布劳内尔作出判决，断定麦卡锡公开胡佛书信的做法属于未经授权采用秘密信息行为，触犯了联邦法律。对此，参议员作出高调回应，号召美国的200万政府工作人员挺身而出，为他提供有关腐败、共产主义和叛国行为的秘密。恼羞成怒的艾克立即发布敕令，禁止政府部门的行政人员在任何时候就任何事情响应在国会作证的号召。这无疑是美国历史上总统利用行政特权发出的最令人震撼的声明。

麦卡锡感到压力重重。他每天早上喝波旁威士忌，晚上又换成伏特加。在全国电视上声讨美国政界的地下共产党之前，他只休息2~3小时。镜头前的盛大演出紧张激烈，而幕后的暗中较量同样剑拔弩张。

1954年6月2日，在“陆军—麦卡锡听证会”的电视直播上，参议员麦卡锡公开重申，对于中情局，他誓将追查到底。

总统立刻发起还击。6月8日，艾克在白宫告诉包括新闻秘书吉姆·哈格蒂在内的助手：“小伙子们，我相信，麦卡锡越是威胁要对情报部门开展调查，我们越能赢得公众的支持。如果你们有什么好计策能让他再次强调这一威胁，我将十分乐意依计行事，到时候他就会自食其果。”

胡佛命令手下断绝了与这位参议员的所有联系。没有了联邦调查局的档案作为引导，麦卡锡的计划顿时搁浅。与此同时，中情局开始暗中部署，试图将他引入歧途。麦卡锡的一个下属曾对中情局的一名官员进行勒索，扬言这名官员要么暗中为麦卡锡提供中情局的秘密文件，要么就等着被毁灭。艾伦·杜勒斯及其反情报专家吉姆·安吉尔顿建议，让这名中情局官员为麦卡锡提供美国陆军内共产主义活动的虚假信息。这样一来，在与陆军针锋相对的关键时刻，该参议员就有可能不知所措。

1954年6月9日，麦卡锡终于中计。当天辩论的主题是他在蒙默斯堡搜寻间谍的活动是否有效。麦卡锡的法律顾问罗伊·科恩在听证会上与陆军方面的律师韦尔奇各执一词。韦尔奇将科恩驳得体无完肤，而科恩看起来就像一只老鹰利爪下畏畏缩缩的蟾蜍。宿醉未醒、一脸疲惫的麦卡锡打算为科恩挽回残局。他已经与韦尔奇在私下达成协议：如果军方不追究科恩是怎样在第二次世界大战和朝鲜战争时期逃避兵役的，麦卡锡就不会提出弗雷德·费希尔的事情。在听证会上，韦尔奇信守了自己的承诺，但麦卡锡却突然出尔反尔。对于电视机前成千上万的的观众来说，极少有人听说过费希尔这个名字。弗雷德·费希尔是韦尔奇律师事务所中的一名共和党律师。麦卡锡的声音中充满了恶毒，他声称，韦尔奇是国家律师行会的成员，而该行会是“共产党的合法堡垒”。在哈佛法学院就读期间，费希尔曾经加入了国家律师行会，但毕业后很快退出了这个组织。

接着，麦卡锡转向了韦尔奇。

“当你在这次听证会上哗众取宠时，我认为，你不是有意要为共产主义事业推波助澜，”参议员说，“而是在无意间沦为他们的帮凶。”听到这里，韦尔奇顿时目瞪口呆，但很快他就反应过来了。他的谴责仿佛掷地有声：“我们还是不要再伤害这个孩子了，参议员。我想问的是，你是否还有羞耻之心，先生？你是否根本不以为耻？”

随着麦卡锡的垮台，胡佛重新成了美国反共运动的头号斗士。艾森豪威尔总统比以往任何时候都更加倚重胡佛，借助他对间谍和颠覆活动进行无情的打击。

麦卡锡受到了参议院的斥责，从此堕落。他开始与酒为伴，并在3年后因病身亡。胡佛参加了他的葬礼，而前来悼念麦卡锡的还有年轻的民主党人、参议院永久调查小组委员会的罗伯特·F. 肯尼迪。两人见面的这一刻可谓适逢其时。

第23章

FBI不需要遵守规则

胡佛担任联邦调查局局长已有30年之久，因此政治触觉极为敏锐。无论总统作出了如何机密的决定，消息都会立即传到他耳中。

1954年7月16日，艾森豪威尔总统召见了一位退役的三星将军吉米·杜利特尔。10年前，在杜利特尔的率领下，美国对东京进行了首次低空轰炸。艾克想让杜利特尔对中情局进行彻底的调查，并于10月份前完成报告。

几天以后，胡佛获悉了这次绝密调查。“总统表示，他希望杜利特尔将军对中情局的秘密行动展开一次全面客观的调查”，前联邦调查局特工、国家安全委员会情报人员帕特·科因告诉胡佛。艾克想要“挖掘任何能显示中情局效率低下的证据，提出任何能让这个机构有所改进的建议。为了强调自己的立场，他表示希望杜利特尔能够像总统亲临一样，认真彻底、不辞劳苦地完成这次调查”。

胡佛还得知，杜利特尔告诉总统：“在涉及如何对情报行动进行正确和适当管理的问题上，政府部门中有一个人能够提供极为宝贵的帮助，那就是胡佛。”

对于中情局是否能补偏救弊，胡佛表示高度怀疑。他写信给分管国家安全事务的助手称，“我的态度十分悲观，没有任何有效措施能够改进中情局的状况。”

无论是在公开还是私下场合，胡佛毫不掩饰自己对中情局局长艾伦·杜勒斯的轻蔑。在艾森豪威尔执政的8年时间里，胡佛接见杜勒斯的次数屈指可数。他还希望自己的助手在行动中也能体现这一点。

“我怎么可能与调查局合作？”情急之下，杜勒斯对中情局派驻联邦调查局的联络员咆哮道，“无论我怎样努力，他们总是瞧不起我。”

杜利特尔的调查进一步奠定了胡佛在美国情报界无可比拟的地位。

“将中情局彻底抹去”

1954年8月25日，联邦调查局情报处负责人阿尔·贝尔蒙对杜利特尔及其调查员进行了长达3个小时的说教。

“杜利特尔把调查局视为指引自己的楷模，”贝尔蒙在报告中得意地写道。“除了作为一个执法机构，调查局在情报领域开展的工作同样重要，我着重强调了这一事实。为了及时掌握共产党的一举一动，我们始终不遗余力。我们对苏联及其卫星国的外交人员进行了严密监视，只要调查局仍然对此感到担忧，我们就永远不会放松警惕。”

相比之下，贝尔蒙告诉杜利特尔的调查组，中情局却充斥着一群“无能、低效和平庸的碌碌之辈”。

1954年10月6日，胡佛允许杜利特尔一行人来到联邦调查局参观。中情局的右手不清楚左手在做什么，胡佛对将军说。对于铁幕之后发生的事情，他们的特工知之甚少，甚至根本一无所知，就更不用说那些分析师了。胡佛表示，“由于他们行动经验不足，所以有一些弱点和缺陷也就在所难免”。但是中情局不仅缺少训练有素的人员，也没有内部审查机构，而后者正是胡佛对联邦调查局特工进行惩罚和擢升的关键。要想像联邦调查局那样纪律严明，中情局必须注射一支强心针。

1954年10月19日，在向递交总统的报告中，杜利特尔对美国的情报工作做出了令人沮丧的评估。“我们的敌人与美国势不两立，他们公然将主宰世界作为自己的目标，”报告的开头这样写道。

“这是一场没有规则的竞赛，”杜利特尔接着写道，“迄今为止，在这场竞赛中，人类所认同的行为规范都不适用。如果想要生存下去，美国长期以来有关‘公平竞争’的观念必须重新考虑。我们必须建立高效的间谍和反间谍机构，必须学会使用比对方更加狡诈、复杂和有效的手段，对我们的敌人进行颠覆、渗透和破坏。”

由于深受胡佛的影响，杜利特尔极为肯定地断言：“最理想的解决方案就是将中情局彻底抹去，然后从头再来。”

但是，艾森豪威尔下不了这个决心。因此，在有关苏联威胁的问题上，他不得不更加倚重胡佛。

胡佛进一步加深了总统对美国有可能遭到毁灭性打击的恐惧。在他的影响下，国家安全委员会向总统提交了一份高度机密的警示报告，称苏联的行动有可能引发第三次世界大战。

1955 年 2 月 28 日，胡佛在报告中耸人听闻地宣称，敌国的间谍和破坏分子可能刺杀美国政界和军方领导人；向美国境内偷运核武器零件以及“生物、化学或放射性战剂”；在美国的军事基地引爆“大规模杀伤性武器”；利用地下共产党员，对美国政府机构实施炸弹袭击；使用“秘密储藏的枪支、弹药、炸药和军用通讯设备”，“在美国共产党员以及效忠苏联的人群中发起武装叛乱”。

接着，胡佛向白宫表示，联邦调查局已经在冷战的每一条战线上加紧了情报工作，对苏联的外交官和大使馆人员进行严密监视，搜寻敌方间谍和秘密特工。“拘留敌国外交人员的方案已经准备就绪”，胡佛向总统承诺。截至目前，调查局的安全目录上一共囊括了 26500 名“潜在或真正的危险”分子。只要总统一声令下，他们就会被一网打尽。这份名单上还包括从朝鲜战场回来的美国战俘，联邦调查局怀疑，这其中有部分人员被洗脑了。一旦再次爆发战争，他们将会变身为地下间谍潜入美国军方，并背叛这个国家。

胡佛告诉白宫和五角大楼，联邦调查局“最重要的目标是培养杰出的双面间谍”，从而渗入苏联的最高领导层，了解克里姆林宫的真实意图和行动能力。他已经开始制定计划，以达到这个从前看似遥不可及的目标。

第 24 章

到处都是苏联人的身影

1956 年 3 月 8 日，胡佛在白宫对总统和国家安全委员会发表演说。他声称，为了防止苏联对美国发动突袭，他“采取了一切可行的手段”，包括搭线窃听、安装窃听器、拆阅邮件、潜入全国各地共产党间谍和破坏分子的办公室以及撬开他们的保险箱。

在《当前共产党间谍和颠覆活动的威胁》一文中，胡佛提到了一种新的威胁，即苏联间谍有可能在美国引爆脏弹。钴 -60 是一种用于癌症治疗的放射性同位素，苏联人可以轻而易举地将其藏匿于公文包中，胡佛警告道。如果在曼哈顿引爆脏弹，将会有几十万人丧生，数年内纽约市都将无法居住，这种武器将导致世界末日。核打击的威胁让艾森豪威尔时刻不得安宁。他询问胡佛，联邦调查局打算如何防范这一危机。

“有时候，我们需要在不为人知的情况下潜入室内，以便对共产党的秘密行为进行拍摄，”胡佛告诉总统。然而，房间中的每一个人都知道，所谓“不为人知”就意味着违反法律。

胡佛解释说，为了防止泄密并维护总统和司法部部长的名誉，联邦调查局将对那些他们通过非法手段搜集来的情报，再进行审查和净化，删去有关非法入室和窃听的内容，并对外宣称声称所有情报均来自“秘密消息来源”。

总统对胡佛的做法表示赞许。会议记录也显示，没有人对联邦调查局所采取的手段提出质疑。

回到总部后，胡佛相信，罗斯福总统将在搜查方面授予他更大的权力。他深信，在接下来的4年里，这种情况不会发生任何改变。艾克的连任已成定局，当然，前提是他还活着。6个月前，总统曾经有过一次严重的心脏病突发。不过，即使尼克松继任，他也会给予胡佛全力支持。只要胡佛表示他这样做完全是为了维护国家安全，司法部部长布劳内尔就会对他坚信不疑。

这些人默不作声地为胡佛保守着秘密。艾森豪威尔指挥了登陆日战役，这是二战中最秘密的一次行动。尼克松来到华盛顿之初就与联邦调查局的机密档案结下了不解之缘。布劳内尔掌握的秘密情报超过了所有前任司法部部长。1952年，他所在的委员会为国家安全局开创了电子窃听和加密解密的先河。

应胡佛的请求，布劳内尔曾三番五次提请众议院委员会主席出台新的立法，允许调查局在未经授权的情况下进行窃听，但每一次都遭到拒绝。胡佛也曾经申请对电话进行监听，即立法授权安装窃听器（用调查局的话来说，就是“技术工作”），但同样得到议员们不屑一顾的回绝。因此，胡佛只能依赖罗斯福总统曾经授予自己的特权以及艾森豪威尔总统的默许。对司法部部长来说这一点就已经足够，他不想知道太多具体的细节。

胡佛的情报行动已经触及并超越了法律的界限。一旦出现任何差错，每一项行动都将成为一场潜在的灾难。但胡佛认为，情报行动得大于失，因此值得以身试险。如果只对敌人进行跟踪追击而没有采取其他手段，美国根本没办法赢得冷战。

FBI就是法律

与二战末相比，联邦调查局的预算翻了一番。情报处成了胡佛手下权力最大、资金最雄厚、人手最多以及地位最高的一个部门。在艾森豪威尔执政时期，情报处开展了不计其数的非法入室和窃听行动。联邦调查局会定期销毁档案，确保不留下任何记录。

“只有盯梢是不能解决问题的，”在回忆起对原子弹间谍组织的追捕时，联邦调查局特工杰克·达纳海说道，“我们必须改变战术……我们必须不遗余力发展秘密线人、利用麦克风进行窃听，并不断提高我们现有的技术水平。”

在旧金山和北加利福尼亚州工作的联邦调查局特工詹姆斯·R. 希利回忆道，“我们成立了一个类似‘十二金刚’（《十二金刚》是1967年米高梅电影公司根据E.M. 内桑森的同名小说拍摄的一部影片。讲述了登陆日前莱斯曼少校率领12位重刑犯深入纳粹德国执行特别任务的故事。——译者注）的组织，其中的特工个个天资聪颖，在对地下共产党的渗透活动中，他们功不可没。”他的团队“对共产党逃亡者进行了大力追踪”，并对他们在联邦政府以及各州开展的颠覆活动提出指控。在深入敌营从事卧底工作时，希利及其手下打破了调查局的着装标准以及其他方面的很多规定。

“我们的着装必须符合自己的身份，”他说，“我们穿破旧的衣服，有些人还蓄起了头发和胡须。我们深入左邻右舍，对他们的底细进行调查……在他们发觉之前，我们已经掌握了他们的行动。通过安插线人以及其他相关技术，我们得以打入地下共产党的内部，并一探其中的究竟。”

所谓“相关技术”，主要是指为了窃取文件和秘密安装麦克风而非法入室。“当时，我们可以采取任何必要的手段，而这些手段在调查局广泛应用，其中包括非法搜查、秘密入室和偷盗邮件等。”联邦调查局驻纽约办事处特工格雷厄姆·J. 德斯弗奈因回忆道。1956年，他加入了一个名为“地下小分队”的特别组织。“我们定期潜入美国共产党的总部，打开他们的保险库，”德斯弗奈因说，“取走里面的文件。我们掌握了他们所有的钥匙，有时候我还会撬门锁。你知道，这些事情还挺好玩的。”

不过，有一项行动比“地下小分队”更为机密。1954年，联邦调查局组建了一支特别间谍小分队“以搜集相关情报。这项行动就是后来著名的‘C计划’，”爱德华·S. 米勒回忆道。他在旧金山的特别间谍小分队中表现突出，最终成了联邦调查局的3号人物。他们设法潜入苏联以及社会主义阵营国家在纽约、华盛顿、旧金山和其他城市的大使馆和领事馆，窃取敌国的秘密代码和加密电码，从而对国家安全局的工作予以支持。

胡佛的手下开始在全国各地展开非法搜查行动，而不仅限于东岸和西岸共产主义的温床。1955年，调查局驻克利夫兰办事处一位年轻的特工约翰·F. 麦考马克进行了第一次非法搜查，他的目标是一个钢铁厂工人的住宅。联邦调查局怀疑，这个拥有纽约大学博士学位的工人是一名共产党员。“我们撬开门锁，潜入室内……对里面所有的物品进行了拍摄，”麦考马克回忆道，“后来我们才得知，这个人确实通敌卖国。在此之前，我们只是猜测，一旦国家发生危机，他可能在钢铁厂内开展行动。”麦考马克知道，这些秘密入室行动一旦出错，“至少要被开除或者逮捕。”在进行非法搜查时，“你不能携带任何证件或者表明自己的身份，”他说，“因为我们都知道，一旦出了什么事，你只能自己顶着。在我看来，所有参加行动的特工都是为了获得某种成就感，才不惜以身涉险，而这种危险并不亚于在逮捕逃犯时中弹身亡。尽管如此，我们仍然趋之若鹜，这就是联邦调查局。”

在20世纪50年代中期，克利夫兰是美国的第8大城市。联邦调查局在这座城市中发现了6名共产党高层人物，并将他们逮捕后提起控诉。《史密斯法》规定，加入共产党本身即为非法活动，因此上述几人均被认定有罪。

但是，法庭不仅推翻了所有人的定罪，而且开始对联邦调查局开展国家安全调查的法律依据提出质疑。

在1955年到1956年的一系列判决中，最高法院宣布，根据《史密斯法》定罪的几十起案件均不成立，这削弱了联邦调查局利用受雇线人对共产党进行指控的做法，维护了辩方律师查看调查局通过秘密监视搜集得来的证据的权力。其中每一项判决都是对胡佛的沉重打击。

最高法院驳回了联邦调查局从共产党高层人物中招募的职业线人提起的诉讼，其中情况最糟糕的当数哈维·马图索一案。马图索是一名高中辍学生和陆军退伍军人。1947年，马图索加入美国共产党。1950年，他自愿成为联邦调查局的一名线人。在法庭和国会作证时，他声称，共产党已经渗入美国社会的每一个角落。1955年，马图索又在《伪证》一书中宣布撤回自己的证词。1956年他因伪证罪被判处44个月的有期徒刑。

对联邦调查局长期以来进行搭线窃听和安装窃听器的做法，最高法院开始心生警惕。某州级法院曾根据警方在非法入室行动中秘密安装麦克风收集来的证据作出了有罪判决，最高法院虽然以5比4的微弱优势维持原判，但有5名法官表示，他们对在卧室里安装窃听器的做法感到愤慨。这一判决引起了司法部部长布劳内尔的担忧，他私下告诫胡佛要注意安装窃听器的位置。

最高法院对另一起案件的判决也让胡佛恼羞成怒。该判决允许共产党员根据《第五修正案》拒绝指认他们的同志。胡佛的宿敌菲利克斯·法兰克福特法官仍然健在，而法庭的多数派意见正是出自他的手笔。

法官在终审判决中称，政府对《史密斯法》的执行范围过于宽泛，其矛头指向了人们的自由言论，而非维护国家安全。因此，在对美国共产党提出指控时，这种做法几乎不会产生任何作用。迄今为止，胡佛对共产党长达10年的合法打击即将结束。法律已经不再是开展反共斗争的有效武器。

法庭最终撤销了这些案件，这一举动触怒了胡佛。不久之后，他对共产党发动了最大规模的一次袭击，这也是联邦调查局历史上最野心勃勃和最具破坏性的一次行动。

"冷战的斗士，无辜的牺牲品"

1956年5月18日，针对共产党的新的袭击计划已经初具雏形，其制定者是联邦调查局情报处处长阿尔·贝尔蒙以及胡佛最信任的助手威廉·C.沙利文。

贝尔蒙和沙利文将这项计划称之为"COINTELPRO"，即"反情报行动计划"的缩写。所谓反情报，是指防止敌方间谍窃取己方机密。但胡佛的反情报行动却远不止于此，他命令手下将行动目标定为对美国的破坏分子开展颠覆活动。在经过反情报领域特工的完善和沙利文的强化后，这个方案最终得到了胡佛的批准。

1956年8月28日，联邦调查局开展了反情报计划的第一次行动。

他们借助通过非法入室和窃听偷录获得的情报，将大量匿名恐吓信、国税局的税务审计单以及能够在左翼派系中制造和散布猜忌的伪造文件寄给了数以百计、甚至数以千计的共产党和社会主义者嫌疑人，试图在美国的左派中挑起仇恨、引发恐惧、制造怀疑，从而使他们自相残杀。联邦调查局利用共产党的宣传和颠覆手段，以摧毁所有共产党员以及每一个与该组织有联系者的公共生活和个人名誉。

联邦调查局针对不同政治阶层共发起了12场主要的反情报计划战役和2340次行动。从没有被销毁的记录中可以看出，大部分行动都经过了胡佛的批准，因为这些文件上留下了他用蓝色墨水写下的潦草字迹。

"好。"

"同意。"

"可以，行动一定要迅速。"

反情报计划的诞生和发展离不开刚刚升任情报处研究和分析负责人的威廉·沙利文的贡献。1912 年，沙利文出生于距马萨诸塞州波士顿以西 35 英里的一座农场。他还记得，3K 党曾在波士顿郊外的田野燃烧巨大的十字架，当时的场面令人心惊胆战。3K 党是一个种族主义秘密组织，发端于南北战争时期，在第一次世界大战后迅速壮大。沙利文先后在一所中学和国税局工作，并于珍珠港事件爆发前 4 个月加入联邦调查局。

沙利文对自己在调查局接受的训练和教诲记忆犹新。“教官进行了骇人听闻的宣传，称联邦调查局‘是人类思维创建的最伟大的机构。’他们反复引用拉尔夫·沃尔多·爱默生的一句名言：‘一个机构就像一个人延伸的影子。’他们每天都要提到这些句子，并且将它们强行灌输给我们。”

由于干劲十足、野心勃勃，沙利文很快就在情报处脱颖而出。虽然他其貌不扬，看起来就像那些粗制滥造的影片中衣衫不整、贼眉鼠眼的侦探，但后来他却成了胡佛在国际安全事务上的左膀右臂、联邦调查局情报处处长以及反情报计划的指挥官。情报处无异于调查局中的调查局，在这个高度机密、自成体系的世界里，无论胡佛的命令有多么隐秘和晦涩，沙利文始终是最有力的执行者。

“他就像一只聪明过人的变色龙，”沙利文在提起胡佛时说道，“他是美国有史以来最高明的骗子，而这些当然离不开某种智慧、机敏和狡诈。”

卡撒·德克·德洛克是胡佛最得力的政治助手和最信任的副官。他对沙利文的描述可谓惟妙惟肖：“沙利文盛气凌人、聪明绝顶、妄自尊大，就像一只生性好斗的矮脚鸡。他的野心远超常人，但办事却缺乏原则。数年来，他一直是反情报领域的专家。在大多数情况下，他都手段高明，但有时候也会不计后果，轻易放弃。”联邦调查局的一些官员认为，共产党已经士气低落，因此“不足为患”，德洛克回忆道，“但随着时间的推移，反情报计划的设计师沙利文却成了他们的心腹之患。”

20 年来，无论是对联邦调查局，还是对美国的国家安全事务，甚至对美国总统的人选，沙利文在宫廷阴谋和政治权术方面的过人天赋都产生了重要的影响。胡佛死后，他差一点就被尼克松总统任命为联邦调查局局长，但在尼克松垮台之际他却暗中倒戈。眼看大势已去，沙利文在参议院的一次闭门会议上谈起了联邦调查局和反情报计划一以贯之的思想。

沙利文虽然曾经提供过伪证，但这次他的证词却一语中的。

"这是一件艰苦卓绝而又肮脏危险的差事，有时候甚至会危及到自己的生命。我们的行动没有任何限制，"沙利文说，也不需要顾及法律问题。"无论是我还是其他任何人，从来不会去问：'我们公认的做法是否合乎法律、伦理或道德？'我们从来不会考虑这个领域的问题，因为我们是天生的实用主义者。我们唯一关心的事情就是：这种做法是不是能让我们得到自己想要的东西？"

沙利文说，他和自己在联邦调查局的同事"无法跳出我们从年轻时起就浸淫其中的思维方式"。他们是冷战的斗士，"我们也从未跳出在珍珠港事件后被灌输的思维方式。要知道……这就像是战场上的士兵。当他击中了一个敌人，他绝不会反问自己这种做法是否合乎法律或者道义？因为这就是他的天职，而我们所做的也是我们应尽的职责。"

圣人还是眼中钉？

从第一次世界大战起，联邦调查局就开始对美国境内每一名表现突出的黑人政治领袖进行监视。由于当时调查局人手短缺、时间有限、任务繁重，因此其监视范围之广不能不令人惊异。在长达48年的任期中，胡佛始终认为，共产主义势力是美国民权运动的幕后推手。

其中，德高望重的威廉·爱德华·伯格哈特·杜波依斯引起了胡佛的注意。杜波依斯出生于1868年，并于1910年出任全国有色人种促进会主席。该促进会是美国境内声望最高的民权组织之一，因此从二战以来就成了联邦调查局密切监视的对象。

1941年春，联邦调查局开始对共产主义在全国有色人种促进会中的影响进行调查，这项情报调查持续了25年之久。二战期间，美国军中仍在实施种族隔离政策。由于"15名餐厅服务员"对猖獗的种族主义行径表示抗议，海军方面曾经请求联邦调查局驻华盛顿办事处对此立案调查。调查局雇用了一名线人，试图找到促进会"与共产党之间的联系"。就在珍珠港事件爆发前的4个月，总部命令俄克拉荷马城的特工对全国有色人种促进会中的"共产党高层人士"进行调查。有特工在报告中称，"共产党发起了大规模运动，妄图控制这一组织……因此，我们将对全国有色人种促进会接下来的活动进行密切关注和严格审查。"

胡佛将俄克拉荷马城开展的调查范围扩大到全国。联邦调查局的线人打入了至少 10 个州的民权运动集会，提交了数百份有关促进会成员名单的报告，其中包括该组织的顾问、后来担任最高法院法官的瑟古德·马歇尔。

1956 年 10 月 2 日，胡佛加强了联邦调查局长期以来对黑人民权运动活跃分子的监视。他把一份反情报计划的备忘录寄给执行任务的特工，并警告说：共产党正试图渗入该组织内部。

对共产主义者来说，“黑人问题是一个至关重要的问题”，胡佛写道。

胡佛告诉艾森豪威尔总统，共产党正在阿拉巴马州、佐治亚州和密西西比州集结力量；他们试图将民权运动引入美国的每一个政治议题中；他们准备要求联邦政府对地方执法进行干预；他们计划控告密西西比州参议员詹姆斯·伊斯特兰、司法委员会民主党主席、一名种植园园主和一个顽固的种族隔离主义者。

胡佛开始密切监视民权运动的新任领导人。截止 1957 年，在美国黑人与执政当局之间的长期斗争中，反情报计划已经成了一件有力的武器。

3 年前，在“布朗诉教育委员会”一案中，最高法院判决在公立学校实行合并授课，从而打破了美国生活方式的虚假表象。胡佛向艾森豪威尔总统进言，称国内外共产党已经把布朗一案视作他们的胜利，并准备“充分利用推行废除种族隔离政策的大好时机”。

这一判决无异于在 3K 党的余烬上浇油。几天以后，这个组织又死灰复燃。

“在布朗一案发生前，3K 党已经名存实亡。”联邦调查局的约翰·F. 麦考马克说。1957 年，他被总部从克利夫兰的共产党追捕行动中调往南方执行一系列任务。“他们有自己的一个小世界，这本来没有问题。因为黑人也有自己的区域和自己的学校。”现在，最高法院告诉南方的白人，他们必须与黑人混为一体。正如麦考马克所言，工人阶级的白人担心，“黑人会进入他们的区域，与他们的孩子一起上学，和他们的女儿结婚，并抢走他们的工作。这就成了动机……于是 3K 党卷土重来。”

3K 党开始炸掉黑人教堂，焚毁犹太会堂，用猎枪向支持合并政策的人士射击，渗入各州以及当地执法部门。3K 党成了 20 世纪美国最残暴的恐怖团体。随着该组织的死灰复燃，南方旧势力中的达官显贵开始誓言要抵制合并政策。其代言人密西西比州参议员詹姆斯·伊斯特兰声称，在盎格鲁—撒克逊美国人（泛指信奉新教的欧洲裔美国白人。——译者注）看来，抵抗合并政策就是服从上帝的旨意。

尽管3K党手段残暴，但胡佛决定采取漠然置之的态度。除非总统下令，否则他不会让联邦调查局的特工对3K党开展调查或者渗入其中。“总部传话，指示我们不要在3K党的高层发展任何线人，以避免产生操纵该组织行动的嫌疑。”联邦调查局驻佐治亚州特工弗莱彻·D.汤普森说。这显然是在为种族主义开脱罪责。

胡佛的这种态度与他的成长背景有关。他出生于19世纪的华盛顿特区，在20世纪的大部分时间里，这里仍然保持着种族隔离状态。在他所生活的世界里，黑人会固守自己的本分：他们是仆役、侍者或擦鞋匠。据反情报行动记录显示，胡佛担心黑人中会出现一位“弥赛亚”（上帝派去拯救犹太人民的国王，意即救世主或解放者。——译者注）。因此，他始终将维护和捍卫盎格鲁—撒克逊的美国视为己任。

“这些年来，他的态度一如既往。对于他所仇视的事情，他会痛恨一生，”威廉·沙利文说道。“他仇视自由主义、仇视黑人、仇视犹太人——他所痛恨的事情不一而足。”

更为准确的说，胡佛对某种思想的憎恨大于对个人的仇视；对压力集团的憎恨大于对普通民众的仇视。他痛恨所有危及美国现有政治制度稳定的因素，而任何有可能代表这一威胁的个人都将是他终生的敌人。

胡佛对种族平等的反感可以在一定程度上解释他对民权运动的敌视，但显然这不是全部。

从1957年初起，胡佛开始对共产主义和民权运动之间的联系保持高度警惕。联邦调查局认为，刚刚成立的南方基督教领袖会议及其新任领导人、27岁的马丁·路德·金正是这一威胁的化身。

胡佛开始将矛头转向南方基督教领袖会议非暴力不合作运动的首席战略家贝亚德·拉斯廷。非暴力不合作运动主要包括联合抵制、静坐示威和抗议游行。联邦调查局已经搜集了关于拉斯廷的大量档案，他似乎是上帝为了激怒胡佛有意创造出来的人物。拉斯廷不仅是一个社会主义者和和平主义者，还公开承认自己的同性恋身份，并有抵制兵役和鸡奸的前科。在接下来的20年中，他始终是联邦调查局追查的对象。

1956年，拉斯廷将一个戴着厚厚眼镜的纽约白人介绍给了马丁·路德·金。这个人是一名商人和法律顾问,他的名字叫斯坦利·戴维·利维森。利维森协助起草了南方基督教领袖会议的成立文件,并且成了马丁·路德·金最亲密的挚友。他曾经为后者撰写演讲辞，并为马丁·路德·金润色第一本书稿，准备纳税申报单。当马丁·路德·金为自己于1957年5月17日在林肯纪念馆的台阶上首次对美国白人发表大型演说起草讲稿时，利维森为他提出了不少重要的建议。

早在5年前，联邦调查局就建立了利维森的档案。调查局怀疑，从1952年以来利维森就是美国地下共产党的关键赞助人。虽然证据不够，但胡佛仍对此深信不疑。

然而，就在马丁·路德·金在林肯纪念馆发表演说的7周前，根据共产党内部一名可靠线人提供的情报，联邦调查局从美国共产党领导人的名单上划去了利维森的名字。在这次演讲过去6周后，即1957年6月25日，联邦调查局在记录中写道，利维森是“一名没有正式头衔的共产党员，其职责是开展群众组织活动。”这一记录显示，利维森很可能辞去了地下共产党的高级职务，转而投身于民权运动。

即便如此，胡佛仍然坚信共产主义势力是民权运动的幕后主使。

联邦调查局在芝加哥和纽约的特工开展了一项长达数年的行动。他们从共产党内部收买了一名受人信任和尊敬的线人，并对其暗中操纵。这次代号为“索洛”的行动在冷战中可谓史无前例。

“索洛行动”造成了一个严重的后果。它让胡佛愈发相信，美国的民权运动得到了莫斯科的支持，地下共产党的高级领导人已经渗入其中。随后，胡佛对马丁·路德·金发起了一场公开的政治斗争。

第25章

"索洛行动"收获甚丰

1957年11月26日，在为摩洛哥国王举行的正式国宴上，胡佛与尼克松当面谈起：艾森豪威尔总统随时都有可能离开人世。前一天下午，艾克突然中风。当尼克松匆匆赶到白宫时，总统的幕僚长谢尔曼·亚当斯告诉他："你有可能在24小时内成为美国总统。"

1958年春，艾森豪威尔的身体逐渐康复，不过他的谈话和思维有时候会偏离主题。在艾克中风后不久，胡佛也经历了一次轻微的心脏病发作。这次事件不仅没有任何记录，而且胡佛本人也讳莫如深。就像总统一样，他的举止也出现了变化。这两个人脾气都变得越来越暴躁、缺乏耐心和吹毛求疵。但是，当艾克开始反躬自省，寻求冷战的和解时，胡佛的立场反而更加坚定。在联邦调查局，与胡佛关系密切的人寥寥无几。他们发现，胡佛开始变得专横跋扈、自命不凡和华而不实。

当年夏天，《欺诈大师》一书为胡佛赢得了滚滚财源。这本书对反共斗争夸夸其谈，主要由他的几位助手执笔，其中以沙利文为首，但却以胡佛的名字出版，封面上还印着他的照片。《欺诈大师》一共卖出了几十万本，包括美国退伍军人俱乐部在内的一些爱国主义组织竞相购买。在胡佛死后，国会对此案展开了一次调查。有记录显示，胡佛曾经通过一个为联邦调查局退休官员建立的免税基金会，对这本书20%的净利润进行了洗钱。他一共向银行存入71000美元，相当于今天的50万美元。

《欺诈大师》由得克萨斯州富甲一方的石油大亨克林特·默奇森出版，他将这本书看作自己的一笔买卖。胡佛与默奇森心照不宣：胡佛将投资后者的油井，如果井内有油，他将从中获益；如果是一眼枯井，他也绝不会赔本。此外，当年夏天，胡佛还在默奇森位于加利福尼亚州拉霍亚的豪华别墅度假。他住在最豪华的一栋套房里，和默奇森赌马宴饮，而且完全免费。“他们富得流油，”数年后，胡佛的助手德克·德洛克回忆道，而拉霍亚之行是“胡佛生平最接近真正丑闻的一件事情”。

胡佛喜欢奢侈的生活。20年前，他的母亲去世后，胡佛搬到了华盛顿西北的宫殿大道30号。这里草木葱茏、枝繁叶茂，到处都是美轮美奂、宽敞舒适的房屋。一群由联邦调查局雇员组成的仆人在胡佛的住宅里随时侍奉，其中包括司机、杂役、园丁和男仆，还有几名税务会计，专门负责处理他从企业大亨那里收到的谢礼。正是这些礼金、由他人捉刀的演讲和写作收入、从事公益活动的私人奖励以及可以任意挥霍的税款，让胡佛得以维持奢华的生活。

在华盛顿、纽约、芝加哥、迈阿密和洛杉矶，胡佛的车库中共有5辆锃亮的防弹凯迪拉克。他想去哪里司机就会开到哪里。在华盛顿，每年有11个月，他会在上午11点45分离开调查局到五月花酒店用餐。一般情况下，他会点一大块烤牛排，或者按照医嘱要一碗鸡肉汤和一盘农家奶酪。到了下午6点15分，他通常会到国会山附近最好的美食餐厅之一——哈维餐馆，一边喝杰克丹尼威士忌，一边享用牛排。从他下垂的面颊和明显的眼袋中，人们不难窥知他的饮食习惯。

胡佛知道，他不会长生不老。根据法律，6年半以后也就是70岁时，他必须从联邦调查局局长的位子上离开。于是，他希望能够从得克萨斯州参议院多数派领袖林登·B.约翰逊那里得到一份肥差。从1945年起，约翰逊就与胡佛在宫殿大道30号比邻而居。每逢周日，约翰逊经常邀请胡佛来到家中，一起品尝酸麦芽威士忌，或者共进早餐。两人很快就交往甚笃，以华盛顿的标准来看，他们足以称得上是朋友。更为准确的说，他们是政治盟友。约翰逊和胡佛一起提出了一项特别法案。没过多久，国会便一致通过了这项提案。从1958年7月起直至死亡，胡佛将得到终身薪俸，而约翰逊也将确保他永远不会从联邦调查局退休。

每当胡佛一年一次出现在司法和拨款委员会上时，国会议员便会竞相对其阿谀逢迎。在公开作证时，例行公事的程序仿佛成了这位欺诈大师的一场个人表演。在接受过主席们的赞誉后，他开始背诵由联邦调查局犯罪记录司，也就是他的公共关系办公室捏造的统计数据。接着，胡佛会对赤色威胁发出危言耸听的警告。“共产主义代表着一种巨大的力量，”他说，“这种力量不仅会改变整个世界，还会改变人类的本性。”

然而，在美国的政治生活中，共产党已经不再是一支重要的力量。从20世纪50年代初起，司法部接二连三的指控已经动摇了共产党的根基。1956年，苏联领导人尼基塔·赫鲁晓夫对斯大林的独裁统治进行了批判。在接下来的5年，联邦调查局的地下特工继续展开反颠覆活动，而反情报计划的第一轮打击已经让共产党开始陷入颓势。与二战后相比，共产党已经失去了3/4的力量，只剩下大约22000名的在册党员，其中还有相当一部分是联邦调查局卧底特工和线人。此外，那些在20世纪20年代赤色围捕行动中幸存下来的共产党员也大都已经有名无实。

但是，胡佛却仍将共产党视作美国的致命威胁。因为只有大敌当前，联邦调查局才能够大权在握，才能得到美国民众和总统的全力支持。

唯一让他不安的事情就是泄密。胡佛经常对此感到忧心忡忡。他担心情报行动一旦暴露，自己就会处境尴尬。胡佛信不过联邦调查局的内部安全状况。对于那些有可能玷污自己名誉的案件，他从来不放松警惕。他希望，这些关系到国家存亡的案件能够登上各大报纸的头条，而调查局的秘密情报工作能够让他功成名就。要想实现这一愿望，胡佛必须保持极大的耐心，而耐心，他向来都不缺。

特工的职业操守

1957年4月，一个名叫雷诺·海赫伦的苏联间谍醉醺醺地来到美国驻巴黎大使馆。海赫伦声称，他是一名克格勃特工，5年前开始在美国从事情报活动。由于犯下大错，在接到从纽约返回莫斯科的命令后，他顿感性命不保。海赫伦曾经收到5000美元，这笔钱本应转交纽约的地下共产党，但他却用这些钱来寻欢作乐，还购买了一张飞往巴黎的单程机票。中情局驻巴黎办事处决定将海赫伦押回纽约，交由联邦调查局处理。随后，调查局把他安置在斯塔腾岛公共卫生局的一所医院。

“我们放出风声，说这个人是个疯子。”联邦调查局特工菲利普·摩根回忆道。

雷诺·海赫伦出生于列宁格勒。二战爆发后的第一个月，年仅20岁的海赫伦被招募到苏联的情报机构。战争结束后，克格勃为他换了另一个身份。海赫伦接受了为期5年的训练，1952年他使用伪造的美国护照乘坐“玛丽皇后号”来到纽约。作为一名信使，他负责携带装在挖空的硬币、电池、钢笔、铅笔和螺丝刀内的加密缩微胶卷，在纽约公园内和人行道上的秘密接头地点收取和传递机密情报。

来到联邦调查局后，海赫伦立即供认，他的上级是苏联驻联合国代表团第一秘书米哈伊尔·斯维林。对于苏联外交官中的克格勃特工，调查局已经了解到不少情况。在20世纪50年代末，联邦调查局一共发现了16名持有外交护照并享有豁免权的苏联特工。国务院立即根据《反间谍法》将他们驱逐出境。从二战前夕起，斯维林就开始在美国进进出出，但在1957年离开纽约后，他再也没有返回美国。

“联邦调查局一直严密监视着苏联大使馆内外交人员的动向，”国务院顾问威廉·D.摩根说道，“但他们并未提到这些情报来自窃听，他们从来都不肯承认这一点……如果有人在使用可疑的邮箱或灯柱时被抓，换句话说，这个人的行动清楚地表明，他‘正在从事与其外交身份不符的活动’，那么我们就可以据此宣布他为不受欢迎的人。”

海赫伦知道，他的另一个克格勃联系人是鲁道夫·阿贝尔上校。海赫伦曾经数次携带情报和现金在美国东北部为上校执行任务。“海赫伦虽然贪生怕死，但他提供的情报足以让我们对此立案侦查。”联邦调查局特工埃德蒙·J.伯奇说。根据海赫伦在头脑清醒时提供的线索，伯奇组成一个间谍小组，对克格勃特工阿贝尔上校展开追踪。

阿贝尔化名埃米尔·戈德弗斯，其公开身份是一名艺术家，他在布鲁克林有一间工作室。当阿贝尔离开一家餐厅时，伯奇带着一个装有隐形照相机的公文包，一边沿街尾随，一边暗中拍摄。拍完照片后，伯奇跳上一辆出租车，迅速来到位于第三大道和69号大街交汇处的联邦调查局驻纽约总部。一名技术人员把胶卷放进显影剂中，上面出现了“茂密的树木和一所消防站，然后是一张英俊的脸庞，”伯奇回忆道。海赫伦立即认出，照片上的这个人就是阿贝尔上校。

联邦调查局无法理解，这些特工为什么要离开安逸舒适的领使馆，不惜隐姓埋名甚至牺牲自己的生命为苏联从事间谍活动。伯奇带领 4 个 3 人小组，对阿贝尔展开了全天候的严密监视。但是，阿贝尔并没有做出任何不法之举。联邦调查局“千方百计想要查出，他正在为一个什么样的组织服务，”伯奇说道，“但最终一无所获……过了一段时间，就像往常一样，调查局突然下令说‘够了’。”

1957 年 6 月 21 日，阿贝尔上校遭到逮捕。这一事件在 20 世纪 50 年代绝无仅有，让胡佛头疼不已。因为联邦调查局的证据全都来自传闻，因此无法对阿贝尔提出间谍罪的指控，最终只能由移民局特工根据《外国代理人登记法》将其逮捕。当某起间谍案件无法在法庭公开审理时，司法部就会搬出这一法令。

联邦调查局需要尽快撬开阿贝尔的嘴巴。几个月来，调查局的特工“每天都要对他进行疯狂的审问”，伯奇说道，“但他没有吐露任何情况。”其中，前几次审讯是在得克萨斯州临近墨西哥边境麦卡伦市的临时监狱中进行的。阿贝尔被囚禁在“‘背人’（指从奥格兰德河非法进入美国的墨西哥劳工。——译者注）营地里的一个铁丝笼中，那里既闷热又难受，”联邦调查局特工埃德·甘伯说。在接下来的 6 个星期，甘伯每天都要对阿贝尔进行 8 个小时的审讯。“他对苏联确实忠心耿耿。他不仅是一个温文尔雅的绅士，还是一个好人，除非你问到有关克格勃的事情。”

亚特兰大的联邦监狱是美国最严酷的监禁场所之一。在这里，几队调查局特工轮番对阿贝尔进行了长达两年的审问。“我可以和你们谈论艺术、数学、摄影以及你们想要谈论的任何话题，但不要询问我的情报背景，”阿贝尔对联邦调查局的阿尔登·F. 米勒说，“在纽约被捕时我就已经下定了决心。当时我什么都没说，现在同样如此。”联邦调查局唯一能够做的就是拍下阿贝尔所有的艺术作品，从中寻找蛛丝马迹，即隐藏在图案中的信息，但一无所获。

直到几年以后，联邦调查局才解开这起案件的玄机。特工得知，阿贝尔其实不叫阿贝尔，也不是苏联人。他的真实姓名是威利·费舍尔。1903 年，他出生于英国泰恩河畔的纽卡斯尔。从费舍尔的经历可以看出，苏联已经在美国建立了间谍网络，其特工几乎无处不在，而且可能使用任何一个化名。他们均听命于莫斯科的间谍首领，而后者的城府在美国人看来简直深不可测。在长达 9 年的时间里，费舍尔一直在美国隐姓埋名。20 世纪 30 年代初期起，他开始接受训练，为间谍工作进行准备。

时隔50年后，费舍尔对联邦调查局说过的一句话仍然在伯奇的脑海中挥之不去。“美国的情报工作只不过刚刚起步。”这名克格勃特工表示。

阿贝尔一案让艾森豪威尔总统大为光火。在国家安全委员会的会议上，面对副总统和司法部部长，他的语调中充满了愤怒和失望。“即使我们发现一个苏联间谍，为了将其绳之以法，我们不得不暴露所有的情报来源和调查手段，”总统说道，“而联邦调查局唯一能做的就是对这些间谍进行监视。”他永远也不会忘记阿贝尔的案件，艾森豪威尔抱怨说。他的确没有忘记，但费舍尔上校始终三缄其口，半个字都没透露。5年后，美国用威利·费舍尔换回了被苏联击落并俘虏的U-2侦察机的飞行员弗朗西斯·加里·鲍尔斯。

这起案件对联邦调查局造成了旷日持久的影响，并且让胡佛更加坚定了开展“索洛行动”的决心。这是联邦调查局有史以来为了打入苏联而制定的最大胆的一项计划。

共产国际上演的无间道

在冷战时期，联邦调查局最杰出的秘密特工当属莫里斯和杰克·蔡尔兹兄弟。根据他们提供的情报，调查局开展了一项极其危险但收获又极大的行动。

莫里斯·蔡尔兹是一名俄国裔犹太人，1902年出生于基辅郊外的莫伊什—基洛夫斯基。1911年，莫里斯来到美国。20世纪30到40年代，作为《工人日报》的主编，他逐渐成了美国共产党中一名重要的人物。1948年，他与党组织之间发生了龃龉。3年以后，为了开展“托普莱弗行动”（即TOPLEV，是高级官员的简写。——译者注），联邦调查局找到了莫里斯和杰克·蔡尔兹兄弟。在这项行动中，调查局的特工劝说共产党的高级成员担任他们的线人。杰克·蔡尔兹擅长招摇撞骗，负责为共产党筹募秘密行动资金。他很快就答应了联邦调查局提出的条件，并最终说服莫里斯和他一起成为调查局在共产党内部的卧底。

莫里斯在地下党组织中的职务越来越高，并且赢得了共产党领导人的信任。1957年夏，两兄弟提出由莫里斯作为国际密使，重建美国共产党与克里姆林宫之间直接的政治和财务联系。如果这一提议得到莫斯科批准，联邦调查局就可以趁机在苏联的最高委员会中安插一名间谍。届时，莫里斯将作为美国共产党的对外秘书定期向胡佛汇报。

胡佛的情报处处长阿尔·贝尔蒙对这项计划感到兴奋不已。“这段时间以来，我们一直想要获得美国共产党听命并受控于苏联的直接证据，”1957年8月30日，贝尔蒙这样写道，“如果能够得到此类证据，我们不仅可以增加对美国共产党控告的胜算，还能极大地提高调查局作为一个情报机构的声望。”

2011年8月，联邦调查局解密了莫里斯·蔡尔兹的第一份任务报告。这份用单倍行距排版的报告长达166页。它们表明，莫里斯的工作对艾森豪威尔总统和尼克松副总统产生了重大影响。此外，这份报告还解开了冷战时期的一些谜团，比如胡佛为什么要极力声讨马丁·路德·金和民权运动；在菲德尔的卡斯特罗执政期间，中情局入侵古巴的行动为什么以惨败而告终；以及尼克松为什么会开始寻求与苏联和解。

1958年4月24日，应克里姆林宫之邀，莫里斯·蔡尔兹搭乘TWA824航班前往巴黎，这是他赴莫斯科长途旅行的第一站。在接下来的8个星期，他会见了很多苏联共产党的领导人。莫里斯得知，他的下一站是北京。7月6日，他谒见了毛泽东主席。“美国准备出兵东南亚吗？”毛泽东主席问。果真如此，就像朝鲜战争一样，中国也将参与其中。“亚洲也许不止一个朝鲜。”毛泽东主席预言。

当年夏天，莫里斯来到莫斯科。在会见了共产党和克格勃的领导人后，他接到了参加苏联共产党第21届代表大会的正式邀请，并且得到承诺，几个月后苏联将为美国共产党提供348385美元的现金。这笔资金将由苏联驻联合国代表在纽约皇后区的一座餐厅里私下交给莫里斯。

1959年1月至2月，在莫斯科的共产党代表大会上，莫里斯·蔡尔兹会见了世界各地的共产党领导人以及负责在美国开展间谍活动的情报机构官员。尽管长途跋涉让他筋疲力尽、憔悴不堪，但他都大有收获。在接下来的20年里，他每年都要出国2～3次，他一共执行了52次海外任务，结识了全世界很多重要的共产党领导人。他掌管着美国共产党的财政收入，并对其外交政策提出了不少建议。克格勃始终没有察觉莫里斯的真实身份，事实上，了解其中内幕的也仅限于美国的几位最高层人物。

“索洛行动”的报告让胡佛成了白宫无可置疑的情报权威。在此之前，美国还从未有间谍打入苏联和中国的政界高层。莫里斯不仅成功地渗透其中，而且使联邦调查局得以从一个前所未有的角度为总统提供情报。

1958年11月6日，胡佛向内阁通报了“索洛行动”的概况。在随后的两年中，他将自己的报告摘要直接交给总统、副总统、国务卿和中情局局长。胡佛拒绝向艾伦·杜勒斯和中情局透露自己的情报来源。“无论艾伦·杜勒斯或其他任何人怎样大发雷霆，我都断然拒绝向他们透露这名线人披露的情况。”

胡佛在报告中称，中国和苏联之间的矛盾已经激化。莫斯科和北京之间的裂痕让艾森豪威尔总统如梦初醒。美国情报界曾经认为，共产党领导人一定志同道合。在过去的几年中，艾森豪威尔只能依靠中情局和五角大楼为自己提供有关敌国政治军事力量的情报，而这些情报多有瑕疵。但是，“索洛行动”的报告为艾克提供的内幕远非间谍卫星和侦察飞机所能及。它们显示，共产党领导人不仅陷入困惑，而且龃龉不合。

胡佛声称，莫斯科方面决定，“当前美国共产党的主要任务是为了黑人的平等地位和种族合并而战。”联邦调查局注意到，克里姆林宫曾要求莫里斯寄去一本马丁·路德·金刚刚出版的新书《向自由前行》。这本书是在其心腹顾问和前地下共产党成员斯坦利·利维森的协助下完成的。这足以证明，国际共产主义运动和美国民权运动之间存在着联系，胡佛对此感到兴奋不已。在有生之年，胡佛一直认为这两者通过秘密行动沆瀣一气，并始终对自己的这一主要观点坚信不疑。

胡佛告诉白宫，莫里斯见到了刚刚在古巴成功发动革命的政治领导人阿尼巴尔·埃斯卡兰特。埃斯卡兰特不仅是菲德尔·卡斯特罗的心腹，而且是莫斯科最重视的古巴共产党领袖。埃斯卡兰特称，古巴获悉美国正准备对其发动准军事袭击，以推翻卡斯特罗的政权。因此，当中情局提议利用正在危地马拉训练的古巴反卡斯特罗力量入侵该岛时，艾森豪威尔感到踌躇不决。最终，他没有批准这项计划。

1959年7月，当尼克松准备以副总统的身份出访莫斯科，与赫鲁晓夫就共产主义和资本主义在政治和文化方面的优劣进行公开辩论时，胡佛直接向其谏言。他简要地向尼克松陈述了苏联对美国领导人以及1960年总统大选候选人的观点。莫斯科更喜欢艾克，因为他懂得战争的意义，并且甘愿冒着牺牲和平的危险；而民主党显然对苏联缺乏吸引力，他们认为参议员约翰·F. 肯尼迪“经验不足”，而参议员林登·B. 约翰逊是“反动分子”。至于尼克松，共产党认为他虽然堪当大任，但却“野心勃勃、诡计多端”。

尼克松从“索洛行动”的情报中得知，完全可以对莫斯科开展理性的政治对话。10年后，当他开始寻求美苏缓和时，这一观点功不可没。

1959年9月15日，在艾森豪威尔总统在白宫举行的国宴上，尼克松亲自把赫鲁晓夫介绍给了胡佛。当时，这位西装翻领上别着一枚奖章的苏联领导人还没有把时差倒过来，而尼克松已经决定竞选总统，所以在虚与委蛇间显得十分持重。当一名翻译俯身靠近，参与他们和赫鲁晓夫之间的谈话时，胡佛立即侧耳细听。

“当我把他介绍给胡佛时，赫鲁晓夫马上为之一振。他说：‘我想有些人我们都认识，’”尼克松回忆道，“我认为，赫鲁晓夫此言一语中的：‘有些人我们都认识，所以谁也不要相信。’”

不过,双方的确都认识同一个人。就在白宫举行国宴一周后,莫里斯·蔡尔兹与赫鲁晓夫一起返回了莫斯科。

在艾森豪威尔的任期即将结束、下一任美国总统即将诞生之际，这位世界上头号共产党领导人发出的忠告——“谁也不要相信”，这似乎是专门为胡佛准备的一句至理名言。

第 26 章

肯尼迪的桃色事件

在民主党预选中，参议员约翰·F. 肯尼迪赢得提名几成定局。这次选举由他的胞弟罗伯特操持和父亲约瑟夫资助，因此可以挥金如土、随心所欲。胡佛立即下令，让联邦调查局对有关肯尼迪的档案进行全面调查。

对于约瑟夫·肯尼迪这个名字，胡佛早已耳熟能详。他是一名投机商人、一位知名慈善家和一个狂热的反共斗士，身家高达数亿美元。约瑟夫曾经提出以 10 万美元的年薪请胡佛负责肯尼迪家族的安全工作，虽然这一提议遭到了后者谢绝，但两人之间的友谊并没有受到太大影响。

胡佛对罗伯特·肯尼迪也有所了解。罗伯特在 1957 年至 1959 年间担任参议院反欺诈委员会的首席询问员，由于工作的缘故他们至少见过 3 次面。在该委员会就有组织犯罪举行的听证会上，罗伯特·肯尼迪与芝加哥的黑帮老大、人称“萨姆”的莫莫·萨尔瓦多·吉安卡纳之间开展了激烈的交锋。当这名匪徒搬出《第五修正案》讥笑罗伯特·肯尼迪时，他立刻进行了还击：“我以为只有小女孩才会咯咯傻笑，吉安卡纳先生。”

在参议院反欺诈委员会的听证会上，胡佛感到一种咄咄逼人的气势。他认为，总有一天罗伯特·肯尼迪会由于缺乏经验和不够冷静而遭遇挫折。1959 年 3 月，这名年轻的斗士提出了一项无法证实的指控。一名关键证人曾向肯尼迪参议员的竞选活动捐款，以求该委员会对自己高抬贵手。“当这个豪门浪子远离其家族和乃父的荫庇时，就会发生这样的事情。”胡佛在联邦调查局对罗伯特·肯尼迪和反欺诈委员会的内部报告中不无嘲讽地写道。

胡佛不想与黑手党扯上任何关系。截至此时，黑帮力量已经出现在美国经济和政治生活中，这个秘密早已人尽皆知。1959 年，在纽约开展反共行动的联邦调查局特工共有 400 多人，而负责打击黑社会犯罪活动的特工仅有 4 人。胡佛辩称，诸如欺诈和勒索之类的犯罪活动是各州和地方执法部门应当处理的事情。他认为，如果对黑帮进行调查，有关特工就有接受贿赂和被收买的风险，联邦调查局的格雷厄姆·德斯弗奈因回忆道。“随之而来的问题和曝光度只会让我们得不偿失。”胡佛反对打入 3K 党内部的做法，因为他担心会有人认为，是调查局的特工支持和煽动了这些种族主义者的疯狂行径。他不愿向黑手党派遣卧底，认为这种做法有可能让他的手下滋生腐败。虽然上述理由各不相同，但胡佛的想法其实只有一个——谁也别想让联邦调查局蒙羞。

然而，反欺诈委员会的工作让胡佛感到了公众的压力，于是他不得不改弦易辙。胡佛把过去在反共斗争中采取的战术用在了黑手党身上。“总部下令，在对待有组织犯罪活动时，我们要使用‘地下小分队’曾经使用过的行动方式和调查技巧，”德斯弗奈因说道，非法入室、安装隐藏的麦克风和窃听偷录“都是极为有效的方法，能够让我们掌握他们的行动，并得知他们的计划。”当然，这些信息不能在法庭上使用。“这只是一种情报搜集活动……你们应当首先获得情报，然后再寻找相关的证人。”从 1959 年夏开始，联邦调查局对吉安卡纳及其在芝加哥和拉斯维加斯的同胞进行窃听。

胡佛对约翰·F. 肯尼迪参议员只是略知一二，这种了解显然不够。在读到调查局的有关档案时，胡佛感到十分不悦。1960 年 7 月 7 日，在一份长达 9 页的报告中，调查局概述了参议员肯尼迪过去的经历，这份报告让胡佛开始对美国政治的前途感到担忧。报告中还提到了一些“不轨之举”——桃色新闻。其中有些指控并非空穴来风，比如有人指责该参议员曾与妻子的社交秘书有染。对于这桩旧案，胡佛隐约有些印象：1942 年，24 岁的约翰·F. 肯尼迪还是一名海军，就因和一个名叫英戈·阿瓦德的有夫之妇私通而声名狼藉。阿瓦德是华盛顿的一名专栏作家，过去一度对纳粹表示同情。因为怀疑英戈·阿瓦德曾经当过德国间谍，联邦调查局对她进行了秘密监控，不仅暗中录下了她与肯尼迪的通话，而且还在两人交欢的宾馆房间里安装了窃听器。

在联邦调查局有关肯尼迪的档案中，还包括一些捕风捉影和未经证实的内容，指控他“勾结帮派匪徒”。

1960 年 7 月 13 日，在民主党全国大会上，约翰 ·F. 肯尼迪赢得了总统提名。就在当天,联邦调查局为胡佛提供了一份有关这位候选人的生平节略。其中记录，在竞选活动期间，该参议员曾经和弗兰克 · 辛纳特拉在纽约、拉斯维加斯和棕榈泉过从甚密。联邦调查局在很久以前就建立了辛纳特拉的档案。据他们推测，这名歌星试图攀附肯尼迪家族，并利用自己的影响为黑帮代言。有关档案显示，辛纳特拉与萨姆 · 吉安卡纳关系密切，当后者吹嘘自己能够影响肯尼迪家族时，这一狂言被偷录下来。随后，联邦调查局又获悉，辛纳特拉曾经把一个名叫朱迪斯 · 坎贝尔的女人分别介绍给了肯尼迪和吉安卡纳。在民主党大会期间，这名水性杨花的女子不仅为该参议员提供性服务，而且还同时与两人保持暧昧关系。

务必除掉美国高层的同性恋

1960 年 10 月 13 日，艾森豪威尔总统传见胡佛，并召开了国家安全委员会紧急会议。当年秋天，白宫面临着严峻的国家安全形势。在菲德尔 · 卡斯特罗的领导下，苏联模式的共产主义正在古巴崛起，对美国构成了严重的威胁。然而，在这次国家安全会议上，总统大部分时间都在讨论关于性的话题。

华盛顿的政治局面同样空前紧张。距离总统大选还有 25 天，双方的竞争异常激烈。再过几个小时，尼克松和肯尼迪的第三轮总统辩论就要拉开序幕。当天夜里，他们在电视上就美国的情报工作和苏联的间谍活动展开唇枪舌战。“苏联共产主义的间谍活动从未止步，”尼克松的声音略显紧张，并因此丧失了部分选票，“美国已经在导弹技术上落后于人，因此我们再也无法承受间——间谍工作的滞后，或者应——应该说，呃，情报工作的滞后。”

尽管如此，在 10 月 13 日的国家安全会议上，总统还是用了半个多小时向胡佛强调，务必要除掉美国高层的同性恋。

在此之前，国家安全局负责密码破译工作的两名数学天才，31 岁的伯农 · 米切尔和 29 岁的威廉 · 马丁投靠了苏联。他们突然从岗位上消失，直到 8 天以后人们才发现他们不见了。50 年后，国家安全局解密了这次事件。虽然有关记录并未提到这一点，但还是有很多人认为，马丁和米切尔是同性恋。他们从华盛顿出发，途经墨西哥城来到哈瓦那，然后飞往莫斯科。9月6日，马丁和米切尔出现在苏联的一次新闻发布会上。他们向全世界宣布，美国国家安全局一直在破译其盟国的外交和情报密码，其中包括法国、意大利、印度尼西亚、埃及和叙利亚。

总统找到胡佛，要求对此案提供详细报告。“有人曾经发现米切尔具有同性恋倾向，”胡佛告诉总统，“而马丁的情绪极不稳定。”尽管如此，五角大楼还是给了他们涉及高度机密的权限。对此，艾森豪威尔总统感到忍无可忍。就像胡佛一样，他把共产主义和同性恋者联系起来；他们认为，后者是最容易受到外国情报机构蛊惑的人群。

“在发现上述情况以后，这两人竟然能够继续留在工作岗位上，总统对此感到十分惊讶，”胡佛在自己的备忘录中武断地声称。“他指示参谋长联席会议主席莱曼·L. 莱姆尼策将军立即传唤有关官员，对这两人斩草除根。借用总统的原话就是，‘让他们见鬼去吧。’”

总统询问胡佛，如何才能一劳永逸地肃清政府部门中的这一威胁。胡佛回忆道：

> 总统、司法部部长和我就集中建立同性恋者名单一事展开了讨论，其中包括可能申请政府机构职位或者已经在有关部门就职的人员……
>
> 总统表示这一信息应由联邦调查局掌握，并建议采取措施，确保联邦调查局得以搜集此类人员的所有信息，以使政府各部门能够迅速采用。
>
> 毫无疑问，总统对这一问题尤为关切……他坚决反对雇用或保留可能具有上述倾向的个人。

联邦调查局的“性行为不当者计划”自1951年起生效，至今已经建立了多达数十万页的档案。1952年，艾森豪威尔总统颁布行政命令，禁止政府部门雇用同性恋者，并将间谍、破坏分子、精神病、吸毒者与“性变态者”相提并论，认为他们都对国家安全构成了威胁。迄今为止，联邦调查局尚未就美国的同性恋者建立集中档案，但现在这项工作即将开始。

胡佛本人也许没有性生活，但是却极为关心他人——尤其是下一届美国总统的私生活。

第27章

“全方位”暗杀上演

1960年底，艾森豪威尔总统打算暗杀古巴与多米尼加共和国独裁者菲德尔·卡斯特罗和拉斐尔·特鲁希略的计划让胡佛和联邦调查局忙作一团。

1960年11月，肯尼迪在总统大选中以微弱优势险胜尼克松。胡佛敏锐地看到一个蕴藏着巨大权力的地下世界，并发现了美国政府与有组织犯罪活动之间存在联系。

1960年10月18日，胡佛向中情局秘密行动负责人理查德·毕塞尔发出了一份简明扼要的备忘录，同时将其副本抄送司法部、国务院和五角大楼的高层以及联邦调查局。在这份备忘录中，胡佛提到了萨姆·吉安卡纳和菲德尔·卡斯特罗。

根据联邦调查局的报告，吉安卡纳在纽约最著名的意大利餐厅“斯卡拉”就餐时，曾经扬言“卡斯特罗很快就会被除掉，最迟不超过11月。”这名匪徒声称，他先后3次在迈阿密与受雇行凶的刺客见面，而后者的暗杀工具是毒药。胡佛很快发现，这起事件的幕后主使是中情局。于是，他开始对吉安卡纳实施全方位的电子监视，除了窃听和偷录以外，还使用了抛物面反射传声器。这种新型技术只有在极为敏感的间谍案件中才会使用，传声器可以录下数百英尺以外的声音。“我建议，将该技术的使用仅限于高度机密的内部安全和间谍案件。”胡佛写信给联邦调查局在芝加哥的负责人。现在，对吉安卡纳的调查已经成了一桩间谍案件。

联邦调查局得知，负责监督美国和加勒比海沿岸国家黑手党家族事务的“委员会”共有 10 名成员，而吉安卡纳正是其中之一。1959 年 1 月 1 日，卡斯特罗以压倒性优势击败独裁者富尔亨西奥·巴蒂斯塔当选总统。卡斯特罗当政后查封了古巴所有的赌场。黑手党此举是为了恢复昔日的繁荣，这次行动一旦失败，他们就只能把赌博和贪污活动转向多米尼加共和国。

从 1930 年起，拉斐尔·特鲁希略大将军开始在多米尼加掌权。他不仅是美国的盟友，而且还得到黑手党的青睐。特鲁希略把自己的统治建立在恐怖和欺诈之上，并依靠榨取该国的土地和人民聚敛了数十亿美元的财产。他的罪行包括在美国进行谋杀和绑架，向美国参众两院议员行贿，以及阴谋推翻与自己政见不合的拉丁美洲领导人。

钱与色腐蚀华盛顿

20 世纪 50 年代，胡佛搜集了大量有关加勒比海沿岸国家开展谋杀活动的政治情报。他最可靠的消息来源包括：前联邦调查局探员、现任美国驻多米尼加共和国大使，迈阿密和哈瓦那的特工和司法随员，以及中情局反情报工作负责人詹姆斯·安吉尔顿。

这些人的报告有一个共同之处，那就是华盛顿的政治腐败。在胡佛掌管联邦调查局期间，众议院共有 10 名议员被定罪，几乎所有案件都涉及贪污受贿。胡佛通过秘密情报得知，他在参议院中一些坚定的盟友也曾经接受过巴蒂斯塔和特鲁希略的贿赂。胡佛还收到了安吉尔顿的报告，据古巴驻美国领事馆总领事透露，“参议员霍默·E. 凯普哈特曾经收受 2 万美元的‘费用’，为巴蒂斯塔进入美国政治避难制造影响。” 从 1945 年起，印第安那州共和党参议员凯普哈特就开始对胡佛的反共斗争积极声援。此外，胡佛还从美国驻多米尼加共和国大使那里接到情报称，他在参议院中最有力的支持者、密西西比州的詹姆斯·伊斯特兰也曾经从特鲁希略那里接受过大量的现金和其他馈赠。

胡佛有意避开对众议员的刑事调查。他极少插手有关政治、金钱和桃色交易的执法案件，而仅将其作为情报充实调查局的档案，并仅供总统参阅。他向白宫提供不少有关众议院成员猥亵下流的政治隐秘，从罗斯福到艾森豪威尔都对这些情报兴致盎然。

“总统有权获悉……某些影响极大的政治隐秘，”后来出任美国司法部部长的尼古拉斯·德贝尔维尔·卡岑巴赫说道，“对于其他方面的事情，调查局提供的消息却少之又少。只有在涉及同性恋或者其他类似情况时……比如猥亵幼女等，他们才会告知白宫。”

胡佛并没有对伊斯特兰的腐败罪行进行声讨，因为对他钟爱的参议员、司法委员会及内部安全小组委员会民主党主席进行调查无异于自取其辱。但是，当众议院的其他成员把手伸进特鲁希略的口袋时，胡佛却将有关情报告诉了艾森豪威尔总统。在白宫的一次会议上，艾森豪威尔亲口提到两个人的名字：路易斯安那州民主党参议员、参议院农业委员会主席艾伦·埃伦德和北卡罗来纳州民主党众议员、众议院农业委员会主席哈罗德·库利。上述两个委员会负责制定从多米尼加共和国进口蔗糖的配额，他们作出的决定为这个国家的独裁者带来了数百万美元的财源；作为报答，埃伦德和库利接受了特鲁希略慷慨的回赠。特鲁希略本人控制着多米尼加2/3的蔗糖出口，并掠取了其中的绝大部分利润。

特鲁希略常常在自己的美国盟友面前以反共堡垒自居。在接受美国报纸采访时，特鲁希略声称，他曾经向美国提供了关于“加勒比海共产国际”的宝贵情报，其总部设在墨西哥城的苏联大使馆，而据点分布在纽约、迈阿密和波多黎各等地。尼克松副总统出访多米尼加共和国时，也多次在公开和私下场合对特鲁希略予以褒扬。特鲁希略不惜重金在华盛顿为自己收买了诸多说客，其中包括罗斯福总统之子小富兰克林·罗斯福。这位独裁者通过美国境内54座领事馆的政治和情报工作人员，将资金转入报社老板、传媒大亨、广告公司以及专栏作家的账户，从而为自己赢得了一片赞誉之声。如果这些外国人中有哪位达官显贵愿意支持他，特鲁希略的出价是25000美元现金。

在美国的政治历史上，特鲁希略带来的问题没有先例可循。美国曾经通过政变和阴谋扶植了一系列亲美政权，但却从未考虑过要除掉哪个统治者。

除掉这两个独裁者

对于特鲁希略一事，艾森豪威尔总统、杜勒斯兄弟和胡佛一致达成了一个不同寻常的解决方案。他们决定派遣联邦调查局前任特工作为美国新任大使前往多米尼加共和国。

约瑟夫·S. 法兰不是一个专业的外交官，他的专长是开展秘密行动。1943年，法兰成了一名联邦调查局特工，他的任务包括搭线窃听、非法入室和秘密监视。正如法兰所言，经过胡佛的“层层遴选”，他加入了“一个秘密组织中的秘密组织”，旨在搜捕苏联的原子弹间谍。“我们的工作就是搜集情报，查清谁是谁，谁在做什么以及准备怎样做。”这一次，法兰出使多米尼加共和国的任务并没有太大不同。据法兰回忆，上级命令他“深入地下组织，弄清正在发生的事情、即将发生的事情以及将来可能发生的事情。这次行动极为敏感，由于你具有相关背景并接受过专业训练，所以成了外交部的不二人选。我们并不打算公然干掉特鲁希略，而是准备对其进行暗杀。但是，我们更希望他带着自己的不义之财逃之夭夭。”

如果特鲁希略大位不保，美国的军事、经济和外交关系就会受到影响，因此应该慎重对待是否除掉他这个问题。但是，法兰的报告接连不断，而且内容详尽，这些报告记载了特鲁西略的不法行为。其中包括残酷的刑讯室、阴险的政治谋杀以及通过钱色交易从美国参众两院某些议员那里换来阿谀奉承。

“一切都在特鲁希略的掌握之中，”法兰说道，“他正在铲除自己的对手，谋杀活动大行其道，这种做法毫无道德可言。”

法兰看到，他的很多美国同僚都一反常态。接受过特鲁希略酒色财物的政客不在少数。多米尼加驻美国大使曼纽尔·德·莫亚是特鲁希略的首席情报官员之一。他在圣多明各郊外拥有一栋豪宅，并经常在这里宴请很多美国国会议员。“这座爱巢恰好位于市区边缘，四周用树木围起一道道篱笆，所以根本看不到来往的车辆，”法兰描述道。“但里面不仅布满了窃听器，还安装了很多双向玻璃镜。在这里你可以随心所欲。很多国会议员就是在这里被偷拍和偷录的。有一次，我找到一名参议员，告诉他：‘参议员先生，我和同事准备向您做情况汇报。’他回答：‘我对这个该死的国家无所不知。你要做的就是保证在接下来的一周里，给我送来足够多的烈酒。’”

法兰开始在美国大使馆清理门户。中情局曾经向多米尼加共和国派出一名站长，但这个人却碌碌无为。“一天，这名站长找到我说：‘大使先生，我不想打扰您，但我把钥匙忘在办公室里了’，”法兰回忆道，于是，法兰只好“撬开门锁，推开房门。”“这是我从前在联邦调查局接受过的基本训练，”他说。没过多久，这名站长就被取而代之。

随后，法兰还发现，美国大使馆副馆长、这次行动的副主管“肯定也接受过特鲁希略的贿赂……这个愚蠢的家伙甚至告诉我他曾经在曼纽尔·德·莫亚的爱巢里住过一段时间。”法兰很快将自己的副手换成了值得信赖的亨利·迪尔伯恩。美国民主制度的代表竟相成了特鲁希略的座上客，对于这种情况，迪尔伯恩同样大为震惊。“伊斯特兰参议员便是其中之一，”迪尔伯恩说，“但绝不是仅有的一个。”

法兰勉强与特鲁希略保持着友好的关系，并通过后者获取大量有关卡斯特罗是如何在古巴起家的情报。“卡斯特罗的左膀右臂均是知名的共产党员，苏联正在为其提供资金援助。”1958 年 12 月 15 日，法兰在发往华盛顿的一封绝密电报中称。17 天后，革命军掌控了哈瓦那的局势。在接下来的几个月里，中情局对这一威胁始终未置一词。

1959 年 1 月 29 日，在国务院就加勒比海危机召开的一次会议上，胡佛作了冗长的发言。胡佛向中情局的杜勒斯、国务院的 8 名高官和移民局局长大肆吹嘘，说他掌握了迈阿密、纽约、新奥尔良以及全国各地古巴流亡者中支持和反对卡斯特罗人员的“大量信息”。胡佛下令联邦调查局的每一名特工密切注视这些古巴人的动向，并时刻留意这些问题：卡斯特罗本人是不是一名顽固的共产主义者？在美国，有哪些人支持他，有哪些人反对他？

1959 年 3 月 31 日，按照胡佛的要求，联邦调查局特工审问了一名因走私军火而暴富的美国士兵。这个人曾经是前海军陆战队的队员、陆军情报官员，名叫弗兰克·斯特奇斯，又名弗兰克·菲奥里尼。一份直接呈交胡佛的报告中记录：他向调查局提供了卡斯特罗革命军内部的详细情报。斯特奇斯曾经与卡斯特罗一起在山区作战，并为后者提供武器和飞机。革命胜利后，卡斯特罗委任他负责将哈瓦那赌场中的美国黑帮分子驱逐出境。在经过一番权衡后，斯特奇斯认为美国的胜算较大。于是，他告诉联邦调查局自己决定倒戈，并“毛遂自荐为美国政府担任‘特工’”。一开始，斯特奇斯为中情局工作。数年后，他转而为白宫效命，并成为水门事件中非法闯入民主党全国总部的的窃贼之一。

联邦调查局关于古巴的报告大都准确而关键。这些报告为胡佛开启了一个秘密世界，了解到哈瓦那的赌场、黑手党、古巴的反卡斯特罗势力以及中情局之间的联系。联邦调查局不仅摸清了卡斯特罗阵营中共产党的中坚分子，而且准确地找到了美国政界为其摇旗呐喊的左翼人士。调查局对法兰的报告表示肯定，卡斯特罗和特鲁希略正在策划政变以推翻对方。

艾森豪威尔总统决定除掉这两名独裁者。

他首先取消了美国对多米尼加共和国的所有军事援助，并委派法兰将这一决定告知特鲁希略大将军。“当时我孤身一人，”法兰在一段录音中回忆道，“而多米尼加的驻美大使，陆军、海军和空军部部长在他的两旁肃立。听到这一消息后，特鲁希略立即恼羞成怒。接着，他对总统进行了大肆攻讦，斥责艾森豪威尔愚不可及，对政治一窍不通，不了解加勒比海沿岸国家的现状，并且指名道姓地骂他是‘婊子养的’，我实在不想在录音中说这个。事已至此，我只能将外交风范抛到一边……我决定挺身而出，为自己的国家仗义执言。最后，我告诉特鲁希略，‘在我看来，你只不过是一个微不足道的独夫民贼。与美国比起来，你的国家只不过是地图上的一个小黑点’。”

特鲁希略的身上佩戴着一把左轮手枪。“这个时候只要稍一眨眼，我就死定了……我没有眨眼，但他眨了，然后绕过桌角对我说，‘大使先生，我的朋友，在剑拔弩张之际，我们作出的评价常常并非出自本意。我们还是彼此宽恕，忘了这件事吧。’我不假思索地脱口而出，‘特鲁希略，我是一个基督教徒。我可以宽恕，但是绝不会忘却。’说完这话，我转身拂袖而去。走出他办公室的时候，这段路仿佛有几十英里那么长，我不禁怀疑会不会有一发子弹击中我的后背。”

在多米尼加共和国，法兰暗中与特鲁希略的反对者结盟。他们计划将这个独裁者置之死地。“我与这些地下组织几乎近在咫尺。”他说。随后，法兰向国务院呈送了一份持不同政见者的名单。“一旦特鲁希略遇刺”，这些人可以随时“接管政府”。但是美国必须确信，他们全都是反共人士。对于这一点，法兰向华盛顿作出了承诺，“这些人包括律师、医生、工程师和高级机械师，并且大都在美国接受过相关教育。”

法兰在报告中称，他们希望美国秘密为其提供用于刺杀特鲁希略的全部武器。此外，法兰把这些阴谋者的需求清单转给了中情局，其中还包括一支“由前联邦调查局特工组成、负责策划和实施暗杀特鲁希略活动”的刺客队伍，中情局秘密行动负责人理查德·毕塞尔写道。

1960 年 4 月，艾森豪威尔总统终于下定决心。他认为，美国必须做好准备，“将特鲁希略从多米尼加共和国铲除”。“一旦找到合适的继任者接管政权，美国将为其提供政治、经济援助，如果必要的话，还有军事援助，以达到这一目标。”

1960年5月13日，艾森豪威尔总统在白宫召见了法兰以及国务院的两名高官。根据其军事助理的记录，总统告诉法兰，“鉴于反对卡斯特罗和特鲁希略的人士不停地向他施压”，他希望能够将这两人“斩草除根”。

但是，艾森豪威尔总统并没有实行这些计划，而是由肯尼迪政府继承了这些阴谋政治，准备在加勒比海国家开展谋杀活动。

第28章

危险机构的恐怖执掌者

在20世纪60年代，胡佛与司法部部长罗伯特·F. 肯尼迪之间展开了一场殊死搏斗。这场斗争的烈焰几乎吞噬了联邦调查局、司法部和白宫。

罗伯特称，他发现胡佛“令人十分恐惧”。与其说胡佛是“一个危险机构”的执掌者，不如说他本身就是“一个危险人物”。但罗伯特相信，“我们完全能够控制这种危险。”他认为，他可以将自己的权威强加于胡佛。“自从胡佛担任联邦调查局局长以来，这是他第一次不得不听命于司法部部长，而不能随意僭越。”

但是，在胡佛看来，罗伯特除了操持其兄长的竞选活动以外，从来没有执掌过任何部门，因此他对这个盛气凌人的黄口孺子根本不屑一顾。

胡佛认为，“罗伯特正试图接管和削弱联邦调查局，” 胡佛的心腹助手德克·德洛克说，“他想要按照自己的意愿改组整个机构，但他既没有相当的经验，也缺乏足够的威望。”

现年35岁的罗伯特出生于1925年，也就是胡佛掌管联邦调查局的几个星期以后。罗伯特出任司法部部长并非他的本意，也不是肯尼迪总统的最佳选择。但是，这是一件顺理成章的事情。因为在此之前，已有两位总统委任自己的竞选活动负责人担任司法部部长。这是一个极为重要的政治岗位，其人选必须对总统忠贞不二。此外，肯尼迪兄弟的父亲约瑟夫·肯尼迪一共为总统大选投入了数百万美元，他主动提出了这个要求。胡佛曾经对老朋友约瑟夫的提议表示支持，但现在却感到懊悔不已。

最初，肯尼迪总统和司法部部长想要对胡佛示以敬意，但他们的尊敬还不足够。总统认为，偶尔请胡佛参加白宫的私人午宴就足以让他心满意足。“我们这样做只是为了取悦于他，”罗伯特说，“就我们所知，必须让胡佛高高兴兴地待在这个位子上，这一点很重要，因为他已经成了某种象征——更何况总统在大选中只是险胜。”

但这种一年只在白宫吃上几块面包的尊敬无法满足胡佛。事实上，任何事情都不能让他感到称心如意。几乎所有与罗伯特有关的事情都会触怒胡佛。在他看来，这位司法部部长已经罪无可恕。“他冒犯了联邦调查局，”司法部副部长尼古拉思·德贝尔维尔·卡岑巴赫说。

胡佛才能摆平

拉斐尔·特鲁希略的问题一直悬而未决，这件事情成了胡佛与罗伯特之间冲突的肇端。

1961 年 2 月 16 日，也就是新一届政府上任后的第 4 周，司法部部长罗伯特签署命令，对特鲁希略政权的政治腐败进行调查。在肯尼迪执政期间，联邦调查局经过授权共实施了 582 次搭线窃听，安装了近 800 个窃听器。

调查局特工分别在众议院农业委员会主席哈罗德·库利的办公室、该委员会办事员的家、多米尼加共和国的领事馆以及特鲁希略说客的律师事务所安装了窃听器。从现有记录可以得知，这是美国自哈定政府以来，首次由司法部部长授权对国会议员进行窃听。

但是，罗伯特很快便趑趄不前，因为这项调查稍有不慎就会引火烧身。如果继续追查下去，会牵涉到诸多众议员、参议员和政治说客，其中大部分都是民主党保守人士，而他们正是肯尼迪极力想要在国会在拉拢的中间力量。在上述案件中，唯一一个遭到起诉的是一个喜欢搬弄唇舌的专栏作家伊格尔·卡西尼。长袖善舞的卡西尼不仅是肯尼迪家族的朋友，而且还是特鲁希略收买的写手，其胞弟奥莱格·卡西尼更是第一夫人杰奎琳·肯尼迪最钟爱的时装设计师。这起案件的相关消息并非源于联邦调查局，而是来自一名新闻调查记者。罗伯特后来曾经表示，特鲁希略调查案是他遇到的“最令人不快的”一起高级案件，也是“自从我出任司法部部长以来唯一一项被中途撤销的调查。”

1961 年 5 月 30 日，特鲁希略在圣多明各郊外遭到刺客的伏击后被暗杀，罗伯特随即撤销了这项调查。虽然美国从道义上对这起事件表示声援，但 14 名叛乱者中仍有 12 人遭到了特鲁希略儿子、兄弟以及政治接班人的残忍杀戮。没过多久，特鲁希略的继任者就重新执掌了大权。

“现在最大的问题是，”罗伯特在特鲁希略遇刺后写道，“我们根本不知道如何是好。”

直到数年后，白宫才找到了这个问题的答案，其最终解决方案掌握在胡佛的手中。最后，胡佛亲自为多米尼加共和国挑选了一位新任领导人。

“他们竟然妄想解雇胡佛！”

罗伯特亲口承认，在担任司法部部长期间，他并没有因为共产主义斗争或民权运动而寝食难安。真正让他忧心如焚的是有组织犯罪活动。他希望联邦调查局能够像自己在参议院反欺诈委员会任职时所做的那样，对美国黑帮给以无情的打击。

他想要将联邦调查局置于自己的控制之下，而这本来就是他法定的权力，但这场斗争几乎将他在司法部任职期间的所有精力消耗殆尽。

胡佛感到愤愤不平，因为司法部部长声讨的目标不是莫斯科特务，而是黑手党成员。尤其是罗伯特开始对联邦调查局追捕苏联间谍的行动说三道四，胡佛更加感到怒火中烧。

对于司法部部长想要建立联邦犯罪调查委员会和有组织犯罪打击队伍的雄心壮志，胡佛根本不屑一顾。罗伯特不仅热衷于通过秘密渠道进行交易，还曾私下接见身为克格勃间谍的苏联大使，为总统充当万能政治掮客化解国内外难题，所有这些都让胡佛感到震惊不已。

因此，当这位名不符实的上级召见胡佛，而不是虚心前来请教时，胡佛顿时恼羞成怒。在司法部的大楼里，虽然胡佛的办公室离罗伯特的办公室不过咫尺之遥，但他拒绝听从罗伯特的命令。“罗伯特和胡佛从来没有去过对方的办公室。”卡岑巴赫说道。由于无法容忍彼此的形象和声音，胡佛和罗伯特只能通过一个中间人代为传话。

在联邦调查局，有一个人同时深受两人的赏识，他就是考特尼·埃文斯。在接下来的 3 年中，埃文斯一直充当着他们的官方联络员。“即使是对同一件事，考特尼对罗伯特的说法是一个样，对胡佛的说法又是另一个样，”卡岑巴赫说，“当胡佛想要罗伯特做什么时，考特尼的传话在后者听来必定十分悦耳，而反之亦然。”同时服务这两位麻烦上级，显然是一件极少人能够胜任的苦差。

多年以后，埃文斯回忆道：“我曾经设法阻止肯尼迪兄弟解雇胡佛。他们经常对他的做法感到怒不可遏。在他们看来，胡佛把全部人力都浪费在了对国家安全案件的调查上。”然而，要想解除这位联邦调查局局长的职务不啻于异想天开。“解雇胡佛？我的老天！”卡岑巴赫说道。“我十分怀疑，肯尼迪总统究竟有没有这个胆量。”

1961 年 4 月，猪湾事件为美国带来了一场巨大的灾难，总统发誓要解除中情局局长艾伦·杜勒斯的职务。杜勒斯曾经胸有成竹地向肯尼迪兜售入侵古巴和推翻卡斯特罗的计划，但在猪湾事件发生后，中情局手下的古巴人共有 114 人丧生，1189 人被俘，卡斯特罗大获全胜。借用肯尼迪总统的原话，“我发誓要将中情局碎尸万段，然后随风飘散。”

总统命令罗伯特对这次入侵行动进行分析，探讨如何才能对美国的情报机关补偏救弊。随之而来的便是诸多问题，其中包括是否应当由罗伯特继任中情局局长。4 月 20 日，也就是猪湾溃败后的第二天，罗伯特打电话给胡佛，就如何控制中情局谈起了自己的想法。

胡佛向来对中情局不屑一顾，这一点在他当天亲笔写下的备忘录中暴露无遗：“数年来，中情局对我们使尽了卑劣的手段……时至今日，中情局仍然本性未改。”但是，胡佛听闻总统有可能让罗伯特负责执掌中情局，果真如此，这一传言倒是令人拍手称快。因为这样一来，胡佛不仅可以彻底解除自己的心头之患，而且让盛气凌人的罗伯特洗刷猪湾事件为肯尼迪家族带来的耻辱，几乎是一件不可能完成的任务。

胡佛就美国的情报工作炮制了一份极其复杂的报告，并亲自将其交给了司法部部长。在这份由 3 个部分组成的报告中，胡佛回顾了中情局的历史及其关键人物，阐述了 1941 年以来美国间谍工作的概况，并着重指出，“肯尼迪只有追溯以往，才能正确分析当前情报工作存在的缺陷。共产主义渗透从二战时期形成的局面和问题，至今仍然影响着美国的情报行动。”

此外，他还对中情局的一系列高级官员发出警告，尤其是负责在中情局秘密搜集通讯情报的前联邦调查局特工威廉·K. 哈维。在对原子弹间谍克劳斯·福克斯进行调查时，酗酒如命的哈维曾经犯下了大错。

然而，罗伯特很可能根本没有读过胡佛的这份报告。当中情局重新计划对卡斯特罗实施阴谋时，哈维不仅成了其中的一个关键人物，而且直接听命于司法部部长。

“特工不是司机”

只要胡佛愿意，他可以公然违抗司法部部长的命令。1961 年 5 月的一次事件首次清楚地反映了他对这位上级的轻蔑之情。

为了向南方的种族隔离制度发起挑战，一队由黑人和白人民权运动示威者组成的“自由骑士”抗议组织准备共同乘坐一辆巴士穿越阿拉巴马州。联邦调查局通过一些公开的消息渠道和秘密线人事先得知了有关情报，并向阿拉巴马州以及各县执法部门透露了这一消息。当地警方和三 K 党密谋对这群示威者进行拦截和痛殴，但联邦调查局对此视若无睹。

胡佛决定向司法部隐瞒有关自由骑士和三 K 党的情报。在递交肯尼迪的书面报告中，他主要提到了共产党在阿拉巴马州的活动。

胡佛将这群反种族隔离人士称为合并主义者，并悍然违抗司法部部长要求对他们进行保护的命令。联邦调查局民权运动司 37 岁的特工约瑟夫·G. 凯利在总部亲眼目睹了整个过程。

“巴士司机拒绝继续搭载这些‘自由骑士’，”凯利回忆道，“随后我们接到司法部部长办公室尼古拉斯·卡岑巴赫的电话。他说司法部部长罗伯特希望由调查局的某个特工来驾驶这辆自由巴士。当时，如果我们认为司法部的要求有悖调查局的利益，我们就不会遵从这些命令。”

“于是我告诉卡岑巴赫，特工不是司机，他们的履历中并没有这项要求，但是民权运动司的很多律师可以驾驶巴士。卡岑巴赫说：‘这可是司法部部长的命令。’我说：‘我知道这是司法部部长的命令，但我们的答复就是这样。’说完，我挂断他的电话，然后接通局长办公室，提醒他们罗伯特有可能打电话过来，而事实也的确如此。对于他的要求，局长的回答与我毫无二致。”

“找出那个内奸”

罗伯特逐渐发现，胡佛的权力几乎无所不在。他看到，胡佛一手操纵着美国的国家安全机构。这位联邦调查局局长掌握的情报和手中的权力已经远远超过了司法部部长。

胡佛的联络员和拥趸者遍布中情局、国会山以及国务院，因此可以刺探到美国政治和外交政策的任何秘密。司法部部长想要找出胡佛在肯尼迪政府中安插的间谍，以便对他们加以防范。罗伯特与胡佛之间的这场斗争从国务院开始，并且很快发展到了僵持不下、拔刀相向的程度。

“我们这里有一个内奸，”肯尼迪手下的一名国务院高级官员威廉·J. 克罗克特说道，“每隔几天，我就会被叫到参议院内部安全委员会接受反复盘问，为什么给予某些人涉密资格，”以及国务院是怎样制定外交政策的。

参议院内部安全委员会主席、密西西比州参议员詹姆斯·伊斯特兰是胡佛的死忠之一。在伊斯特兰的“政治迫害”之下，克罗克特说，“没有人能够安全经过审查。”克罗克特怀疑，国务院有伊斯特兰的耳目；如果这名参议员在国务院内部安插了间谍，那么胡佛一定也不例外。根据1951年的一项正式联络协议，内部安全委员会需要向联邦调查局提供档案中的所有机密信息，而从1955年起，胡佛和伊斯特兰也暗中达成了一项非正式协议，在两人之间分享这些信息。

克罗克特转而向国务卿迪恩·鲁斯克求助，鲁斯克找到总统，总统又找到自己的胞弟罗伯特。于是，司法部部长召来自己的特别助理沃尔特·谢里丹。谢里丹不仅是他在参议院反欺诈委员会中最得力的调查员，而且还是前联邦调查局特工和国家安全局退休的窃听专家。在罗伯特执掌司法部期间，“谢里丹是他最重要的秘密武器。”胡佛后来告诉林登·B. 约翰逊说。谢里丹提议，由他在国家安全局的一位朋友和同僚接管国务院的安全工作。但在调查内奸的过程中，谢里丹的手下在进行窃听和非法入室时当场被捉，克罗克特不得不立即将其解雇。

但是，克罗克特已经发现了伊斯特兰的耳目。“这个奸细就是国务院安全办公室的高级官员、麦卡锡时代的遗老奥托·奥特普卡，”克罗克特说，“他对自己的行动进行了狡辩：‘我认为揭露新一届政府带来的安全隐患是我对国家应尽的职责。为了终止这一隐患，我宁愿违背法律和牺牲自己的前途。’”

事实证明，这次针对内奸的调查过于敏感，因此最终难以为继，而克罗克特也不能透露奥特普卡的窃听内容。7 年后，奥特普卡终于在尼克松政府的国家安全机构中谋得了一席之地。

罗伯特利用谢里丹进行卧底调查的做法，“严重地触犯了联邦调查局。”卡岑巴赫说。胡佛认为，他们僭越了联邦调查局的权力。他决不允许罗伯特削弱自己在政府内部安全系统中至高无上的地位。只有他才能控制秘密情报带来的巨大权力。

第29章

“独裁者”的恐怖统治

胡佛试图让肯尼迪兄弟相信，马丁·路德·金是莫斯科阴谋颠覆美国的一个卒子。

他已经发现，马丁·路德·金的顾问兼演讲撰稿人斯坦利·利维森是一名地下共产党员。胡佛从“索洛行动”中得知，从1952年至1957年，利维森是共产党地下组织的一个关键人物。在开始为马丁·路德·金工作的那一年，他表面上切断了与共产党之间的联系，但胡佛相信，利维森仍然听从莫斯科的召唤，暗中向马丁·路德·金灌输马克思主义思想和颠覆策略。

1962年1月8日，胡佛在一份书面报告中向司法部部长暗示，利维森是国际共产主义的一名秘密间谍。罗伯特还记得自己听到这一消息时的反应，“当我得知他有可能与某些共产党员之间存在瓜葛时，我要求联邦调查局对他展开集中调查。”

次日，罗伯特与胡佛在电话中谈到了窃听和偷录的手段，但他们的谈话内容始终没有向外界公开。

随后，罗伯特踏上了环球访问之旅，并委派自己的副手、后来成为最高法院法官的“奇才”拜伦·怀特出任代理司法部部长。怀特要求联邦调查局提供利维森的档案，但遭到胡佛的拒绝。“索洛行动”是联邦调查局用以证明共产主义对民权运动影响的最大消息来源，因此在胡佛看来，保守这一行动的有关秘密要比向肯尼迪兄弟提供情报重要得多。

胡佛认为，克格勃正在重新调整与美国旧派左翼势力、尚在萌芽之中的“新左翼”力量以及民权运动之间的联系。联邦调查局对联合国苏联间谍的侦查工作取得了重大突破，其中一项情报让胡佛对斯坦利·利维森产生了全新的看法。

联邦调查局派出了200名特工对联合国进行监视。对联合国办公室的电话进行搭线窃听相对简单，在苏联及苏联阵营国家官员的办公室内安装窃听器则较为困难，而秘密潜入联合国内部需要承担极大的风险。但是，联邦调查局不仅成功做到了以上3点，而且还时刻注视着那些心怀不满并有可能投靠美国的外交官的动向。此外，调查局还在联合国内安装了窃听器。当年10月，古巴导弹危机发生后，苏联副总理阿纳斯塔斯·米高扬在联合国接见了苏联代表团，而胡佛几乎在同时向肯尼迪总统递交了苏联人这次闭门会议的实时报告。

联邦调查局负责追踪克格勃间谍阿贝尔上校的特工埃德蒙·J. 伯奇在联合国辖区工作。他注意到一个名叫维克多·雷西奥夫斯基的苏联人刚刚在联合国秘书处晋升高级职位，成为联合国秘书长吴丹的3名主要助理之一。雷西奥夫斯基住在曼哈顿东区萨顿宫酒店一栋豪华的公寓里，他曾经是克格勃在印度的主要负责人。伯奇怀疑，雷西奥夫斯基的任务不只是打入联合国，更重要的是开展政治活动，以重新建立莫斯科与美国左派之间的联系。

联邦调查局对联合国的监视人员在报告中称，雷西奥夫斯基秘密会见了斯坦利·利维森。这一情报进一步证实了伯奇的猜测。

几天以后，刚刚结束环球旅行返回司法部的罗伯特亲自授权调查局对利维森在纽约第五大道39街的公务电话进行窃听。除此以外，胡佛还在利维森的办公室内安装了窃听器。

从1962年3月16日起，联邦调查局对利维森的谈话进行了长达6年的窃听。对胡佛来说，这一行动仅次于对马丁·路德·金本人进行的窃听，因为利维森不仅是民权运动的先驱，而且马丁·路德·金还经常在电话中与他就民权运动进行商议。

在对利维森进行日夜监视的过程中，联邦调查局渐渐地搜集到了很多消息。胡佛开始向肯尼迪总统、林登·B. 约翰逊副总统、司法部部长罗伯特、参议员伊斯特兰以及其他人提供有关马丁·路德·金、利维森、民权运动和共产主义颠覆活动的大量情报。随后，伊斯特兰授意参议院内部安全委员会传唤利维森参加一场闭门秘密会议。在宣誓之后，利维森否认自己是一名共产党员。每当涉及关键问题时，他就会援引《第五修正案》。

胡佛坚持认为利维森是一名共产党间谍，但却从未向肯尼迪兄弟明确解释其中的缘由。保守“索洛行动”的秘密至关重要，胡佛在写给助手的信中称，“在任何情况下都不应危及我们的消息来源。”

手握总统不可告人的私密

胡佛手中的秘密情报就像一把装满子弹的手枪。每当他感到自己的权力受到威胁，或者只要他高兴，他就会掏出这把手枪。

1962 年 3 月 22 日，胡佛极为罕见地接到了赴白宫参加午宴的邀请。这次谈话让肯尼迪总统担心，胡佛很可能了解自己最深的隐秘。虽然他们的谈话记录并没有保存下来，但相关证据却确凿无疑。

有迹象显示，胡佛有意让总统了解，他知道中情局、司法部部长、行刺卡斯特罗的阴谋计划、黑手党老大萨姆·吉安卡纳、以及总统与吉安卡纳的情妇朱迪斯·坎贝尔的露水情缘之间存在着一定联系。

就在胡佛来到白宫之前，总统与司法部部长的会面不欢而散。事后，肯尼迪总统与坎贝尔最后一次通了电话。有传闻说，这次午宴结束后，总统曾经告诉一名助手，他想要“解雇胡佛这个混蛋”。

5 月 9 日，胡佛不无得意地记录了他与罗伯特当面就刺杀卡斯特罗一事进行的交谈。他们讨论了有关中情局和吉安卡纳的“街谈巷议”。“对于利用吉安卡纳手下的做法，其判断力之低下……令我感到十分惊讶。”胡佛写道。随后，罗伯特草草写下一张便条，交给了自己与联邦调查局的联络员。“考特尼，我希望你积极跟进此事。”

与此同时，胡佛也对此事开展了进一步追查。他认为，总统显然曾经与吉安卡纳的情妇私通。据联邦调查局记录，肯尼迪总统还先后与他妻子以外的另外 5 个女人发生过性关系。此外，胡佛还得知，罗伯特正在秘密策划除掉卡斯特罗。

胡佛对肯尼迪总统私生活以及罗伯特政治阴谋的了解成了一件潜在的致命武器。现在，他开始挥舞手中的这件利器。他想要总统和司法部部长明白，自己知道他们犯下了不可饶恕的罪行。

1962年6月11日，联邦调查局的特工从窃听器中截获马丁·路德·金的电话。他准备在曼哈顿39大街办公室会见斯坦利·利维森。他们的对话引起了司法部部长的警惕。对于这次监听行动，罗伯特的了解显然远远超出了他所交待的内容。他亲自授权对利维森的办公室进行窃听，并批准了胡佛监听利维森住宅电话的申请。每周有几次，马丁·路德·金都会在深夜与利维森通话。联邦调查局逐渐摸清了他的想法，并向白宫和司法部通报了有关情况。调查局怀疑，利维森的助手杰克·奥德尔正在南方基督教领袖会议中为共产党制造影响。随后，胡佛以利维森和奥德尔为由，对马丁·路德·金在亚特兰大的总部及其助手展开了无限期调查。

胡佛认为，利维森是一个左右马丁·路德·金思想的赤色分子。对于这一猜测，罗伯特开始表示认同。"利维森对他产生了影响。我认为他们的目标毫无二致，"他说。

胡佛下令联邦调查局驻亚特兰大和纽约办事处开始一项新的调查，并将其冠名为"渗入南方基督教领袖会议的共产主义势力"。这是一次在民权运动中心对共产主义开展的大规模全面调查，在联邦调查局内部被缩写为COMINFIL/SCLC。

美国最危险的黑人

胡佛与司法部部长在民权运动上的冲突愈演愈烈，他对后者的命令采取了"不合作主义"行动。

1962年9月，一个名叫詹姆斯·梅雷迪斯的黑人申请加入仍在实行种族隔离制度的密西西比大学。这次事件在一些白人当中引发了一场骚乱。肯尼迪政府向密西西比州派遣了由数千人组成的军队，并逮捕了一名退休的右翼陆军将军。这次骚乱发生在星期六，当天在联邦调查局总部执勤的特别探员名叫弗雷德·伍德考克。"三K党也参与其中，他们扬言要使用暴力，"伍德考克回忆道。"此外还有美国一些愚蠢的亲纳粹组织，当时的情形真是糟糕至极。"

联邦调查局的电话响个不停，司法部一名律师联系上了伍德考克，要求调查局在密西西比州的特工和三K党中的线人提供有关情况。"我回答：'你知道，我们不能透露这些信息，因为我们与所有线人的关系都建立在保密的基础之上。一旦泄漏他们的身份，整个项目就会遭到破坏，’”伍德考克回忆道。“几分钟后，他再次打电话过来说：‘罗伯特要你马上到他的办公室去。’”

“听到这里，我顿时瞠目结舌，”伍德考克说，“我立刻拿起有关密西西比大学的档案和材料，赶往肯尼迪的办公室……只见罗伯特撸起袖子，正在和一群人传球。在此之前，我只是听过一些风言风语，但没想到他们真的会在办公室里踢足球。”

“我想要你到密西西比州逮捕那些三 K 党成员。”罗伯特说道。

“逮捕他们的依据是什么？”伍德考克反问。“我们以什么理由进行逮捕？”

“这件事情无关紧要，”罗伯特回答，“我们可以等到以后再说，现在你只要赶到那里逮捕他们，让这伙人离开街头。”

伍德考克暗想：“这下我可遇到大麻烦了，事情真是越来越糟。”

最终，伍德考克还是违背了司法部部长的命令。“我认为自己应该替胡佛说话。我们不能毫无来由地实施拘捕，而且也不会逮捕这些人。”回到办公室后，伍德考克向胡佛递交了一份冗长的备忘录，而且没有忘记提到司法部部长挽起衣袖在办公室踢球的事情。胡佛的答复“几乎不费任何笔墨”，只有一个“H.”，“所以我知道，在这件事上我一定做对了。”

当年夏天，在司法部部长的再三督促下，胡佛不得已雇用了几名黑人探员。其中一个人就是调查局驻底特律的特工韦恩·G. 戴维斯。没过多久，戴维斯接到电话说胡佛想要见他。“我来到胡佛的办公室，”戴维斯回忆道，“在我们见面的半个小时里，他滔滔不绝地谈起了马丁·路德·金。”胡佛对后者的“卑鄙和伪善”感到愤怒不已，并且对共产党已经渗入南方基督教领袖会议一事极为关注，戴维斯说道，“最后，他说：‘好了，很高兴与你见面，韦恩。你的工作做得不错，继续好好干吧。’”

“胡佛的口气简直像一个混蛋，”戴维斯说，“他完全是在进行恐怖统治。”

据联邦调查局记录，马丁·路德·金计划在 1963 年 3 月率领 25 万名示威者前往华盛顿，举行美国历史上声势最大的一次群众游行。数月以前，肯尼迪总统、司法部部长罗伯特及其助手曾亲自警告马丁·路德·金，不要与共产党产生任何瓜葛。虽然马丁·路德·金在与利维森交往时变得更加谨慎，但并没有因此而疏远后者。

胡佛向肯尼迪兄弟提交了大量备忘录，指控马丁·路德·金是共产主义颠覆美国阴谋中的一个重要人物。他命令调查局特工对共产党与民权运动之间的联系进行深入挖掘。胡佛最想要得到的就是一份证据确凿的文件，从而让马丁·路德·金毁于一旦。

“今天，美国的1900万黑人成了美国共产党最大和最重要的一个族群目标，”1963年8月23日，联邦调查局首席情报官威廉·沙利文在递交胡佛的报告中写道。“从1919年起，共产党领导人就开始阴谋策划渗入并控制黑人族群。”

但是，这份报告没有提供共产党控制民权运动的任何直接证据。胡佛在上面批示：“我无法忽视有关马丁·路德·金的备忘录……”就在这位牧师发表著名演说《我有一个梦想》的次日，沙利文见风使舵地表示，“马丁·路德·金的这次演讲影响巨大、蛊惑人心……从国家安全的角度来看，如果之前我们没有关注此人，那么现在我们必须引起高度重视，将其视作美国最危险的黑人。”

这次事件催生了“一篇极具爆炸性的政治檄文”，尼古拉斯·卡岑巴赫说道。经胡佛亲笔签署后，这份“有关马丁·路德·金结交共产党人”的文件传遍了华盛顿和白宫，就像投下了一枚政治炸弹。虽然罗伯特立刻勒令将其收回，但为时已晚。这份文件让很多参议员和军方将领感到惊愕不已，从而为胡佛赢得了对马丁·路德·金以及民权运动进行全方位监视的筹码。

“罗伯特认为，这纯粹是一种要挟，”卡岑巴赫说道，“但因为有关马丁·路德·金与共产党交往的报告已经广为流传，所以他根本无法拒绝调查局进行窃听的请求。”

罗伯特分别于1963年10月10日和21日批准了胡佛对马丁·路德·金和南方基督教领袖会议实施无条件电子监控的申请。联邦调查局将这起案件的档案命名为《马丁·路德·金与安全问题——共产党》。这次窃听活动很快就收到了成效。在接下来的数周内，当马丁·路德·金到华盛顿、密尔沃基、洛杉矶和火奴鲁鲁旅行时，调查局在他下榻酒店的房间里安装了隐藏的麦克风。在此过程中，联邦调查局一共实施了8次搭线窃听，安装了16枚窃听器。虽然根据法庭裁决令，这些窃听录音直至2027年才能解封，但其内容早已不再是秘密，其中包括这位牧师的自言自语、对民权运动的筹划以及对有关策略的权衡。有时候，酒店里的窃听器还会录下一些深夜聚会的声音，甚至连最后的云雨之声都能清晰听到。1963年刚刚成为联邦调查局特工的托马斯·F. 麦克格雷负责对马丁·路德·金在亚特兰大的私人宅邸进行监听，当时没有人对他在马丁·路德·金卧室内安装窃听器的做法提出质疑。

“这是一个道德问题，”麦克格雷回忆道。但对胡佛来说，这显然不算什么问题。

“胡佛对我说，‘这真是骇人听闻，’”在回忆起局长办公室内的谈话时，联邦调查局特工杰克·达纳海说道。数十年前，达纳海就开始对共产主义活动进行调查。“‘马丁·路德·金作为一名牧师，一名基督教牧师……我简直快要疯掉了。’说完，他猛地挥拳拍向自己的办公桌。‘哦，天哪，’他说。最后桌子上的玻璃板都被震碎了。”胡佛的愠怒之情在书面上同样显露无遗。“马丁·路德·金就是一头执迷于堕落性冲动的雄猫。”1964 年 1 月 27 日，胡佛在一份报告中满腔义愤地写道。

但是在私下里，胡佛应该感到喜不自胜，这不仅是因为他的宿敌声誉蒙尘，更是因为他执掌联邦调查局的第 40 个年头即将来临。

联邦调查局的窃听技巧已经日臻完善，其监视范围几乎覆盖了所有的外国领事馆。此外，调查局对美国境内的苏联间谍和外交官也进行了彻底追查。经过长达 7 年的努力，反情报计划取得了丰硕的成果。据联邦调查局的统计数字显示，美国共产党已经锐减至 4453 人，仅相当于二战结束后的 5%。胡佛成功地遏制了赤色威胁。

肯尼迪遇刺背后的阴谋

就在此时，一名刺客的子弹将林登·B. 约翰逊送上了总统宝座，而胡佛也再次遇到了一个愿意与自己分享情报的最高统帅。

1963 年 11 月 22 日，胡佛与罗伯特进行了最后一次重要谈话。这次交谈显得简短而又唐突。胡佛打电话给司法部部长，通知他总统遭到了枪击。“我有一条消息要告诉你。”胡佛说，不是坏消息，而只是消息。45 分钟后，胡佛告诉罗伯特，他的兄长已经身亡。

对于肯尼迪总统被刺一案，联邦调查局的调查同样十分草率，在认定凶手是李·哈维·奥斯瓦德之后便匆匆结案。胡佛并不认为这是一场阴谋。

在胡佛看来，沃伦委员会对此案开展的官方调查只不过是一场令人疲倦的闹剧。他对该委员会主席大法官厄尔·沃伦极不信任，并通过该委员会中的一名秘密线人对沃伦的工作进行了监视。这名线人就是后来担任第 38 届美国总统的众议员杰拉尔德·R. 福特。

胡佛必须设法平息与此案有关的种种谣言。司法委员会主席、参议员詹姆斯·伊斯特兰向他发出警告，中情局和国务院官员指控“奥斯瓦德是联邦调查局的秘密线人”，而“特勤人员正试图嫁祸调查局”。林登·B. 约翰逊和罗伯特担心，总统遇刺事件与共产主义阴谋有关。但是，他们无法想像对此事进行公开追查的后果，因为这就意味着要挑战胡佛的权威，而两人谁也不愿意这样做。胡佛、沃伦委员会的一名成员以及从 1953 年至 1961 年出任中情局局长的艾伦·杜勒斯保证，绝不能对外界走漏美国行刺菲德尔·卡斯特罗计划的半点风声。如果这是一场为了报复而刺杀总统的共产主义阴谋，如果这次行刺是出自苏联或者古巴的指使，如果美国有丝毫证据能够证明这一点，那么这次事件就会挑起一场新的世界大战。

胡佛深知联邦调查局在此案上的负罪感，借用他自己的话来说，由于他们“力有未逮”，结果未能在肯尼迪被刺数周前察觉奥斯瓦德的动向。这名满腹怨恨、情绪不稳的海军陆战队员在投靠苏联后成了一名马克思主义信徒。事发之前，联邦调查局驻达拉斯办事处已经对奥斯瓦德有所了解。他在达拉斯教科书仓库大楼任职，从那里可以俯瞰肯尼迪总统的车队。奥斯瓦德四处传播共产主义言论，散发支持卡斯特罗的传单，很有可能精神错乱。直到肯尼迪总统遇刺 4 天后，胡佛才得知，联邦调查局从未将奥斯瓦德的名字收进安全目录。根据调查局制定的标准，那些“接受过专业训练、具有暴力倾向以及积极从事颠覆活动”从而有可能对国家安全构成威胁的人员必须被记录在案。

“在对奥斯瓦德进行调查的过程中，有些情况显而易见的，但我们却未能追查到底，”胡佛总结道，“这对所有人来说都应当是一个教训。”胡佛对玩忽职守的特工进行了惩处，但德洛克却告诫他说，无论是正式谴责还是行文申斥都无异于“亲口承认，总统遇刺有可能是因为我们的疏忽大意造成的。”

但是，胡佛决不会让美国民众产生这种想法。

第 30 章

今天你被窃听了吗?

“埃德加，我听不太清楚。哪里出了问题？你在电话上装了窃听器吗？”美国总统问道。

“没有，当然不会，”胡佛笑着回答，“我听的十分清楚，总统阁下。”他告诉约翰逊总统。实际上，是约翰逊自己录下了这段谈话内容。

1964 年 2 月 27 日是约翰逊总统执政的第 97 天。每一天都会产生一系列新问题，然后和晨报一起出现在他的前廊上。当天夜间，佛罗里达州以青春之泉著称的圣奥古斯丁镇发生了种族主义谋杀事件，佛罗里达东岸的铁路被炸毁。约翰逊总统命令胡佛对爆炸案展开调查。“我无法容忍这种用炸弹伤害民众的行为。”总统说。

约翰逊总统比任何一位总统更加倚重胡佛。在有关国家安全、对外政策和政治阴谋的问题上，他离不开胡佛的协助他甚至当面吹捧胡佛。虽然有些奉承之词不过是花言巧语的套话，但也有一些并非虚言。约翰逊希望自己能够将胡佛视作一种信仰。

这位新任总统向胡佛表示，自己对他忠心耿耿。“你和我情同手足，”在肯尼迪总统遇刺一周后，约翰逊告诉胡佛，“我们已经相交了 25 年，30 年……我对你的信任胜过其他任何人。”

约翰逊小心翼翼地维护着两人之间的政治关系。1964 年 5 月 8 日，在专门为胡佛举行的庆典上，约翰逊和他肩并肩站在白宫的玫瑰园里。截至周日，胡佛已经在联邦调查局局长的位子上坐了整整 40 年。接下来的元旦就是胡佛的 70 岁寿辰，按照联邦法律规定，届时他将被强制退休。但是，约翰逊签署了一道行政命令，免除了胡佛的这项义务。在有生之年，胡佛将一直担任联邦调查局局长。

当天下午，玫瑰园里阳光灿烂。“胡佛是国家安全的保证，”总统宣告，“他是所有正直公民心目中的一位英雄，是对邪恶势力的一种诅咒……阻止邪恶势力颠覆我们的生活方式，危害我们无辜的同胞。30 年前，胡佛成了我最好的挚友。19 前，我们又成了最亲密的邻居。我知道，他喜欢我家的狗。我想，有时候他也会把我看作一位街坊。今天下午，我十分荣幸和高兴地与全体人民一起，对这位谦逊而又杰出的公仆致以崇高的敬意。”

罗伯特要重新入主白宫

胡佛告诫总统，罗伯特及其效忠者很可能想要重新入主白宫。这让约翰逊担心不已，他无法容忍这件事情发生。于是，他开始和胡佛暗中计议如何解除司法部部长的权力，他们试图利用沉默和谎言来阻止罗伯特的东山再起。

“在和总统打交道时，最烦人的事情就是胡佛这个卑鄙小人总是在一旁指手划脚，”国家安全顾问麦乔治·邦迪说，邦迪曾经在肯尼迪政府中供职，虽然约翰逊上台后将其留任，但邦迪却不堪其苦。“就像其他老练的政客一样，胡佛热衷于刺探他人不可告人的隐秘。”

在罗伯特辞职竞选纽约州参议员之前，约翰逊总统录下了他与罗伯特之间几次令人不快的谈话。

“胡佛先生准备前往密西西比州的杰克逊。我知道他们计划在那里召开新闻发布会，”罗伯特告诉约翰逊总统，“一旦有人问起有关共产主义与民权运动之间联系的问题，而他按照有些备忘录中暗示的说法进行回答，国内就有可能产生诸多难题。”

约翰逊总统回答：“这么说，你是想让我和他谈一谈？”

罗伯特踌躇了一下，顿时变得张口结舌。他不无懊丧地表示：“我刚才已经说过，这件事对我来说十分棘手……”

几天以后，约翰逊总统再次录下了他们之间的一段对话。“今天晚上，马丁·路德·金准备前往密西西比州的格林伍德，并在那里发表大型演说，”罗伯特告诉总统。“如果他遭到暗杀，各种问题就会接踵而至，只要他死了，就会有很多麻烦。”

约翰逊建议罗伯特下令，让胡佛对马丁·路德·金进行暗中跟踪。

司法部部长回答，他没有权力指挥胡佛。“我已经不再和联邦调查局打交道了，”罗伯特表示，“我的处境非常艰难。”

“他向您递交了很多报告……声称我正在阴谋策划颠覆活动，”罗伯特对约翰逊说，“利用武力和暴力推翻政府……以及发动政变。”

约翰逊表示十分惊讶，说自己根本没有见到这些报告。显然，这不是约翰逊最后一次就他和胡佛的关系对罗伯特说谎。

“约翰逊先生总是能够发现某种力量，并且懂得如何支配这些力量，”刚刚被胡佛任命为联邦调查局驻白宫联络员的德克·德洛克说道，“当时胡佛正处于巅峰时期，约翰逊先生知道如何对其进行利用。无论怎么看，他们也算不上深交。两人在政治上互不信任，但是却离不开对方。”

向疯狂的3K党宣战

约翰逊总统开始在椭圆办公室内搜集消息和揽聚权力，其程度比起自富兰克林·D. 罗斯福以来的任何一位总统都有过之而无不及。他对胡佛利用秘密情报的手段钦佩不已。没有哪一位总统像他那样把联邦调查局当成自己的政治武器。

为了将自己的权力运用到极致，从而随心所欲地暗中施加政治影响；为了遏制国内外的共产主义威胁；为了监视国会以及最高法院的敌人和朋友；为了钳制左翼自由人士中的骑墙者，同时打击极右翼分子中的强硬者，总统需要胡佛的帮助。

约翰逊命令胡佛摧毁密西西比州的三K党，逮捕那些焚烧教堂的恐怖分子。在这场“红白蓝之战”（由于三K党徒身穿白色长袍，挥舞着由红色和白色图案组成的旗帜，所以红色和白色喻指三K党；而联邦调查局特工身着蓝色制服，所以蓝色象征联邦调查局。——译者注）中，约翰逊总统极为有效地发挥了自己的权力。

约翰逊曾经宣布，在这场战斗中，有“三个最高权威”[①]，他们分别是

“美国、密西西比州和胡佛。”司法部民权运动司司长伯克·马歇尔回忆道。要想处理好这3个方面的关系，不仅需要强硬的魄力，还需要有高明的手腕。约翰逊显然做到了这一点。

1964年6月21日星期日，3名民权运动人士逃离密西西比州费城的看守所，消失得无影无踪。他们乘坐旅行车一路逃亡，但三K党徒在后面穷追不舍。这几名民权运动人士失踪以后，人们普遍认为他们一定不可能生还。1964年，在密西西比州，平均每个月要发生25起与民权运动有关的枪击、殴打、爆炸和纵火案件。但是，这起涉及两名北方男子的三重谋杀案却显得异乎寻常。

两天后，胡佛打电话到白宫。“我们已经找到了汽车。”胡佛告诉总统。有人在费城郊外8英里处点燃了这辆汽车。

“很显然，这些人已经罹难。”胡佛继续说道。

“也许他们只是遭到了绑架，而没有遇害。”约翰逊还抱有一丝希望。

“我很怀疑那些家伙会不会心慈手软，”胡佛说，“汽车已经烧得面目全非，成了一团焦炭……”

“汽车还在燃烧吗？”约翰逊问。

“汽车还在燃烧。”胡佛答道。

“南方还会出现更多类似案件，”胡佛告诉总统，“这些黑人运动的鼓吹者只会让事情变得更加复杂。”

联邦调查局开始在密西西比州的尼肖巴县展开搜寻工作，那里不仅酷热难当，而且存在严重的敌对情绪。在密西西比州，无论是公路巡警还是县治安官里都有三K党的正式成员，但联邦调查局在该州的人手却十分有限。仅有的一些特工不仅年迈落伍，而且还要和州县级执法官员一起工作和生活，因此他们对于将这起三重谋杀案上升为联邦重案并不热心。

6月24日，约翰逊派遣退休的中情局局长艾伦·杜勒斯与密西西比州长和该州公路巡警警长谈话。约翰逊总统的举动让胡佛大吃一惊。为了让胡佛放心，总统安慰他说：“在政府内部，没有哪个人能够超越你我之间的友谊……只要我还活着，就不会让其他人从你那里夺走任何东西……谁也别想破坏我们30年的交情。”

6月26日，杜勒斯赴白宫向总统汇报。与此同时，约翰逊拨通了胡佛的电话。“你应当重新考虑在该州派驻的特工人数，”杜勒斯告诉胡佛，“除非有人能够保证他们的安全"，密西西比州的公路巡警和县治安官"恐怕不会认真执行这一公务……那里局势复杂，困难重重，随时可能出现恐怖活动。"

胡佛对此颇不以为然。"这可是一项异常艰巨的任务，你说呢，艾伦？"

约翰逊摁下免提，只听胡佛接着谈到，这项任务的重点在于，要让那些合并主义者循规蹈矩。"这些人全都接受过训练……他们将深入有色人种的家乡，"胡佛说，"他们将在每一个社区召开会议，对那里的民众展开宣传"，鼓动他们根据密西西比州法律登记投票。"只要他们来到这里，你就不得不派出特工对其进行跟踪，"胡佛说，"因为三 K 党无处不在，州公路巡警里有他们的成员，很多警察局和治安官本身就是三 K 党徒。"胡佛认为，在与密西西比州公路巡警、美国基督教联合会以及黑人运动打交道时，应当由地方执法力量而不是联邦调查局出面。

约翰逊接过话头，告诉胡佛增加联邦调查局在密西西比州的人手。"也许你的手下可以让我们制止某些类似恐怖行为的发生。"

6 月 29 日，总统再次致电胡佛，他已经邀请一名失踪人员安迪・施沃纳的母亲来到白宫。听到这里，胡佛大感不快。"要知道，她可是一名共产党员，"胡佛告诉总统，"几年前，他们夫妇两人就已经在纽约正式加入了共产党。"

约翰逊使劲咳嗽几声，声音变得有些紧张："她真的是共产党员吗？"

胡佛不耐烦地答道："是的，她真的是共产党员。"

尽管如此，胡佛还是遵从了总统的命令。"我准备在密西西比州的杰克逊开设一个总办事处，"他说，"就像纽约和旧金山那样，这个办事处还将配备专职特工和后勤人员。"

1964 年 7 月 2 日，约翰逊邀请胡佛前往密西西比州发表演说，宣布联邦调查局的力量已经遍布全国各地，但胡佛犹豫不决。"不管你做些什么，总是有人说三道四，"胡佛说，"谁也不可能两面讨好。"

但是，他接到了美国总统的亲口命令。

"没有人会对你说三道四，"约翰逊表示，"在这个国家，只有少数共产党、怪人和疯子才会反对你。对于这一点，任何人都不会持有异议，因为这个国家没有哪个人像你那样受人敬重。"

"看看你能为那里带来多少人马，"总统接着说，"你应当派遣 50 名、100 名特工追剿三 K 党，然后推而广之。我认为，他们的出现能够为我们节省一个师的力量……在我看来，你应当动用最好的情报系统，甚至比反共斗争中的更好。昨天晚上，我在这里读了你递交的十几份有关共产主义的报告，一直看到凌晨一点。如果没有你提供的情报，他们就不可能撬开这些人的嘴巴。”

“的确如此。”胡佛答道。

约翰逊深知如何才能打动胡佛，“我当然不希望有人在你不知道的情况下撬开这些三K党徒的嘴巴。也许你才是最需要掌握这些信息的人，所以我们应当获得这个州的情报……”

“如果我为此动用军队……那将是一件极其危险的事情，”约翰逊说，“我至少需要5 000名士兵……向那里派遣大规模的军队只会铸成大错。但是，我拥有足够的联邦调查局特工……你设法从各地调动一下……看看下周我们能够派出多少人手。”

“我希望，这次获得的情报就像你从共产党身上获得的情报一样。”总统说道。

在命令胡佛讨伐三K党时，约翰逊使用的是胡佛能够听懂的语言。胡佛遵从了总统的命令。约翰逊总统一声令下，联邦调查局开始追捕三K党徒，打入他们的巢穴，从事颠覆和破坏活动。

如果不是约翰逊的命令，“胡佛绝不会自愿作出改变，”伯克·马歇尔说道，“对于打击三K党，联邦调查局向来满腹牢骚。在胡佛看来，那些民权运动人士只不过是一些不法分子，因此调查局才毫无作为。”除非总统亲自下令，不然胡佛不会改变他的思维方式。

胡佛委派自己最得力的手下——头脑冷静、足智多谋的乔·沙利文坐镇密西西比州。沙利文选中了前海军陆战队员罗伊·K. 莫尔作为特工负责人，并且从全国各地筛选了大量年轻有为、经验丰富的资深特工派往密西西比州。

“我希望你们打入三K党内部搜集情报，”莫尔对手下的特工说，“我们决定向他们宣战。”

莫尔向那些初来乍到的特工传授如何采用“从古埃及时代就已经出现的……搜集情报的技巧。”前海军陆战队员、调查局新任特工比利·鲍勃·威廉姆斯说道。威廉姆斯负责在密西西比河三角洲荒无人烟的村落之中寻找三K党的刑讯室和杀戮场。

“马丁·路德·金大声疾呼，说密西西比州的北方特工寥寥无几。看哪，现在我们来到了这里!”联邦调查局的唐纳德·J. 凯撒说道。费城是三K党“白色骑士”的滋生地,这里约有4万人口。为了找到3名民权运动者的尸体,联邦调查局一共派出了“40~50名特工进行彻底搜索”。

作为调查局的一名新手,凯撒算得上身经百战。在来到密西西比州之前,他正在达拉斯调查肯尼迪总统的被刺事件。10年前,凯撒是美国海军陆战队的一名上尉,在朝鲜战争期间被中情局招募成为一个准军事组织成员。他执行过很多任务。1963年,凯撒选择去东非执行任务,但中情局却将其派往亚洲。辞职以后,凯撒没能前往肯尼亚的内罗毕,而是来到了密西西比州的尼肖巴县,因为他身为宾夕法尼亚州旧福奇警察局长的父亲一直希望自己的儿子加入联邦调查局。

凯撒的上司督察长乔·沙利文发现了3名民权运动分子的埋尸地点。沙利文“与密西西比州公路巡警副队长梅纳德·金过从甚密”,凯撒说。虽然沙利文从未告诉任何人他是如何获得这一信息的,但却瞒不过胡佛。

1964年8月4日的深夜,德克·德洛克致电白宫,打断了正在召开的战争会议。总统刚刚收到一份令人震惊的报告,称共产党对越南东京湾的美国军舰发动了袭击。虽然后来事实证明报告的内容有误,但当时白宫信以为真。正是这个错误的情报让美国打响越南战争的第一枪。当天夜间,总统通过电视直播向全国人民宣布,美国开始轰炸越南。

德洛克传来的消息让约翰逊精神一振。

“总统阁下,胡佛先生要我立即向您转告,联邦调查局在费城西南6英里外发现了3具尸体,”德洛克说,“15分钟前,一支搜索队刚刚将它们挖掘出来。”

“你大概已经知道,这是谁干的?”约翰逊问道。

“总统阁下,我们已经确定了几名嫌疑人,”德洛克回答,“而且还掌握了一些有力的间接证据。”

“你们是怎样发现这个地点的?有人提供线索吗?”

“是的,总统阁下。为了谨慎起见,我们必须保护这个人的身份。”

“你们确信,这就是那几个人的尸体吗?”

“总统阁下,我们相当确信,”德洛克答道,“为了找到他们的尸体,我们进行了大量的挖掘工作。”

梅纳德·金不仅带领联邦调查局找到了这些尸体,而且帮他们招募了另一名三 K 党徒——27 岁的德尔玛·丹尼斯。沙利文派遣唐纳德·凯撒对丹尼斯进行审讯。丹尼斯相貌英俊，令人过目不忘。在白色的面罩下，这名三 K 党徒的记忆力就像照相机一样精准。他记住了所有的车牌号码、电话号码、姓名、日期和地点。凯撒下令，无论付出多大代价，也要让丹尼斯成为联邦调查局在三 K 党内部的秘密卧底。

"我为他付出了将近 25 万美元。"凯撒说。这个数字大约相当于现在的 1750 万美元，远远超出了联邦调查局此前任何一名线人的报酬。

但是，德尔玛·丹尼斯值得这个价格。"他指认了尼肖巴县执法人员中所有的三 K 党员。"凯撒说。此外，丹尼斯还提供了威逼、枪击、杀害和掩埋这 3 名民权运动者的所有人员，"尤其是一字不落地复述了谋杀这三个人的命令，其中包括三 K 党在密西西比州的御用巫师萨姆·鲍尔斯和尼肖巴地方分会首领埃德加·雷·基伦，"凯撒说道。"德尔玛在三 K 党中很受信任。他不仅服务于联邦调查局，而且在三 K 党内也被委以重任，负责传递信息和分配资金。"

很久以后，基伦和鲍尔斯才被绳之以法，仅是基伦一案就历时 40 年之久。德尔玛·丹尼斯由于无法接受自己告密者的角色，最终精神崩溃。但是，在收买了他以后，联邦调查局已经深入了密西西比州三 K 党的内部。

"今晚谁会在你的床单下偷窥？"

翌日，约翰逊打电话给胡佛。"我就知道你一定能行，"总统说道，"如果你认为自己年纪大了点就得挂冠归隐，那你一定是疯了。我可不会让联邦调查局无事可干。"

"您太客气了，总统阁下，"胡佛颇为自得地回答，"我刚刚参加了体能检查，并且顺利通过了所有测试。"

接着，胡佛谈到了密西西比州的谋杀案。"这些人都是枪击致死，"他说，"我们已经确定了行凶者的姓名，但要想证实却有些困难。这起案件不仅牵扯到当地警长和副警长，还涉及地方治安官和其他几个人。不过，我们已经掌握了所有人的情况，现在我们正集中精力挖掘证据。"

在密西西比州深入敌营之后，胡佛授权联邦调查局对三 K 党开展了一场彻底的反情报行动。

“反情报计划——白人仇恨团体行动”始于1964年9月2日，也就是约翰逊总统下令胡佛像对共产党那样对三K党展开追剿的两个月后。这项行动持续了7年之久，对三K党造成了长久而严重的打击。面对披着白色长袍的三K党徒，身着白色衬衫的调查局特工就像在丛林中捕猎的勇士，但他们的任务绝不仅限于破门而入，还包括招募线人和安插卧底。因此，与其将他们比作士兵，不如说他们更像是间谍。200名调查局特工在密西西比州的杀戮场上展开了行动，一共审讯了480名三K党徒。当三K党徒在亚特兰大郊外谋杀了陆军后备役中尉莱谬尔·佩恩后，联邦调查局将这次行动扩大到了三K党在密西西比州、阿拉巴马州和佐治亚州的每一个主要团体。

这些案件事关内部安全，已经不再是简单的刑事调查。它们需要对三K党成员及其惨无人道的头目进行渗透、监视和抓捕。

1964年秋，“白人仇视团体行动”渐入高潮。在追剿三K党的过程中，联邦调查局将长期以来用于打击左翼人士的所有手段都用上了。当年秋季的某个星期，调查局特工对所有已经抓捕的“白色骑士”进行了审讯，指名道姓地谴责某些三K党成员是告密者，从而引起了他们之间的互相猜疑。实际上，只有极少数人知道哪些人才是真正的线人。联邦调查局对潜在的奸细晃动着手中的横财，公然收买州县警务人员作为双面间谍，在三K党的地方会议中布设窃听装置，暗中偷取他们的成员名单，有一次甚至意外发现了他们储藏炸药的秘密地点。事实证明，联邦调查局对三K党的渗透要比后者对州县执法部门的渗透技高一筹。

“如果有10个人参加了三K党的会议，第二天就会有6个人向我们反馈信息，”联邦调查局的小约瑟夫·J.鲁奇说道，“反三K党的行动开展得卓有成效。我们还通过邮件与他们联系。我记得，我们通过邮局寄出了很多明信片。其中一张明信片上画着一个身披白色床单的三K党成员，而另一个人正从床单下偷偷地窥探。上面写着：‘不知道今天晚上谁会在你的床单下偷窥？’”

在“白人仇恨团体行动”中，联邦调查局的特工干劲十足；与此同时，他们的同事正在对渗入民权运动中的共产主义者进行严厉打击。

“反情报计划”的目标是民权运动本身以及自由人士和年轻左派中的白人支持者。“为了追查民权运动中外国势力的影响，调查局采取了一切必要的手段，”比利·鲍勃·威廉姆斯说，联邦调查局确认了相当一批“曾经在苏联或古巴接受训练的民主运动人士，他们唯一的目的就是在国内制造混乱。”

马丁·路德·金的情色档案

从约翰逊最近解密的日记和电话记录显示，在 1964 年至 1965 年，为了就诸多问题获取政治情报，约翰逊与胡佛进行了频繁的联系，有时候每天多达 2 ~ 3 次，而其中大多数内容都与执法领域无关。

这些时候往往是胡佛最得意的时刻。

1964 年 9 月，当种族问题引发的紧张气氛开始在纽约街头突然迸发时，约翰逊派出胡佛进行调查。迅速来到纽约后，胡佛随即向总统发回报告称，“这次种族骚乱……并非由共产党所引起”，但“共产党却很快露面”，以便从中捞取政治利益。此外，胡佛还就亚利桑那州共和党参议员巴利·戈德沃特的财产状况向总统递交了报告。在即将到来的总统大选，约翰逊的对手正是这名居住在纽约的犹太人。“很多犹太人本来准备把票投给戈德沃特，你知道，他们认为戈德沃特也是一名犹太人，但是现在他们决定投票给你。”胡佛告诉约翰逊。说到这里，两人不禁笑出声来。

在总统大选 3 周前，约翰逊的幕僚长沃尔特·詹金斯被华盛顿特区的一名记者拍到在基督教青年会浴室内与一名男子口交，而那里离白宫只有一条街的距离。当时很多人认为，共产党从很久以前就开始利用桃色陷阱进行政治讹诈。几天以后，胡佛胸有成竹地向约翰逊保证，这起事件不会牵涉到国家安全问题。

“对于你的严谨周密、爱国胸怀和对这件事的处理方式，以及你所做过的一切，我深表感激。”约翰逊告诉胡佛。

“我明白你的处境和正在承受的沉重负担，现在发生这样的事情的确十分糟糕。但我认为，我们已经宽容地解决了这个问题。”胡佛回答。

“你只需要记住，我的朋友，你的一生都恪尽职守，我为此感到骄傲，而现在我比以往任何时候都更加自豪，”约翰逊说，“只要你的最高统帅这样认为……”

“这正是我唯一关心的事情。”胡佛答道。

尽管如此，对于自己高级助理的同性恋倾向，约翰逊总统仍然感到困惑不已。“我想，关于这种事情你得教我点什么，”约翰逊对胡佛说，“我根本分辨不出他们是不是同性恋，我对此一无所知。”

“这种事情有时候你的确无法辨认，就像这个可怜的詹金斯一样，”胡佛回答，“不过，有些人走起路来有点儿可笑，所以你也许会觉得哪里不对劲，或者十分古怪。”

一周以后，一辆豪华轿车迤逦穿过纽约市的街道，坐在约翰逊总统身旁的罗伯特感到十分担忧。

就在大选 5 天前，约翰逊参加了罗伯特竞选美国参议员的活动。总统在言谈间有所保留地向罗伯特提到了藏在詹金斯办公室保险箱内的一些政治爆料。联邦调查局的报告详细描述了参众两院某些成员在招妓时的淫逸之举。总统不确定，他是否应当在大选前有所取舍地将那些不利于共和党的内容泄露出去。

“他告诉我，为了翻阅联邦调查局关于这些人的报告，他熬了整整一个通宵，”罗伯特回忆道，“在谈起这些信息和资料时，约翰逊似乎毫无顾忌。他可以对任何人谈起他人的事情。这当然是一种危险的做法。”在担任司法部部长期间，罗伯特的名字也曾经出现在上述档案之中。他认为，一旦将这些报告泄露出去，就会“摧毁美国人民对政府的信心，让我们沦为世界各国的笑柄。”

然而，联邦调查局向总统递交的情色档案还不止于此。

1964 年 11 月 18 日，当胡佛得知马丁·路德·金即将接受诺贝尔和平奖时，他感到愤怒不已，而后者对联邦调查局在民权领域表现的批评更是让他怒火中烧。胡佛召集一批女性记者来到他的办公室，举行了一场极其特殊的新闻发布会，并宣称马丁·路德·金是“美国最臭名昭著的骗子。”两天以后，约翰逊在与德克·德洛克通话时，对胡佛的处境表示十分同情。

“他倒是很了解马丁·路德·金，”约翰逊轻声笑道，“我是说，他比美国的任何人都更加了解此人。”

联邦调查局情报负责人威廉·沙利文曾经对马丁·路德·金开展过反情报行动。沙利文让联邦调查局实验室的技术人员为自己准备了一个包裹，里面装有这位牧师与他人交欢的录音磁带和一封匿名信，然后寄往马丁·路德·金的家中。他的妻子打开了包裹。

“马丁·路德·金，请你扪心自问，”信中写道，“美国人民很快就会认清你的嘴脸，你是一头罪恶的、变态的野兽……现在你只有一条出路。你最好在自己肮脏丑恶的真实面目暴露前自行了断。”

总统知道胡佛掌握着马丁·路德·金的性爱录音，并试图利用这些磁带在白宫、国会和他的家中对他进行羞辱。德洛克亲口向一些新闻记者和报社编辑表示，可以为他们提供听录音的机会。当现任代理司法部部长的尼古拉斯·卡岑巴赫风闻这一消息时，他立刻将德洛克叫到自己的办公室，对他的做法进行指责。

“他断然否认了这一事实，并且想要知道是谁在散布谣言，”卡岑巴赫回忆道，“我当然清楚究竟是谁在说谎，但却苦于无法证明。”卡岑巴赫认为，民权运动正面临着一场灾难，于是他立即乘飞机赶往得克萨斯州。当时，在1964年11月的总统大选中获得压倒性胜利后，约翰逊总统正在自己的牧场上休假。听完卡岑巴赫的叙述，总统只是简单地问了几个问题，然后便漠然置之。

约翰逊对胡佛凶狠狡诈的攻击感到大为叹服。“我告诉你，”1965年3月4日，他对卡岑巴赫说，“当马丁·路德·金对胡佛的操行表示质疑时，毫无疑问，他的回应还真是有效！”

1965年3月25日，白人民权运动家维奥拉·刘易佐驾车和一名黑人从阿拉巴马州的塞尔马出发，途中被杀害。这起事件发生后，约翰逊总统对胡佛的评价达到了有史以来的最高点。在黑漆漆的公路上，一辆汽车突然在刘易佐的旁边停了下来，一名持枪歹徒将其击毙。联邦调查局迅速破获了这起案件。在这辆汽车里，除了3名三K党徒，还有联邦调查局的一个秘密线人，名叫加里·托马斯·罗。

3月26日上午8点10分，约翰逊和胡佛在电话中谈到了这起案件。

“车上有一个是我们的人，”胡佛的话让总统难以置信，“幸运的是，这个人没有拿枪，也没有射击。但他指认了两名持枪歹徒……在得知哪些人行凶之后，我们立即将其捉拿归案，然后严加审讯……现在，这名线人就在调查局的办公室，我们正和他谈话。毫无疑问，他吓坏了，因为他害怕性命不保。”

“什么是渗透和线人？”约翰逊问。“难道你雇用什么人加入了三K党？”

胡佛不禁洋洋自得，“我们找到某个三K党成员，说服他为政府工作，”胡佛解释道，“并且为他们支付报酬。有时候他们会漫天要价，不过并非全都如此。比如说，为了找到密西西比州的那3具尸体，我们拿出了3万美元……

在找到尸体以后，我们确认了一个人的身份，然后又通过这个人，我们突破了他的精神底线，得到了另外19个人的身份，其中两人对自己的罪行供认不讳。”

约翰逊感到兴奋不已。“这真是太妙了，埃德加。”他说。

联邦调查局负责保护这名三K党卧底加里·罗的特工是尼尔·沙纳汗。对他来说，这起案件无疑好坏参半。“在事发2小时后，我们就侦破了此案。”沙纳汗回忆道。但是，加里·罗也参与了这件谋杀案，联邦调查局对他该作何处理？“当时，美国还没有开始实施证人保护计划，”沙纳汗说，“只能由我来确保他的安全……对于这个问题，我们没有任何解决方案。”

3月26日中午，约翰逊和胡佛肩并肩地站在白宫的东厅，向全国民众发表现场演说。总统宣布，4名三K党徒已经被抓获，并称赞胡佛和联邦调查局行动神速，但没有提到车内的秘密线人。约翰逊谴责三K党是“正义的敌人，几十年来，他们使用绳子、枪支、柏油和羽毛对他们的左邻右舍进行恐吓。”

“我们决不会被三K党吓倒，就像我们不会被北越的恐怖分子吓倒一样”约翰逊表示。这无疑是美国总统第一次将焚烧十字架的三K党暴徒和越南共产党相提并论。胡佛一言不发地站在约翰逊的右侧，脸上的表情十分冷酷。

1965年4月13日，他们在电话中愉快地交谈起来。“我为你在民权运动中所做的一切感到骄傲，历史将会证明这一点，”总统说道，“任何人都有可能在那辆车里安插眼线，这是我所听过的最难以置信的事情！天哪，我可真是吓坏了，甚至不敢再和自己的妻子顶嘴！真害怕你的人会站出来将我绳之以法！”

胡佛和约翰逊会心地笑了起来，这种情形在美国历史上可绝无仅有。然而，这却是两人之间最后一次轻松愉快的谈话。11天后，约翰逊将面临一场重大的危机。届时，他将不得不求助于胡佛，以挽救自己的政治命运。

本章注释

①“三个最高权威”：语出司法部民权运动司司长伯克·马歇尔关于林登·B. 约翰逊总统的口述历史。马歇尔首先想到了利用联邦调查局追捕三K党的主意。1964年6月5日，司法部长罗伯特·肯尼迪将马歇尔的报告交给了白宫。

在这份报告中，马歇尔称，三K党的“恐怖主义活动”对美国的内部安全造成了威胁，并强烈建议由联邦调查局对三K党成员进行搜捕并打入其中，以辨别该组织在南方各州和各地执法人员中的奸细。“利用经过特殊训练的特工打入共产主义组织的做法很有价值，”马歇尔写道。“我建议在应对这一新问题时，可以考虑由调查局开展类似活动。”

第31章

总统的靠山

1965年4月24日星期六，多米尼加共和国炸开了锅。肯尼迪总统曾经梦想将这个国家打造成一扇民主的橱窗。但现在，这里充满了恐惧和仇恨。

一个右翼军政权推翻了多米尼加共和国的第一位民选领袖——胡安·博施总统。随后，博施的效忠者发起了反击。胡安·博施是一个不切实际的自由派人士，他在事发之后立即逃往波多黎各的圣胡安。他的前任、独裁政治的最后一位傀儡总统华金·巴拉格尔也迅速逃往纽约。多米尼加共和国首都圣多明各的街头血流成河。

4月24日上午9点35分，约翰逊总统紧急召见了他最信任的外交官托马斯·曼恩。曼恩是美国副国务卿，也是得克萨斯州的一名保守派强硬分子。

"我们有必要在那里建立一个听命于我们的政府，这样才能稳定局势，"约翰逊告诉曼恩，"博施毫无益处。"

总统认为，为多米尼加共和国挑选下一任领导人是他的职责。但问题是，在美国政府当中，几乎没有人了解圣多明各正在发生的事情。由于缺少后援，中情局在当地很难开展行动，美国驻多米尼加大使正在佐治亚州探望自己的母亲，而圣多明各的美国高级官员对此事唯恐避之不及。

但是，在这起事件上，胡佛及其手下有他们的办法。

对于那些未能在总部任职，或者用胡佛的话来说，未能"在政府部门占据一席之地"的特工来说，能够前往各地负责地方事务，无论是纽约州的纽约市还是蒙大拿州的比尤特，都是一件极为风光的差事，因为他们可以在自己的辖区之内称孤道寡。在这些人当中，波多黎各的负责人、特别探员华莱士·F. 埃斯蒂尔可谓独一无二。

埃斯蒂尔出生于 1917 年，并于 1941 年加入联邦调查局，是胡佛手下少有的老练人物。他曾被派往乌拉圭对偷运贵金属铂的纳粹分子进行调查，也曾远赴阿拉斯加从爱斯基摩人那里搜集有关苏联的情报，而且他还担任胡佛与加拿大皇家骑警之间的联络员。在调查局的 24 年间，他始终保持冷静的头脑，这不得不说是种极为难得的品质。

埃斯蒂尔一直密切监视胡安·博施的一举一动。在圣胡安进行窃听期间，埃斯蒂尔和调查局特工获悉，博施准备在多米尼加共和国东山再起。不过，这项监视行动缺乏正当的法律依据。“没有证据显示博施触犯了或者蓄谋违反美国的法律，”两个月前，托马斯·曼恩曾经写道，“他的所作所为完全符合言论自由。”

但早在 1961 年，胡佛和调查局就已经认定博施是一名共产主义者，这项指控一旦被提出，就不会轻易取消。

胡佛亲自授权在圣胡安对博施进行无条件电子监听。他的手令很快就传到了该岛，因为美国法律规定，波多黎各是属于美国的自由联邦。“经调查局批准，我们开始对博施的电话进行窃听，”埃斯蒂尔回忆道，“这项行动的结果远远超出了我们的想象。”

在圣胡安的监听过程中，联邦调查局发现，博施及其助手与他们在圣多明各的盟友取得联系。这些窃听内容表明，“博施不仅是叛军名义上的首领，而且也是他们实际上的头目，”埃斯蒂尔说，“我们向调查局汇报了这一情况，并由胡佛告知白宫。”

博施怀疑自己的电话受到了窃听。“他开始使用城内的付费电话，甚至借用一些朋友和支持者的电话，”埃斯蒂尔从波多黎各发回报告，“有了胡佛的口头授权，我们将安装窃听器的地点扩大到力所能及的范围，并且依靠有限的人手，对从波多黎各打往其他地区的电话进行全面监听。”

4 月 27 日星期二清晨，副国务卿曼恩向约翰逊总统提议，是否可以尝试在多米尼加共和国“建立一个军人政府”。当天下午，随着博施的效忠者与政府军之间的冲突不断激化，约翰逊总统派遣美国海军从该岛撤离了大约 1000 名美国公民。当天夜里，总统彻夜无眠，直至凌晨 3 点还在与白宫局势研究室的值班人员通话，监督美国空军对越南发动空袭的战况。

次日，即4月28日，约翰逊总统在白宫的内阁会议室，正式任命得克萨斯州的同乡、海军中将威廉·F.雷德·雷伯恩出任新一届中情局局长。中情局所有高级官员都出席了这次仅有6分钟的简短仪式。然而，在返回椭圆办公室后，约翰逊总统所做的第一件事就是与胡佛进行8分钟的面对面交谈。“胡佛先生对西半球的共产主义活动给越南战争造成的影响深表忧虑，”总统在日记中写道。

夜幕降临后，约翰逊下令400名美国海军陆战队员奔赴多米尼加共和国，这是自1928年来美国军队首次踏上西半球其他国家的领土。

4月29日黎明时分，美国驻圣多明各大使馆的海军警备队遭到狙击手的突袭。当天下午，胡佛来到白宫与约翰逊总统一起参加了20分钟的情况说明会。胡佛认为，这是一个全球性的威胁：随着共产主义势力在加勒比海沿岸国家的不断蔓延，以及苏联克里姆林宫在越南共产党的背后虎视眈眈，美国的马克思主义者及其莫斯科后台开始在美国发起反战运动。多米尼加共和国正在发生的事情只不过是世界危机的一个部分，他说。

决不允许出现另一个古巴

约翰逊从雷德·雷伯恩和中情局那里获得大量了有关多米尼克共和国的情报，但这些情报显然很不可靠。“我认为，这次叛乱是卡斯特罗发动的，”海军中将告诉总统，不过他几乎没有任何证据。

约翰逊想要相信雷伯恩的说法。4月30日，总统告诉自己的律师亚伯·福塔斯，“就像胡佛曾经在阿拉巴马州的汽车中安插了线人一样，中情局也在这些行动中安插了自己的耳目，所以才会了解那里的情况。”

“毫无疑问，这件事情与卡斯特罗有关，”总统对福塔斯说，“他们正向西半球的其他地区推进。这有可能是苏联共产党总体部署的一个部分，因此与越南不无关联……现在我们只有两种选择，要么坐视卡斯特罗上台，要么出兵进行干涉……在我看来，一旦卡斯特罗掌权，我们在国内将会面临一场极为糟糕的政治灾难。”

同一天，约翰逊总统决定集结美国的军事力量出兵干涉。他派遣陆军三星将军小布鲁斯·帕尔默和空军第18集团军前往多米尼加，其中包括第82

空军师。除了海军陆战队以外，约有 2 万余名美军士兵、特别行动队员和心理战术军官也参加了这次行动。此前一周，约翰逊刚刚向越南增派 49 000 名美军士兵。

5 月 1 日，参谋长联席会议主席厄尔·惠勒将军向帕尔默将军下达进军命令。“你的正式任务是挽救美国人的生命，阻止多米尼克共和国落入苏联共产党的手中。总统明确表示，他决不会允许出现另一个古巴。你要采取一切必要措施，确保完成这项任务。”

美军处于军政府士兵和博施总统的效忠者之间，并将后者称为“叛军”，从而形成了激烈的对峙局面，随之而来的是接连不断的小型冲突、暗中开火和炮轰以及在夜间对平民发动的野蛮袭击。

在这个时候，战地情报仿佛成了无价之宝，而拥有这些情报的只有一个人，那就是联邦调查局的华莱士·埃斯蒂尔。他在圣胡安和多米尼加分别对博施及其盟友进行严密的电子监听。

“叛军炮兵营对美军在圣多明各的占领区发射了炮弹，”埃斯蒂尔回忆道，“我的电话突然响了起来，接线员告诉我是总部打来的。”电话那头是胡佛的一名高级副手阿尔·贝尔蒙。“贝尔蒙先生要我立即回答，这次攻击是否得到了叛军首领的批准。我告诉他，我必须到楼上对有可能已经截获的内容进行分析，然后再给他回话。他断然拒绝，并且告诉我，约翰逊总统正在另一条电话线上等待，除非这次袭击没有经过胡安·博施的授权，否则他随时准备命令美军对叛军发起毁灭性还击。”

“我一口气跑上楼，高声向值班人员询问有关情况。我们刚刚截获了一通从叛军总部打给博施的电话。有人向博施解释，一名年轻的炮兵军官下令开火，其中的原因尚不清楚。显然，这次袭击不仅没有经过批准，而且违背了博施的命令。这名军官已经被撤职查办。我立即将这一情况转告贝尔蒙，再由他向约翰逊总统报告。当时，我甚至能够从电话中感受到那边剑拔弩张的气氛。最终我们没有对圣多明各发起还击。”

5 月 5 日，约翰逊与乔治·马洪再次谈及此事。马洪年方而立，来自得克萨斯州，是一名民主党众议员。“世界各地都在发展恐怖技术，就像现在圣多明各的局势一样，他们也在完善自己的技术，”这名众议员表示，“有朝一日，他们也许会炸掉美国国会。”

“对于这一点我毫不怀疑，”约翰逊答道，“但我们绝不会畏缩不前。”

为了应对这一威胁，总统命令胡佛在美国驻圣多明各大使馆建立联邦调查局的情报网络。然而，他的这条法令是否合法颇有争议，因为联邦调查局并不具备这一权限。胡佛将这项行动命名为DOMSIT，即“多米尼加局势”的缩写。他迅速物色了20多名会讲西班牙语的特工，任命他们担任司法随员，设法为他们取得外交护照，并于当天晚上将他们派往加勒比海地区。

在第一批前往圣多明各的10名联邦调查局特工中，有一个人叫保罗·布拉纳。“我们首先登上了一架C-130。”布拉纳说。C-130是一种大型军用运输机，它的主机舱中还建有卧室。“在多米尼加下了运输机后，他们又让我们登上直升飞机。我忍不住问：‘为什么要乘坐直升机，而不是开车过去？’”

一名军官答道：“敌军已经封锁了道路。”

“我说：‘敌军已经封锁了道路？’当时没有人告诉我们那里正在交战。最后，我们不得不登上那些该死的直升机，我甚至可以看到有机关枪正在交火。我说：‘天哪，谁也没有提过，我们将要参加战斗。’”

布拉纳的上司告诉他，总统“因为对于多米尼加共和国内的政治局势一无所知而大感不快”。约翰逊命令联邦调查局摸清每一名夺权者的背景。

多米尼加总统的不二人选

5月14日，在联邦调查局于圣多明各部署行动期间，总统和胡佛一共通了3次电话，最后一次是下午7点05分，是约翰逊从内阁会议室中打出的。约翰逊总统召集国防部部长罗伯特·麦克纳马拉、国家安全顾问麦乔治·邦迪、副国务卿托马斯·曼恩和乔治·伯尔、中情局局长雷德·雷伯恩及其副手理查德·赫尔姆斯，召开了长达两个半小时的会议。

总统命令胡佛提供有关华金·巴拉格尔总统的详细情况。巴拉格尔是特鲁希略的傀儡，当时正流亡纽约。“立即对他进行追查，”约翰逊下令，“我非常希望，你在接下来的48或72个小时内加快行动，除非你想要看到另一个卡斯特罗。”

胡佛应允了总统的要求，其结果令约翰逊总统大吃一惊。在3天之内，联邦调查局成功地将华金·巴拉格尔招致麾下，现在这名多米尼加流亡人士已经成为他们的秘密线人。

5月17日下午，国务院负责多米尼加事务的高级官员肯尼迪·克罗克特匆匆飞往纽约，与巴拉格尔会面。白宫方面希望巴拉格尔搭乘下午5点的航班前往波多黎各，与反对派领导人博施见面，这是约翰逊总统的律师亚伯·福塔斯的主意。约翰逊总统和胡佛谈起了下午即将与巴拉格尔举行的会谈。

“3点40分，我到达王朝大酒店，”克罗克特在递交白宫的秘密备忘录中写道，“但巴拉格尔不在那里，直到3点50分，他仍然没有露面。”

福塔斯和克罗克特只好在豪华酒店的大堂内焦急地等待。“3点55分，巴拉格尔终于出现。”克罗克特写道。

“我告诉他时间有限，一辆轿车就在旁边待命，我可以在开往肯尼迪机场的路上向他介绍上次会面后的最新进展。但巴拉格尔说我们需要等到4点，因为他的手提箱还在车里，而他的轿车4点才能返回。他提议我们乘坐‘他的轿车’前往肯尼迪机场。我立即表示反对，并且告诉他不希望有其他人听到我们的谈话。巴拉格尔说，这一点不成问题，因为‘他的轿车’是联邦调查局提供的。”

“下午4点整，巴拉格尔的轿车准时到来，”克罗克特写道，“陪伴他的是一个名叫海因里希·冯·艾卡特的高级特工。”现在，巴拉格尔已经是联邦调查局的一名正式线人，而艾卡特是他的负责人。

“在检查了每个人的证件后，我们驱车赶往肯尼迪机场。”克罗克特在报告中写道。

福塔斯、克罗克特和巴拉格尔坐在后座，他们向这位流亡人士保证，美国将不遗余力地为他提供支持，“他是多米尼加共和国未来的不二人选，无论是从短期还是长期来看，我们决不会做任何不利于美国政府和多米尼加人民的事情。”福塔斯为巴拉格尔买了一张前往圣胡安的机票，艾卡特也登上了同一架飞机。

在圣胡安，联邦调查局的华莱士·埃斯蒂尔派车迎接巴拉格尔，准备与博施会面。“我们专程安排了一辆轿车到机场迎接，然后将他带往某座酒店。”埃斯蒂尔回忆道。“我们在房间里安装了麦克风，并且将他们的所有对话传回华盛顿，确保万无一失。随后，艾卡特与巴拉格尔一起登上飞机，前往圣多明各。”

对约翰逊总统来说，这无疑是再好不过的结果，但他想要的还不止这些。

多米尼加的幕后总统

当天晚上，约翰逊就多米尼加共和国的问题在白宫召开会议。麦乔治·邦迪、托马斯·曼恩、亚伯·福塔斯和总统的其他高级助理已经分别在圣胡安和圣多明各与巴拉格尔会面。他们建议，待紧张局势稍事缓和、双方军队从街头撤离后，巴拉格尔和博施可以竞选总统。与此同时，一个名叫安东尼奥·古兹曼的亲美巨商将组成临时政府。

午夜时分，约翰逊准备为临时政府挑选内阁成员。

“他们是否同意让胡佛的手下出任大使馆的司法顾问，为巴拉格尔指出危险人物，并对他们进行监视？”总统问曼恩。答案是肯定的。一支由联邦调查局牵头组成的情报队伍将在圣多明各为临时政府服务。但是，约翰逊很快改变了这一想法，担心此举并不能保证新一届政府中不会出现共产党。据总统的日记显示，他直到凌晨4点半才就寝，只睡了3个小时，并于8点06分打电话到白宫局势研究室。

5月19日，时近正午，亚伯·福塔斯致电约翰逊总统。总统厉声询问福塔斯，是否有美国军官为多米尼加共和国的右翼势力提供火力掩护。

约翰逊：据你所知，我们是否有过此举？

福塔斯：是的，阁下。

约翰逊：我们是否已经承认？

福塔斯：没有，阁下。

福塔斯紧张地向总统保证，他就要完成草拟多米尼加潜在军事和政治领导人的名单，其中绝不会出现任何左派分子。但是，总统却打断了福塔斯说：“胡佛正在另一条线上等我。”约翰逊不知道该相信谁，所以准备向胡佛求助。

“埃德加，问题就出在这里，”他说，“这话也只能对你说，据我所知，国务院毫无用处，他们不过是一群胆小鬼，根本拿不出一个解决问题的办法……”

“我把福塔斯叫了过来，”约翰逊的语气变得更加激烈，“他和我就像我们之间的关系一样亲密。他倒是想要按照我的看法去做，但他的能力实在有限……”

“现在，”总统厉声说道，“我们希望建立民主制度，希望尊重人民的意愿。我们希望对其加以引导……我们要建立一个反共政府……诚然，有很多人对美国表示抗议，那是因为我们的行动愚蠢至极，到处滥用权力。”

“是的，的确如此……”胡佛说道。

“今天我必须作出决定，不能再犹豫不决，”约翰逊总统说，“但是，除非你或者雷伯恩或者其他负责人告诉我他们不是共产党，我不会决定任何人选。”

“我明白你的意思。”胡佛说道。

“我知道，我这个人并非完美，”总统表示。“见鬼，我这一辈子犯了不少错误。”

“人非圣贤，孰能无过。”胡佛说。

“你要派出最得力的手下，对所有人进行调查。”约翰逊总统下令。

“我们已经着手进行调查了，”胡佛说道，“并尽可能在今晚之前向你报告有关信息。”

“尽可能对所有人进行调查……”约翰逊说。“我可不想等到一个月后再作决定。到时即使向那里派去 3 万士兵，也会惹火共产党！”

“你说的没错。”胡佛说道。

“要想不惹毛他们，我只能依靠你了！这虽说是丑话，但也是实情。你肯定知道我是怎么想的。”

“我们决不会让你失望。”胡佛答道。

“决不允许那里被苏联控制”

美国为多米尼加共和国选中的人是华金·巴拉格尔，而胡佛的垂青为他铺平了通向总统宝座的道路。

1965 年 5 月 27 日，巴拉格尔再次向联邦调查局表达了自己的诚意。他向调查局详细汇报了自己在纽约与国务院加勒比海事务负责人肯尼迪·克罗克特之间的谈话。这位美国外交官曾经向巴拉格尔问起多米尼加政府的其他官员，并且讨论了后者的竞选策略。在克罗克特尚未将报告递交华盛顿之前，这名流亡领导人已经将他们谈话的内容告知了自己的负责人冯·艾卡特。巴拉格尔此举为他赢得了胡佛的信任。

如果他能够出任多米尼加共和国总统，这对胡佛来说将是一种荣耀。这一点从中情局新任局长理查德·赫尔姆斯给圣多明各站长戴维·阿特利·菲利普斯的命令中便可窥一斑。在派遣有关人员赴海外执行任务时，赫尔姆斯向来言简意赅，却也不乏诙谐。菲利普斯在自己的回忆录中记述了当时的情况：

> 赫尔姆斯将对我下达怎样的命令？这一次他的开拔令一定会事无巨细，十分详尽。因为现在的圣多明各已经成了一个杀戮场，总统正密切关注着那里的局势……尽管如此，我得到的指令仍然只有一句话。
>
> 赫尔姆斯说："和联邦调查局搞好关系。"
>
> 赫尔姆斯是在开玩笑吗？当然不是。"和联邦调查局搞好关系，这一点非常重要！"

与此同时，这条命令也反映出了约翰逊总统对胡佛的倚重。

9月1日，胡佛在白宫的一次会议上侃侃而谈，中情局官员也出席了这次会议。胡佛强烈建议，多米尼加共和国的总统人选最好控制在两人之内；如果由4～5名候选人进行公开竞选，就有可能"为共产党提供可趁之机"。胡佛警告说，这座岛上仍然有两三百名"思想坚定、经验丰富、训练有素的共产党员"，因此临时政府"必须立即找出这些共产党员，阻止他们开展活动。一旦将其抓获，他们就会害怕了。"此外，胡佛还指出，军方的高压手段和错误做法不适合从事此类工作，而应当由一支强有力的国家警察力量执行此项行动。因此，联邦调查局将提供有关训练和设施，并协助多米尼加共和国建立起国家情报机构、特别行动部门以及秘密警察力量，以便与颠覆分子开展斗争。

总统请胡佛挑选新一任美国驻多米尼加大使。这个人必须手腕强硬，能够有效应对该国的任何风吹草动。胡佛的心中已经有了一个合适的人选，此人"性格强悍，经得起任何大风大浪，有能力牢牢控制多米尼加政府"。胡佛所说的人就是国务院应急中心的加勒比海和古巴事务专家约翰·休·克里明斯。

长期以来，约翰·休·克里明斯一直密切关注着该岛的局势。但是，当这位新任大使抵达多米尼加共和国后，他惊奇地发现，美国大使馆中已经坐了 26 名联邦调查局的司法随员。

“整个行动都匪夷所思，”克里明斯说道，“联邦政府的决策和执行机构都倾其所有。这真是荒唐。这里简直乱作一团……天哪，这可真是疯了。”

在克里明斯大使就任后，约翰逊总统再次致电胡佛。由于事关国家安全，他们的通话被一字不落地录了下来。

“这简直是一团糟，”胡佛说道，“我认为那里的情况尤为关键……”

“在新一届政府成立之前，我可不想看到你的手下离开。”约翰逊说。

“除非由你下令，否则我们不会从那里撤离。”胡佛向总统保证。

“这是一项长期行动。我们决不允许那里出现共产党政权，”总统表示，“我们不能输给他们，埃德加。如果我们输了，我就全都推到你身上。我会说，这是胡佛干的，然后辞职。”听到这里，胡佛不由得大笑起来。

是线人也是独裁者

9 月 25 日，胡安·博施从圣胡安返回故乡。5 个月来，联邦调查局对他进行了严密的监视。美国士兵仍然在圣多明各的街头巡逻，而调查局的司法随员关注着博施及其盟友的一举一动。约翰逊总统接到警告称，“据联邦调查局在圣多明各的线人报告，博施希望能将选举推迟至数月后举行，理由是眼下政局未稳。”

美国对外界宣称，巴拉格尔和博施之间将展开一场自由竞选。但是，在向中情局秘密行动负责人德斯蒙德·菲茨杰拉尔德解释其中的真相时，理查德·赫尔姆斯说：“总统希望中情局向多米尼加共和国投入所有必要的人力和物力，以确保美国政府支持的候选人胜出。总统的命令十分清楚。他希望中情局设法赢得这场选举。”

美国竭尽所能地筹集了大量现金，并将其秘密转交到巴拉格尔手中。约翰逊总统指示中情局和国务院，为这名候选人提供他所需要的一切资金、信息和宣传。

最终，巴拉格尔获得了 57% 的选票，以压倒性优势挫败了对手博施，而后者仅获得 39% 的选票。这次的胜利显然离不开美国的资助，但美国媒体却大肆宣称，这是一场自由和公正的选举。

大选结束10天后，约翰逊总统从国家安全顾问那里得到了一条令人振奋的消息。“胡佛已经完成了对巴拉格尔首批任命的35名官员的安全报告，”1966年6月11日的一份报告上写道，“其中包括内阁、次级内阁、最高法院以及诸如财政部、工业发展局、移民局、交通和安全管理局等关键部门的人选……从安全方面来看，这次组阁没有问题……巴拉格尔对最高法院的人事进行了彻底替换……司法部部长也没有问题。可以预见，随着最高法院的重新改组，司法委员会也必将得到进一步清理。”

在胡佛的协助下，多米尼加建立起了一个由联邦调查局线人执掌的政府，其政界、军界和司法界官员均得到了调查局的认可。华金·巴拉格尔不仅是联邦调查局在圣多明各的一名线人，也是拉丁美洲旧时代的最后一个独裁者。他用高压手段统治了多米尼加长达22年。

第32章

FBI已经无法无天

截至1966年春,约翰逊总统派往越南战场的美军士兵人数已接近25万。成千上万的美国民众对此表示抗议。随着国内的示威活动此起彼伏，胡佛开始心生警惕。他看到，这些反战运动的背后出现了一道长长的影子，覆盖了从河内到哈佛、从北京到伯克利的所有地方。

"中国和北越的政府认为，加强在美国的反战抗议活动，能够蛊惑和分化美国民众，而届时为了维持国内秩序，美国政府将不得不从越南战场撤军。"就在约翰逊大批出兵的数日后，胡佛这样告诉总统。在得知越南战争有可能演化成后方政治斗争的预言后，约翰逊总统感到极其痛苦。

和平运动几乎波及到联邦调查局的每一个哨站。"从旧金山的阿拉莫广场到约翰逊总统在约翰逊城的牧场，每逢周末，我们都会遇到各种各样的反战示威活动，"刚刚来到得克萨斯州圣安东尼奥办事处的调查局特工西里尔·P.甘伯说，"在大多数节假日期间，新左派的示威者占据着街道的一边，而三K党和纳粹分子占据着另一边。"就像约翰逊的牧场一样，整个美国也被一分为二。只能顾及右翼势力，而对于左派的行动几乎一无所知。

胡佛及其核心人士认为，这些抗议活动与过去的国际共产主义阴谋不无关联。"这些示威者变得越来越好战，"胡佛在给调查局所有特别探员的信中写道，"无论他们是反对美国对越南的外交政策还是涉及种族问题，随着夏季临近，出现暴力活动的可能性将极大地增加。我们不仅要加强和扩大行动范围……而且要确保提前侦测到上述活动的迹象。”

胡佛告诉自己的手下：“作为情报机构，我们必须了解正在发生的事情以及可能发生的事情。”

然而，随着20世纪60年代反战运动的声浪日益高涨，为了获得有关情报，联邦调查局的特工不得不使出浑身解数。但是，他发现他们很难渗入到新左派当中。在使用包括窃听、偷录、非法入室、非法拆阅邮件在内的传统技术时，胡佛开始变得谨慎起来。他并没有动摇挥舞这件政治武器的决心，而约翰逊总统对于政治情报的胃口也丝毫未见削减。但是，对于政府部门无所不在的秘密监视，最高法院和国会的疑心越来越重。无论是约翰逊还是胡佛都不想被人发现他们正在对美国公民进行监视。

“他也太容易上当了！”

在采用搭线窃听和安装窃听器上，罗伯特·肯尼迪的门徒和继任者、温文尔雅而又精明过人的尼古拉斯·德贝尔维尔·卡岑巴赫与胡佛展开了一场激烈的斗争。卡岑巴赫逐渐意识到，联邦调查局的窃听活动几乎没有任何约束，司法部也从未将其记录在案。某项窃听申请一旦获得批准，胡佛就会认为这次行动可以一直持续下去。在胡佛看来，联邦调查局可以任意安装窃听器，而无需通知上级部门。他告诉卡岑巴赫，早在25年前，富兰克林·D.罗斯福总统就永久性地授予了自己这种权力。

“毋庸讳言，这种说法令我目瞪口呆，”卡岑巴赫回忆道，“我从未想象过要将联邦调查局置于自己的掌控之下。但我的确认为，我们需要建立一种更加规范的操作程序。”

他开始向调查局索要有关事实和数据，而后者对他的命令十分怠慢。自1960年以来，胡佛共授权安装了738枚窃听器，而司法部的律师仅仅获知其中的158枚，约占总数的1/5。此外，在私人住宅、办公室、公寓和宾馆房间安装窃听器往往需要进入室内。在胡佛的授意下，联邦调查局的特工无数次非法潜入室内，窃取相关资料。

司法部部长建议，此后的窃听活动均需经过他的书面批准。当得知胡佛对此表示同意时，卡岑巴赫大感意外。约翰逊总统明确表示，要将窃听活动保持在最低限度——除非事关他在左派中的对手。因此，卡岑巴赫毫不犹豫地批准了对“民主社会学生联盟”中的反战分子进行监听。

民主社会学生联盟刚刚在华盛顿举行了最大规模的反战游行活动。从3年前该组织成立之日起，联邦调查局就开始密切关注他们的一举一动。民主社会学生联盟在自己的第一份宣言中宣称：“共产主义制度建立在有组织反对派的压迫之上。共产主义运动已经彻底破产。”但是，胡佛仍然认为苏联是该组织的幕后主使。他无法想象，国内反抗当局的活动与外国势力毫无关联。在该组织首次游行之后，胡佛向白宫报告，“民主社会学生联盟已经被苏联共产党所渗透”，他们正准备在另外85座城市开展反战抗议活动。胡佛向约翰逊承诺，他将为后者提供一份有关共产主义势力对反战示威活动影响的详细报告。

胡佛命令联邦调查局的情报和内部安全负责人“打入民主社会学生联盟内部，就像对待三K党和共产党那样，在其中扶植线人……要引起高度重视，总统对此事尤为关注，并希望我们能够迅速采取行动。”然而，调查局在新左派中安插线人的工作十分不顺利，迄今为止，还没有秘密特工能够打入咖啡馆和大学之中。如果胡佛想要获得有关情报，电子监视就必不可少。

“窃听器和麦克风，”胡佛提醒司法部部长说，“让联邦调查局得以搜集至关重要的情报信息，从而正确制定对外政策，有效遏制国内的颠覆活动。”但是，卡岑巴赫拒绝授权对学生会中的左派进行窃听。关于联邦调查局对马丁·路德·金无孔不入的监视，他感到深恶痛绝。卡岑巴赫担心，这些活动一旦暴露，会造成严重的政治影响。

胡佛表示，他对这一决定“深表忧虑”。但是，在递交司法部部长的报告中，胡佛声称，他已经“彻底杜绝使用麦克风”，并“严格限制”对反战和民权运动实施窃听活动。

对于胡佛的举动，联邦调查局的特工感到大惑不解，甚至怀疑他是不是惊慌失措。胡佛到底要干什么？他为什么会这样做？极少有人知道这些问题的答案。胡佛开始担心，联邦调查局的非法行径有可能已经暴露。

阿肯色州民主党参议员、对外关系委员会主席威廉·富尔布赖特威胁要成立一个新的委员会，对联邦调查局的情报工作进行监督。约翰逊总统警告胡佛，有必要对富尔布赖特进行密切监视，并且怀疑此人曾与苏联外交官举行秘密会晤。此外，密苏里州民主党参议员爱德华·朗也开始就政府的窃听活动召开了一系列听证会。虽然这些听证会漫无目的，但联邦调查局的一名情报官员发出警告称，“此人不值得信任”。胡佛十分怀疑，是罗伯特·肯尼迪泄露了联邦调查局窃听活动的有关信息。但在与卡岑巴赫当面对峙时，司法部部长矢口否认。“他也太容易上当了！”胡佛写道。

“有人摸清了老爷子的底细”

联邦调查局曾对华盛顿一名行迹可疑的说客进行非法窃听。胡佛获悉，最高法院正准备受理一起与此事有关的爆炸性政治案件。

被告是赫赫有名的说客弗雷德·布莱克，由于被判定逃税，他提起上诉。1963 年，布莱克在喜来登卡尔顿酒店入住后，联邦调查局在他的套房里安装了窃听器，并录下了他和律师之间的对话。调查局特工的入室和偷录活动都属于非法行动。在“布莱克控诉美国政府”一案的审理过程中，胡佛就是否需要向最高法院透露有关事实的问题进行了激烈的争论。

胡佛表示，约翰逊总统刚刚任命的亚伯·福塔斯法官是这起案件的一名秘密线人,而联邦调查局与白宫的联络员德克·德洛克是中间人。当天清晨，在家中进餐时，福塔斯法官制定了一个政治策略，即将窃听活动的授权归咎于罗伯特·肯尼迪。“他总是乐于帮助联邦调查局”，德洛克写道，但同时也指出，福塔斯法官在开庭前讨论有关案件的做法“显然是不道德的”。

虽然胡佛竭尽全力想要阻止，但司法部副部长瑟古德·马歇尔还是向法庭透露了联邦调查局的有关活动。早在数年前，联邦调查局就开始对马歇尔进行监视——后者是美国有色人种促进会的首席律师。最后，法庭推翻了布莱克的罪名。在接下来的几个月里，先后有几名法官在判决中指出，联邦调查局对公共电话亭的电子监听活动有违宪法，并将政府的窃听行为与英国殖民者用于镇压美国革命的“集体逮捕令”相提并论。

正如胡佛所担心的那样，联邦调查局的非法活动登上了新闻的头条。胡佛一直掌握着秘密情报的巨大威力。但是，随着这些秘密的泄露，他手中的权力开始逐渐减弱。

1966 年 7 月 19 日，也就是布莱克案发生 6 天以后，胡佛禁止联邦调查局从事秘密入室活动。“必须禁止使用类似技术”，胡佛指示自己的副官。

秘密入室“显然属于非法活动”，联邦调查局情报负责人威廉·沙利文在一份正式备忘录中提醒胡佛。“尽管如此，在与那些蓄意破坏国家安全的地下颠覆活动作斗争时，我们之所以要进行‘秘密入室’，是因为这是一种极其宝贵的技术手段。”

胡佛的拥趸认为，联邦调查局已经被束缚了手脚。对于胡佛的命令，调查局的特工感到瞠目结舌。

靠情报工作起家、后来成为总部第 3 号人物的爱德华 ·S. 米勒表示，“在我们的那个时代，也就是胡佛时代，调查局之所以能够在反对美国共产党和苏联共产主义的斗争中战无不胜，关键就是调查技巧。”调查局的命运将随着“我们认为我们有权开展行动的唯一方式”而沉浮，米勒说。10 年后，由于非法入室窃取信息，米勒遭到了联邦法院的指控。

除了秘密入室以外，胡佛还叫停了调查局长期以来非法拆阅紧急邮件的做法。

联邦调查局擅自拆阅邮件的做法可以追溯到第一次世界大战。这一举动虽然违反了宪法第四修正案关于禁止未经授权进行搜查和抄没的条款，但却一直延续到 1940 年。随后，英国人教会了调查局特工一门古老的手艺，即在不为人知的前提下用外科手术刀拆开信封，并重新密封。

自 1959 年起，联邦调查局极大地扩展了从邮件和包裹中搜寻间谍和颠覆分子的行动范围，并在国内 8 座城市开展了拆阅邮件行动，其中包括纽约、华盛顿、波士顿、洛杉矶、旧金山、底特律、西雅图和迈阿密，一共对数十万信件和包裹进行了检查,以寻找间谍分子的蛛丝马迹。从二战开始后，联邦调查局借助拆阅邮件辨别出 4 名苏联共产党间谍和 2 名为苏联人提供秘密军事情报的美国公民。因为这一行动显然是非法的，所以胡佛从未向司法部部长或者总统申请授权。现在，联邦调查局是否值得以身试险？胡佛的答案是否定的。

胡佛的决定在美国情报界引起了轩然大波。从 1952 年起，国家安全局和中情局就开始与联邦调查局在世界各地通力合作，窃取包括敌国和友邦在内的其他国家的通讯密码。在这项行动中，调查局和中情局的关键人物是一群撬开门锁和保险柜、从外国使领馆窃取密码簿的盗贼，现在胡佛的禁令让密码破译工作陷入了停滞。

为了重新启用联邦调查局长期以来的秘密技术，国家安全局的情报负责人马歇尔 · 卡特和路易斯 · 托德拉将军找到了胡佛。这次原定 15 分钟的会谈持续了两个半小时之久,胡佛东拉西扯地谈自己在三四十年代的赫赫战绩。

直到一个多小时后，卡特和托德拉才有机会插言，恳请调查局重新开始搜集秘密情报，但遭到了胡佛的断然拒绝。

“有人摸清了老爷子的底细。”威廉·沙利文告诉托德拉。但是没有证据显示，哪个人有意与胡佛过不去。胡佛知道，如果这些非法手段暴露，调查局的名声就会一落千丈，而泄密的危险却在日渐增加。随着公民自由的政治浪潮逐渐兴起，在与国会中的旧派自由分子和新左派的律师分庭抗礼时，胡佛显得越来越孤立。如果这些人同仇敌忾，对联邦调查局凌驾于法律之上的情报技术进行攻击，胡佛作为美国法律和秩序的象征就会毁于一旦。

胡佛开始变得格外谨慎，但他的决定却让联邦调查局驻各地办事处负责人在追剿间谍和破坏者的行动中付出了高昂的代价。

“1966和1967年，胡佛严禁使用安装窃听器和秘密入室的做法搜集情报，因此我们只能无所事事。”比尔·克里加尔说道。克里加尔曾经是一名职业足球运动员，后来成了调查局著名的苏联情报专家之一。“我们需要对国内的每一个苏联人进行监视。我对‘黑豹党’毫不关心，我只关心苏联人的活动。”

胡佛对非法搜集情报的禁令让调查局特工在追捕间谍的行动中举步维艰。联邦调查局开始把大量时间和精力从外国反情报行动转向了美国的政治抗议活动，其结果显而易见。

从1966年至1967年，直至10年以后，联邦调查局也没有破获任何一起有关苏联间谍的重大案件①。

胡佛亲自出马

约翰逊总统对美国左派政治情报的需求变得越来越强烈。为了满足约翰逊的要求，胡佛试图派卧底和线人打入日渐高涨的反战示威和黑人民权运动之中。

调查局启动了一项名为VIDEM，即“越南示威游行”的行动，定期向白宫呈交有关该运动领导人、向总统拍发反战电报人员以及越南教堂和校园集会组织者身份的政治情报。联邦调查局根据13名秘密线人提供的情况，对费城召开的和平会议递交了一份长达41页的报告，其中包括每一场演说的详细记录和对每一名与会牧师和教授的背景调查。

总统和胡佛怀疑苏联人是这些反战运动的幕后主使，并命令调查局特工大力搜索相关证据。20 世纪 60 年代初，当苏联间谍维克多・雷西奥夫斯基离开联合国秘书处的外交岗位，开始在美国各地旅行时，联邦调查局的埃德蒙・伯奇，也就是在 1957 年跟踪阿贝尔上校的特工，对其进行了秘密跟踪。1962 年，雷西奥夫斯基曾与马丁・路德・金的顾问斯坦利・利维森会面，伯奇怀疑，他正在利用苏联资金为美国左翼人士提供秘密资助。“他经常外出旅行，”伯奇说道，“最让我生疑的是他旅行的地方，”其中包括密歇根大学，也就是民主社会学生联盟的发祥地。“我始终认为，这个人和其他人一起出资，建立了民主社会学生联盟，但这个情况我没有告诉调查局的其他特工。”显然，联邦调查局几乎没有苏联支持美国反战和民权运动的证据。

1967 年仲夏，美国各大城市变成了一座座战场。美国黑人与军队、国家警备队和各地警察展开了斗争。执法人员共镇压了 75 次骚乱，有时候甚至直接对黑人开枪射击。在底特律有 43 人死亡，军队在该地驻扎和巡逻了 8 天；在纽瓦克有 26 人在骚乱中丧生，军队时刻处于警戒状态。据统计，全国共有 88 人死亡，1397 人受伤；警方逮捕了 16389 人，经济损失高达 6 亿 645 万美元。

1967 年 7 月 25 日，在底特律的反战和民权运动方兴未艾之际，马丁・路德・金和斯坦利・利维森仍然处于联邦调查局的监视之下。胡佛向总统提供了一份实时情报，即这两人之间的谈话内容。

“马丁・路德・金的首席顾问、秘密共产党员利维森告诉前者，要想在全国范围内取得胜利，必须诉诸暴力手段。”胡佛在报告中写道，并承认这一情报源于联邦调查局的窃听活动。胡佛称，马丁・路德・金认为，“现在总统惴惴不安，随时准备作出妥协。”约翰逊总统并不害怕这位牧师，但害怕动乱背后有一只看不见的手。他认为，外国特务，也许是古巴人，也许是苏联人，有可能在各大城市煽动骚乱。他告诉胡佛，“让你的手下继续努力”，以发现共产党与黑人民权运动之间的联系。“我们要摸清他们的真正目的。”总统说道。

胡佛表示，他将立即着手此事。一个月后，即 8 月 25 日，联邦调查局启动了“反情报计划——黑人仇恨团体行动”。

23 名联邦调查局外勤特工接到命令，要他们“扰乱、误导、挑拨或者劝阻黑人民族主义仇恨组织的成员开展活动”。调查局对马丁・路德・金的

“南方基督教领袖会议”以及斯托克利·卡迈克尔和 H. 拉普·布朗的“学生非暴力协调委员会”进行了严密监视。胡佛公然宣称马丁·路德·金及其同伙是蛊惑人心、煽动黑人叛乱的主要狂热分子。与“黑人仇恨团体行动”同时开展的还有刚刚建立的“黑人聚居区线人计划”。截至当年底，约有 3 000 人被列入联邦调查局的线人名单，以掌握美国各大城市黑人社区的动向。没过多久，这两项行动的规模和范围就开始迅速扩大。

1967 年秋，城市骚乱日渐平息，但和平游行却一浪高过一浪。华盛顿的示威者齐声呼喊，“嘿，嘿，林登·约翰逊，今天又有多少孩子命丧你手？”总统命令联邦调查局、中情局和军方彻底铲除他们。

“我决不会让共产党得逞，推翻本届政府。”1967 年 11 月 4 日星期六上午，约翰逊在一次长达 95 分钟的会议上，对国防部部长罗伯特·麦克纳马拉、国务卿迪恩·鲁斯克和中情局局长理查德·赫尔姆斯厉声喝道。

根据他的旨意，新任司法部部长拉姆齐·克拉克及其副手、后来成为比尔·克林顿总统国务卿的沃伦·克里斯托弗命令联邦调查局与美国军方和国家安全局协作，对美国公民进行监视。约有 1500 名身着便装的陆军情报官员对十余万美国公民展开了调查。在接下来的 3 年中，陆军方面向调查局公开了他们所有的报告。中情局对赴海外旅行的反战运动领导人和黑人民权运动激进分子进行了跟踪，并将有关报告交给联邦调查局。

经过筛选，调查局也向陆军情报部门和中情局公开了数千份有关美国公民的报告作为回报。随后，这 3 家情报机构再将他们汇总的人员名单交给国家安全局，而后者也与联邦调查局分享了数百份他们截获的可疑美国公民的通话记录。

总统希望建立一支秘密警察力量，并试图结合联邦调查局、中情局和陆军三方，打造一架无孔不入的情报机器，把美国公民视作敌国特务进行全方位的监视。但是，1968 年世界上的种种政治力量却不在他的掌控之中。总统收到的所有情报难以平息他心头的恐惧。当年 1 月底，越南发动“新年攻势”，40 万北越共产党军队几乎横扫南越的每一座主要城市和军事要塞。约翰逊认为，他的敌人已经在华盛顿对他形成了合围之势。

1968 年 2 月 14 日，在与胡佛通话时，约翰逊总统感到极为焦虑。“不要让任何人知道我给你打过电话。”约翰逊说道。他的声音嘶哑，呼吸沉重，听起来疲惫不堪。

“我希望你亲自出马办一件大事。”总统表示。他所说的大事就是加强对华盛顿间谍势力的侦查。约翰逊怀疑，美国政界一些高官及其助手正致力于壮大共产主义事业。

在华盛顿和纽约的外国使领馆，除了搭线窃听之外，现在联邦调查局对苏联人的电子监视还增加了闭路电视监控系统。约翰逊告诉胡佛加强监控，以搜寻那些向敌国通风报信的美国公民。他想得到任何有可能与外国大使馆的共产党有过秘密接触的美国公民的详细报告。约翰逊担心，某些国会成员正在暗中为苏联人效力，通过克格勃向莫斯科传递美国政府的机密文件。

“如果你暂时没有别的事情，我希望你能够利用四五十年来积累的经验，对这些大使馆进行监视，看看那些致力于推翻政府的人们正在做什么。”总统说道。

“我认为这任务非你莫属,也是我们的当务之急,”约翰逊总统告诉胡佛,“看看他们在和哪些人交往以及说了些什么……我希望你亲自负责，谨慎行事。”

他希望胡佛格外关注国会中可疑的政治分子。“一定要对那些持有秘密文件的成员进行严格审查，”他说，“告诉他们的委员会主席，总统下令对所有人进行审查。”

“麦克纳马拉出庭向富尔布赖特作证，说我们破译了北越的密码，有个共产党同情者告诉了他们，他们就更换了自己的密码……一定要追查每一条线索，看看他们都见过哪些人，什么时候在哪里说过哪些话……你是政府当中唯一一个负责此事的人。现在，我希望你比过去更加恪尽职守。”

“我会亲自过问此事，总统阁下。”胡佛表示。

联邦调查局派出一支特工队伍，对盟国和敌国的外交人员开展了调查。其中,南越大使馆引起了他们的注意。南越虽然是美国在反共战争中的伙伴，但他们始终左右摇摆、犹豫不决。联邦调查局想要找到那些与外国外交官和间谍勾结、妄图推翻约翰逊总统的美国公民。

扑朔迷离的肯尼迪遇刺案

1968 年 3 月 31 日，约翰逊宣布退出总统选举，并表示不会谋求连任。在全国电视讲话中，他看起来满脸皱纹、憔悴不堪，他的声音中充满了痛苦和绝望。

让约翰逊总统和胡佛感到愤怒的是，罗伯特·肯尼迪一跃成为民主党总统提名的首选人物。他们完全有理由相信，这个昔日的政敌将当选下一任美国总统。胡佛担心，美国左翼势力，尤其是黑人民权运动中激进分子会趁机兴风作浪。罗伯特·肯尼迪正在全国各地进行巡回演讲，试图赢得黑人选民手中的选票。这名总统候选人突然对政治自由产生了一种前所未有的狂热情绪。

约翰逊宣布退出总统选举4天以后，胡佛写信给联邦调查局的外勤特工，要他们对"黑人仇恨团体"的活动严加提防。"一定要知道，黑人中的年轻人和温和派一旦接受了革命学说，他们就会成为坚定的革命分子。"

次日夜，马丁·路德·金在田纳西州的孟菲斯市被枪杀。

这起事件引起了全国上下的义愤，民众的怒火一直烧到了白宫。从马丁·路德·金的葬礼上返回的途中，司法部部长拉姆齐·克拉克从飞机上俯瞰华盛顿特区。虽然夜幕已经降临，但整座城市就像燃烧起来一样，即将面临着自1812年第二次独立战争以来最危险的一场暴动。为了躲避联邦调查局有史以来最大规模的一次追捕，杀害马丁·路德·金的凶手詹姆斯·厄尔·雷匆忙乘车赶往多伦多，然后搭飞机转往伦敦。66天以后，当他准备乘船前往布鲁塞尔时，伦敦警厅的一名侦探将其抓获。

4月23日，民主生活学生会控制了哥伦比亚大学。6天以后，警方闯入校园，逮捕了700名学生。直到10天后，联邦调查局才作出了反应，启动了"反情报计划——新左派行动"。

联邦调查局在全国范围内对反战运动展开了第一轮袭击，胡佛和沙利文向所有外勤特工下达了明确指令：在新左派领导人当中制造冲突；利用民主生活学生会及其敌对派系之间的不睦；让他们认为联邦调查局的特工无所不在，线人充斥于他们的内部；利用虚假情报干扰他们的活动。但是，联邦调查局的反情报计划还是晚了一步，全国一百余所大学已经被抗议学生占领。示威者冲破障碍，一些激进分子随时准备向汽车投掷莫洛托夫汽油弹和其他武器。胡佛立即下令全国各地的特别探员武装起来。"我对一些地方办事处在校园中正在发生的某些暴力和恐怖行径的回应感到十分震惊……我希望我们能够迅速作出强有力的回应。"

第一次世界大战结束后，随着美国左派兴起，大规模警察、煤矿和钢铁工人罢工席卷了全国。但是这一次，胡佛预见到一场前所未有的巨大风暴正在酝酿之中。当年春天，对于这场摇撼了美国的狂暴和愤怒的行动，联邦调查局束手无策。

6 月 6 日，罗伯特·肯尼迪在洛杉矶遇刺，数百万美国人曾经对他寄予厚望。胡佛对此事表现得十分冷淡。“在新一代和马丁·路德·金支持者的眼中，他俨然成了一位救世主，而现在仍然如此。”罗伯特·肯尼迪被刺后，胡佛在给自己高级助手的信中写道。罗伯特·肯尼迪一旦当选美国总统，对胡佛来说就意味着权力的终结。

这起谋杀事件为另一个人打开了通向白宫的大门，这个人誓言要在美国重建法律和秩序，他就是胡佛的故交——理查德·尼克松，他将参加 11 月的总统大选。而胡佛希望看到共和党东山再起，联邦调查局重整旗鼓。

双方的支持率不相上下。为了获得选票，尼克松和约翰逊总统的副总统休伯特·汉弗莱在越战问题上展开了激烈的角逐。与此同时，50 万美国士兵在海外浴血奋战，每周都会有数百名士卒阵亡。就在大选开始前 10 天，约翰逊总统与自己的军事和情报助理通宵召开会议，计划宣布终止美国对越南的轰炸，为和平谈判进行筹备。然而在最后一刻，南越总统阮文绍却临阵退缩。

“我们失去了阮文绍，”在大选前夜，约翰逊对一名助理说，“他认为我们会出卖他。”

联邦调查局发现了有人阴谋破坏约翰逊越南停火计划的证据。总统认为，这次阴谋的策划者很可能是尼克松阵营。

就在大选 3 天前，约翰逊说，他是“亲自查阅了有关信息”，即联邦调查局和国家安全局从南越大使馆截获的电话和电报，发现尼克松正蓄谋破坏这次和平谈判。随后，约翰逊下令联邦调查局对中国著名人士陈香梅进行监视。约翰逊怀疑她是尼克松的中间人。11 月 4 日星期一，也就是大选前一天，联邦调查局总部向总统递交了一份秘密情报：“陈香梅乘坐林肯大陆轿车从住所出发，前往越南大使馆，并在那里停留了大约 30 分钟。”随后，联邦调查局在报告中称，她来到宾夕法尼亚大道 1701 号的 205 号房间，而这里正是尼克松的竞选办公室。

约翰逊在大选前夜谈起了陈香梅事件。“她告诉南越大使馆，她是一个传话人，事实也的确如此。她说：‘我刚刚从我的上级那里听说……请你告诉你的上级稍安毋躁。’这才是整个事情的关键。”

虽然约翰逊希望利用和平协议助汉弗莱一臂之力，但最终尼克松还是以不到 100 万张选票的优势险胜汉弗莱。

约翰逊认为，为了赢得大选，尼克松与南越政府达成了秘密协议。其内容主要是：不要与约翰逊和汉弗莱进行和谈。等我当选之后，将为你提供更好的条件。

“这就是人们的传闻，迪克（尼克松生性多疑，在美国政坛被称为 Tricky Dick，即“滑头迪克”。——译者注）。”大选结束后，约翰逊通过热线打给尼克松，意欲指责后者的行径无异于叛国，“而且是一则肮脏的传闻。”

尼克松至死都没有承认这件事，但是约翰逊的电话却给他留下了深刻的印象：总统曾经利用联邦调查局对他进行监视。

约翰逊总统并没有打算对尼克松进行公开谴责。因为仅是他下令联邦调查局对尼克松阵营进行监视的事实就足以成为爆炸性新闻，而公开指责尼克松破坏和平谈判更会引发一场政治地震。

因此，约翰逊不得不与尼克松讲和。12 月 12 日，他邀请尼克松来到白宫。在长达两小时的会谈中，两人找到了一个共通之处，那就是对胡佛的仰慕。

在椭圆办公室内，约翰逊拿起电话，与胡佛和尼克松进行了三方通话。这次通话没有留下任何记录。但是，尼克松记得约翰逊总统表示，“如果不是胡佛，我就无法履行自己作为美国最高统帅的职责。迪克，你必须依靠埃德加。他就像是一群懦夫中的中流砥柱。”

本章注释

①“从1966至1967年”：在这10年间，美国一共出现了11起重大间谍案，其中9起在经过军事情报调查后交由军事法庭进行审理。联邦调查局在反间谍和反情报工作上失败的主要原因在于约翰逊总统和尼克松总统对美国左派无休止的政治打压。约翰逊曾经对德克·德洛克说，“很多对越南政策表示抗议的言论，尤其是参议院召开的一些听证会”，都与苏联及其盟国存在渊源。2002年7月，国防人员安全研究中心在《美国公民的反美间谍活动，1947～2001》一文中对有关数据和深层原因进行了分析。

第 33 章

必须信任胡佛

当选总统后，尼克松对世界和平作了远大的设想。他认为，如果他的设想成功，他就能让这个处于内战边缘的国家重新团结起来；反之，如果失败，美国就会一蹶不振。

尼克松希望找到一条走出越战泥沼的途径，并且认为美国可以结束与苏联的冷战。在敲打过政治算盘以后，尼克松认为，与世界共产主义领导人讲和需要付出残酷的代价。“战争的风险会有所降低，但是通过颠覆和秘密手段进行征服的风险会呈几何倍数增加。”

但是，他对世界和平的希望有赖于在美国建立一个秘密政府。尼克松从地毯式轰炸到外交缓和的所有外交政策和计划，无一例外全都是在暗中进行。除了极少数值得信赖的助理以外，其他人都被蒙在鼓里。不过，尼克松也清楚，要想绝对保密无异于天方夜谭。

“我想要告诫你，”1968 年 12 月，约翰逊在白宫告诉尼克松，“一旦泄密就会断送你的前程。”他向尼克松进言，为了保守秘密和维护权力，除了胡佛以外，不要依靠任何人。“你将一次又一次依靠他保卫国家安全。他是唯一一个可以完全信任的人。”

然而，尼克松不会完全信赖任何人，即使是被他称作“我在职期间最亲密的朋友”的胡佛也不例外。

正如尼克松所言，在 20 多年的时间里，他们的确过从甚密。1947 年，胡佛对这位涉世未深的国会议员进行了启蒙。在反共斗争中，正是胡佛的指点让尼克松初次尝到了权力的滋味。在 20 世纪 50 年代，他们经常秘密交换自己的看法。胡佛始终与尼克松保持联系。在尼克松游弋于华盛顿之外时，胡佛是他长期的政治顾问。对尼克松来说，胡佛不仅是一个秘密情报的来源，而且是一位值得信赖的政治导师。胡佛让尼克松始终无法放松对政府被颠覆的恐惧。

在就任后的两年里，直到尼克松在白宫安装秘密麦克风之前，两人至少面对面或者通过电话交谈了 38 次。尼克松记得，每隔几周，"胡佛就会单独前来"，长篇大论地谈起美国正在面临的威胁。"其中大部分内容都很有价值，"尼克松说，"而且他从未泄露出去。"

晚餐时分，他们经常在白宫、胡佛的家中或者总统的游艇上进行长达数小时的交谈。在"红杉号"上，有 4 人共进晚餐，其中包括总统的幕僚长 H.R. 霍尔德曼。"他们的谈话令人难以置信，"霍尔德曼在日记中写道，"胡佛总是滔滔不绝，"回忆起"联邦调查局成功行动的所有细节。"胡佛仿佛是"一个来自过去的真实人物，而尼克松对他异常着迷"。

1968 年底，胡佛来到总统过渡团队总部纽约的皮埃尔酒店，见到了尼克松。胡佛"面部臃肿、脸色发红，看起来状况不佳"，尼克松的顾问、后来成为胡佛与白宫联络员的约翰·厄立克曼写道。但是，他的发言权却丝毫没有削减。

胡佛告诉尼克松，在权力交接期间，他在与约翰逊总统通话时应当多加警惕；在就任以后打电话时，同样要十分谨慎，因为这些谈话有可能被录音。胡佛解释说，陆军信号处控制着总统的通讯系统，负责监听从白宫交换台进出的每一次通话。对此尼克松立即心领神会：一名下士就有可能听到总统的谈话。

随后，胡佛着重提醒尼克松说，秘密监视的权力掌握在总统的手中。然而数年以后，根据国会的命令，尼克松将不得不对胡佛当天的谈话进行正式陈述。

胡佛强调，自富兰克林·D. 罗斯福总统以来，联邦调查局曾在未经授权的情况下为每一任总统从事"秘密入室和窃听行动"，其中包括"擅自潜入室内，截获语音和非语音通信"。胡佛坦承，调查局尤其擅长查找泄密者，而窃听是他们"最有效的手段"。

此外，尼克松还从胡佛那里学会了如何就窃听活动向国会说谎，并且不被察觉。

“这是胡佛习以为常的做法，”尼克松在对水门事件公诉人的秘密正式陈述中称，而该文件直至 2011 年 11 月才得以解密。“他对我讲过这件事情。他说：‘你知道，在前往预算委员会作证的一个月前，我就会中断所有的窃听活动……这样一来，当他们问我是否在对某人进行窃听时，我就可以回答没有。’”当胡佛在国会一年一度的作证结束后，联邦调查局的窃听活动就可以继续进行。

“在长达 50 年的时间里，胡佛始终对这个问题避而不谈，”尼克松说，“从理论上讲，他并没有说谎。”

尼克松恢复了联邦调查局窃听偷录和秘密入室的传统，而它们也很快成为尼克松执掌之下白宫政治文化的一部分。在他的命令之下，胡佛重新回到了政治斗争的领域。

水门事件的前兆

尼克松将美国革命视作一场巨大的灾难，而 20 世纪 60 年代的政治暗杀、黑人骚乱和反战游行进一步加深了他阴暗的想法。1969 年 1 月 20 日，在就职典礼上，尼克松遭到了数以百计的反战抗议者用石块、水瓶和啤酒罐攻击。在开展竞选活动期间，尼克松的口号是“团结起来”，而现在，当黑色的轿车一路疾驰返回白宫时，他认为这些高声叫骂的示威者正试图瓦解美国。

尼克松上任之初，炸弹和突袭就接连不断：激进分子攻击征兵办公室和后备役军官训练队在校园设立的站点；波多黎各民族主义者炸毁了圣胡安的征兵船；黑人民权斗士对警察发动突袭。胡佛宣称，黑豹党及其领导人对美国内部安全构成了最严重的威胁。在反情报计划行动中，联邦调查局情报负责人威廉·沙利文成功地在该党内部高层安插了线人。1969 年，黑豹党开始四分五裂。但是，对于学生运动调查局却一无所获，而这正是尼克松最担心的问题。

尼克松认为，他们开展的颠覆活动与苏联、越南共产党无异。在首次发表大型演说时，他就谈起了美国大学校园内的暴动。

“这就是文明走向灭亡的方式，”尼克松说，并且引用了诗人叶芝的一句名言，"'万物分崩离析，中心不复存在。'任何人都无权断言，现在美国不会发生这样的事情。"

美国各种力量之间的关系正在发生不断的变化。尼克松对最高法院进行了重组，并任命一批右翼法官。他一再誓言，要在自己的总统任期内重建法治社会，并沿袭雇用竞选经理执掌司法部的政治传统，提名保守派人士约翰·N. 米切尔出任司法部部长，以恢复美国的政治秩序。米切尔为人不温不火，对总统忠心耿耿，对胡佛毕恭毕敬，而这正是胡佛所期望的。只要尼克松一声令下，任何事情他都在所不辞。"司法部部长很少指挥胡佛，"尼克松说，"即使总统也很难做到这一点。"

从就任的第一周起，尼克松就下令联邦调查局搜集有关激进分子的秘密情报。"他想要知道哪些人在开展活动，以及如何才能将这些破坏者缉拿归案。"厄立克曼写道。总统让厄立克曼找到胡佛，设法成为胡佛的"朋友和在白宫的心腹"，并建立联邦调查局与白宫进行秘密联络的直接渠道。

在接近胡佛时，厄立克曼十分警惕。他的手下曾经警告他说，"胡佛在办公室内的每一次会面都会被照相机或摄像机记录下来。"即便如此，对于厄立克曼来说，初次进入胡佛办公室的经历仍然令人匪夷所思。有人带领厄立克曼通过司法部的走廊，穿越两道由胡佛贴身侍卫把守的大门，然后来到一间挂满饰有美国之鹰和火炬图案牌匾和嘉奖令的房间。经过前厅，厄立克曼又来到第二个较为正式的房间，里面堆满了奖杯和奖状。在第 3 个放着奖杯的房间里，有一张光可鉴人的办公桌，但是办公桌后面却没有人。

"我看不到胡佛的一丝踪影，"厄立克曼写道，"向导打开桌子后面的一扇门，带我来到一间办公室内。在屋子中央的木制办公桌后，胡佛坐在一张宽大的真皮办公椅上。当他站起身来时，我发现他和他的办公室显然都在台阶上，而我只能坐在他右侧低矮的、略呈紫色的沙发上。胡佛俯瞰着我，然后开始讲话。"他滔滔不绝地谈了一个小时，其中包括黑豹党、美国共产党、苏联间谍、国会议员、肯尼迪家族等。但是，对于总统想要了解的事情，即有关新左派激进分子的情报，他所讲甚少。

就像尼克松一样，直到后来厄立克曼才发现，在涉及敏感的政治情报时，"调查局的情报大都源自闲言碎语和主观臆测"。即使是有关窃听的书面报告，"其中的很多信息也经常是辗转得来的道听途说"。

1969 年 1 月底，当胡佛首次向尼克松透露有关新左派的秘密情报时，情况便是如此。尼克松邀请胡佛赴白宫参加一场由 12 人出席的晚宴。席间胡佛提供的一份备忘录令总统目瞪口呆。胡佛断言，白宫记者团的一名长期成员、《伦敦周日时报》华盛顿版面的负责人亨利·布兰登对国家安全造成了威胁。

“我叫来胡佛问道：‘这是怎么回事？’”尼克松回忆道。尼克松非常了解布兰登，并且认为他是华盛顿最杰出的外国记者之一。布兰登极力攀附上流社会，是国家安全顾问基辛格的好友。每逢周日，基辛格就会前往布兰登家中游泳。

胡佛称，他怀疑这名记者正在为英国和捷克情报机构服务。数年前，联邦调查局就开始对布兰登进行窃听以搜集证据。这起事件让尼克松突发奇想：对记者进行窃听是发现白宫内部泄密者及其消息来源的最佳途径。

几天以后，即 1969 年 2 月 1 日，基辛格召集国家安全委员会成员，与尼克松总统一起就中东问题召开了一次机密会议。“不出数日，”尼克松回忆道，“这次会议的详细内容就被透露给了媒体。我亲自向艾森豪威尔提起了这件事情，他认为，所有对外界透露外交政策机密信息的做法，无论是在战时还是和平时期，都属于叛国行为。”

这也是尼克松和基辛格的看法。美国对苏联和东南亚国家的外交策略出现在报纸的头版头条，这些消息直接源于国家安全委员会的会议记录，而且几乎每周都会出现一次。据基辛格回忆，在尼克松上任的前 100 天里，由于有人泄密，报纸上共刊登了 21 篇有关总统秘密外交政策的文章。尼克松对这些报道大为光火，“这是哪个杂种报道的？找到是谁泄的密，解雇他！”基辛格与尼克松的腔调毫无二致，甚至有过之而无不及，“我们必须打垮这些人！我们必须消灭他们！”

4 月 23 日，尼克松与胡佛进行了 20 分钟的通话，讨论堵塞消息漏洞的方案。两天以后，总统在白宫召见了胡佛和司法部部长约翰·米切尔。

尼克松对这次有关泄密事件会议的陈述简明扼要。“胡佛告诉我说……处理这件事情只有一个办法……他已经授权进行窃听……窃听活动是他的杀手锏。”

“我告诉胡佛，我们继续讨论这一方案，”尼克松回忆道，“我叫来基辛格，指示他负责对自己的手下进行审查。”基辛格表示遵命。“当时，他和胡佛、约翰·米切尔、尼克松在一起，”基辛格的助手彼得·罗德曼说，“他们异口同声地表示：‘我们还是窃听好了。’胡佛和约翰·米切尔说：‘是的，我们可以进行窃听。罗伯特·肯尼迪就经常这样做。’”

基辛格负责挑选需要进行监视的可疑分子，如果胡佛没有异议，调查局的特工就会开始对其进行窃听。寻找泄密者和堵塞消息漏洞的责任全都落在了联邦调查局的身上。

5月9日清晨，胡佛怒气冲冲地拨通了基辛格的电话。他对《纽约时报》头版的报道感到怒不可遏。尼克松下令对中立国柬埔寨进行轰炸，希望能够借此摧毁北越共产党和北越的补给仓库。这次轰炸违反了国际法，而这篇报道也违反了保密规定。总统认为，这是一种叛国行为，“这次泄密事件将直接导致数以千计美国士兵丧生”。尼克松相信，这次秘密轰炸能够让美国士兵结束在南越的战事。基辛格向胡佛传达了总统的愤怒之情，而这一点从胡佛的记录中便可以窥知，“国家安全……破坏性极强……异常危险。”

基辛格开始了这次窃听行动。“基辛格博士说，他对此十分欣赏，”胡佛写道，“并希望我能够一直继续下去。如果能够找到泄密者，不管此人身在何方，他们势必将其消灭。”

胡佛将安装窃听器的任务交给了调查局的情报负责人威廉·沙利文。由于这道命令来自白宫，沙利文立即表示应允。他已经在胡佛的手下工作了数年，现在有机会得到总统手下的垂青，沙利文将不惜一切代价，因此他很快引起了总统的注意。

沙利文保管着这些“不归档”的档案，其中包括大量秘密窃听的文本和记录。他将这些档案锁在联邦调查局总部以外的一间办公室，并且每天为基辛格及其军事助理阿尔·海格上校提供上述记录的概要。尼克松指示基辛格，“对胡佛先生和沙利文先生的大力支持表示感激”，并命令基辛格“通知胡佛，你已经与总统详细讨论了这些问题，是否还有其他在你看来有助于解决当前困境的信息或建议。”

尼克松最信任的几名顾问知道，这些窃听活动处于法律的灰色地带。尼克松认为，他有权以国家安全为由对任何人进行窃听。1968年，国会曾经通过一项法案，规定为了保卫美国免遭外国间谍和颠覆分子的威胁，总统可以授权对其进行窃听。然而，这些窃听活动的对象不是克格勃特工，而是13名美国政府官员和4名新闻记者。

在接下来的两年中，虽然仍有消息不断泄露出去，但窃听活动并没有得到丝毫确凿证据，而它们只不过是通往水门事件的第一步。

1969 年 5 月 28 日，在白宫东厅举行的庆典上，尼克松坐在胡佛的身旁。他们一起主持了联邦调查局国家学院第 83 届毕业典礼。该学院旨在对美国执法官员和外国警察局局长进行训练。几分钟前，在椭圆办公室内，胡佛亲自向总统递交了一份有关基辛格窃听活动的节略。

在白宫东厅，胡佛为尼克松颁发了一枚金色徽章，授予后者联邦调查局荣誉成员的资格。此时，尼克松谈起了美国的法治。“我们的职责，”总统说道，“是确保在美国，我们的法律得到全体公民的尊重，而那些为了履行这一职责不辞辛苦、任劳任怨、甚至冒着生命危险的执法人员同样应当受到人们的尊重。”

非法窃听到底对不对

当天下午，在芝加哥，一个名叫比尔·戴森的年轻特工进入了法网之外的世界。对于那一天，时至今日他仍然记忆犹新。因为从此以后，他的人生翻开了新的一页。

28 岁的戴森加入联邦调查局将近两年，这是他第一次外出执勤。戴森的上级告诉他，这次任务是进行窃听。当时，戴森并不清楚窃听器是什么东西，也不知道怎样进行窃听，以及这种行为是否合法，但他还是遵照上级的命令，来到调查局办公室内部一个没有窗户的房间里。上级让戴森坐下，告诉他说：“这就是你的机器。”

戴森的任务是从下午 4 点至午夜对民主生活学生会成员的谈话进行窃听。3 个星期以后，该组织将在芝加哥举行正式会议。其中一个派别宣称，他们将对美国政府展开武力斗争。当年夏秋，在学生会成员进行商讨、争论和策划之际，戴森一直在秘密窃听，并且见证了一个恐怖团伙的诞生。

“在我的监视之下，他们发展成了‘气象员组织’！当他们成为‘地下气象员’时，我就在那里听着！”戴森回忆道，“这是一件激动人心的事情。我正在见证历史。”50 年前，即 1919 年 9 月，胡佛在芝加哥见证了美国共产党的诞生，而戴森不过是对其进行了延续。

气象员组织认为，他们是推翻美国政府的革命者，这种幻想与其成员大量服用迷幻药不无关系。虽然他们自称是共产主义者，但他们采取的手段更接近一战结束后在华盛顿和华尔街制造了爆炸血案的意大利无政府主义者。“说他们是无政府主义者再合适不过了。” 约翰·卡尼说道。卡尼率领联邦调查局驻纽约第 47 秘密分队负责对气象员组织进行打击，“他们完全是一群恐怖分子。”

气象员组织的首领都是白人，这些人不仅相貌英俊，而且接受过良好的教育，有些甚至出身豪门。他们一度想要与黑豹党结盟，他们到过古巴，还会见过北越政府的代表。这群人利用严酷的集体思想互相约束。此外，他们还相互攻讦。这一切都被戴森听到。“我比这些人更加了解他们。如果你在进行窃听，一次成功的窃听，情况就是这样，”他说，“有时候，我就像不分昼夜地与这些人生活在一起。”

随后，气象员组织发展成了“地下气象员组织”。1969 年秋，他们采取的手段从鼓弄唇舌、煽动叛乱演变成制造秘密爆炸案。对戴森来说，这些人好像消失了一样，窃听器里没有一丝动静。联邦调查局顿时无计可施。就在此时，窃听人员追踪到有人正在拨打付费电话；他们曾经在公用电话亭里埋设了无线电发射器。但是，这条线索最终也走进了死胡同。联邦调查局情报负责人威廉·沙利文突然感到一阵恐怖的颤栗。1969 年 9 月 8 日，沙利文在报告中称，“地下气象员组织对国家安全造成的损害有可能比 20 世纪 30 年代处于顶峰时期的美国共产党更严重”。

芝加哥事件过后，由 4 个或更多地下气象员组成的秘密团体遍布从纽约到旧金山的美国各地。当年冬天，该组织 3 名主要成员在西 11 街一间精美的住宅里意外毙命。当时，他们正利用炸药棒组装炸弹，以袭击新泽西州迪克斯堡的士兵。经历了这次惨败之后，地下气象员组织的活动变得更加隐秘，但在尼克松执政期间，他们每隔几个月就会制造一起骇人的暴行，发表疯狂的公报羞辱联邦调查局和白宫，在很多看似难以进入的地方安放炸弹。进入 20 世纪 70 年代，一个约由 100 余名地下气象员组成的团体，其中包括十几名炸弹制造者和命令执行者，他们连续制造恐怖事件，这几乎让美国政府处于崩溃的境地。

戴森成了联邦调查局负责此案的首席外勤特工，并且对该组织的威胁深信不疑。戴森及其上级认为，地下气象组织极其危险。戴森在报告中称，该组织传出了极为凶残的秘密信息：如果你们还不结束战争，我们就会杀掉你们的众议员和参议员。我们将会刺杀美国总统。

“他们可能已经潜入国会大厦，在墙壁内安放了炸弹，并且随时都可以将其引爆，”戴森表示，“他们进入了五角大楼……他们可能打来电话说，炸弹会在 5 分钟后爆炸。就像世界上的其他恐怖组织一样，他们的组织极其秘密和复杂。”

地下气象员组织一共制造了 38 起爆炸案，而联邦调查局未能破获一起案件。

“我们不知道如何对恐怖主义展开调查，”戴森说，“对于这些人，我们没有掌握足够的情报。”

现在，联邦调查局面临一个严峻的问题，而他们打算采取强硬措施。“调查局内部有人作出决定：我们必须采取行动，只要能够铲除这群败类，我们不惜使用任何手段！”戴森说：“除了大开杀戒，我们可以采取任何措施。如果我们怀疑某人牵涉其中，就会对其进行窃听，秘密安装麦克风，或者窃取此人的邮件。任何手段都不例外！”

但是，戴森仍然对于法律规定心存疑问：“我是否能在大学宿舍或者校园内安插线人？我是否能够打入学生组织？我还可以做什么？没有人提起相关的法律条文。什么也没有……”

“这有可能葬送联邦调查局，”他说，“联邦调查局的特工也许会遭到逮捕，不是因为他们做错了什么，而是因为他们不知道什么是对什么是错。”在法律上，无法分辨是非相当于精神失常。事实证明，戴森的预言是正确的。一些年后，就像总统最心腹的密友那样，由于在应对左派威胁时采取非法行动，联邦调查局在华盛顿和纽约的高级特工相继面临着牢狱之灾。

有人开始觊觎胡佛的宝座

1969 年 10 月 1 日，尼克松、米切尔和厄立克曼在胡佛的家中共进晚餐。一名白宫顾问对这次罕见的会面进行了记录。他们在“一间肮脏不堪、邋遢透顶的起居室里”饮用鸡尾酒，墙上还挂着很多胡佛与已故电影明星的合影。晚餐是辣椒牛排，餐厅里点着几盏熔岩灯，不停变幻着色彩。用餐结束后，他们又来到胡佛的地下室饮用餐后酒，湿漉漉的吧台上挂着几幅半裸女人的图画。

不过，更吸引人的是他们的谈话内容。“胡佛向我们讲述了联邦调查局半夜三更潜入室内盗取文件的故事，”厄立克曼回忆道，“还有调查局对国内激进分子和外国人开展的行动，我们对此作出了积极和热烈的回应。”尼克松和米切尔“很喜欢这类东西”。晚宴结束后，胡佛完全有理由相信，美国总统希望自己能够采取任何手段，以应对这一威胁。

当年秋天，全国各地约有200万民众举行了反对越南战争的示威游行。联邦调查局发现，他们很难区分挥舞汽油弹的恐怖分子和手举标语牌的示威者。

从十月直到新年以及随后的10年，调查局几乎每天都会收到美国各地左翼组织发动攻击的威胁。他们用炸弹袭击纽约的洛克菲勒中心、密苏里州富兰克林县的法庭和内布拉斯加州苏城的警长办公室。黑豹党对芝加哥警察局发动突袭，在联邦调查局的协助下，当地警方进行还击，并趁他们熟睡之际击毙了该组织两名重要首领。包括黑人解放军在内的黑人民兵团体，他们不仅配备有武器，而且与地下气象员组织沆瀣一气。“他们试图对警察开枪射击，”联邦调查局特工威廉·M.贝克说道，“如果看到白人和黑人警官在一起工作，试图发动革命的黑人解放军就会同时将他们击毙，然后宣布对此事负责。于是，尼克松总统勒令联邦调查局进行追查。”

当年冬天，威廉·沙利文下达命令：取消对一度被胡佛认为属于“非法活动”的禁令。他发誓要不惜一切代价铲除地下气象员组织。沙利文的副官、刚刚晋升为内部安全司司长的查尔斯·D.布伦南表达了同样的愿望。白宫向调查局施加压力，要求他们保卫国家免遭“攻击警方和联邦调查局的左翼势力”的荼毒。布伦南认为，联邦调查局即将面临的是一群准备成立突击队、实施“包括暗杀在内”恐怖行为的激进分子。

全国各地的联邦调查局特工开始对反战示威者和武装暴徒开展一系列新的行动。一支隐秘的卧底队伍携带武器和药品，伪装成激进的越战老兵，试图打入极左翼组织，而其中四五名卧底最终乐不思蜀。“他们就是一群叛徒”，数年后负责控制这支队伍的联邦调查局特工伯纳德·佩雷兹声称。

对于其中一些极端的政治行动，胡佛并不知情。1970年1月1日，胡佛已经年届75岁。沙利文和很多高级特工发现，这位局长的洞察能力、最高权威以及对联邦调查局日常工作的了解程度都在日渐减弱。

“胡佛并不知道，我们命令一些特工进行伪装，他们就像一群穿着牛仔裤的孩子，已经打入了示威者当中，”负责基辛格窃听行动日常事务的联邦调查局特工考特兰·琼斯说道，“胡佛对此的反应是：谁授权他们这样做？”

“他已经与现实脱节，”琼斯说，“在他死前几年，他就应该主动隐退，但胡佛永远不会这样做，也不会容忍他人取代自己。”

只有一个人为了胡佛的宝座不惜以身涉险，但最终功败垂成。这个人就是威廉·沙利文，而他对联邦调查局最深的隐秘了如指掌。

第 34 章

胡佛已成孤家寡人

半个世纪以来，胡佛一直是美国的反革命首领，而现在他的绝对权威已经不复存在。

无论是白宫还是联邦调查局内部都有他的敌人，他们开始鼓起勇气，试图扳倒胡佛。总统和司法部部长开始谈论，谁能够取而代之，而胡佛也已经丧失了昔日权力的主要来源——秘密情报。

1970 年 6 月 1 日星期一，胡佛作出了一项重大决定。后来，他将其称为自己“有生以来犯过的最严重的错误”。胡佛决定让威廉·沙利文担任自己的最高指挥官，负责联邦调查局所有的刑事调查和情报行动。除此之外，沙利文还掌管着联邦调查局繁重的日常事务，因此很多同僚将其称为“疯狂比利”(比利是对威廉·沙利文的昵称。——译者注)。

胡佛以为沙利文对自己忠心耿耿。在过去沙利文的确如此，但现在，作为情报行动的创始人和执掌者，沙利文开始对胡佛反复无常的高压手段愤愤不平，他向自己在中情局的好友和白宫的联络人抱怨说，他的顶头上司已经开始畏缩不前。他说，联邦调查局即将输掉与左翼激进势力的斗争。沙利文向中情局局长理查德·赫尔姆斯进言，“调查局应当未雨绸缪，而不是坐以待毙。”

现在，他终于得到了直接向总统汇报有关案件进展的机会。

尼克松知道，沙利文是基辛格窃听行动的负责人，他的任务是对华盛顿著名记者和专栏作家以及他们在政界高层中的可疑消息来源进行监控。一年以前，当沙利文为这次行动安装第一枚窃听器后，尼克松派遣年仅 29 岁、野心勃勃的白宫律师汤姆·查尔斯·休斯顿来到联邦调查局与沙利文会面。休斯顿曾经是一名陆军情报官员和“青年自由组织”的领导人，尼克松对他青睐有加，经常称他为“傲慢的家伙”，并委任他负责白宫所有的情报联络员。

沙利文意识到，这位总统助理能够为自己打开通向椭圆办公室的大门。在 1969 至 1970 年与休斯顿秘密会面期间，沙利文对其进行拉拢，称赞他聪明睿智、富有远见。休斯顿也对沙利文予以褒扬。“我认为，在政府内部，没有人像你一样值得我尊敬。”休斯顿说道。

休斯顿为尼克松总统敦促沙利文追捕美国政治动乱的赞助人，寻找左翼极端分子和黑人民兵组织的证据。然而，令尼克松感到不悦的是，他的要求并没有得到满足。“尼克松对获得的情报感到十分不满，”德克·德洛克说，“他开始向联邦调查局索要越来越多的情报，以证明是外国叛乱势力引起了国内的骚乱。”于是，沙利文不断向手下施加压力。“要是不能证明苏联人是激进分子和学生骚乱的幕后主使，我们都得吃不了兜着走，”在情报工作中脱颖而出的年轻特工吉姆·诺兰表示，“但我们知道事实并非如此。这些学生只会让苏联人感到恐惧不已。”

沙利文将情报工作的失败归咎于胡佛。他告诉休斯顿，胡佛一怒之下切断了与中情局及军方的所有官方往来，而对于白宫想要了解的秘密，联邦调查局缺少反情报调查的技巧；在对美国民众，尤其是 21 岁以下的学生进行调查时，调查局需要更多的行动自由；窃听、偷录和秘密入室的限制只能束缚他们的手脚。休斯顿将沙利文的看法转告了尼克松，而总统对此深信不疑。他严厉申斥自己的顾问，称他们递交的国内外敌人机密报告只不过是一堆毫无意义的废纸。

截至 1970 年春，沙利文制定了一项计划，以满足总统对秘密情报的渴求，并且毛遂自荐成为胡佛的接班人。随着沙利文在白宫大放异彩，胡佛开始变得黯然失色。

胡佛已成绊脚石

1970 年 6 月 5 日，尼克松在白宫召见了胡佛和赫尔姆斯。此外，参加这次会议的还有国家安全局局长海军上将诺埃尔·盖勒和国防情报局局长唐纳德·班尼特中将。

“总统对我们进行了严厉呵斥。”班尼特回忆道。

国内外战争一触即发。当尼克松入侵柬埔寨，越南战争升级后，全国上下的大学校园里顿时炸开了锅。国家警备队在俄亥俄州肯特州立大学击毙了4名学生。当年5月，共发生了100多起爆炸、纵火和枪击案件。当时，地下气象员组织和黑豹党的领导人身在古巴和阿尔及利亚进行说教，他们已经向外界证明，他们可以随时随地对征兵局、警察局和银行发动袭击。

总统表示，当前“革命恐怖”是对美国最严重的威胁。成千上万年轻的美国民众“决心摧毁我们的国家”；他们在本土产生的思想与从古巴、苏联输入的思想“同样危险”。“有效的情报工作，”他说，“是阻止恐怖主义的最佳途径。”

尼克松要求“制定一个遏制那些妄图摧毁我们国家的非法活动的计划”，而沙利文早已成竹在胸。两年前，他就开始着手此事，即取消对搜集情报的限制。为了达到上述目标，白宫批准了沙利文的申请。

沙利文召集美国间谍工作主要负责人及其副官，先后召开了5次会议。“如果单打独斗，我们每一个情报机构都规模小、力量有限，”6月8日，他在联邦调查局总部召开的首次会议上说，“如果我们携起手来，我们的力量就会无限放大。通过联合行动，我们能够极大地提升搜集情报的潜能。我相信，届时我们一定能够得到总统想要的答案。”他的一番话在这些老派间谍中重新燃起希望。“我认为这几次会议是一个最佳契机，我们可以重新启用需要的手段，”联邦调查局负责苏联反情报行动的比尔·克里加尔说道，“沙利文也持同样的观点。”两人深知，阻碍他们计划的唯一障碍就是胡佛。他不希望联邦调查局与中情局或者其他任何情报机构合作。恰恰相反，他彻底切断了与其他机构的所有往来，休斯顿和沙利文之间的联系是调查局与其他政府部门唯一的联系。

这项行动被命名为“休斯顿计划”，虽然如此，但几大部分的事情都是沙利文的功劳。随后，休斯顿计划得到了美国总统的秘密许可。

这项计划呼吁联合美国的所有情报机构，拆除他们之间的壁垒，取消在国内搜集情报的限制。联邦调查局和其他情报机构的特工可以任意对美国公民的国际通信进行监控，加强对美国异议人士的电子监听，拆阅他们的邮件，潜入他们的住宅和办公室，在大学校园的新生中扶植线人……总而言之，与中情局和五角大楼通力合作，延续联邦调查局数十年来的做法，甚至有过之而无不及。

这项计划秉承了总统对国家安全的看法，即为此可以不惜一切代价。尼克松知道，拆阅邮件是重罪，而秘密入室属于盗窃行为。但是，它们是搜集情报的最佳手段。尼克松认为，如果这样做的那个人是美国总统，那么这些做法就不属于违法行为。

7 月 14 日，在休斯顿将这项计划交给白宫后，总统表示首肯，但胡佛却予以反对。当胡佛得知这项行动出自沙利文的批准，而非尼克松的授权时，他“火冒三丈”，沙利文回忆道。此时，总统尚未正式签署这些计划，只是在口头上表示应允。“这等于让我独自一人作出决定，”沙利文说，“虽然我已经这样做了很多年，但我决不会再承担这个责任……这种做法变得越来越危险，我们很可能会被发现。”

胡佛要求会见尼克松，并且毫不畏惧地逼视着总统。

尼克松认为，“在发生恐怖主义危机时”，这项计划“不仅无可非议，而且责任重大”。但他也意识到，如果胡佛趑趄不前，“无论我作出任何决定都无济于事，即使我对他签发直接命令，我也很怀疑他是否会遵照执行。他一定会想方设法让我收回成命，而且没有丝毫递交辞呈以示抗议的可能。”

在胡佛的要挟下，尼克松撤销了这项计划。但是，白宫的圈内人士开始对胡佛表示谴责，认为他在应对革命恐怖主义时是一个不可靠的同盟。“必须让胡佛明白，谁才是总统，”8 月 5 日，休斯顿告诉霍尔德曼说，“他已经变得不可理喻，其所作所为有损于我们的内部安全行动……如果让他得逞，就会显得他的权力甚至比总统更大。”

白宫新任顾问是一位 31 岁的律师，名叫约翰·W. 迪恩。迪恩与沙利文携手，开始设法挽救这项计划。尽管胡佛表示反对，但是电子监控和秘密入室行动却有增无减。联邦调查局开始招募年仅 18 岁的线人，并且扩大对左翼组织的卧底行动。联邦调查局的这群新招募的队伍规模虽小，但一直在不断壮大。他们的长相外貌、穿着打扮和言行举止都与他们的目标毫无二致。他们相互关爱，团结协作。这些特工自称他们是一群“蓄着胡须、皮肤黝黑、举止粗俗”的人。这些行动有些是出自沙利文的批准，有些是出自司法部部长米切尔的授权，也有时候是来自总统的命令。

现在，联邦调查局最有力的武器已经从胡佛转到了尼克松的政治党羽那里。他们认为，国家安全可以凌驾于法律之上。他们的最高使命，就是确保总统连任成功。

怎样才能让那个老家伙辞职

总统开始考虑迫使胡佛辞职。“总统与米切尔和我进行了两个小时的密谈，”1971 年 2 月 4 日，霍尔德曼在日记中写道，“我们商讨了有关胡佛的全部问题，以及他是否应当继续担任联邦调查局局长。”

尼克松选择了迂回战术。他告诉米切尔在司法部内重设内部安全司，并将其置于司法部副部长罗伯特·马迪安的管辖之下。虽然马迪安是一名积极的反共人士，但胡佛却对他非常蔑视。尼克松命令马迪安和沙利文携手，就像“胡佛过去的做法那样”，对左翼势力开展情报行动。在言辞之间，他已经把胡佛看作一个过往的人物。尼克松知道，他的这一命令必将“招致抵抗”，霍尔德曼写道：“总统明确表示，要在他的第一届任期结束前，将胡佛取而代之。我们要将总统的态度传达给胡佛，迫使他提出辞职。”

司法部部长开始物色接替胡佛的人选，其中最有竞争力的当属沙利文，但是米切尔认为，沙利文不仅喜欢四处攀龙附凤，而且野心勃勃、工于心计。胡佛至少有 3 名手下为这一职位展开了角逐。一时间，司法部的走廊里充斥着各种各样的流言蜚语。“我先后 5 次听说，胡佛即将被总统解雇。”马迪安说道。

就在尼克松政府中的敌人联手，试图剔除这位联邦调查局局长的同时，胡佛在左翼势力中的敌人对调查局发动了破坏性的致命攻击。他们秘密潜入了联邦调查局。1971 年 3 月 8 日，一帮窃贼闯入宾夕法尼亚州米迪亚的办事处，该办事处位于费城人烟稀少的郊外，不仅没有任何安全系统，而且防卫松散，仅有两人值守。窃贼轻而易举地撬开了一间办公室的玻璃门，从 204 房间的秘密档案中偷走了至少 800 份文件。这个自称为“联邦调查局公民调查委员会”的组织从未解释为什么他们要对米迪亚下手。次日黎明时分，办公楼的负责人巴里·格林来到这里后，发现到处都是联邦调查局的特工和警察。他们“跑来跑去，想要弄清这是谁干的，以及他们是怎么做到的，”格林回忆道，“什么人胆敢闯入了联邦调查局的办公室？这简直不可思议。”

对于这起偷盗事件，胡佛的反应好像有刺客掏出了他的心脏。他怀疑这些窃贼与激进的天主教牧师丹尼尔和菲利普·贝里根有关。这两位牧师曾经由于破坏征兵文件而入狱。胡佛没有任何证据，但却公然指责他们图谋不轨并且想要绑架基辛格。胡佛向白宫保证，要立即将肇事者捉拿归案。联邦调查局在全国范围内开展了6年之久的大规模调查，但没有任何人被定罪，而这起案件也始终没有破获。

联邦调查局公民调查委员会将到手的档案复印后，寄给了国会和媒体。直到数周甚至数月以后，记者们才逐渐理清其中的头绪。这些文件断断续续地记录了联邦调查局利用线人打入22所大学校园的卧底行动以及对费城黑豹党开展的窃听活动。一年以后，才有一名记者破译了这些文件中出现的一个词语——COINTELPRO。在联邦调查局以外,没有人了解这项反情报计划。

为了防止联邦调查局的隐秘暴露于众目睽睽之下，在米迪亚事件发生6周后，胡佛下令终止反情报计划。数百项行动因此中途夭折，其中大部分都是针对左翼势力开展的。胡佛的做法激怒了该行动的负责人沙利文。他告诉自己的盟友，胡佛封存了联邦调查局用于扰乱和摧毁敌人的最有力的武器。

几周以后，尼克松重新启动了这些行动。

尼克松亲自上阵

白宫刚刚安装的录音带开始不停地转动，不仅记录了尼克松与胡佛过去的友谊，还有他们现在的摩擦。

5月26日，胡佛在椭圆办公室回忆起约翰逊总统和司法部部长罗伯特·肯尼迪之间的宿怨。胡佛声称，他曾经发出警告，在1964年的民主党全国大会上，肯尼迪试图“使用卑鄙伎俩赢得约翰逊的提名”。

“我就是因此与罗伯特交恶的。”胡佛表示。

“与罗伯特跳舞？”尼克松问。

“不，与他交恶。”胡佛闻言不由笑了起来。

接着，尼克松模仿起约翰逊的口气：“如果没有胡佛，我就无法履行总统的职责。记住，不要让那些混蛋逮到你。”说完，两人开怀大笑。

当天晚些时候，尼克松打电话给胡佛，要他不惜采取任何手段，找到杀害两名纽约警察的黑人解放军成员。“我们需要掌握的国家安全信息是无限的，”尼克松说道，“对吗？你告诉司法部部长，这就是我的建议，我的命令，然后你来负责。你同意吗？”

“我完全同意。”胡佛回答。

“以上帝的名义发誓，我们一定要抓住这些混蛋。”总统说。

“我会全力以赴开展情报工作。”胡佛答道。

“要采取一切手段，”尼克松说，“包括窃听、监控在内的一切手段。”总统抬出了国家安全的大旗，而胡佛只能例行公事地表示应允。

两周以后，《纽约时报》陆续刊登了五角大楼关于越南战争一些高度机密的记录。这些文件是国防部的平民分析员丹尼尔·埃尔斯伯格盗走的。埃尔斯伯格是一名坚定的反战活动人士，几个月来，他一直想透露这些文件的内容。胡佛和沙利文很快就认定，埃尔斯伯格是这起案件的主要嫌疑人。

6 月 17 日，霍尔德曼告诉总统，他认为华盛顿智囊团布鲁克林研究院也许持有不利于埃尔斯伯格的证据。尼克松立即想到了一个主意，那就是以其人之道还治其人之身。“你还记得休斯顿计划吗？按照这项计划执行，”总统说，“见鬼，闯进那里，撬开他们的保险箱，拿走那些文件。”

尼克松迫不及待地想要获得更多政治情报，并且为此成立了一支入室盗窃和窃听的队伍。他亲自授权在白宫建立一个有能力执行此类任务的秘密团队，团队成员被戏称为“水管工”。因为在成立之初，他们的任务是堵塞那些让总统烦恼不已的漏洞。这些“水管工”以总统的名义秘密潜入室内，进行窃听偷录，散布虚假消息。

他们的首领是一位名叫 G. 戈登·里迪的怪才。从 1957 至 1962 年，里迪在联邦调查局总部任职，并晋升为警督。随后，他学会了秘密反情报技术。里迪被安排到“再选举委员会”担任总行动顾问，而该委员会主席正是司法部部长约翰·米切尔。里迪负责拟定计划，然后亲自送到部长的办公室。他们的目标是，派遣秘密特工绑架反战领导人，暗中将其解往墨西哥；在游艇内设置窃听器，利用妓女诱捕自由派政客；在尼克松对手的阵营内扶植线人；对 1972 年总统大选的民主党总部进行窃听。上述行动约花掉了大约 100 万美元。米切尔并不赞成进行绑架勒索，事后他不无懊丧地表示，当时他应该将里迪扔出窗外，但最终这项间谍方案还是得以通过。

从始至终，里迪几乎弄砸了所有的行动。在第一次任务中，他潜入埃尔斯伯格精神病医生的办公室，但没有找到能够用于定罪的文件。9 个月后，在最后一次任务中，他和自己的同行——几名前联邦调查局和中情局特工，在民主党位于水门大厦的总部安装窃听器时被当场抓获。

“为什么会在水门出事？”联邦调查局的爱德华·米勒感到不解。这位有着多年秘密入室和窃听经验的特工很快便接替沙利文，成为调查局的第3号人物。“这完全是因为沙利文在白宫造成的影响……他们热衷于秘密入室，并且将其视作能够破获重大案件的调查技巧，所以白宫才决定组建自己的队伍。”

这就意味着，如果胡佛不愿意执行总统强加给他的肮脏任务，尼克松将会亲自上阵。

一场旨在推翻胡佛的阴谋

总统之所以要建立一支“水管工”队伍，是因为在他看来，胡佛已经丧失了从事政治斗争的勇气。3年以后，很多针对尼克松的弹劾议案都提到了他对联邦调查局的不满、对秘密情报的渴求以及随之而来的非法入室和窃听事件。

五角大楼一案是这次事件的转折点。埃尔斯伯格一度转入地下，并于1971年6月28日投案自首。根据1917年的《反间谍法》，联邦调查局不得不对此进行立案侦查，这就意味着埃尔斯伯格将被判处终生监禁。但是，“胡佛拒绝对此案开展调查”，尼克松说，“所以我们才到那里进行调查。事情就是这样简单。”

次日，一场旨在推翻胡佛的阴谋开始暗中展开。

埃尔斯伯格一案的结局“十分离奇”，尼克松回忆道，“胡佛之所以拒绝进行调查，是因为马克斯的女儿嫁给了埃尔斯伯格这个混蛋。”不过，尼克松指出，“这个混蛋”的岳父既不是卡尔·马克斯，也不是格劳乔·马克斯，而是路易斯·马克斯。路易斯·马克斯是一名富有的玩具制造商，每年都会向胡佛经办的慈善机构捐款，并且在总部被正式列为联邦调查局的朋友。沙利文及其情报工作负责人查尔斯·布伦南决定，在埃尔斯伯格案件中，必须对马克斯进行审问，而后者也已经准备出庭作证。虽然胡佛极力反对，但审讯还是如期进行。最终，胡佛解除了布伦南作为情报司司长的职务。

沙利文感到大为恼怒，他开始在联邦调查局的高官中组织反叛。白宫和司法部部长很快就得知此事。6 月 29 日，米切尔告诉总统，在联邦调查局，一场政变正在酝酿之中。“从风纪方面来看，胡佛是对的。从决断方面来看，他是错的，”尼克松告诉米切尔，“他不能，我认为你应当告诉他，明天我就要在联邦调查局的毕业典礼上致辞，而且埃尔斯伯格一案事关重大，这个时候，他不能做出任何有可能在联邦调查局内部引起争论的事情，否则就会乱作一团。他们会说：‘这个反复无常的老家伙再次故伎重演。’这就是我的看法。”

米切尔答道：“这件事情毫无疑问，总统阁下。我认为这只不过是他的最后一搏。”

尼克松说：“你告诉他：‘我已经和总统谈过此事，埃德加，总统不希望在风纪问题上驳回你的决定，因为这只会让你难堪，但是他感到非常不满。你也知道，他就要前往联邦调查局发表演讲。风纪问题固然重要，但他坚持认为，埃尔斯伯格一案不应该成为调查局内讧的原因。’这样说可以吗？”

“是的，阁下，”米切尔答道，“我们不妨这样试一试，看事情会如何发展。我希望到时候他不会勃然大怒，举止失常。”

尼克松说：“如果是这样的话，我可以随时恭候。”

6 月 30 日，最高法院判决，媒体有权在报纸上刊登五角大楼的文件。当法官宣布这一判决时，尼克松正当着联邦调查局培训学院的 100 名毕业生对胡佛进行称颂。

“从年轻时起，作为一名国会议员，在许多对颠覆活动展开的重大调查中，我就曾经与他和联邦调查局的其他人在一起工作，”尼克松说，“我想要告诉你们，任何一个坚定有力、一个为了自己的信念奋起斗争、一个英勇无畏的人都会引起争议。我想要说，在他的身上也许存在争议，但是大多数美国人民都会对胡佛先生表示支持。”

问题是尼克松和胡佛是否仍然支持对方。次日，两人通了电话。尼克松问胡佛，最高法院的判决对埃尔斯伯格一案的诉讼意味着什么。

尼克松：你对公众舆论有什么看法，埃德加？我想要知道。

胡佛：我对公众舆论的看法，总统阁下，就是你应当对此保持绝对沉默。

尼克松：你会吗？

胡佛：我会……我认为，我们在埃尔斯伯格案件上的做法应当格外谨慎。因为他们想要把他描写成一个受人同情的殉道者，全国各地的媒体肯定会对此大肆渲染。再加上最高法院现在的说法，我很怀疑我们是否能够为他定罪。

总统感到异常愤怒。“昨天晚上，我和胡佛谈过此事。在这起案件上，他不会像我想像的那样坚定，”尼克松向霍尔德曼抱怨道，“肯定有什么事情拖住了他。”

“您认为联邦调查局不会就此进行追查吗？”霍尔德曼问道。

“是的，尤其是在事关政治阴谋时，”尼克松表示，“我希望对所有人进行追查。我对埃尔斯伯格一案并不怎么感兴趣，但是我们必须对这个阴谋集团的每一个成员进行调查。”

尼克松从骨子里相信，反对自己的是一个由从共产主义独裁国家的情报机构到民主党自由派人士组成的左翼阴谋集团，而在这场斗争中，西方文明的命运岌岌可危。7 月 6 日，尼克松来到国家档案馆和《美国宪法》手稿的所在地，这栋建筑物的外侧矗立着一根根圆柱。“当我看到这些圆柱时，”在对报社和电视台发表演讲时，他说，“我想起了古希腊和罗马。”

“他们丧失了生存的意志，”尼克松说，“他们自甘堕落，最终导致了文明的湮灭。现在，美国已经走到了这个阶段。”

谁更合适做局长

威廉·沙利文下定决心：胡佛必须离开联邦调查局。沙利文找到司法部内部安全司司长罗伯特·马迪安，手中拿着自己的致命武器——两个装有基辛格窃听行动的录音文本和内容节略的手提箱。在这次行动中，沙利文在未经授权的情况下对尼克松的助理和白宫记者进行了监听。

沙利文表示，胡佛可能利用这些文件要挟美国总统。他的说法令人震惊，但似乎不太可能。马迪案感到十分惊恐，他立即拨通了白宫的电话，总统顿时心生警惕。

“总统表示会在次日召见胡佛，并且要求他递交辞呈，”9 月 17 日星期五，霍尔德曼在日记中写道。但是，当天晚些时候，尼克松开始畏缩不前。

他推迟了这次会面的时间，并试图说服司法部部长由他转告胡佛在 77 岁生日,即 1972 年元旦下台。米切尔说,胡佛决不会服从任何人要他辞职的命令,除非下达命令的这个人是总统。

9 月 20 日，星期一早晨 8 点半，惴惴不安的尼克松邀请胡佛到白宫共进早餐。胡佛的表演十分出色。“他想要证明，虽然他年事已高，但仍然体格健康、精神矍铄、思维清晰，有能力继续担任这一职务，”尼克松在自己的回忆录中写道，“我尽可能委婉含蓄地指出，作为一位头脑敏锐的政治家，他一定会意识到，人们对他的攻击正在不断升级。”然而，尼克松的说法过于隐晦。胡佛答道：“比起其他任何事情来，我最希望的就是看到你在 1972 年连任成功。如果你认为我继续担任调查局长会影响到你获胜的几率，不妨对我直言相告。”

总统顿时锐气尽失。“当天夜间，”霍尔德曼写道，“关于胡佛，总统对我的说法与早餐时分的表现大相径庭。他说，看来这一次胡佛是走不了了。显然，胡佛不肯上钩，而是想要继续留任。他认为，这种局面只会对总统有利。只要总统认为这是出于政治需要，他就会一直拖延下去。”

10 天以后，胡佛解雇了威廉 · 沙利文，并将他与先前的办公室隔离了开来，理由是他精神失常。就连沙利文过去最忠诚的手下也开始认同胡佛的说法。“他有可能已经精神崩溃，”雷 · 沃纳尔写道。沃纳尔是调查局的一名高级情报官员，早在 1947 年就结识了沙利文。“也许是他太想成为联邦调查局局长了。”

在被迫离开调查局的当天，沙利文试图带走自己的档案，但是未能如愿。其中很多文件都有可能导致定罪，包括他写给马丁 · 路德 · 金匿名信的副本。在走廊里，沙利文遇到了一个名叫马克 · 费尔特的资深特工。37 岁的费尔特身材颀长、老于世故，被胡佛选中接替沙利文的位置。费尔特想要找到沙利文偷走的窃听行动的节略，但无功而返。他认为，沙利文已经成了一个叛徒，妄图“利用尼克松政府在政治上的多疑和执迷”为自己攫取权力。

费尔特将沙利文称作“犹大”。他们差一点儿就因此挥拳相向。沙利文一怒之下永远离开了联邦调查局。

费尔特来到胡佛的办公室，向他报告了这场争吵。胡佛一边听着，一边悲伤地摇摇头，两眼凝视着窗外。他一直担心内部有人会背叛自己。“没有人能够毁掉我这么多年来建立起来的一切。”胡佛写道。现在，费尔特第一次看到胡佛的真实面目：一个高高在上、孤立无援的老人，没有人再对他阿谀奉承，他对未来充满了恐惧。

关于联邦调查局的争论日益加剧。整个十月，胡佛的命运成了椭圆办公室内激烈辩论的主题。

米切尔：在马迪安的保险箱里，我们掌握着对基辛格手下和新闻记者背景调查和窃听活动的录音带和记录……

厄立克曼：我们掌握了联邦调查局的所有副本。

米切尔：胡佛已经掘地三尺，想要找到它们……在胡佛有可能炸毁保险箱之前，我们是否应当把它们从马迪安的办公室里拿出来？

厄立克曼：没有了这些档案的副本，胡佛感到异常不安，因为有了它们，他就可以对米切尔和您进行要挟，因为这些档案是非法的……他手下的特工正在到处审问，想要找到它们……

尼克松：他自己没有保存副本吗？

厄立克曼：没有，这些副本在我们这里。沙利文将它们偷了出来交给了马迪安。

米切尔：胡佛没有对我谈起此事，而是派出手下的盖世太保四处搜索……我想要告诉您，我只想对他直言相告，这肯定会引起激烈冲突……我不清楚我们究竟打算怎么办，我们是否要重新考虑胡佛的去留，还是我不得不继续忍受……

尼克松：我认为他应该激流勇退，因为胡佛本身已经成了一个问题……至少他也太老了。

米切尔：没错，他已经年老体弱。

尼克松：他早就应该离开那里。也许可以这样，不过我有些怀疑，我不知道，也许，也许我可以打电话叫他过来，然后劝他辞职。

米切尔：要我跟他当面对峙吗？

尼克松：如果他离开，那只能出于他自己的选择。在这一点上，我们束手无策，所以我们才会麻烦不断……我想他大概会干到 100 岁。我认为他喜欢这个职务……他喜欢这个职务。

米切尔：他至死也不会离开那里。

霍尔德曼、厄立克曼、米切尔和迪恩一致同意，总统应当迫使胡佛辞职。

现在，尼克松总统的任期到了千钧一发的关头。一旦失去胡佛的忠诚，事情的后果也许无法承受。为了保住自己的权力，这位联邦调查局局长将会做出怎样的举动？他们不约而同地想起了要挟一词。

“不能让胡佛暴跳如雷，拂袖而去，”尼克松说，“必须有一个人向他挑明事实，包括我在内。”

一种可怕的念头就是，胡佛有可能推翻美国政府，这种想法让总统惊恐不已。“我的意思是说，他把自己当作一个爱国主义者，但现在他的做法就像麦卡锡一样。”尼克松说。他是否会像参议员麦卡锡一样，妄图颠覆美国国家安全的中流砥柱？

经过一番紧张的思索后，尼克松认为，为什么不让沙利文复出呢？

厄立克曼喜欢这个主意。“在秘密窃听行动中，沙利文对您惟命是从。”他提醒总统。

尼克松：他会不会向胡佛告密？

厄立克曼：这要取决于我们如何对待他……

尼克松：我们能为他做些什么？我想我们最好这样做。

厄立克曼：他想要的肯定是为自己正名。他实际上是被扫地出门的，所以他想要的就是光荣退休。我想，如果您这样做，就会激怒胡佛。现在我们必须进行周密筹划……

尼克松：可他是一个投机取巧的小人……

厄立克曼：我们可以对他加以利用……他不仅掌握着大量信息，而且熟悉所有的情报工作。

尼克松多次考虑想让沙利文成为联邦调查局局长。“这个该死的岗位上必须有一个专业人员，”有一次，他自言自语地说，“沙利文就是合适的人选。”

谁才是背叛者

就在白宫就胡佛的前途展开争论之际，一封来自沙利文的信寄到了胡佛的家中。在这封介于绝交信和遗书之间的信件中，沙利文对胡佛进行了激烈的抨击。“我决定与你彻底断绝往来,这对我来说极其痛苦。”他写道。但是，沙利文表示，他不得不告诉胡佛，“这都是你对调查局及其工作造成的危害引起的后果。”

就像刑事起诉书一样，沙利文在这封 27 段的信中对胡佛进行一桩桩的谴责。其中，有些涉及胡佛的极端偏见，比如联邦调查局的特工 99.4% 是白人，而 100% 都是男性；有些谈到了胡佛利用调查局的资金谋取私利，维持自己豪华的住宅和奢侈的生活；还有一些指出了胡佛对美国情报工作造成的危害，比如切断调查局与中情局之间的联系；此外，沙利文甚至指责胡佛叛国。

“你取消了我们旨在搜寻和阻止敌人的重大行动。”他写道。沙利文指的是反情报计划以及联邦调查局秘密潜入外国大使馆的行动。“你肯定知道，在美国东岸有多少间谍正在开展活动。直到这个星期，也就是我永远离开联邦调查局的一周，你仍然没有找到一名间谍。你一定知道，这些间谍最重要的目标就是获取我们的军事机密，让我们的国防力量形同虚设。胡佛先生，你有没有想过？你还会不会清醒地思考？难道你不认为，你正在背叛我们的政府和人民？”

沙利文对胡佛的个人崇拜情结发起了最猛烈的抨击。“由于掌握着巨大的权力，你在自己的周围创造了神话般的氛围，让自己成了一个传奇人物，”他写道，“为了让你成为一个传奇，我们费尽心机。我们不会让你接触任何有可能令你不快的消息，传到你办公室里的都是你想要听到的东西……这就像是一场游戏，一场致命的游戏。我们所做的一切就是为了让你脱离现实世界，然而随着时间的推移，你的决定越来越令人难以容忍。”最后，沙利文向胡佛提出了一个请求，“我委婉地建议，为了你的利益，为了联邦调查局、美国情报界和执法部门的利益，请你主动隐退。”沙利文将这封信的梗概透露给了他在白宫的朋友，还有一群记者和专栏作家。华盛顿的新闻界开始出现传言：联邦调查局内部正在发动一场政变，胡佛的权杖正从手中滑脱出去。

“随着对他的政治攻讦日渐加剧，”马克·费尔特写道，“胡佛就像一个孤家寡人。他开始担心，自己毕生的心血即将毁于一旦。”

白宫的总统也逐渐疏远胡佛。1971 年末，尼克松最后一次宴请胡佛。圣诞节前后，总统邀请他来到自己在佛罗里达州必斯肯礁岛的庄园。新年前夜，在他们乘坐“空军一号”返回华盛顿的途中，尼克松准备了一个蛋糕，为胡佛庆祝 77 岁寿辰。在接下来的 4 个月中，白宫日志显示，尼克松与胡佛之间只通过 3 次话，一共不到 8 分钟。除此以外便是沉默。

1972 年 4 月 6 日，联邦调查局最后一次记录了胡佛的谈话。当 30 年来为胡佛追捕共产党的雷·沃纳尔来到局长办公室接受晋升时，胡佛悲伤地谈起了过去发生的事情。“沙利文这个混蛋竟敢欺骗我，”他说，“他纯粹是在愚弄我。我对他就像自己的孩子，但是他却背叛了我。”胡佛喋喋不休地唠叨了半个小时，然后才与沃纳尔道别。

第四部分

恐怖主义阴影下的 FBI

尼克松、福特、卡特、里根、老布什、克林顿、小布什、奥巴马时期的 FBI：1972 ~ 2011

"9·11" 事件发生后，布什总统在联邦调查局总部发表演讲："将为恶者捉拿归案。"

不可否认，胡佛是联邦调查局一个不朽的传奇。他死后的联邦调查局就如一盘散沙，其根基不断受到冲击。直到"9·11"事件的发生，美国人才如梦初醒，人们开始怀疑联邦调查局存在的意义。窃听和偷录是否还要继续，联邦调查局在饱受非议声中艰难前行。随着恐怖主义威胁的不断加深，曾经各自为政的中情局和联邦调查局也开始通力合作，然而等待他们的会不会是下一个"9·11"惨剧……

第35章

谁能比得上胡佛？

1972年5月2日的黎明之前，天色仍然一片漆黑，胡佛在睡梦中死去。当一辆载着胡佛棺材的黑色灵车停在国会大厦的圆形大厅中时，雨一直下个不停。在距离他出生地半英里远的地方，胡佛被埋葬在他父母的身旁。时隔40年后，他所创造的神话和传奇仍然没有破灭。

“哦，他死得可真是时候，难道不是吗？”尼克松说：“要是让他离开自己的办公室，他肯定会一命呜呼的。”

胡佛的灵柩离开国会大厦几分钟后，代理司法部部长理查德·克兰丁斯特打电话给他在司法部最忠诚的助理L. 帕特里克·格雷。

“帕特，我准备任命你为联邦调查局代理局长。”他说。

“你一定是在开玩笑。”格雷答道。

迄今为止，55岁的格雷拥有过的最大的权力就是指挥一艘潜水艇。格雷留着海军的发式，下巴略显突出。他思想顽固，为人正直，是尼克松的追随者之一。25年前，格雷就认识了尼克松，并且对他十分尊敬。总统看中的是他的一个优点：只要是尼克松的命令，他一定执行。现在，总统准备把胡佛留下的遗产托付于他。

5月4日，在参加过胡佛葬礼之后，格雷来到白宫。尼克松对他进行了指示。“永远，永远不要把任何人当作你的朋友，”总统说道，“永远，永远，永远不要……你必须成为一个阴谋家。你必须做到绝对的冷酷无情。从表面上看，你应当十分友善，但你的内心必须像钢铁般顽强。相信我，这就是执掌联邦调查局的方式。”

但是，格雷不仅没有钢铁般的意志，而且很容易受到他人的影响。对于如何掌管联邦调查局，他完全没有把握。格雷担心，“人们会认为他‘擅自将胡佛扫入历史的垃圾堆，按照自己的意愿重新塑造联邦调查局，’”格雷在自己的回忆录中写道。这本回忆录直至他死后才出版。他对调查局几乎一无所知。他不了解这里的传统和风俗。他也无法理解调查局高级官员的一举一动。就像格雷所写的那样，直到后来，他才逐渐发现，“他们尽可能地相互说谎，相互欺骗。”

此后，联邦调查局步入了一个黑暗时代。在短短数月的时间里，帕特里克·格雷、调查局的2号人物马克·费尔特以及情报负责人爱德华·米勒几乎将胡佛亲手建起的这座大厦毁于一旦。

“胡佛死后，”米勒不无伤感地回忆道，“我们乱成了一团。”

水门事件

在1968年的总统大选中，阿拉巴马州州长乔治·华莱士获得了将近1000万张选票，但他却是一个种族主义者。1972年5月15日，华莱士在竞选活动中被一名狂热的持枪歹徒击中后严重受伤。尼克松立即打电话到联邦调查局。

马克·费尔特接起了电话。

“刺客布雷默的身体状况良好，”费尔特汇报道，“他被划破了几道口子，身上有一些擦伤，还有——”

“很好！”尼克松说：“我倒是希望他们狠狠地揍他一顿。”

费尔特笑了起来。“精神病医生对他进行了检查，”他补充说道，“这个人的脑子有点毛病。”

尼克松想要他明白一件事。“一定要确保不再重蹈覆辙。在肯尼迪被刺事件中，我们的追查远远不够。懂不懂？”随后，他直奔主题：“记住，联邦调查局现在大权在握，所以必须负起责任。我不希望出现任何闪失，知道吗？”

“这件事情没有问题，”费尔特不假思索地答道，“在这里一切都是您说了算。”这正是尼克松想要听到的话。“很好，”他说，“好了，我们感谢你的协助。谢谢。”谈话到此结束。“好的，总统阁下，”费尔特说道，“再见。”从此以后，他们再也没有通过电话。

费尔特掌管总部的时间要远比他预期的长。格雷一直都在旅途上，他参观了联邦调查局在美国境内的59个办事处，会见了每一名在当地负责的特别探员。由于这名代理局长很少露面，所以总部的特工开始将其称为“三天格雷”。6月17日星期五，他在洛杉矶南部的纽波特酒店入住。在同一家酒店下榻的还有“支持总统连任委员会”的主席约翰·米切尔及其心腹助手、司法部前内部安全司司长罗伯特·马迪安。

同一周末，华盛顿发生了一起骇人听闻的事件。

哥伦比亚特区警方在民主党全国委员会位于水门大厦的总部逮捕了5名嫌疑人，其中包括前联邦调查局和中情局特工、现在负责支持总统连任委员会安全工作的詹姆斯·麦科德。他们手持盗窃工具和电子设施，还有一个看似烟雾探测器的东西，警方怀疑这是一枚炸弹。实际上，这是一个复杂的电子窃听装置。几名嫌疑人的口袋里还装有不少崭新的百元大钞和水门大厦的钥匙，为首者正是前联邦调查局特工、支持总统连任委员会顾问、野心勃勃的戈登·里迪和前中情局官员E. 霍华德·亨特。联邦调查局很快确认，他们服务的对象是美国总统。

6月17日，星期天的早晨，联邦调查局重大刑事案件负责人、特别探员丹尼尔·布莱索的手中拿着特工连夜赶制的有关非法闯入事件的报告。他很快便见到了里迪的名字，早在10年前他就结识了里迪。当布莱索获悉这些盗贼随身携带着窃听工具时，他立即根据联邦窃听法令对这一案件立案。下午4点左右，布莱索的秘书接起电话，告诉他是白宫打来的。

“我是警督丹尼尔·布莱索，”他说，“请问您是哪位？”

“我是约翰·厄立克曼。你知道我吗？”

“知道。您是白宫的幕僚长。”

“没错。我这里有一道来自美国总统的命令，”厄立克曼说，“联邦调查局必须终止对这次闯入事件的调查。”

布莱索默不作声。

“你听到我说什么了吗？”厄立克曼咆哮道，“你是否准备终止调查工作？”

“不，”布莱索回答，“根据宪法，联邦调查局有义务继续调查，以确定是否存在违反非法拦截通信法规的行为。”

“你知道你是在对美国总统说‘不’吗?”

“我知道。”这名特工回答。

“布莱索，你的前途完了。”厄立克曼说完便挂断了电话。

布莱索立即打电话到马克·费尔特的家中，并向他复述了这段对话。“听完后他笑了起来，因为他了解这些人。费尔特身居高位，所以他很清楚白宫发生了什么事情。他只是笑了笑。”

6月29日，星期一早晨，格雷接到费尔特的电话，并且获悉联邦调查局对水门事件的调查有可能牵涉到白宫。这名代理局长立即飞回华盛顿，并于6月21日星期三下午4点，就这次闯入事件在总部召开了自上任以来的第一次正式会议。

此外，参加会议的还有马克·费尔特，华盛顿办事处负责人、特别探员罗伯特·G. 孔克尔，以及联邦调查局刑事调查司司长查尔斯·W. 贝茨。贝茨在备忘录中记下了这次会议和随后就水门事件召开的一系列会议的内容。他写道，“会议一致认为，这次事件至关重要，事关联邦调查局的声誉，这次调查必须公正、彻底和周详。”格雷指示手下，总统的顾问约翰·迪恩将列席联邦调查局每一次审讯。格雷还暗中计划，每天为迪恩提供联邦调查局审讯和调查的内容概要，以确保迪恩及时了解调查局的每一步动向。

翌日，联邦调查局特工对总统的特别顾问查尔斯·W. 科尔森进行了审问，迪恩就坐在他的身旁。科尔森提到，水门大厦的窃贼E. 霍华德·亨特在白宫的办公室有一个保险箱。闻听此言，迪恩立即撒谎掩饰。保险箱？什么保险箱？我怎么没有听说过有什么保险箱？离开调查局后，迪恩打开了保险箱，看到两叠文件还在里面。它们就是“水管工”为总统实施肮脏把戏的证据。迪恩开始思索，要把这些文件藏在哪里才能瞒过联邦调查局。

6月23日上午10点刚过，尼克松总统制定了一个破坏联邦调查局侦查行动的计划。“联邦调查局已经是一匹脱缰之马，因为格雷不知道怎样控制自己的手下。”霍尔德曼告诉总统。

他们一直认为，应当由中情局新任副局长、尼克松长期以来的密友弗农·沃尔特斯，以国家安全和保密为由劝说格雷不要再插手此事。到时候，格雷和费尔特就会惟命是从，霍尔德曼胸有成竹地表示。“费尔特一定会合作，因为他很有野心，”他说，“这个计划天衣无缝，因为在这个节骨眼儿上，正在审理此案的调查局特工也会认为，这肯定与中情局有关。”

尼克松闻言大喜。“好主意！”他说：“一定要态度强硬。这就是他们办事的方式，我们就用这种方式来对付他们。”

下午2点半，沃尔特斯来到格雷的办公室。这次调查，他告诉格雷联邦调查局可能侵犯了中情局的管辖范围。沃尔特斯刚刚离开，格雷立即打电话给查尔斯·贝茨，想要撤销这起案件，但是贝茨却表示反对。“我告诉他，我认为联邦调查局别无选择，必须继续进行全面调查，以掌握所有事实。”

6月28日下午6时30分，格雷正在大伤脑筋时，突然接到白宫的紧急传唤。在约翰·厄立克曼的办公室里，约翰·迪恩交给格雷两个档案袋，里面装着他从亨特的保险箱里取出的文件。

“这些文件一定不能公诸于众。”他告诉格雷。

“为什么要把它们交给我？”

“因为它们会在政治上造成极大影响，所以绝不能公开，”迪恩说道。“我想要表明，我已经把亨特所有的文件都交给了联邦调查局。这就是我要做的事情。”

格雷的办公室里有一个红色的废纸篓，上面挂着一个用于销毁机密文件的焚烧袋。但是，他根本不知道什么是焚烧袋。6个月后，格雷在自家后院的垃圾箱里点起一把火，然后把文件丢了进去。

“毫无疑问，”事后，联邦调查局的一份内部报告这样总结道，“格雷先生在这起具有历史意义的重大事件上作出了一个极为糟糕的决定。”

“窃听是我们与生俱来的权力”

当年夏天，白宫和联邦调查局遭遇了另一场危机。尼克松颁布命令，扩大了美国反恐战争的规模。但在这场战争中，调查局已经丧失了再次使用他们最有力武器的资格。

1972年6月19日，也就是水门事件发生后的第一个星期一，最高法院一致通过决议，禁止在未经授权的情况下对任何美国公民进行窃听。

这起案件涉及联邦调查局的十大通缉犯之一的彭·普拉蒙登。普拉蒙登不仅是一名狂热的无政府主义者，而且是白豹党的重要成员。该党的主要纲领是性、毒品和摇滚音乐。中情局指控普拉蒙登在位于安阿伯密歇根大学附近的招募站内安放炸弹。普拉蒙登的律师怀疑，他遭到了窃听，而事实也的确如此。负责审理此案的联邦法官，依据惯例同意了辩方要求公开政府部门证据的提议，但司法部拒不服从。总统的律师团宣称，美国的最高统帅有权进行任意窃听，这一权力不仅与生俱来，而且不容置疑。

在普拉蒙登案中，政府最终败诉。联邦上诉法庭判决，即使总统也需要遵守宪法第四修正案，即《人权法案》中有关未经授权不得对美国公民进行搜查和抄没的内容。最高法院从不主张在美国境内未经授权进行窃听。然而，自 1939 年起，根据总统和司法部部长，有时候还包括胡佛及其下属的命令，联邦调查局开展了无数次秘密监视活动。从此以后，电子窃听技术得到极大发展。在尼克松总统的任期内，成千上万的美国公民成了政府监视的目标。

尼克松的内部安全事务负责人罗伯特·马迪安代表政府在最高法院进行口头辩护。拜伦·怀特法官直言不讳地发问:“如果总统决定有必要对某人进行窃听，那么这个人对此是否完全无计可施?”

马迪安回答:“美国总统可以授权进行电子监视；在这种情况下，窃听属于合法之举。”

法庭一致通过，由尼克松刚刚任命的路易斯·鲍威尔法官作出判决，驳回了马迪安的辩护。“对于我国人民及政府来说，摆在我们面前的问题十分重要，”鲍威尔写道，“关于总统是否有权在未经司法批准的情况下，通过司法部部长授权就内部安全事务进行电子监控，这是一个十分微妙的问题。20 多年来，连续几任总统在未向国会咨询或者未经最高法院裁决的情况下，不同程度地授权进行此类窃听。”

现在，这些授权成了一纸空文。

“尽管司法部部长会因此增加一些额外的负担，但在自由社会中，为了维护宪法的价值，由此带来的不便是合理也是合法的，”最高法院的判决写道，“我们必须向公众确保，决不允许出现对守法公民进行任意监控和窃听的情况。”

最高法院称，政府进行任意窃听的对象可以是“外国势力及其代理人”，譬如苏联间谍，但是绝不应当在未经授权的情况下对美国公民进行监控。

就在最高法院宣布这一判决的当天早上，联邦调查局在未经授权的情况下,至少有 6 项针对地下气象员组织和黑豹党展开的窃听活动正在进行当中。这些活动随时都可能败露。

于是，调查局恢复了秘密入室和窃取证据的做法。

1972年9月中旬，格雷打电话给全国各地的高级特工。尼克松总统命令联邦调查局、五角大楼、国务院、中情局和国家安全局，共同制定全国反恐计划。

10天前，发生在在1972年慕尼黑奥林匹克运动会上的“黑色九月惨案”震惊了整个世界。在这次事件中，共有11名以色列运动员和8名巴勒斯坦袭击者死亡。西德警方虽然展开了人质营救行动，但于事无补。尼克松总统与国家安全顾问基辛格和美国驻联合国大使乔治H·W.布什，就反恐问题进行了紧急措施。总统的私人秘书罗斯·玛丽·伍兹告诉他，一个小有名气的通灵师珍妮·迪克逊预言，巴勒斯坦人将对一名犹太人发动袭击，比如时任以色列驻美国大使的伊扎克·拉宾。

“他们将绑架某个人。他们可能开枪杀害某个人。”9月21日，尼克松告诉基辛格，并且谈到，“预言师珍妮·迪克逊”的说法让他感到恐惧。“我们必须制定一个计划。假如他们绑架了拉宾或者亨利，并且要求释放美国境内的所有黑人囚犯，如果我们不同意，他们就会开枪射击……到时候我们该怎么办？”尼克松问道。“我们必须针对劫持人质、绑架等诸如此类的事情制定一个应急方案。”

9月25日，尼克松秘密发布总统令，要求全力以赴开展反恐斗争。为了应对这一威胁，美国政府成立了“总统反恐内阁委员会”。该委员会成立后，仅仅召开过一次全体会议。

“就像罗马总督庞提乌斯·庇拉特一样，所有人都不想接这桩差事。他们说：‘让联邦调查局负责。’”格雷回忆道。任何人都不想承担责任。

格雷告诉马克·费尔特和情报负责人爱德华·米勒，“他决定重新授权开展秘密入室活动。”米勒回忆道。“好啊，我认为这个办法不错。”

1972年10月，在首次进行的非法入室行动中，联邦调查局突袭了美国境内的巴勒斯坦组织。调查局特工偷走了位于达拉斯的“阿拉伯教育联盟”的文件，从该组织办公室的保险箱内拿走了成员名单。在确定该联盟领导人以后，他们撬开这些人的家门，在全国各地进行追捕。多年以后，在回忆往事时，格雷称，这些入室盗窃活动“显然属于非法行为”。但当时格雷认为，他只不过是在执行总统的命令。

当年10月，联邦调查局特工开始秘密潜入地下气象员组织成员的家人和朋友家中。调查局在全国范围内进行了将近3年的搜索，却没有抓获一名逃犯，格雷对此感到大为震惊。

就像潜艇艇长一样，他命令手下“竭尽全力展开搜捕”。“这次行动不受任何限制”，他在给费尔特的信中写道。在这次行动中，至少有7次是由位于联邦调查局驻纽约办事处的秘密组织“第47分队”执行的。自20世纪50年代起，根据约翰·卡尼的命令，第47分队一共开展了800多次非法入室行动。

然而，上述行动没有提供任何能够将地下气象员组织逃犯绳之以法的证据。后来，正是这些行动让联邦大陪审团对这位调查局局长展开了调查。

谁是“深喉”

1972年9月15日，前联邦调查局里迪和麦科德与其他5名水门事件的窃贼被指控对民主党总部进行窃听。但是由于水门事件碰壁，这项指控最终难以为继。费尔特和联邦调查局的内部人士决定奋起一搏。他们的决定既是出于公心也是为了私利。凭着自己的本能，他们必须清除挡在联邦调查局路上的障碍。两人深知，是白宫在玩弄阴谋和手段。对于总统让帕特里克·格雷这个傀儡执掌联邦调查局的做法，他们感到愤愤不平。

“我们为此伤透了心”，联邦调查局会计和反诈骗司司长查尔斯·博尔兹表示。胡佛的接班人应当是费尔特，“费尔特本来是局长的第一人选，胡佛先生死了，马克·费尔特就应该得到那个职位。这就是让他行动起来的原因。他想要弄清其中的究竟，而且他真的说到做到。”

在1972年大选数周前，费尔特及其同盟开始透露有关水门事件的秘密。33年后，当费尔特承认他就是为《华盛顿邮报》记者提供水门调查关键线索的联邦调查局线人“深喉”时，他一跃成为家喻户晓的人物。

费尔特首次接受《华盛顿邮报》记者鲍勃·伍德沃德采访的记录已经公开。“有一个办法可以解开水门之谜。”1972年10月9日，他告诉伍德沃德。“整个局面已经失控。”对总统敌人开展的政治斗争已经失控。格雷知道这一点。司法部部长兼支持总统连任委员会主席约翰·米切尔也知道这一点。如果米切尔知道，总统也就会知道。如果事情传了出去，它们就会“毁掉……真的毁掉”尼克松总统。

在揭开这些事实的同时，费尔特向联邦调查局4名心腹透露了有关信息。在对水门事件进行调查的过程中，联邦调查局高级官员鲍勃·孔克尔与查尔斯·贝茨始终和费尔特站在一起。孔克尔负责华盛顿的外勤特工，每天都会向费尔特报告有关情况。贝茨负责联邦调查局对此案的官方记录。迪克·朗和查尔斯·纽祖母分别是联邦调查局白领犯罪处处长和首席特工，他们掌握着水门事件调查的书面记录。贝茨和朗曾经向一些他们信任的特工提到他们做过的事情，以及其中的原因。于是，风声很快就传了出去。

“他们每天夜间见面，讨论在调查过程中发生了什么事，以及了解到哪些情况，”联邦调查局情报司特工保罗·戴利说，“他们作出决定，准备向媒体透露有关消息。他们之所以要这样做，是因为白宫妨碍了这次调查。放出风声反而为他们提供了继续调查的动力。”

在街头开展行动的联邦调查局特工将获得的秘密变成信息，而调查局的高级官员再将这些信息写成报告，交给公诉人、联邦大陪审团以及各大媒体。尼克松的总统宝座开始摇摇欲坠。

《华盛顿邮报》和《时代》杂志首先暗示，水门事件迷雾重重。《纽约时报》和《洛杉矶时报》也很快加入了这个队伍。不是所有的报道都是准确的，但如果把其中的事实拼凑起来，就会发现这是白宫的一个阴谋，利用间谍和破坏手段对总统的政敌进行颠覆。随着大选即将来临，尼克松格外关注此事。“我就知道有人会泄密”，在媒体上首次出现措辞尖锐的报道后，他恨恨地说道。第一次泄密事件发生后，他就已经知道是谁走漏了风声。

“我们不仅知道泄密的内容，而且知道泄密的人是谁”，10月19日，霍尔德曼告诉总统。

尼克松：是联邦调查局的什么人吗？

霍尔德曼：是的，阁下……这个人的职位很高。

尼克松：仅次于格雷吗？

霍尔德曼：是马克·费尔特。

尼克松：他到底为什么要这样做？

霍尔德曼：这很难说。对于此事您要绝口不提，否则就会危及我的消息来源……米切尔是唯一一个知道这件事的人。他认为，我们应当，我们最好什么也不要做，因为——

尼克松：我们还能做什么？当然不会！

霍尔德曼：如果我们对他采取行动，他就会对外面透露所有的事情。他知道联邦调查局的一切。

尼克松：没错。

霍尔德曼：他能够接触到所有文件……格雷害怕极了。我们必须对他发出警告……

尼克松：你会怎样处理费尔特……天哪！你知道我会怎样处理他吗？混蛋！

总统和联邦调查局之间已经不宣而战。在白宫的授意下，司法部部长克兰丁斯特反复5次告诉格雷解雇费尔特，但这名代理局长没有胆量，费尔特手中的权力显然比他更大。费尔特也许并不知道“联邦调查局的一切”，但比起白宫以外的人员，他和他首席调查员了解的内幕却比任何人都要多。正是这些内幕让他们掌握了巨大的权力，从而有底气与总统展开斗争。

泄密就是叛国

1972年11月7日，在尼克松以压倒性优势连任成功后，格雷一病不起。他来到康涅狄格州斯托宁顿的一所医院，接受腹腔手术。12月3日，格雷出院后遵医嘱在家休养，直至新年。在格雷离开总部的两个月中，马克·费尔特负责联邦调查局的一切事务。

此时的格雷仍然是一名代理局长。按照法律，尼克松应当提请参议院明确他的职务。但是，格雷并不清楚尼克松是否打算这样做，也不清楚他是否还信任自己。格雷很快开始怀疑，他为什么要相信尼克松。

1973年2月16日上午9点09分，在约翰·厄立克曼的引导下，格雷生平第二次来到椭圆办公室。尼克松说得对：如果提名格雷出任联邦调查局局长，参议院听证会就有可能涉及总统是否有权开展秘密情报行动的问题。

“他们很可能会问你这样一些事情：你是否知道联邦调查局做过的其他事情？你是否参与了这些窃听活动？”尼克松说道：“要是我就会回答：‘是的，我们不得不这样做……你们想要我们怎么办？难道眼睁睁看着有人被枪击？’”

格雷的大脑一片空白。

“恐怖主义，”总统接着说道，“和劫持人质另当别论。你不得不参与其中。有些案件需要使用窃听……我们利用这一武器的权力不能被否决。有人认为，我们对很多政治组织进行了窃听，这纯粹是扯淡。”格雷仍然一语皆无。

接着，总统立即把话题转向了水门事件：“让你到那里接受他们刨根问底的审问，不知道是好是坏？”

格雷终于明白过来。“总统阁下，我所在的位置让我最应当处理此事，”他胸有成竹地表示，“从一开始就是我在负责这件事情……我认为，在对此案开展调查的过程中，联邦调查局做得非常出色。”这当然是在夸大其辞，尼克松知道。

“迄今为止，关于泄密一事你是没有采取过任何措施，还是做过什么？”尼克松说道：“我们发现，所有的消息都来自调查局。”

“可是，对于这种说法我还是不太相信，总统阁下，”格雷说。

“你知道这是费尔特干的吗？”尼克松单刀直入。

“费尔特所在的位置让他很难摆脱干系，”尼克松说，“胡佛在那里的时候绝对不会透露这些事情。我从来没有听说胡佛在任时发生过泄密事件。我们在他的办公室里无所不谈。那是因为，不是因为人们喜欢他，而是因为人们害怕他。他们必须害怕自己的顶头上司……你也应当照此行事。你应当残酷、强硬、受人尊敬……如果是中情局的人泄密，那倒是可以想像。他们不过是一群游手好闲的马屁精。但是，如果是联邦调查局的人泄密，整个部门都应当被解雇。”

尼克松开始变得怒气冲冲、语无伦次。“你就应该像在战时一样，”总统说道，“在二战期间，德国人在经过某个城镇的时候，如果他们的一名士兵被冷枪击中，他们就会让整个城镇的人都站出来，追问究竟是谁干的，如果不说，所有人都将被杀死。我想这就是你应该做的事情。我的意思是，在那个地方，你不可能做一个好好先生。”

“我当然不是，”格雷表示异议，“那些人知道，他们不可能对我说谎，就像他们不会对胡佛说谎一样。”

尼克松根本不理会格雷。“坦率地讲，我指的是在有可能涉及高度敏感政治问题，党派政治问题时，你应当严肃纪律，”他说，“我们假设有人向部分媒体泄了密，你就要站出来采取措施，并对着《圣经》予以否认。”

“是的，”格雷说，“我明白。”

“我没有其他人可用了，”尼克松说，“我不能再从外面请一个蠢货过来。”

“在过去，”说到这里，他不由怒火中烧，“约翰逊总统和我说过同样的事情。当时我认为，如果政府里有人会和我站在一起，这个人就是胡佛……如果他看到有人这样做，如果有人惹恼了我们，他就会大发雷霆……你要做的就是像胡佛那样。”

据格雷回忆，总统看了看厄立克曼，后者正在微微颔首，好像在告诉他：接着说。尼克松的心情似乎轻松了一些。接着，他转到原先的话题。

“我认为，对你的提名将会引起激烈的争论，”他说，“你必须做好准备，承受巨大的压力，接受残酷的攻击。但是，如果你失败了，记住，你也许会在那里继续待上4年，然后他们就会将你一脚踢开。所以到那个时候，我们必须要做一些有益于国家的事情。”

“你知道，我从来没有要求调查局局长做过什么过分的事，”总统表示，“但是有时候，为了保卫国家安全，我肯定会要求联邦调查局的局长做一些稍有些过分的事。”

“这个没问题。”格雷说。

“这个国家，”尼克松接着说，“这个官僚机构，帕特（帕特是对帕特里克·厄立克曼的昵称。——译者注）你肯定知道，潜伏着一群，中肯一点说他们是一群背信弃义之徒，往坏处说他们完全是一群叛国者。”

“叛国者。”格雷恭敬而又空洞地重复了一遍。

“我们必须抓住他们，消灭他们。”尼克松说。

“对，”格雷说道，“我明白这一点。”

“怎样抓住他们就看你了，懂吗？”

“我同意。这个没有问题。”

尼克松对此表示满意，他已经选好了联邦调查局的继任者。现在皆大欢喜。

“当你的职务明确以后，”总统表示，“我们要建立像胡佛建立起来的那种关系。”

第36章

FBI的末日

1973年3月3日，一个二三十岁、打扮时髦、看起来温文尔雅的伊拉克人在停好了租来的那辆普利茅斯“复仇女神”后，走进纽约皇后区肯尼迪国际机场附近的斯格威酒店。

8个星期以前，这个伊拉克人就来到了纽约。随后，联邦调查局从以色列情报部门接到密报，称这名男子很可能是“黑色九月”恐怖组织的一名特工。当时，巴勒斯坦解放组织主席亚瑟·阿拉法特控制着该恐怖组织。在此之前，“黑色九月”刚刚在苏丹谋杀了美国大使及其副官。

一名联邦调查局特工对这个伊拉克人进行了审问，后者解释说，他来到美国是为了参加飞行训练，成为一名民航飞行员。

这次审讯被记录在案后，调查局很快将其抛诸脑后。这点倒也无可厚非，因为联邦调查局不懂得如何审问恐怖分子。自一战发生过恐怖袭击以来，美国还没有遇到过意图进行大规模屠杀的跨国阴谋。

3月4日清晨，这名伊拉克人把他的“复仇女神”停在肯尼迪机场的以色列航空站。几个小时后，以色列总理戈尔达·梅厄将抵达此地。在曼哈顿的市中心，他的两名同伙分别将汽车停在了第五大道两家以色列银行的前面。

3月5日，在刚刚成立国际反恐分部的国家安全局内，一群语言学家开始翻译此前截获的一封电报。这封电报从伊拉克驻联合国代表团发出，在传到巴格达后，转往巴勒斯坦解放组织，其中包含一项谋杀计划。

当国家安全局开始破译这封电报时，一名拖车操作员在第 43 大街和第五大道的交汇处扣留了一辆道奇“飞镖 1973”。次日清晨，又有一辆普利茅斯“德斯特 1972”被拖走。随后，奥林租车公司的一名负责人来到哈德逊河码头上的拖车场，准备领走那辆道奇“飞镖”。但是，在打开后备箱以后，他顿时傻了眼。

纽约警察局拆弹小组接到电话后，立即派出拆弹专家赶往拖车场。他们在“飞镖”和“德斯特”的后备箱里分别发现了一个塑料容器，里面装着汽油、丙烷罐、塞姆泰克斯塑料炸药、起爆雷管、电池和导火索。在汽车的仪表盘上，还放着几张希伯来语报纸，报纸的里面裹着“黑色九月”和巴勒斯坦解放组织的宣传纲领。

这两枚炸弹被设定在 3 月 4 日爆炸。如果它们真的被引爆，将有数百人被炸死或者致残，数千人遭到恐吓。但是，拆弹专家在这两枚炸弹的导火索电路上发现了同样的缺陷。

在阿拉伯恐怖分子与美国开战期间，这是警方首次发现的一起爆炸阴谋。

3 月 6 日上午 6 点 15 分，联邦调查局也参与到此案的调查当中。在华盛顿，国家安全局告诉调查局的有关人员，他们刚刚截获一份发往巴格达的密电，并且警告所说在肯尼迪机场的以色列航空站内还有第 3 枚汽车炸弹。当天深夜，联邦调查局和纽约警察局拆弹小组找到了那辆“复仇女神”，然后打开了后备箱。

与曼哈顿的那两枚炸弹一样，在肯尼迪机场发现的这枚炸弹也存在同样的线路缺陷，但是体积却相当于它们的两倍。这枚炸弹如果爆炸，将产生一个直径约 50 米的火球，以及 3 倍于火球的破坏性冲击波。届时，肯尼迪机场的以色列航空站将被炸毁，而炸弹碎片会射向周围的停机坪。在的高空航行的飞机也将被掀翻。

联邦调查局在这辆“复仇女神”的丙烷罐上提取了一枚指纹。直到 18 年后调查局才通过这枚指纹找到炸弹的制造者。

数日之后，联邦调查局发现，租用这 3 辆汽车的人正是他们在几周前审讯过的那名伊拉克男子。联邦调查局很快追踪到嫌犯所在的斯格威酒店，并在房间里发现了用于制造炸弹的材料。有特工监测到，这名伊拉克男子接到了从贝鲁特转来的 1500 美元资金。随后，他们对此人在租车协议和塔特波洛航空学校飞行训练的申请上留下的笔迹进行了分析。

这名男子把一本伪造的护照塞到斯格威酒店房间的空调后面，调查局特工没有找到。几个月后，一名维修人员发现了这本护照。联邦调查局始终未能找到他的同伙。时至今日，人们仍然认为，他的同伙很可能是刺杀以色列驻华盛顿大使馆空军随员尤瑟夫·阿隆的嫌疑犯。阿隆是以色列情报机构与华盛顿的联络员，4 个月后，他在马里兰州的住宅外被人枪杀。联邦调查局对此展开了调查，但最终无功而返。官方也一直没有破获这起谋杀案。

1973 年 3 月 5 日，联邦调查局认定，租用“复仇女神”的那名伊拉克男子就是 3 枚炸弹的制造者，因此将这起案件的代号命名为 TRI-BOMB，即“三枚炸弹”。

6 年以后，当这名伊拉克人驱车离开德国时，被巴伐利亚边防警察拦下。在进行审讯时，警方发现他持有一本伪造的法国护照。随后，警方在他的后备箱里又找到了另外 9 本伪造的护照、88 磅炸药，8 套电子定时器和雷管装置以及 12500 美金。警方发现，炸药的包装纸来自贝鲁特的一家糕点店，而这家糕点店只不过是恐怖分子的一个掩护。这名伊拉克嫌疑人被关押了 7 个月，由德国和以色列情报官员进行审讯，但他没有吐露任何情况。最后，德国人只好将其遣送至叙利亚。这些事情联邦调查局完全不知道。

“三枚炸弹”的调查陷入了困境。15 年后，联邦调查局特工迈克·芬尼根重新启动这项调查。1990 年 10 月，已经对此案追踪了两年之久的芬尼根获得一份秘密情报。与此同时，美国及其盟国的情报部门正密切关注着伊拉克的局势。萨达姆·侯塞因刚刚入侵科威特，美国随时准备发起反击。以色列刚刚获得情报：这名伊拉克嫌疑人、前巴勒斯坦解放组织中尉哈立德·穆罕默德·杰塞姆与巴格达方面有着密切联系。联邦调查局立即向世界各地的特工发出警告。第一次海湾战争爆发的当天，“三枚炸弹”案件的嫌疑人被警方拘留。当时，他打算通过罗马国际航空公司前往突尼斯，参加自己的亲密战友、“黑色九月”恐怖组织创始人之一沙拉·卡拉夫的葬礼。由于反对萨达姆·侯赛因的统治，卡拉夫遭到了暗杀。

联邦调查局仍然保存着从“复仇女神”上提取的那枚指纹。芬尼根立即将其寄给意大利警方。这枚指纹与杰塞姆完全吻合。意大利警方随即逮捕了这名嫌疑人，在就司法问题经过一番激烈的争执后，才将其转交联邦调查局。

1993 年 3 月 5 日，世贸中心首次遭到恐怖袭击一周后（1993 年 2 月 26 日，伊斯兰极端份子在世贸中心的地下室内放置炸弹，导致 6 人死亡。——译者

注），这名伊拉克人在布鲁克林联邦法庭接受审讯，而此时距离调查局发现这 3 枚炸弹已经过去了整整 20 年。在这次历时 3 天半的审讯当中，唯一的证据就是那枚指纹，陪审团在 3 个小时内认定该嫌疑人有罪。美国地方法院法官杰克·温斯坦判处这名伊拉克人 30 年徒刑。"联邦调查局的工作有条不紊、认真谨慎，"法官在宣布判决时称，"其官方记录无可挑剔，有关特工不屈不挠的精神令人赞叹。"联邦调查局向国际恐怖分子表明，他们有能力"在世界上的任何地方对其追查到底"。

然而，联邦调查局历时 20 多年才达到了这一标准。在此期间，这个秘密情报机构险些毁于一旦，但最终涅槃重生。

就在"三枚炸弹"案件发生的同一周，联邦调查局开始摇摇欲坠。

身陷绝境的尼克松

当联邦调查局首次与国际恐怖主义正面交锋之际，一场权力角逐几乎撼动了美国政府的根基。在法律天平的一边站着美国总统，而另一边是联邦调查局。

"联邦调查局好景不长了，约翰，"1973 年 3 月 1 日，尼克松对白宫顾问约翰·迪恩说，"好景不长了。"

让尼克松感到恐惧的是，在 L. 帕特里克·格雷的提名听证会上，后者向参议院提供了联邦调查局关于水门事件调查的有关档案。尼克松一直以为，格雷非常想要得到这个职位，所以一定会答应白宫的一切要求，包括对水门事件进行遮掩。

"天哪，"总统咆哮道，"他一定是疯了。"

泄露这些秘密就像把剑亲手递给自己的敌人，无异于拱手交出自己的权力。尼克松当然知道联邦调查局的档案里都记了什么，因为 9 个月以来，格雷向约翰·迪恩提供了所有文件的副本，其中包括白宫蓄意妨碍司法的证据。

尼克松认为自己犯下了一个严重的错误。他开始暗中计划破坏对格雷的提名，以重新掌控联邦调查局。尼克松的计划十分冷酷无情。他打算向外界透露，联邦调查局曾经在肯尼迪总统和约翰逊总统任职期间滥用权力，包括对马丁·路德·金实施窃听。刚刚上任的司法部国家毒品信息办公室负责人威廉·沙利文向迪恩汇报了上述活动的有关细节，而后者又将其转告尼克松。

白宫准备向参议院司法委员会透露这些情况，届时，格雷不仅会遭到参议院的质询，而且无法作出任何正面回应。借用约翰·厄立克曼的话来说，他将“在风中慢慢消逝”。等到格雷的提名功亏一篑，总统就可以选择更加忠于自己的人来执掌联邦调查局。

1973 年 3 月 13 日，迪恩提出，此事应当由威廉·沙利文出面。尼克松觉得这是个不错的主意。

“沙利文提出了一个条件，他想要回到调查局。”他说。

“这不算什么。”尼克松回答。

但是，当总统在白宫秘密筹划之际，两名联邦调查局特工拿着格雷交给他们的政治武器来到参议院的会议室。

在司法委员会中，唯一一个愿意阅读水门事件调查档案的人就是内布拉斯加州共和党参议员、崇尚法律与秩序的罗曼·鲁斯卡。联邦调查局特工交给他 26 卷厚厚的材料，还有对此案的概述和分析。从下午 4 点到晚上 10 点，鲁斯卡一共花了 6 个小时浏览这些档案，并得出了最终结论。调查局特工安吉罗·拉诺向上级汇报：“迪恩向我们说了谎。”他还私自藏匿水门大厦窃贼霍华德·亨特办公室保险箱内的材料。当时，向联邦调查局说谎可以被判处 5 年监禁。

联邦调查局的一名水门事件调查员将这一信息透露给了西弗吉尼亚州民主党参议员罗伯特·伯德。伯德一直对格雷的提名公开表示反对，现在他有了充分的理由。1973 年 3 月 22 日，伯德毫不讳言地质问格雷：迪恩是否欺骗了联邦调查局?

格雷回答：“我的结论是，这种说法很可能是正确的。的确如此，先生。”但是，格雷没有提到，他销毁了迪恩从保险箱里取出的文件。

当格雷作出了不利于迪恩的陈述后，总统的手下立即在椭圆办公室内召开会议。厄立克曼向总统报告，司法委员会主席、联邦调查局在国会最好的朋友、密西西比州参议员詹姆斯·伊斯特兰推迟了这次提名听证会。“格雷死定了，”厄立克曼告诉总统。“他竟敢指责您的顾问是骗子。”霍尔德曼插言。“他当然死定了，”迪恩说，“我真想一枪打死他。”说到这里，大家笑了起来。这是白宫的录音带上录下的最后一次笑声。

4 月 15 日星期天晚上，厄立克曼打电话到格雷的家中，告诉了他一个坏消息。面对格雷的指控，为了保住自己，约翰·迪恩决定向联邦大陪审团透露这起事件中最阴暗的秘密。“显然，迪恩已经决定全部招认，”厄立克曼告诉格雷，“他们问了他很多问题，其中之一就是他交给你的档案袋。”

格雷顿时大惊失色。“这下该怎么办？”他说。“我唯一能做的就是否认这件事。”

两天以后，在马克·费尔特的授意下，联邦调查局的水门事件调查员敲开了白宫的大门。“我非常担心，”厄立克曼告诉总统，“联邦调查局向白宫保安发出了传票。”调查局想要得到一份 1972 年 6 月 18 日有权进入白宫人员的名单。

尼克松：天哪。

厄立克曼：他们到底要干什么？

尼克松：当时我们在哪里？

霍尔德曼：什么时间？

尼克松：呃，6 月 18 日。

霍尔德曼：6 月 18 日。

厄立克曼：就是进行窃听的那一天……哦，也许是亨特的保险箱。我敢打赌，这件事一定跟亨特的保险箱有关。

尼克松：我需要你们提出建议。

霍尔德曼：我们还需要司法部部长。

尼克松：我需要一个新的联邦调查局局长。

格雷向司法部部长克兰丁斯特承认，4 月 26 日，他销毁了水门事件的证据。司法部部长立即打电话给总统。“这真是愚蠢至极，”尼克松说，“他必须立即辞职。”

格雷在联邦调查局代理局长的位置上一共待了 361 天。现在，他的前途一片黯淡。他面临着长达数年的刑事调查。他甚至考虑过自尽。在他的余生中，格雷一直为此感到深深的羞愧。

马克·费尔特认为自己即将成为联邦调查局局长。然而，他开心得太早了，他的代理局长只当了 3 个小时。随后，尼克松提名共和党事务总管、环境保护局局长威廉·D. 拉克尔肖斯担任联邦调查局局长。环境保护局刚成立不久，负责管理美国的自然资源。对于所有当事人来说，总统的提名决定都令人感到莫名其妙。但是，在与拉克尔肖斯长达一个小时的谈话过程中，尼克松情绪激动，极力坚持自己的决定。

“我从来没有见过总统这样不安，”拉克尔肖斯回忆道，“我甚至担心他的精神有些不太稳定。”

两人最终达成一致：由拉克尔肖斯在短期内代理调查局局长，在此期间，尼克松将另外物色一位更加合适的继任者。对拉克尔肖斯来说，总统的这场面试已经十分艰难，而他第一天上任的情形更加糟糕。在他的办公桌，即胡佛的办公桌上，有一封马克·费尔特及其高级助手写给总统的亲笔信，对他的提名表示抗议。“这不是针对我个人的，”拉克尔肖斯说。“他们认为，让一个鸟类观察家接替胡佛的职位，是一种不合适的做法。”接着，拉克尔肖斯接到命令，匆匆前往司法部部长的办公室参加会议。“迪克·克兰丁斯特愤怒地宣布格雷辞去了职务，”拉克尔肖斯说道，“他对此感到极为愤慨。”

几天以后，费尔特的命运彻底结束。

尼克松认定，费尔特就是为 5 月 11 日星期五早晨《纽约时报》第 18 版报道提供消息的线人。这篇报道详细记录了尼克松授权联邦调查局从 1969 年起对总统助手和知名记者展开的基辛格窃听行动，这对尼克松政府造成了毁灭性打击。

“费尔特，每个人都知道他是一个该死的叛徒，给我小心盯着他，”次日，尼克松对自己的新任幕僚长阿尔·黑格说道，“他必须得离开……”按照总统的指示，拉克尔肖斯命令费尔特离开联邦调查局。在辞职前，费尔特披上“深喉”的外衣，与《华盛顿邮报》记者鲍勃·伍德沃德秘密会面。费尔特说，总统本人就是水门阴谋的主要策划者。

为了找到威廉·沙利文从总部偷走的基辛格行动的录音和节略，联邦调查局展开了疯狂的搜索。5 月 11 日，联邦调查局特工对沙利文、霍尔德曼、厄立克曼和约翰·米切尔进行审问。米切尔向联邦调查局撒谎，称自己没有批准实施窃听，但他知道这些行动。

“我们开展了一场危险的游戏”，而它们只不过是其中的一部分。

“在我上任第二周的星期六，调查局在约翰·厄立克曼的保险箱里找到了这些记录，”拉克尔肖斯回忆道，“我派出一名特工前往白宫看管厄立克曼办公室里的记录和其他文件。当总统拽住他的衣领问他在那里干什么时，这名特工感到大为震惊。”

这场为了掌握政府控制权的混战愈演愈烈。在水门事件的听证会上，参议院历尽周折，从尼克松的手下那里获得了骇人听闻的证词。各大媒体在显著位置刊登了有关事实，其中大部分消息都来自联邦调查局。最终，这些信息就像涓涓细流汇聚成河，其力量足以摧毁坚硬的顽石。在水门案件联邦大陪审团和公诉人的支持下，联邦调查局的调查员们展开了一场维护法治与妨碍司法之间的斗争。在法律的庇护下，调查局对尼克松政府造成了巨大的破坏，而这正是左翼激进势力梦想已久的结果。

美国总统的地位已经岌岌可危。

无能的继任者

尼克松第 3 次，也是最后一次，为联邦调查局挑选胡佛的继任者。

1973 年 7 月 9 日，克莱伦斯 ·M. 凯利宣誓就任联邦调查局第二任局长。从 1940 年至 1961 年，凯利的一生有 1/3 的时间都在为胡佛执掌下的调查局服务。随后，他在堪萨斯城成了一名出色的警察局局长。凯利性格随和，待人真诚，身材粗短，是典型的美国中部人。参议院很快一致通过，批准了他的任职。

“我认为，不应当让一个警察来掌管调查局，”尼克松总统曾经表示，“他们的想法往往过于狭隘。”现在，他不得不违背自己的初衷。联邦调查局需要的是法律和秩序。

尼克松飞往堪萨斯城，宣布凯利正式就职。这是一个月来他首次在公共场合露面。“水门事件对他造成的伤害在他脸上显露无遗，我对此感到十分震惊。”凯利后来写道。此时的尼克松忧心忡忡。他刚刚宣布，自己不会配合参议院的调查。国会已经开始认真讨论对总统的弹劾。新任特别检察官阿奇伯德 · 考克斯就此案展开调查，要求尼克松移交所有的总统文件和档案。一周以后，白宫的秘密录音外泄。考克斯立即要求将这些录音作为呈堂证供。尼克松断然拒绝，并于 10 月解除了考克斯的职务。在尼克松的最后一搏中，司法部部长艾略特 · 理查德森和副部长威廉 · 拉克尔肖斯也先后遭到解雇。这一事件立即成了街谈巷议的焦点，人称“周六夜大屠杀”。

“回想起来，当时我几乎难以招架。”凯利写道。凯利面临着诸多棘手的问题。在他就职的当天，拉克尔肖斯交给他一份言简意赅的报告。这份报告只有两页，上面列举了联邦调查局当前最紧迫的问题，而位居第一的就是联邦调查局秘密情报行动带来的司法和道德问题，其中包括对美国左派进行的窃听、监视和骚扰。

凯利并不了解这些秘密情报。他从未指挥过任何非法入室行动，也从未授权对间谍嫌疑人进行窃听，他不知道什么是反情报计划。“对于开展该计划的行动方式，我闻所未闻，”他写道，“这次真是大开眼界。”但是，在得知联邦调查局的秘密行动以后，他知道自己必须对其加以控制。“撤销这些行动是一个极其复杂和敏感的问题，”凯利回忆道。尽管如此，凯利还是决定对这些行动坚决予以撤销。

1973 年 12 月 5 日，凯利对联邦调查局的 8767 名特工发出书面警告。他命令所有特工立即停止“任何有可能剥夺宪法赋予公民权利的调查活动”。他开始拆毁胡佛一手建立起来的国家安全体系。在凯利离职之前，联邦调查局终止了 94% 的国内情报调查行动，撤除了 9000 余起公开案件，将所有涉及国家安全的案件移交刑事调查司处理，并派遣 645 名追捕激进分子的特工转而从事普通刑事犯罪的侦查活动。

凯利废止了联邦调查局情报司无孔不入的权力，而这些权力直至 21 世纪初才全面回归。在接下来的几十年中，联邦调查局负责追剿恐怖分子的特工在法律的荒原中迷失了方向，开始在一个未知的领域寻找指引他们的标志。

第37章

"空中楼阁"的倒塌

白宫垮台造成的余震强烈地摇撼着联邦调查局。尼克松曾经担心，联邦调查局也许无法保守他们的秘密。现在，他的这一担心变成了现实。

在联邦法庭上，为了防止反情报计划被公诸于众，联邦调查局展开了激烈的争辩。但是，只要其中有一丝一毫的证据落入他们的宿敌手中，所有的秘密就会逐渐泄露。"这座空中楼阁正在土崩瓦解。"联邦调查局与白宫、国会和中情局的联络员霍默·博因顿说。

联邦调查局的这个宿敌就是社会工人党。该党是一个只有不到2000名成员的左翼联盟。社会工人党虽然在美国的政治体系内运作，但始终处于边缘地带，其总统候选人的得票率从未超过0.1%。1941年，联邦调查局对社会主义者开展了调查，而这项调查直接导致该党领导人以政治煽动罪被判刑。从20世纪50年代至60年代，联邦调查局特工渗入社会工人党，包括全国以及各地领导人在内的数百名党员成了调查局的线人。但是，所有人都未能提供该党涉及间谍、颠覆、暴力、阴谋或者其他违反联邦法律活动的证据。没有一位党员因从事恐怖主义行动而遭到怀疑或者起诉。

1973年12月7日，根据《信息自由法案》，联邦调查局首次公开了部分记录。这些记录显示，联邦调查局所做的远不止打入社会工人党的内部。这些社会主义者很快发现，他们成了反情报计划一项重大行动的目标。

他们起诉美国政府违反了宪法赋予他们的言论自由和政治集会权。负责这起案件的法官是尼克松总统刚刚任命的共和党人托马斯·P. 格里萨。这起案件引起了格里萨和新任司法部部长、首席被告威廉·B. 萨克斯比的高度重视。在此之前，为了保住白宫的录音带，尼克松解雇了司法部的高级官员，并于 1974 年 1 月 4 日任命格里萨为司法部部长。

一个月后，联邦调查局对这起诉讼案作出了正式回应。调查局告诉格里萨法官，反情报计划行动是为了"提醒民众了解社会工人党的本质和活动"，并声称这项行动完全属于合法行为。调查局否认曾经从事秘密入室和盗窃活动。然而，纽约办事处有关档案记录的内容却与此恰恰相反。联邦调查局正在欺骗联邦法庭和司法部。正如尼克松所言，这不是犯罪，而是掩护。

"要想获得真正的答案，"格里萨法官后来写道，"就要揭开那些秘密，但是联邦调查局极力阻挠。"

这些秘密被封存于纽约办事处特别探员约翰·马龙办公室的保险箱里。自杜鲁门当政起，他就开始对共产党展开入室行窃活动。从 1962 年直至 1975 年退休，马龙负责纽约办事处已有 13 年之久。他是典型的老派调查局特工，拒绝接受任何变化。马龙的下属经常说他是个"死脑筋"。

在马龙的保险箱里，存放着 20 世纪 50 至 60 年代联邦调查局对社会工人党总部，以及曼哈顿办事处实施的 193 次秘密入室行动的记录，包括他们通过擅自窃听获得的证据以及为了引发政治派系摩擦和毁掉他们名声、前途和人生的匿名信的副本。

"联邦调查局千方百计想要隐瞒他们的入室行窃活动，"格里萨法官发现，"在 1973 年末或 1974 年初，华盛顿负责此事的一名调查局特工告诉纽约办事处的案件负责人，不要向司法部部长办公室提起这些秘密入室活动。因此，在与司法部副部长会面时，这名联邦调查局代表在提起这些活动时，使用了'秘密调查技巧'这一词语。当副部长请他就该词语的范畴做出解释时，他并没有提到入室行窃活动。"

格里萨法官总结说："这些回答完全是欺骗。"

就像白宫一样，调查局反对将其秘密行动公诸于众。1974 年夏，当尼克松总统落马后，国会和联邦法庭要求公布联邦调查局有关档案的呼声日益高涨，而调查局局长克莱伦斯·凯利也饱受非议。司法部部长萨克斯比命令凯利回顾调查局的记录，寻找能够证明胡佛手下特工违反法律以及违背法治精神的证据。

肮脏的把戏已经结束，司法部部长宣布。但是，他的说法显然过于草率。

联邦调查局的高级特工向司法部、国会以及克莱伦斯·凯利隐瞒了调查局历史的关键部分。为了防止秘密外泄，一名特别探员曾经烧毁了数千页档案，凯利的助手霍默·博因顿说。博因顿认为，这把火甚至不是在联邦调查局的总部烧起来的，这不能不令人感到同情。

纽约和华盛顿办事处特工竭尽全力，对联邦调查局局长和司法部部长隐瞒了反情报计划的5次重要行动，其中一次行动是对一个谋求波多黎各独立的恐怖组织展开的。

专业反恐队伍的诞生

这个恐怖组织在改头换面后刚刚浮出水面，并且显露出可怕的力量。联邦调查局对该组织头目的追捕一直延续至今。

FALN，即“民族解放武装力量”，可以追溯到波多黎各还是美国殖民地的时期。1950年，波多黎各成为美国联邦成员的两天后，两名枪手企图以独立的名义行刺杜鲁门。1954年，在国会大厦，他们的4个民族主义同伙开枪打伤了5名国会议员。20年后，“民族解放武装力量”开始在纽约安放炸弹。

1974年10月26日下午3点，该组织对曼哈顿的华尔街和洛克菲勒中心发动了首次袭击，5次强烈的爆炸对当地银行和业务造成了超过100万美元的损失。第二次袭击发生在12月11日夜间11点03分，一枚诡雷在东哈莱姆区爆炸，纽约警察局的一名新手被严重炸伤。巧的是，这名新手警官竟然是波多黎各人。1975年1月24日下午1点22分，在金融区的中心发生了第3次袭击。

当时，联邦调查局的理查德·哈恩正在非商业区监控中国驻联合国代表团的活动，突然听到“警笛声大作”，一辆辆警车向南部疾驰而去。

“我们立即开车过去，想要看看究竟发生了什么事情，”哈恩回忆道，“原来是弗朗西斯酒馆遭到了炸弹袭击。”

这家酒馆是纽约最古老的建筑之一。1783年，乔治·华盛顿总统就是在这家酒馆的台阶上对大陆军进行告别演说的。第一层的餐厅是华尔街商人和股票经纪人常去的地方，第二层是一个钓友俱乐部，其会员多是一些富有的飞钓高手。在二楼楼梯的下面，藏着一个帆布包，里面装满了炸药。这次爆炸事件造成4人死亡，63人受伤，其中一些人的伤势十分严重。“民族解放武装力量”发表了对这次爆炸负责的声明，声明下面签署着格里瑟里奥·托里索拉的名字。在试图行刺哈里·杜鲁门时，托里索拉被当场击毙。在纽约爆炸案发生后，没有一名凶手被缉拿归案。

“虽然爆炸声此起彼伏，但是这些案件却难以破获。”哈恩说。对于“民族解放武装力量”，联邦调查局没有掌握一条线索。调查局一共派出40名特工前往弗朗西斯酒馆，但是他们没有确认任何一名成员的身份以及该组织下一次将在哪里发动袭击。“我们从一名嫌疑人找到另一名嫌疑人，建立了监视队伍对这些嫌疑人进行跟踪，”哈恩说，“很多激进分子的说法与‘民族解放武装力量’的说法如出一辙”，他们游行示威以及在公共场合举行政治集会，“所以很难分辨，在这些激进分子当中，究竟哪些人是该组织的成员。”

随后，纽约又发生了24起爆炸案和爆炸恐吓事件。有一次，在接到爆炸威胁后，世贸中心和帝国大厦的10万余名员工被立即疏散。“民族解放武装力量”在芝加哥闹市区对银行和大楼发动袭击后，联邦调查局的比尔·戴森参与了这起案件的侦查。在过去的5年中，戴森对恐怖组织地下气象员进行了监控，虽然这5年毫无建树，但是这段经历却让他成了联邦调查局内了解恐怖分子想法和策略的少数特工之一。戴森开始对此案进行追查之际，“民族解放武装力量”在全国各地相继发动了100多次袭击，并且实施了美国历史上获利最可观的一次银行抢劫。

在戴森的工作中，诞生了联邦调查局第一支反恐队伍。由于他们的行动极为慎密，就连总部也对此毫不知情。

“这支队伍是暗中成立的，”戴森说，“我们会在迈克酒馆碰面。这里只有警察才会光顾。除非你喝醉了，一般人是不会到这里来的。因为迈克一眼就能看出，你是不是一名执法人员。他同意让我们这些反恐调查员来到后屋，我们就是在那里会面，进行协调和部署的。但是，这件事情我们没有告诉任何人！”随后，戴森作为督察长暗中加入伊利诺伊州警察局，而州警成员和芝加哥警察局的警官也秘密参与了迈克酒馆的行动。几年后，一名特工曾经问起，联邦调查局怎么看待他们的工作。

“我们从来都没有告诉总部。”戴森回答。

它不再神圣不可侵犯

在华盛顿，联邦调查局已经成了一只困兽。尼克松辞职 3 个月后，新一届国会产生，其成员大都是自由派人士。水门事件发生后，参众两院决心对国家情报行动开展正式调查。杰拉尔德 ·R. 福特总统意识到，泄露这些秘密将玷污自富兰克林 ·D. 罗斯福以来诸多美国领导人的名声。总统的高级助理想要由中情局开展调查，从而尽量减少损失。

“为什么不加上联邦调查局？”前中情局局长理查德 · 赫尔姆斯在椭圆办公室内毫不讳言地问福特总统，“这样就可以一追到底。”司法部副部长劳伦斯 · 西尔贝曼表示赞同。“联邦调查局是这件事里最引人注目的地方，”1975 年 2 月 20 日，他告诉总统的国家安全委员会成员，“胡佛的做法经不起严格审视，尤其是在约翰逊当政的时候。”

克莱伦斯 · 凯利局长刚刚开始明白，调查局的情报行动已经触犯了法律。凯利担心，国会将会对他的特工实施严格限制。为了应对这一威胁，他恳请总统签署行政命令，扩大联邦调查局在国家安全事务上的权力。

联邦调查局依据的法律“适用于内战时期，而不是 20 世纪”，凯利辩称。最高法院已经将煽动革命的法令“缩减成一具空壳”，他说。对未经授权监视美国公民的禁令让司法部无法对地下气象员组织的领导人提出指控，因为这一指控建立在非法监控之上。根据现行法律，凯利指出，他怀疑调查局是否有能力搜集有关“妄图颠覆或摧毁政府的恐怖主义和革命者”的情报。

如果法院或者国会对入室行窃的合法性提出质疑，凯利及其在司法部的盟友认为，唯一的解决办法就是让它们合法化。

然而，水门事件已经消除了过去那种认为总统可以称孤道寡的思想。现在的政治气候显然不适宜作出这样的断言，即使是打着国家安全的名义，联邦调查局也不能在白宫的指示下从事不法行径。近 70 年来，调查局从未接受过外界的监督，而现在它已经不再神圣不可侵犯。

“我竟然成了 FBI 的目标！”

一场正式较量即将展开。尽管总部极力反对，国会情报调查委员会还是拿到严令，开始翻阅联邦调查局的有关档案。

就在此时，联邦调查局的走廊内发生了一次小小的冲突，这次冲突是一场持久战争的开端。

调查局开始从司法部搬往宾夕法尼亚大道另一侧的胡佛大楼。这幢新建的大楼于 1975 年 9 月 30 日正式启用，共耗资 126 万美元。它是华盛顿最丑陋的建筑物。

国会议员希望到调查局的新旧总部进行参观。当天，联邦调查局的詹姆斯·R. 希利负责陪同马萨诸塞州民主党众议员罗伯特·德里南。希利是调查局的死硬派和胡佛的仰慕者；德里南不仅是天主教耶稣会的一位神父，而且是一名和平主义者。他积极反对越南战争，并公开宣布自己是联邦调查局的敌人。

在经过联邦调查局的室内射击场时，希利向德里南解释，调查局特工只有在正当防卫时才会对嫌犯开枪。有人问：如果他们还击怎么办？“那我们就会将其击毙。”希利说道。“德里南神父闻言大喊：‘他们将其击毙！他们将其击毙！’”希利回忆道，“我想这个人一定是疯了。”于是，希利只好将国会代表团带到另一个房间。这是一个用来保管索引卡片的房间，卡片上是被联邦调查局记录在案的人员名单。对胡佛来说，这些卡片就像他所建立的这栋大厦的基石。“德里南神父说：‘好啊，我想看看我的名字在哪里。’出于礼貌，我把他带到一位正在填写卡片的年轻女士的面前，请她拿出一些卡片。”这名办事员一只手颤抖着举起几张索引卡，德里南一把夺了过去。

“他们竟然记下了我的名字！”德里南高声喊道，“他们竟然记下了我的名字！”

这名国会议员要求查看调查局还记下了哪些关于他的内容，并且成为第一批得以查看联邦调查局关于自己档案的个人之一。在德里南的档案中，有一封可疑的书信。4 年前，一名修女将这封信寄给了胡佛，并声称德里南神父是一个安插在天主教内的共产党员。

1975 年 11 月 18 日，参议院对联邦调查局进行的首次公开听证会就是在这样一种氛围下进行的。

FBI 特工即将面临牢狱之灾

正如克莱伦斯·凯利所担心的那样，国会调查员开始挖掘联邦调查局过去的历史，并且发现一些肮脏的事实——对马丁·路德·金开展的窃听，有关美国公民的长达50万页的内部安全记录，在反情报计划行动中践踏公民权利，以及滥用调查权并将其作为从事政治斗争的武器。

参议院委员会得出结论，联邦调查局曾经在没有正当理由的情况下对美国公民进行监视。该委员会谴责调查局违反了法律和美国宪法，并且认为“历任司法部部长、总统和国会虽然给予了联邦调查局权力和责任，但未能对其进行适时引导和有效控制”。

一时之间，调查局成了众矢之的。由于受到媒体的影响，公众对联邦调查局的印象大跌，人们的态度从尊敬变成了恐惧。

新任司法部部长爱德华·利维，也就是3年内第5任司法部部长，早已预见到了这种局面。利维提出了长期以来联邦调查局开展情报行动的首要准则。他告诉国会，他们始终认为，“在我们的社会中，政府部门对那些持有不得人心或者具有争议性的政治观点的个人或组织进行监视的做法是不可容忍的”；他们将国内的恐怖活动视作执法部门的问题；他们限制了联邦调查局手中的权力，然而在开展调查之前，调查局不得不认为，他们的调查目标有可能使用暴力。这显然是一条难以达到的标准。

1976年5月8日，凯利在密苏里州威斯敏斯特大学发表演说，试图挽回联邦调查局的公众形象。在冷战之初，英国首相丘吉尔就是在这里发出警告称，一道铁幕已经在欧洲落下。凯利承认，联邦调查局曾经开展过一些不可原谅的行动，并且表示，他们绝不会重蹈覆辙。

凯利的举动引起一片哗然。在调查局内部，这次演说立即被人们冠以“道歉演说”的名称。

然而，这次道歉为时已晚。7周以前，根据司法部部长及其民权司的指示，凯利向联邦调查局的所有特工发出了一道密令，要求他们向总部报告他们对过去10年中所有入室盗窃活动了解的任何情况。报告呈交到总部以后，凯利发现，几乎所有人回答都如出一辙：他们没有听说过任何秘密入室和非法盗窃活动。但是，司法部民权司逐渐发现，这些报告中充斥着大量谎言和遁词。“民族解放武装力量”的调查员理查德·哈恩说，纽约街头的外勤特工中已经开始流言四起：“这会牵连到很多人。”

美国各地执行秘密情报任务的特工纷纷开始畏缩不前。“没有人愿意对恐怖主义进行调查，”“民族解放武装力量”的全国首席调查特工比尔·戴森表示，“每个人都试图逃避。”“没有人会支持我，”戴森说，“调查局不会，司法部不会，美国民众也不会。”

联邦调查局的53名特工接到通知，由于涉及以国家安全为名从事非法活动，他们即将接受刑事调查。凡是在反恐行动和反情报行动中实施过窃听或者入室行窃活动的特工都有可能遭到指控，并面临着牢狱之灾。

第38章

FBI陷入严重危机

联邦调查局面临着前所未有的复杂局面。它将不得不对自身展开调查。

克莱伦斯·凯利曾再三向媒体、公众和总统保证，早在10年前，联邦调查局就已经终止了所有非法入室活动。他的高级助理不仅对他是这样说的，而且在对国会和对法庭宣誓作证时也是这样说的。1976年8月8日，也就是凯利得到相关事实的4个月前，他不得不承认，自己受到了一群行家的愚弄——联邦调查局的一些高级官员在“完全知情的前提下有意欺骗了他”。

凯利早就应该意识到这一天的到来。根据自己20年特工生涯的经验，凯利清楚，“极少有坏消息能够传到胡佛那里。”凯利回忆说，调查局几乎所有人“都不敢告诉胡佛真相”。这位大当家“不仅过于刚愎自用，而且他手中的权力令人恐惧”，因此特工们只能对他隐瞒那些残酷的事实。凯利认为，他之所以会受到蒙骗，是因为“调查局的高层存在一种极为傲慢的看法，认为联邦调查局的所有行动和政策都无可指摘、恰如其分”。在他们看来，调查局的公众形象不容置疑。

在承认自己受到愚弄的3天以后，凯利宣布，他将采取两个重大步骤，对联邦调查局进行重组。

首先，他成立了一支内部审查队伍。在司法部检察官的监督下，联邦调查局的特工将在内部启动数十项刑事调查。

其次，他挖掉了情报司过去的核心职责。除了对外国间谍机构的追踪另当别论外，他规定：从此以后，联邦调查局对国家安全案件的调查与普通刑事案件将没有任何区别，而且不得再对美国公民开展秘密情报调查。胡佛的幽灵一直在调查局挥之不去，而凯利的这一举措无疑是对他最沉重的打击。

“我不是‘深喉’”

从上任之日起，司法部部长爱德华·利维就对“联邦调查局永远不会犯错”的观点提出了质疑。

利维是美国最受人尊敬的律师之一。他头顶微秃，总是戴着眼镜，打着领结，他的父亲和祖父都是犹太拉比（拉比，犹太人中的一个特别阶层，是老师和智者的象征。——译者注）。二战期间，利维曾经在司法部工作，接着担任芝加哥大学校长，最后又返回司法部。就像他的前任、半个世纪以前提名胡佛担任联邦调查局局长的斯通那样，较之于政治权术，利维更崇尚法治。他认为，秘密警察制度是对自由社会的一种威胁。

利维正坐在他的真皮椅子上欣赏办公室四周的木质镶板时，“一名调查局特工没有敲门就走了进来，”他回忆道，这名特工自我介绍说，他的名字是保罗·戴利。“他把一张纸放在我的面前，请求我在没有法院庭谕的情况下授权安装窃听器，并且一直等着我批准。”

“这件事情你得容我考虑一下，”利维说，“我们的特工在安装窃听器时有可能被捉。”

“已经安装过了，”戴利答道，“麦克风已经安装过了。”这就是过去的办事程序：窃听器可以事先装好，一经批准就可以立即启用。显然，联邦调查局的传统有别于刑事调查的规则。

利维感到十分惊讶。“他的眼镜差点儿掉下来。”戴利回忆道。

这位司法部部长从来不赞成未经授权进行搜查、抄没文件和监控。水门事件发生后，利维认为，美国决不会容忍这种事情再次发生。在得知联邦调查局仍在开展入室行窃活动并且向国会和法庭说谎后，他感到如芒在背。

利维认为，政府部门不应该为了执法而触犯法律。于是，他开始为联邦调查局的调查制定原则，而他的做法对调查局来说可谓史无前例。利维在司法部建立了明确的管理部门，对特工的刑事渎职行为进行调查。他命令凯利直接向自己报告联邦调查局的所有不当行为。

“我们不会要求特工相互告密，”凯利曾经说过。但是现在，调查局的这一传统已经不复存在。

自从联邦调查局对马克·费尔特启动刑事调查后，总部的气氛就开始变得日益紧张起来。水门事件调查即将结束时，费尔特被解除了调查局副局长的职务。在尼克松政府最后的日子里，费尔特被控从联邦调查局内部窃取文件，并将其透露给《纽约时报》。这一指控如果被证实，就可以判处费尔特 10 年徒刑。调查局特工对他进行了审问，并向他宣读了宪法赋予的权利。但是，费尔特不仅巧妙地欺骗了这些特工，而且在随后写给调查局局长的亲笔信中再次就此事撒谎。

“亲爱的克莱伦斯，”费尔特在信中写道，“作为此案中背叛联邦调查局的头号嫌疑人，这是一次令人羞耻和有辱人格的经历。”最后，他补充了一句：“顺便告诉您，我不是‘深喉’。”

凯利推测，调查局的一群高级特工串通一气，共同泄露水门事件一案的秘密。显然，他的推测是正确的。凯利完全有理由怀疑，是费尔特发起了这场秘密运动。但是，20 年来，费尔特一直是他的朋友。对调查局的忠诚以及对费尔特的友谊让凯利不得不设法保护费尔特免遭起诉。他绝不会让调查局蒙羞。凯利向费尔特保证，泄密事件的调查到此为止，并且以滥用职权为由解雇了启动此案的特工。至于这名特工怎样滥用职权，凯利没有作出进一步说明。但此时，费尔特的麻烦已经接踵而至。他的妻子一病不起，从此精神失常，后来自杀身亡。他的女儿在加入了加利福尼亚的一个嬉皮团体后消失得无影无踪。联邦调查局再次对他启动了刑事调查，而这一次调查凯利显然再也难以平息。

1976 年 8 月 19 日，联邦调查局对自己的总部进行了突袭。在司法部民权司刑事调查员的率领下，两队调查局特工在华盛顿展开了搜索，另外一队特工被派往纽约办事处。他们发现了一批局外人士永远不可能看到的隐秘文件。二战爆发前，胡佛建立了“不归档”档案系统，用于藏匿联邦调查局非法入室和窃听活动的证据。按照规定，这套系统要求有关特工销毁他们从事秘密情报调查的原始记录，但是在涉及国家安全的问题上，就连胡佛本人有时候也难免出错。他在自己的办公室里保存了一个名为“入室搜查”的文件夹，其中详细记录了“不归档”系统的有关规定。在胡佛死后，这个文件夹竟然没有连同他的个人档案一起被销毁。随后，在纽约开展的搜查中，调查队发现了 25 卷“不归档”档案的原始记录。至于它们是怎么保存下来的，没有人能够说清楚。调查人员发现，从 1972 至 1973 年，由约翰·卡尼负责的联邦调查局第 47 分队，对地下气象员组织数名逃犯在纽约亲友的住所实施一系列入室盗窃活动。

卡尼已经在联邦调查局工作了 25 年，最近刚刚退休。他打开一份日报，看到上面写着，“司法部成立特别部门，对‘第 47 分队’展开了调查。”卡尼回忆道，“他们感兴趣的是调查局逮捕逃犯时不同寻常的调查技巧。我早就听说，有很多特工在大陪审团作证。随后我接到了一个匿名电话，他说：‘我不得不把你供出来，约翰。’”

很快，卡尼就受到开展阴谋的指控。他是联邦调查局第一名以从事反美活动罪名遭到起诉的高级特工。

在总部，克莱伦斯·凯利命令几个心腹特工开展反调查工作，弄清司法部在哪里审理这起案件。他们很快得知，卡尼是这一刑事指控的主要对象，但不是唯一一个。8 月 26 日，对总部的首次突袭过后一周，调查局前任情报行动负责人马克·费尔特和爱德华·米勒接到传唤，到联邦大陪审团作证。两人作出了一个危险的决定。他们发誓，“第 47 分队”开展的入室搜查行动出自他们的授权。费尔特和米勒称，是联邦调查局代理局长帕特里克·格雷批准了这项行动。

两人的证词让检察官陷入踌躇，并且在司法部的高级官员中引发了一场争论。如果他们起诉费尔特和米勒，他们就必须同时对格雷提出指控。这样一来，胡佛的这位继任者就成了一名联邦重犯。

这项罪名无异于暗示，联邦调查局过去在情报领域开展的行动属于犯罪活动，因此这无异于是对整个机构提出了指控。

费尔特和米勒认为，如果接受审讯，他们会说服陪审团，在维护国家安全时联邦调查局有权根据美国总统的命令绕开法律。他们认为，他们能够证明总统肩负着保护和捍卫宪法的神圣职责，因此有权闯入任何美国公民的家中。两人宣称，为了维护国家利益，总统可以侵犯个人的权利。

但他们却面临着另一个障碍，即证据。根据法律，费尔特和米勒必须证明，他们开展秘密入室行动是为了追查外国间谍，以保卫美国的安全。两人怀疑，地下气象员组织的逃犯听命于古巴和越南。为了得出这一结论，芝加哥办事处起草了一份单倍行距、长达 100 多页的书面报告。然而，他们的证词当中没有提供任何相关证据。约翰逊和尼克松总统曾经再三命令联邦调查局找到这些气象员受到敌国资助的证据，以证明他们是外国秘密特务。但是，联邦调查局始终没有找到任何蛛丝马迹。

周日清晨，费尔特在哥伦比亚广播公司一个名叫《面向全国》的谈话节目上露面，对全世界重申了他对大陪审团的说辞：是他授权了这些秘密入室行动。这些情报行动关系到国家安全。“联邦调查局特工试图在暴力事件发生前及时加以阻止，”他说，“我认为这是一种正当的行为。如果有机会，我还会这样做。”

数年后，爱德华·米勒的说法显然更加委婉。他援引了数百年前的不成文法作为自己的佐证。一个人的家就像他的城堡，他承认，但是任何人都不能反对国王。

这场争论可以追至的美国的立国之初。“免遭外部危险是国家行为最有力的指针，”亚历山大·汉密尔顿在 1787 年写道，“即使是对自由意志的崇尚，在一段时间之内，也必须服从国家安全的需求。战争会对人们的生命和财产造成巨大损害，而长期处于危险状态让人们每时每刻都要殚精竭虑保持警惕，因此，为了寻求和平与安全，即使是最热爱自由的国家也不得不屈服于那些有可能损害公民和政治权利的制度。为了更加安全，它们宁愿冒着牺牲自由的风险。”

FBI 的超人形象已经倒塌

直到 1976 年 9 月 21 日，美国没有再出现一起由外国势力发动的恐怖袭击。

一个阴雨连绵的早晨，一场爆炸撼动了距离白宫一英里远的谢里丹环形交叉路口。前智利驻美国大使奥兰多·莱德利尔及其美国助手、26 岁的罗尼·莫菲特在这次事件中遇害，一枚威力巨大的炸弹就安装在他们的汽车底盘下面。炸弹爆炸前，他们刚刚经过使馆区。

莱德利尔历任萨尔瓦多·阿连德总统的大使、外交部部长和国防部部长。1970 年，中情局曾经接到尼克松总统的命令，要他们不惜一切手段阻止阿连德上台，但这个左翼分子还是在自由选举中获胜。当选 3 年后，阿连德在极右翼将军奥古斯托·皮诺切特发动的一次政变中身亡。军政府在一座冰天雪地的小岛上监禁了莱德利尔一年，随后将其驱逐出境。

来到华盛顿以后，莱德利尔很快开始发起行动，反对皮诺切特政权。于是，智利情报机构 DINA，即“国家情报局”，计划对他进行暗杀。

皮诺切特与其盟友，即其他 5 个南美国家的右翼领导人，狼狈为奸，准备在全球消灭他们的左翼敌人。这项行动的代号是“秃鹰行动”。国家情报局雇用了一些杀戮成性的反卡斯特罗的古巴人和一个名叫迈克尔·唐利的美国士兵作为“国际敢死队”的成员。在他们行刺奥兰多·莱德利尔之前，基辛格所在的国务院和乔治·H.W. 布什所在的中情局曾经获悉，“秃鹰行动”正在考虑开展暗杀活动。但是两人怀疑，皮诺切特将军不会冒险在华盛顿实施恐怖袭击。对于他们的观点，美国大多数情报官员表示认同，只有一个人例外。

“‘秃鹰行动’在其成员国中成立了一个特别队伍，准备在各国开展暗杀行动，”谋杀案发生 7 天后，联邦调查局驻布宜诺斯艾利斯司法随员罗伯特·谢勒在一份秘密报告中写道，并将这份长达 4 页的报告交给了总部。他认为，皮诺切特及其手下特工很有可能实施暗杀行动。

联邦调查局开始对奥兰多·莱德利尔谋杀案进行调查。这是一起特别的案件，因为它足以证明：在 20 世纪，美洲出现了国家支持的恐怖主义。

此外，对这起案件的长期艰苦调查还离不开 1976 年 11 月当选的吉米·卡特总统的支持。卡特是第一位将人权问题作为自己总统任期内核心原则的政治领导人。他对美国的敌人展开了大力声讨。“和平就是没有战争，”卡特在接受提名时表示，“和平就是消灭国际恐怖主义。”

经过很长时间以后，这位新任总统才控制了美国的情报和执法机构。国会对中情局和联邦调查局的质询以及调查局内部的刑事调查让这两个机构经历了巨大的动荡，两者之间充满了对对方的刻骨怨恨。他们不愿意在反恐问题上相互配合。为了应对来自海外的恐怖主义危险，尼克松和福特政府试图都协调两者的关系，但没有结果。外国势力发动的恐怖主义活动是一种战争行为，应当由士兵和外交人员负责作出回应；而国内力量发动的恐怖主义活动是一种犯罪行为，应当由联邦调查局负责解决。直到数十年后，美国才形成了一种结合执法力量和情报机构的策略，在恐怖分子发动袭击前阻止他们的活动。

1977 年 1 月，卡特总统宣誓就职后，联邦调查局的总部一直处在动荡之中，这种情况持续了一年之久。总统明确表示，他希望为联邦调查局遴选一位新任局长，但似乎难以作出决定。克莱伦斯·凯利就像帕特里克·格雷一样，开始“在风中慢慢消逝”。

“对于联邦调查局，最让我感到困惑的事情就是，”凯利在自己的提名听证会上说，“特工们始终缺少有效的领导；他们认为自己理应得到的优越地位受到了贬低。”

凯利曾经表示他希望“重建特工对调查局的信心”。但是，凯利没有达到这个目标，他自己也清楚这一点。“联邦调查局的超人形象以及随之而来的权力和荣耀已经极大地被削弱，”在任期即将结束前，凯利总结道，“联邦调查局的地位一落千丈。事实证明，我们只不过是一些凡夫俗子而已……但是，胡佛在任时，联邦调查局的形象是那样高大和无瑕，所以现在只要有任何差池，真的也好，假的也罢，或者是夸大其辞，都会引起人们极大的关注。”

凯利坚持认为，这种局面必须改变。美国人民再也无法容忍“饱受破坏和非议的联邦调查局”。

“我们缺少的是有效情报”

一年多以后，卡特总统终于为联邦调查局物色了一个新任局长人选。他的司法部部长和旧友、佐治亚州联邦上诉法庭法官格里芬·贝尔提供了50余名候选人。最终，卡特选择了法理学家、被尼克松任命为联邦法官的威廉·H. 韦伯斯特法官。韦伯斯特既是一名温和的共和党员，也是一位信仰基督教的科学家。他虽然有些造作，但仍然给人一种圣洁、正直和诚实的印象。而卡特总统看中的正是这一点，因为这或多或少地反映了他的个人形象。

韦伯斯特为人傲慢苛刻。“他的蓝眼睛就像钢铁般冷酷，”前联邦调查局特工霍默·博因顿说，他曾经在韦伯斯特手下服务了两年。“我接触过的大多数人在生气时都会提高嗓门，只有他的声音会突然降低。他的下巴和冷酷的双眼仿佛要凸出来一样，让你感到自己好像只有10厘米那么高。他十分残酷无情。”

在来到联邦调查局的第一天，韦伯斯特就表示，他希望被称作“法官”。对韦伯斯特的提名意味着，总统开始任命法官来掌管联邦调查局，而这一传统一直延续到20世纪末。

1978 年 2 月 23 日，作为联邦调查局的第 3 任局长，韦伯斯特正式宣誓就职。他说，调查局将“按照宪法规定的方式，从事美国人民希望他们从事的工作”。一些特工认为，他们很难接受这一立场，因此直到两年以后，韦伯斯特才在联邦调查局建立起自己信任的核心圈子，并且控制胡佛的“死忠”。由于在过去形成了根深蒂固的思想，这些人毫不怀疑地继承了胡佛留下的传统，并且反复向韦伯斯特声明，他们所做的正是胡佛希望他们做的事情。“为了纠正这种想法，我费尽周折。”韦伯斯特后来表示。

韦伯斯特发现，联邦调查局的行动毫无司法约束可言，对此他感到极为震惊。调查局根本没有自己的机构章程，不仅过去没有，现在也没有。从一开始，韦伯斯特就宣布，必须制定法规，对“不是我们能做的事情，而是人民希望我们做的事情”进行界定。因此，他花了两年时间与国会商议，起草有关法规。然而，无论是卡特总统还是里根总统都没有执行这些规定，韦伯斯特的计划胎死腹中。

就像韦伯斯特所说的那样，他不得不“假装我们有自己的行动章程”。

但是，联邦调查局必须遵守《外国情报监视法》。这项法案是国会、调查局和中情局经过数年争辩的产物，即由美国首席大法官选出部分法官组成特别法庭，法庭成员在司法部高层一间经过特殊隔音处理的会议室内碰面。该特别法庭的职责是对美国情报官员提出的窃听和电子监视的申请进行审批，但前提是这些窃听活动必须依法进行。从胡佛担任局长起，60 年来联邦调查局一直在依据自己的法律进行偷录和窃听。然而，特别法庭显然不是调查局的障碍，因为在接下来的 20 年中，法庭一共批准了 17000 多项申请，从未表示异议。但是，情报人员监视的目标必须是外国势力。现在，联邦调查局的秘密情报行动受到了法律的限制。

韦伯斯特法官就任后，为了达到上述标准，联邦调查局经历了两场考验：一场是秘密的，另一场虽然令人痛苦，但是却不得不公诸于众。

1978 年 4 月 8 日，经过一番异常激烈的外交较量后，两名联邦调查局特工从智利首都圣地亚哥带走了皮诺切特将军情报机构中的美国职业杀手迈克尔·唐利。他们立即乘飞机赶往迈阿密，对唐利进行了长时间的审讯。唐利制造了杀死奥兰多·莱德利尔的那枚炸弹。经过联邦调查局的艰苦努力，这名为皮诺切特将军及其情报负责人服务的刺客终于被处以刑事判决和监禁。

4 月 10 日，美国政府对前联邦调查局情报司司长爱德华·米勒、前副局长马克·费尔特和前代理局长帕特里克·格雷提出了 32 项指控。根据 60 年前主要用于起诉三 K 党的一项法令，他们的罪名是未经授权进行搜查，从而“阴谋伤害和压制美国公民”。

这项罪名激怒了 20 世纪 70 年代负责情报和反恐案件的数以百计的调查局特工。其中 69 名在尼克松执政期间曾经为格雷、费尔特和米勒工作的特工不得不面对司法部和联邦调查局开展的内部调查，而这些调查有可能让他们失去自己的工作、退休金甚至人身自由。没有人知道他们当中会有多少人受到指控。

然而，在联邦调查局内，对美国的敌人开展最敏感调查的正是这些特工。他们转而寻求韦伯斯特的领导和指点，当然还有宽恕。韦伯斯特认为，除了 6 名特工以外，其他所有未经授权的入室搜查活动都情有可原，因此他对这些人只作出了内部处分，并没公开谴责。司法部最终决定，只对费尔特和米勒提出指控。让检察官感到愤怒的是，司法部不仅撤销了格雷的案件，而且取消了对约翰·卡尼的指控，因为后者的律师辩称他只不过是在执行上级的命令。

现在，曾经在胡佛手下盛极一时的联邦调查局情报司已经被司法部置于樊笼之中。到 20 世纪 70 年代末，情报司的权力和专长都日渐式微。然而，正是这些人希望雇用和训练联邦调查局会讲俄语的特工，恢复对苏联的反间谍行动，并将其视作他们的情报生涯而不是一次两年的任期。他们希望追捕地下气象员组织的在逃嫌犯以及民族解放武装力量的首领。虽然三 K 党已经销声匿迹，但是一批新纳粹组织开始在美国兴起。此外，一些旨在对历史宿怨——塞尔维亚人和克罗地亚人、土耳其人和美国人、爱尔兰共和军和英国人之间的仇恨——进行报复的武装游击队也开始初露端倪。将上述因素综合起来，每年都会新增 100 多起恐怖主义案件。

韦伯斯特对联邦调查局是否有能力应对这些威胁感到担忧。“我们缺少的是有效的情报，”他说，“我们必须提高搜集情报的能力。”

一场史无前例的大灾难

1976 年，芝加哥的一名警察罗伯特·汉森加入了联邦调查局。在调查局任职的25年里，汉森成了一名苏联间谍并窃取了大量军事机密。然而，他的罪行直到世纪之交才被联邦调查局发现。

汉森从小时候起就知道，警徽就相当于从事秘密活动的挡箭牌。他的父亲和祖父都是芝加哥警察局反共小分队成员，他们滥用自己手中的权力，对左翼人士进行了追捕和骚扰。对于这段肮脏的历史，汉森十分清楚。

“父亲和祖父都是贪赃枉法的警察，汉森知道这一点。”联邦调查局培训学院行动科学分部的创始人之一理查德·L.奥尔特说。汉森被捕后，奥尔特对他进行了审讯。“汉森告诉自己：‘我对自己的要求并不高。’因此，他轻而易举地开始从事间谍活动。”汉森为此得到了60万美元，但他这样做不仅是为了金钱，更是因为在他看来，自己从事间谍活动完全可以逍遥法外。

1979年3月，汉森开始在位于纽约的联邦调查局苏联反情报司工作，任期两年。此时，汉森尚不满25岁，在政治上十分保守，并且公开宣称自己是一名反共人士。此外，他还是一名虔诚的天主教徒，每天清晨都要参加弥撒。作为一名联邦调查局特工，这些特征并不罕见。就像其他很多同事一样，汉森也没有接受过专业的情报工作训练。反情报司昔日的荣耀已经一去不复返。正如奥尔特所言，在联邦调查局总部，反情报司被人视作“一个混蛋教子”和一潭波澜不惊的死水，极少取得任何重大成就。在调查局的高官看来，完全没有必要浪费时间对他们进行复杂的反情报技巧训练。如果说他们接受过任何训练的话，那么这些训练就是来自实践工作。在联邦调查局训练学院，后来担任联邦调查局局长罗伯特·S.米勒三世高级助理的迈克·梅森只参加过为期3个小时的课程。梅森记得，他的教官说，这项工作是一个诅咒，要不惜一切代价来避免遭到反噬。梅森牢牢地记住了这一点。

“我不懂什么是情报工作，”他说。“我所知道的就是，不要与它扯上任何联系。”

几周以后，汉森的上级发现，汉森在计算机技术方面有着杰出的天赋，而这是绝大多数联邦调查局特工所不具备的优势。他们派遣汉森建立苏联在纽约外交人员和间谍嫌疑人之间的自动数据库。在这门后来改变了整个世界的技术上，尤其是在网络连接和信息传输方面，汉森有着过人之处。

当时，调查局正在为计算机系统建立新的安全防护体系。汉森很快便发现其中的缺陷和漏洞。

他的职责是每个月对苏联人的监视情况提交报告。为此，他经常需要待在联邦调查局的档案室里，翻阅调查局对克格勃和苏联军事情报机构“格鲁乌”，即苏联总参谋部情报处的有关记录。正是在这项工作中，汉森得知了联邦调查局在苏联驻纽约代表团内部一些长期线人的身份。

1979 年 11 月，汉森来到苏美贸易公司“阿姆多尔戈”位于曼哈顿市中心的办公室，谁也没有发现他的行踪。“阿姆多尔戈”已经在美国从事了 60 多年的间谍工作，办公室负责人是格鲁乌的高级官员。汉森不仅知道阿姆多尔戈的具体位置，也清楚自己应该见谁。他毛遂自荐成为苏联人的间谍。随后，汉森交出一叠有关联邦调查局对苏联人在纽约居住区电子监视记录的文件，并且建立了无线电加密通讯系统，约定每 6 个月传递一次新的机密。汉森带来的第二个包裹内装着一份纽约所有被联邦调查局怀疑正在从事间谍工作的苏联人的详细名单。他透露的另一条消息让苏联人大为震惊：从 1961 年起，格鲁乌内部一个名叫德米特里·波里亚科夫的少将就开始为美国工作。多年以来，波里亚科夫一直在联合国任职。1980 年 5 月，苏联将波里亚科夫召回莫斯科，此后，他很可能接受了向美国提供虚假情报的任务，以误导和困扰美国的情报机构。但对于这种说法，联邦调查局一直存在争议。

汉森的责任日渐重大。他接到命令，为调查局在纽约开展的情报行动制定预算申请。这笔资金的流向可以清楚地显示出今后 5 年联邦调查局的行动目标，以及与中情局和国家安全局合作开展行动的计划。在第 3 次向苏联传递情报时，汉森提供了这项计划的详细方案。随后，他决定暂时潜伏起来。

即使汉森就此罢手，他所造成的损失在联邦调查局的历史上也是史无前例的。2001 年，汉森东窗事发后，威廉·韦伯斯特对此案进行了分析。他说，这是“一次不可思议的袭击”、一场划时代的重大灾难以及“一场五百年一遇的洪水”，摧毁了所到之处的一切东西。

当另一起重大的间谍案件即将曝光时，汉森中止了与苏联人的来往。这项调查的范围涉及美国、法国、墨西哥和加拿大。直到 1980 年夏，联邦调查局才把目标锁定在一个名叫乔·赫尔米奇的退役陆军密码员身上。一年后，赫尔米奇被捕，在承认向苏联出售 KL-7 系统的代码和操作说明后，他被判终生监禁。KL-7 系统是国家安全局开发的加密通信工具。赫尔米奇虽然地位卑微，但却能够接触到高级机密。从 1963 年至 1966 年，他先后在巴黎和墨西哥城与苏联情报官员秘密碰面，并获得了 131000 美元的酬劳。在这些叛国活动中，他所出售给苏联人的机密，相当于一把可以解开越战期间美国军事和情报方面大多数绝密信息的钥匙。

对汉森的调查持续了 17 年之久。在此期间，联邦调查局的反情报调查始终没有停止。在他们看来，对于间谍的追剿没有任何法律限制。

“让恐怖分子心惊胆颤”

罗纳德·里根当选总统后，美国的反共斗争达到了有史以来的最高点。从 1947 年起，在联邦调查局对好莱坞的左翼人士发起的运动中，作为一名秘密线人，里根就开始在这场战争中冲锋陷阵。他认为，反共斗争和反恐斗争属于同一场战争。

“美国同胞们，今天我很高兴地告诉你们，我刚刚签署了一项法令，宣布苏联永远非法，”一次，在进行每周总统讲话试音时，里根笑着说，“我们将在 5 分钟后开始进行轰炸。”总统的态度从这个玩笑中便可窥一斑。里根希望，他能够运用自己手中所有的权力打击苏联。他将联邦调查局、中情局和五角大楼的预算翻了一番，并且将用于研制秘密武器和开展秘密行动的资金增加了 3 倍。他试图为美国的情报部门添砖加瓦，从而与苏联及其附庸国展开斗争。

在为马克·费尔特和爱德华·米勒结案时，总统谈到了美国的反恐行动。当里根以压倒性优势入主白宫两天后，这两名联邦调查局前任特工被联邦大陪审团以蓄意侵犯美国公民的宪法权利而判决有罪。在庭审期间，两人毫不讳言地承认，他们曾经在未经授权的情况下下令从事入室搜查行动。但是他们声称，他们有义务根据总统的命令开展这些活动。尼克松总统和其他 5 名前任司法部部长分别出庭作证。在法庭上，尼克松坚称：在涉及国家安全的问题上，总统有权违背法律，而联邦调查局有权根据他的命令从事非法活动。对于这一观点，里根总统表示赞同。长期以来担任里根幕僚长和顾问、后来出任司法部部长的埃德温·P. 米斯起草了一份声明，无条件赦免费尔特和米勒。

1981 年 3 月 39 日，里根总统遭到一名精神失常的枪手袭击并受重伤。事后，他签署了这道赦令。“马克·费尔特和爱德华·米勒为联邦调查局和我们的国家作出了杰出的贡献，”上面写道，“他们得到了政府高层的授权，”而“他们开展行动的最高原则就是结束威胁我们国家的恐怖主义”。

在赦令中，总统着重强调了这一原则。“1972 年，美国正处于战争状态，”上面写道，“费尔特和米勒此举是为了确保联邦调查局局长、司法部部长和美国总统了解外国敌对势力及其在国内同伙从事的活动。”然而，这种借口很难自圆其说，因为联邦调查局的目标不是外国间谍。这道赦令显然是一项政治决定。里根及其心腹顾问希望加强政府部门的权力，在美国国内任意进行监控，废除福特和卡特总统建立的有关制度，让联邦调查局自己制定开展窃听活动的行动原则。里根一再声称，要取消美国情报机构的束缚，恢复它们的秘密力量，清除挡在反恐战争道路上的司法障碍。

国务卿亚历山大・海格在上任之日立即宣布，苏联正在训练、资助和武装世界上最危险的恐怖组织。中情局新任局长、里根总统足智多谋的竞选经理威廉・凯西表示，克格勃是全球恐怖分子的大本营。这项指控存在一些真实的成分，冷战后解密的苏联档案显示，在 20 世纪 70 年代，克格勃为少数巴勒斯坦民兵组织提供了支持，而东德间谍机构国家情报局“史塔西”也对 1979 年试图暗杀海格的激进分子提供了庇护。但当时，总统及其国家安全团队并不了解这些事实。他们认为，在对恐怖分子进行讨伐时他们也不需要了解这些事实。

“要让恐怖分子知道，”里根总统在就职一周后宣布，如果他们发动袭击，美国就会“迅速发起有效还击”。

第39章

说谎的代价

在里根总统执政后，联邦调查局首次重大反恐调查的目标是美国在反共斗争中的盟国。联邦调查局的斯坦利·皮门特尔称，这是他整个职业生涯中“最令人震惊的调查行动”。

美国支持的萨尔瓦多右翼军政府遭到了左翼小规模武装游击队的袭击。军方及其敢死队杀害了大约65000名平民，其中包括牧师、修女、教堂工人、工会领袖、学生和农民，其中包括3名美国修女和一名普通信徒。她们只不过是“4个想要帮助穷人的无辜妇女”，皮门特尔说。但是，1980年12月，她们在被拖出卡车强行绑走后，随即遭到强奸和近距离射杀，然后被丢在公路旁。这场肮脏的战争显然是一场预先策划的谋杀，他们的行径令人发指。

联邦调查局驻中美洲高级司法随员皮门特尔面临着重重政治障碍。国务卿海格委婉地暗示，这几名修女之死与萨尔瓦多的左翼游击队“法拉本多·马蒂民族解放阵线”有关。该组织虽然也开展过政治谋杀，但比起军政府来不算什么。里根政府先后两次增加了美国驻萨尔瓦多的军事力量。萨尔瓦多军事和情报官员开始与中情局官员携手合作。

皮门特尔在美国驻萨尔瓦多大使馆内找到了一个同盟，这名年轻官员在军政府里有一个内应。皮门特尔对这起案件进行了追查，并且十分怀疑谋杀命令出自国家警备队队长卡洛斯·欧亨尼奥·维德斯·卡萨诺瓦将军。

“我找到维德斯·卡萨诺瓦，”皮门特尔说道，“请这位将军交出谋杀案嫌犯——5名低级士兵的武器"，并计划将他们的手枪、从几名妇女尸体上取出的子弹以及从犯罪现场提取的指纹运往联邦调查局的实验室。皮门特尔很快发现，维德斯·卡萨诺瓦曾经下令藏匿了他们用于行凶的武器，并且打算交给联邦调查局一批没有使用过的手枪。

"当我们揭穿他的谎言时，维德斯·卡萨诺瓦十分震惊，"皮门特尔说，"他变得极其愤怒。"尽管如此，皮门特尔还是拿到了凶器，并将它们放进外交邮袋，然后匆匆赶往机场，准备将这些证据运回美国。站在停机坪上，皮门特尔感到这里的气氛剑拔弩张。"我们的周围站着50多名国家警备队的卫兵，每个人的手中都拿着自动武器和手枪。"他说。皮门特尔只有一把装着6发子弹的357马格南手枪，他纹丝不动地站在那里，亲眼看着外交邮袋被装进机舱。

在对犯罪现场的子弹和指纹进行分析后，联邦调查局找到了其中的一把手枪。拿到证据以后，4名国家警备队卫兵被以谋杀罪名定罪。但是维德斯·卡萨诺瓦却逍遥法外。1984年，他成了萨尔瓦多的国防部部长。

在过去的这些年中，联邦调查局的特工虽然与皮门特尔进行了合作，但目的不一。里根总统上任后，调查局对"萨尔瓦多人民团结委员会"发起了全国反恐调查。4名美国修女被谋杀后，美国左翼激进分子迅速联合了起来。在开展调查期间，调查局几乎所有的情报都来自维德斯·卡萨诺瓦及其情报官员和一个名叫弗兰克·瓦雷利的线人。

瓦雷利是萨尔瓦多前国家警察局局长之子，他曾经向达拉斯的一名调查局特工提供情报，但这名特工没有任何应对国际阴谋的经验。瓦雷利说，他认识萨尔瓦多政府高层的一些消息人士，并向这名特工透露，"萨尔瓦多人民团结委员会"与"民族解放武装力量"已经形成了恐怖联盟，以共同对付苏联、古巴、尼加拉瓜和利比亚。这名特工相信了他的话。

于是，联邦调查局对"萨尔瓦多人民团结委员会"在美国各地180个分会约2375名成员进行了调查。调查局对一些政治嫌疑人进行拍照和摄像监视，利用卧底特工和线人打入他们的集会，对他们参加的教会和校园组织进行调查，审核了他们的财务和电话记录，搜查了他们的垃圾箱，对他们进行了审讯。

这次调查持续了4年之久，但最终一无所获。

联邦调查局开始对弗兰克·瓦雷利表示怀疑，最后得出了结论。借用韦伯斯特高级刑事和反恐助理奥利弗·B. 巴克·雷维尔的话来说，他所提供的是“虚假情报”。“有些消息纯属子虚乌有，”雷维尔告诉参议院情报委员会，“而另一些消息是根据他与萨尔瓦多的联系凭空杜撰出来的。”

与瓦雷利联系的是维德斯·卡萨诺瓦将军手下的情报官员。实际上，正是卡萨诺瓦操纵和误导了联邦调查局。

后来，维德斯·卡萨诺瓦接受了里根总统颁发给他的军事功绩勋章和一张绿卡，然后搬往佛罗里达州的劳德戴尔堡。1988年后，他“虽然有些口齿不清，但仍然是心宽体胖，过得不错。”皮门特尔说道。

“正义没有得到伸张。”他总结道。

“我们不能再欺骗民众”

当里根总统在海外发动反共战争时，美国境内的奸细开始从国家安全机构内部为苏联窃取机密。他们共同对美国的军事机密发动了自二战期间原子弹间谍案以来规模最大的一次袭击。

1981年7月，法国总统弗朗索瓦·密特朗亲手交给里根总统一份名为“告别档案”的重大情报卷宗。20世纪70年代，一名变节者为法国提供了4000份克格勃文件，而“告别档案”的情报就是从其中得出的。这份档案提到“X线”，即苏联情报委员会的科技分部的工作情况，详细描述了苏联人是如何利用东欧的波兰人和捷克人窃取美国武器技术的。

“他们十分熟练地为苏联窃取美国的情报，”韦伯斯特说，“但是，借助法国情报机构与克格勃高官达成的交易，我们发现了他们窃取美国机密情报的计划，而他们提供的这份名单让我们追踪到他们正在开展的活动。”

联邦调查局开始对波兰情报机构以及为其效命的美国人进行调查，他们其中大部分都是贪赃枉法的武器合约商以及经济拮据的军人。一名退役的海军陆战队员出售了100多份有关美国核武器系统的文件，得到了25万美金的报酬。休斯飞机公司的一名高级管理人员用美国最新的雷达技术、战斗机系统和地空导弹资料换取了11万美元。

与波兰人相比，捷克情报机关的做法技高一筹：他们渗入了中情局。从1973年2月到1983年9月，一个名叫卡尔·F. 科克尔的外国人一直在中情局工作。他后来取得美国国籍，加入了中情局并宣誓效忠美国。在这10年间，科克尔为幕后的苏联共产党窃取了大量高度机密的资料，其中包括中情局在国内外负责苏联情报的官员名单。

匈牙利情报机构在西德招募了一个名叫克莱德·康拉德的陆军中士。在他负责看管的仓库中，第 8 步兵师保存着北约对第三次世界大战的行动计划。康拉德出售了包含北约核武器所在位置以及部队、坦克和飞机作战命令的绝密文件，得到了 100 万美元的报酬。此外，康拉德还建立起一个由至少 12 名美国士兵和退役军人组成的团伙，在长达 14 年的时间里，这个团伙为铁幕后的国家提供了大量军事机密。

然而，与约翰·沃克开展的间谍活动相比，无论是从持续时间还是从行动范围上来看，克莱德·康拉德都要相形见绌。这名海军退役士兵和私家侦探联合自己的弟弟、儿子和好友，建立起一个向苏联人出售高度机密通信密码的团伙。沃克的妻子芭芭拉多次致电联邦调查局，称自己的丈夫是一名间谍。由于芭芭拉在打电话和接受审问期间严重酗酒，在长达 5 个月的时间里，她的指控没有得到认真对待。但，在调查局开始对沃克进行调查的3个月后，，他在一次试图将 129 份海军机密文件交给克格勃间谍时被当场抓获。他卖给苏联人的情报无异于一把能够解开美国海军自 1967 年以来所有密电的钥匙。"毫无疑问，他的行动导致越南战场上相当一批士卒的阵亡。"逮捕沃克的联邦调查局的罗伯特·W. 亨特说。

在 20 世纪 80 年代，联邦调查局发现了至少 68 名为苏联窃取机密的美国人。但是，没有确凿证据能够表明，莫斯科为旨在推翻美国政府的恐怖主义组织提供了支持。

尽管美国领导人一再指出，美国面临着某些国家支持的恐怖主义威胁，但国内发生袭击的次数却不断减少。从 1981 年至 1985 年，联邦调查局的间谍案件虽然增加了两倍，但国内恐怖主义案件却减少到原来的 1/5，平均每月发生一次。其中最活跃的恐怖组织是民族解放武装力量，他们杀害海军士兵，炸毁联邦调查局在纽约的办公室，从康涅狄格州一辆戒备森严的运钞车上抢走 700 万美元。地下气象员组织发动了最后一次袭击。1983 年 11 月 7 日晚上 10 点 58 分，他们在美国参议院会议室外的长凳下安放的一枚炸弹突然爆炸，这次爆炸震裂了共和党更衣室的墙壁、镜子和吊灯，但幸运的是，只有一人受伤。这无疑是他们的最后一搏。自反战运动兴起以及三 K 党死灰复燃后，至少 20 年来，美国再也没有发生爆炸事件。

调查局没有人知道，恐怖主义威胁是在逐渐消失还是在不断演变。威廉·韦伯斯特怀疑，恐怖主义是否会自行衰退。他的高级助理巴克·雷维尔则认为，它们一定会卷土重来。

从1964年起，雷维尔开始担任联邦调查局特工。就像调查局大多数最优秀的特工那样，他也是一名前海军陆战队员。雷维尔具有异常敏锐的政治头脑，在调查局的上上下下赢得了很多支持者。他酷爱运动，经常穿牛仔靴，说话时带着浓厚的西部口音，但他的心机要远比他的外表深沉。

雷维尔很快成了联邦调查局反恐和情报行动首屈一指的人物。他经常以韦伯斯特法官的接班人自居，毫不掩饰自己的政治野心。他对联邦调查局的权力有着远大的设想。他希望在世界范围内建立起一支反恐队伍。

但是，韦伯斯特对他的设想表示怀疑。"一开始，他表现得十分冷淡。"雷维尔说。韦伯斯特有自己的理由：联邦调查局只有5%的特工，即大约400人有过反恐调查的经验，其中大部分人都对这项工作的政治和法律风险十分警惕。尽管如此，雷维尔还是说服韦伯斯特公开宣布，反恐斗争是联邦调查局的四大首要任务之一。另外3项分别是反情报行动、打击白领犯罪以及有组织犯罪活动。

雷维尔开始定期与中情局局长威廉·J. 凯西以及负责中情局秘密行动的高级官员见面，并且很快成了调查局与白宫秘密反恐团队的联络人。白宫秘密反恐团队由国家安全局官员奥利弗·诺斯中校负责。诺斯是一名海军陆战队员，曾经在中东地区和中美洲国家开展过不计其数的秘密行动。因此，对于白宫内部的情况，雷维尔要比韦伯斯特更加了解，而后者也乐于将自己的一部分权力和责任交给他的副手。几个月前，韦伯斯特年仅57岁的妻子因病去世，此时的他仍然沉浸在悲痛之中。

为了提前为1984年在洛杉矶举行的奥运会做好准备，雷维尔在联邦调查局内部组建了一支小规模的应急队伍。12年前，"黑色九月"组织曾经在慕尼黑奥运会上制造了骇人听闻的惨案，这起事件人们仍然记忆犹新。没有人希望悲剧在洛杉矶重演。联邦调查局组建了一支由50名特工组成的人质营救队伍，其中大部分都是接受过军事突袭战术训练的越战老兵。随着公众呼声不断高涨，这支队伍的力量也日渐增强，他们甚至还配备了直升飞机、装甲车和坦克。然而，除了曾经发现两架低空滑翔机以外，这次奥运会进行得十分顺利。联邦调查局怀疑，这两架飞机可能会被巴勒斯坦的恐怖分子用于发动自杀式袭击。当年秋天，洛杉矶只有一件事情出现了闪失。

从奥运会火炬熄灭后到 1984 年 10 月 3 日，联邦调查局对一个名叫理查德·米勒的反情报特工开展了为期两个月调查。这名特工不仅目无法纪，而且愚蠢至极，因此成了联邦调查局第一个受到间谍罪名指控的特工。

米勒一案涉及一桩道德败坏的风流韵事。在成为间谍之前，他在联邦调查局工作了整整 20 年，但他的生活却一团糟。作为 8 个孩子的父亲，他因为通奸被摩门教逐出教会。随后，由于体重超标，他被调查局勒令停薪留职两个星期。在出现上述种种情况后，他心甘情愿地接受了一个女人的招募。米勒知道，这个女人是一个克格勃特工。为了得到联邦调查局外国反情报调查 25 页说明的副本，斯维特拉娜·奥戈罗德尼科夫对米勒进行了诱惑。最终，这名克格勃特工以 15000 美金和性交易作为条件，从米勒那里得到了这些文件。事情暴露后，米勒被判有罪，并处以 20 年徒刑。

“米勒不过是一个小丑，”负责调查此案的联邦调查局特工帕特里克·J. 马拉尼说道，“从一开始，他就不应该出现在调查局。这个可悲的家伙。”虽然米勒对情报工作造成了极大的损失，但在这起案件中，对联邦调查局影响最大的还是它丧失了作为一个坚不可摧的情报机构的良好声誉。在许多志向远大的年轻特工心中，这名绝望的男子用机密与苏联间谍进行的性交易给他们留下了刻骨铭心的印象。“这是我第一次经历间谍事件，”刚刚进入联邦调查局情报部门的贝特西·约克说，“我绝对不会想到，调查局内部竟然会有人做出这样的事情。我一直以为，我们是一群完美无缺的人。当理查德·米勒被捕……我感到非常伤心。”

雷维尔接到命令，要求他派出调查局的人质救援队伍，然而这次行动不是为了营救人质，而是为了发动反恐袭击。

当时，联邦调查局正在追踪一个准军事极端组织“秩序”的首领罗伯特·杰伊·马修斯。该组织起源于雅利安国家运动，这是一个由白人种族主义者组成的联盟，其目的是在美国挑起战争。在“秩序”内部，他们效仿希特勒的纳粹突击队，自称“沉默兄弟会”。他们开始在从科罗拉多州到加利福尼亚州的美国领土上从事不法活动。该组织两次谋杀行凶，炸毁犹太会堂，并持枪抢劫 300 万美元。马修斯希望发起右翼革命，以推翻美国政府。他声称，美国政府已经被犹太复国主义者所掌控。

“马修斯经常以极右翼势力的罗宾汉自诩，”联邦调查局的威廉·H. 马腾斯写道，“他专门对富有的犹太人进行劫掠，再把抢来的财物分给雅利安人。他与很多激进组织都建立了联系，其中包括三K党、光头党、新纳粹、生存主义者、税赋抗议者以及农民民兵团体。”“秩序”声称，该组织数百名坚定的支持者“计划炸毁大坝,对包括交通线路在内的其他基础设施进行破坏，从而使美国陷入混乱”。在得知此事后，联邦调查局大为震惊。

但是，马修斯却踏上了一条自取灭亡的道路。在“秩序”实施最后一次抢劫时，马修斯把手枪遗落在现场。

联邦调查局顺藤摸瓜，一直追踪到华盛顿惠德贝岛的一间小木屋。该岛位于普捷湾内，距离西雅图以英里。

雷维尔立即将人质营救队派往该岛。1984年12月4日，事情变得一团混乱。人质营救队与联邦调查局在西雅图的特别探员发生争执。他们声称，马修斯首先开火，他们随即发起了猛烈还击。但是，由于催泪瓦斯罐不慎引起大火，木屋被付之一炬。人质营救队不仅未能抓获这名恐怖分子，还不得不眼睁睁地看着他在木屋大火中化成灰烬。20多年来，他的死为许多狂热分子提供了发动袭击的借口，其中之一就是提摩西·麦克维。1995年，麦克维在俄克拉荷马城引爆了一枚炸弹，导致168名美国人丧生。这次行动不啻于一场灾难。

4个月后，雷维尔及其手下的反恐牛仔成功地挫败了一起暗杀印度首相拉吉夫·甘地的阴谋，重新为自己赢得荣誉。当甘地首相出访美国时，联邦调查局风闻纽约的锡克教徒准备展开暗杀行动。1984年，甘地的母亲、也是他的前任——英迪拉·甘地被锡克教的民族主义者刺杀。6年以后，他遭到了同样的命运。雷维尔派遣人质营救队中的卧底汤姆·诺里斯装作一名等待雇用的杀手，为恐怖分子设置陷阱。诺里斯是前海豹成员，由于在越南战争中失去了一只眼睛，他面目狰狞，看起来就像一名杀手。在诺里斯破获此案后，他受邀来到印度大使馆，接受甘地首相的谢意。

韦伯斯特始终对利用卧底设置圈套的做法感到忧心忡忡，因为一旦泄露，调查局就会被美国民众视作秘密警察。“我不想让联邦调查局变成一个盖世太保组织，”他说，“但是在很多情况下，卧底行动是唯一有效的途径。”

1985年6月，巴克·雷维尔正式成为联邦调查局的二号人物。现在，他掌握了情报、调查、刑事和反恐方面所有重大案件的指挥和控制权。除此以外，他还是联邦调查局和白宫与中情局的官方联络人。

在胡佛死后，联邦调查局还没有人能够获得如此巨大的权力。但是，也没有人像他这样面临如此多的危机。

在黎巴嫩发生的一系列绑架事件中，美国的反恐能力遭到了严峻考验。一些美国公民被当作人质关在贝鲁特的贫民窟里。15 个月前，这些人开始陆续失踪，其中包括中情局的一名站长。该组织自称“杰哈德”（即伊斯兰圣战组织。——译者注）。然而，这只是一个化名，当时美国还不了解其中的含义。

国会通过新的立法，授权联邦调查局对这些绑架者进行追捕。这是调查局第一次经过合法批准赴海外执行反恐调查。此外，联邦调查局还接到白宫的命令，要求他们全力以赴营救人质。在开展行动之前，雷维尔必须与中情局合作，共同制定方案。但是，1985 年秋，他与中情局的关系出现了严重的裂痕。

9 月 22 日，中情局一个名叫爱德华·李·霍华德的特工从美国消失。在此之前，中情局曾经选中他赴莫斯科执行卧底任务。为此，霍华德接受了两年的训练，其中包括熟悉中情局对苏联开展反情报行动的机密文件。就在霍华德准备出发前，中情局突然作出决定，认为他不适合从事这项任务。因为霍华德不仅酗酒成性，而且屡次撒谎。在遭到中情局解雇后，霍华德陷入了困境。中情局很清楚此人可能造成的危险，并恳请联邦调查局对其进行监视。但是，调查局却跟丢了他。霍华德飞往赫尔辛基，最终投靠了克格勃。于是，中情局和联邦调查局很快恢复了相互攻讦的传统，指责对方造成了这次惨败。然而，霍华德事件只不过是当年发生的十几起间谍案件之一。两周以后，即 1985 年 10 月 9 日，罗伯特·汉森秘密恢复了他在联邦调查局内部开展的间谍活动。当时，他已经升任调查局在纽约苏联反情报司的督察员。汉森写信给克格勃在华盛顿的最高级官员，表示他很快就能够提供一些涉及“美国情报界极其敏感和高度机密行动”的文件。

汉森没有食言。他向苏联人送去了联邦调查局开展双面间谍行动的资料汇编，并且警告克格勃，调查局正在挖掘一条通向苏联大使馆地下室的隧道。此外，汉森还为苏联提供了联邦调查局计划在苏联情报人员中招募间谍的方案、国家安全局对莫斯科卫星传输通讯破译工作的进展、中情局未来 5 年的预算申请等。这是冷战期间美国历史上发生的最严重的一次泄密事件。不过，只有一件事例外。

当年春天，中情局秘密行动苏联反情报处负责人奥尔德里奇·埃姆斯成了莫斯科的间谍。就像汉森一样，埃姆斯为苏联搜集了大量情报。除了数百名情报人员的姓名和开展行动的细节以外，埃姆斯向克格勃出售了为美国从事间谍活动的苏联人的名单。

几周以后，雷维尔和联邦调查局的高级反情报官员注意到一件可怕的事情：调查局两名最有价值的双面间谍接到了从苏联驻华盛顿代表团返回莫斯科的命令。没过多久，几乎所有暗中为美国从事间谍活动的苏联情报官员先后入狱或者身亡。

显然，克格勃掌握了这些秘密行动的内部消息，但联邦调查局不知道莫斯科是如何做到这一点的。联邦调查局希望相信，这些情报人员的死亡和失踪以及秘密行动的失败都与爱德华·李·霍华德的变节有关。但是，霍华德对调查局的双面间谍以及计划在苏联驻华盛顿和纽约代表团中招募间谍的方案一无所知。截至1985年底，几乎所有上述行动都中途夭折。

于是，联邦调查局对泄密来源进行了严厉追查。在接下来的两年里，这项调查多次遭遇困境，停滞不前，联邦调查局始终感到大惑不解，而中情局对此漠不关心。由于两位反情报负责人相互交恶，所以双方不可能通力合作。他们不知道究竟哪里出了问题。最终，联邦调查局得出结论：问题可能来自窃听器或者计算机。但是，他们无法想象所有问题都与一名美国间谍有关。

正是因为美国的反情报界混乱不堪，所以诸如汉森和埃姆斯这样的叛徒才能在内部潜伏长达数年甚至数十年而没有被发现。在过去的40年中，联邦调查局和中情局始终关系冷漠。比起苏联人来，双方的相互鄙夷和沉默对美国的国家安全造成的危害更加严重。

此时，雷维尔遇到了一个更加棘手的问题。1985年10月4日，他接到白宫的命令，要求联邦调查局与中情局开展联合行动，营救在黎巴嫩被掠的美国人质。雷维尔是这次行动的总指挥。

对于罗纳德·里根来说，没有什么事情比这项行动更加重要。当总统得知联邦调查局和美国其他情报机构对于人质被关在哪里以及是谁扣押了他们一无所知时，他感到目瞪口呆。“里根非常关注这些人质的命运，”时任中情局情报指挥部负责人的鲍勃·盖茨说，“与约翰逊和尼克松不同的是，他既没有大声咆哮，也没有严加申斥，而是带着一丝痛苦的表情诧异地看着我们，然后提出请求：‘我们必须将这些人解救出来。’每一天、每一个星期、每一个月，他都会重复这句话。他仿佛在说：如果你们营救不了这些人，你们还算是什么情报机构？”

彼得·基尔伯恩是贝鲁特美国大学的一名图书馆馆员，10 个月前在黎巴嫩被掠为人质。诺斯上校告诉雷维尔，如果基尔伯恩获释，美国将为其支付 200 万美元的赎金，而这笔资金将由得克萨斯州的亿万富翁、政治活跃人士 H. 罗斯·佩罗提供。届时，中东线人可以作为中间人，由联邦调查局负责交换人质和赎金。但是，雷维尔感到犹豫不决。他说，他不会向这些人支付赎金。诺斯上校很快想到另外一个主意。他提议，联邦调查局可以从美国联邦储备委员会提取 200 万美元现金，将它们用化学溶液浸泡后交给黎巴嫩的绑架者。这些钞票将在两个小时内溶化。

雷维尔对这个匪夷所思的主意感到惊叹，但他仍然对此感到怀疑。然而，就在联邦调查局尚未来得及实施这项计划前，利比亚的穆阿迈尔·卡扎菲上校下令杀害了彼得·基尔伯恩。

在此之前，卡扎菲的情报官员曾经在西柏林的一家迪斯科舞厅里安放了一枚炸弹，而那是美国士兵经常出没的地方。1986 年 4 月 5 日，两名美国中士和一名土耳其妇女在炸弹爆炸后遇难，230 余人受伤，其中包括 79 名美国人。为了进行报复，里根总统下令对的黎波里和班加西发动轰炸，造成至少 15 人丧生，约 2000 人受伤。随后，卡扎菲派遣间谍来到贝鲁特，从绑架者手中买走彼得·基尔伯恩，并于 4 月 17 日将其处决。

联邦调查局获悉，卡扎菲准备对美国发动袭击，以对利比亚发生的轰炸进行报复。于是，联邦调查局开始组织反击。长期以来，利比亚的情报人员一直试图与芝加哥一个名叫 El Rukn，即“基金会”的组织相互勾结。从 20 世纪 60 年代起，这一组织就开始初露端倪，当时他们被称作“黑石突击队”，是一个活跃在芝加哥街头的政治黑帮。表面上他们是一群虔诚的伊斯兰教徒，实际上却在暗中从事毒品和枪支交易，宗教只不过是他们从事非法活动的幌子。联邦调查局在对“基金会”进行窃听时得知，这位利比亚领导人提出，如果芝加哥黑帮对美国的政治目标发动袭击，利比亚将为他们提供资金。但是这次卡扎菲显然选错了对象。“基金会”懂得怎样贩卖可卡因，却不知道如何开展恐怖主义阴谋。联邦调查局迅速设下圈套，派遣一名卧底特工装作军火商人找到“基金会”的领导人，向他们出售了一台导弹发射架。很快，调查局特工就以从事恐怖主义活动为由逮捕了该组织的主要头目。

数周后，联邦调查局对另一个旨在推翻南美洲国家苏里南的右翼雇佣兵组织设置了同样的圈套。调查局3名卧底特工分别扮成精神失常的越战老兵、宗教狂热分子和军火贩子，打入了这个由13名士兵构成的组织。7月28日，当他们带着武器、弹药和行动计划在新奥尔良郊外的私人机场碰面时，被联邦调查局一举抓获。

当这些案件的详情开始出现在各大报纸的头条时，雷维尔被卷入了里根政府发起的一项秘密计划。白宫正准备开展自己的国际间谍行动。

1986年7月30日，诺斯告诉雷维尔，经总统批准，司法部部长埃德·米斯刚刚签署了一项向伊朗政府出售导弹的计划，条件是释放人质。里根政府准备用这些致命武器换取美国公民的生命。

听到这里，雷维尔面无表情。他在心中暗想：这样做合法吗？他不知道诺斯为什么要向自己透露这条爆炸性的消息。雷维尔推测，也许是为了防止联邦调查局对更加秘密的计划感到惊讶。事实证明，他的直觉是正确的。雷维尔向韦伯斯特谈起了自己的疑问，于是这名法官找到了米斯。“令人诧异的是，司法部部长似乎并不认为这里存在什么问题。”雷维尔回忆道。米斯谎称，所有用于交换人质的武器都经过了总统的书面批准。

如果总统批准了这件事情，韦伯斯特认为，也就意味着他们不是在从事非法活动。

雷维尔知道，诺斯既要在黎巴嫩开展人质营救行动，又要打击中美洲的革命势力。此时，尼加拉瓜的游击队正在对共产主义发动漫无目标的攻击，妄图推翻经过民选的马克思主义政府。诺斯在这个国家开展的行动已经不再是秘密。由于游击队成员折磨和处决了在战斗中俘虏的平民，其中甚至包括儿童，美国国会切断了对这支游击队的军事和资金援助。联邦调查局开始对向中美洲走私军火的嫌疑人进行调查，发现这些军火走私行动牵涉到迈阿密一家名为“南方航空运输”的公司。

“10月8日，我接到奥利弗·诺斯的电话，”雷维尔回忆道，“他担心，联邦调查局有可能发现……南方航空运输公司参与了伊朗的人质救援行动。”诺斯曾经雇用这家公司向伊朗以及尼加拉瓜游击队运送武器。随后，韦伯斯特和雷维尔接到了司法部部长米斯的明确指令，要他们终止这项调查。他们遵从了司法部部长的命令，但几周以后突然出现了新的情况。

美国政府开展的这项秘密行动不仅策划不周，而且执行不力，最终彻底失败，因此一些消息逐渐泄露了出去。首先是南方航空运输公司的一架运输机意外坠毁，暴露了白宫向尼加拉瓜游击队提供武器的违法行动。随后，贝鲁特的一篇新闻报道揭露白宫曾经向伊朗走私武器。

总统在公开场合予以否认，但雷维尔知道那篇报道所说的都是事实。

1986 年 11 月 13 日，白宫请雷维尔校阅一份里根总统当天晚上即将对美国民众发表的演讲辞。雷维尔在诺斯的办公室里浏览了这篇讲稿，指出了其中 5 处明显的谎言。

"我们没有，我再次重申，我们没有为了营救人质而出售武器或者任何其他东西，我们也决不会做出这样的举动。"总统的演讲稿上写道。美国政府决不会"为那些支持恐怖主义的国家提供援助",而只是向伊朗出售了"用于防卫的武器装备和零件"。在伊朗和伊拉克开展的焦土战争中，美国没有违反其中立原则，也没有租用飞机将武器运出迈阿密。

雷维尔知道，演讲稿上没有一句话是真的。于是，他向韦伯斯特法官发出了警告，而后者提醒司法部部长，但米斯对此置之不理。

"在这起事件上，我成了孤家寡人。"

总统下令我们闭嘴

总统一字不差地发表了演讲。

诺斯上校及其上级、总统的国家安全顾问海军上将约翰 · 波因德克斯特开始销毁有关记录和存储在计算机上的档案。但在白宫，一个关键的事实开始露出水面：他们隐瞒了从与伊朗的武器交易中获得的数百万美元，并将部分资金用于支持尼加拉瓜的游击队。

"这是一起真正的爆炸性事件，"11 月 22 日，在与司法部部长米斯通话后，副总统乔治 ·H.W. 布什在日记中写道，"这一事件将引起极大的恐慌……总统要求我们闭嘴，而这正是我们所做的事情。"

这次沉默只持续了 3 天。11 月 25 日，米斯发表了一则简短的公开声明，透露了出售导弹和瞒报资金的消息。

几小时后，联邦调查局的特工开始对诺斯的办公室进行搜索。他们从诺斯的焚烧袋中发现了一份用于向国会秘密作证的声明，这份声明就美国支持尼加拉瓜游击队一事作出了虚假的辩解。随后，调查局特工从这份文件上提取了一枚指纹，并且发现这枚指纹属于中情局秘密行动负责人克莱尔·乔治。然而，这只不过是一个开始。这项长达6年的调查牵涉到美国军方和情报机构的最高层，成了自水门事件以来调查局遇到的最危险的一起政治案件。

联邦调查局的特工很快对副总统布什、司法部部长米斯、总统最信任的白宫助理以及中情局的行动负责人进行了审问，并且找到了这起案件最重要的证据。他们从波因德克斯特将军、诺斯上校和国家安全委员会幕僚的计算机上发现了5000余条信息，并且借助高超的法庭鉴证手段对白宫内部电子邮件系统的备份进行了复原，上面清楚地记录了美国与伊朗进行武器交易以及对尼加拉瓜游击队提供资金援助的事实。

联邦调查局掌握的证据让美国总统不得不承认上述事实。

“在过去的3个月中，我一直对伊朗的泄密事件保持沉默，”1987年3月4日，里根在一次全国电视讲话中说，“你们一定会问：‘他为什么不告诉我们究竟发生了什么事情？在我们面临困境和悲剧时，他为什么不像从前那样，告诉我们事实真相？’还有一些人也许会想：‘他到底躲在白宫里干了些什么？’”

“在此之前，我没有告诉你们其中的原因，但你们有权了解真相。”总统表示。

“我为自己的沉默付出了代价，”他说，“几个月前，我曾经告诉美国人民，我没有用武器交换人质。现在，我的良心和我的良知仍然告诉我，这是真的，但事实和证据却告诉我，这不是真的。”

事实和证据显示，为了执行里根的命令，中情局和国家安全委员会的高级官员与一群骗子和罪犯相互勾结，在这场武器换人质的交易中做出或者纵容了愚蠢至极的行为。为了执法，总统违反了宪法赋予他的职责。

在演讲的最后，里根总统宣布，他希望能够从某种程度上重新树立起民众对政府的信任。他已经提名联邦调查局的威廉·韦伯斯特为下一任中情局局长。韦伯斯特是“一个品行优秀的人”，总统表示，“他懂得法治的意义。”这一选择似乎在人们的情理之中，因为国会和一名独立检察官正在对中情局的高级官员进行调查。36名持有传票的联邦调查局特工正在翻阅高度机密档案，寻找制造伪证和妨碍司法的证据。最后，独立检察官得出结论：里根总统、国防部部长、中情局局长及其助理分别回避或者触犯了法律。但是，乔治·H.W.布什总统最终赦免了所有面临刑事指控的个人，其中包括中情局的秘密行动负责人克莱尔·乔治及其反恐负责人杜安·克莱里奇。

布什总统的做法与当年罗纳德·里根赦免了马克·费尔特和爱德华·米勒的做法如出一辙。在他们看来，国家安全可以凌驾于法治之上。

韦伯斯特法官的到来标志着中情局一个时代的结束。“我们也许能够容忍韦伯斯特的傲慢自大、缺少对外事务的经验以及从美国小镇带来的狭隘的世界观，”克莱里奇回忆道，“但无法容忍他是一名律师。作为一名律师和法官，他接受的所有教育就是，绝不能从事违背法律的活动。然而，这正是中情局在海外开展行动时所做的事情，对于这一点，韦伯斯特无法接受。我们违背了所在国家的法律。这就是我们搜集情报的方式，也是我们的工作卓有成效的原因。”

克莱里奇及其在中情局的同事反对韦伯斯特出任中情局局长。他们认为，韦伯斯特无法抓住秘密行动的要害。与此同时，韦伯斯特在联邦调查局的继任者也面临着同样的问题。

对巴克·雷维尔和联邦调查局的其他高级官员来说，选择得克萨斯州联邦法官威廉·赛申斯担任调查局局长是一个奇怪而又出人意料的决定。赛申斯法官似乎对联邦调查局在国家安全事务中所扮演的角色毫不知情。

1987 年 11 月 2 日，当赛申斯法官宣誓就职后，联邦调查局开始失去了工作的重心。赛申斯没有任何管理政府机构和开展调查活动的经验。在他的提名听证会上，赛申斯承认，他对联邦调查局在国家安全和情报工作中的角色所知甚少。这项提名通过以后，赛申斯似乎仅仅是把自己视作名义上的局长。他虽然未能控制联邦调查局，但直到 6 年后才离开这里。在此期间，作为调查局局长，他既没有掌控整个部门，也未能赢得下属的忠诚。巴克·雷维尔认为，在赛申斯任职期间，联邦调查局的反恐能力“受到了严重的削弱”。截至 20 世纪 80 年代末，联邦调查局“在履行反恐职责方面几近于零”。进入 20 世纪 90 年代后，赛申斯同样毫无建树。他把超过 1/3 从事反恐调查的特工派往街头，执行打击刑事犯罪的任务。

联邦调查局显然相信，“恐怖主义已经不再是什么大不了的事情”，联邦调查局恐怖主义研究和分析中心负责人理查德·马基斯说。该中心被安排到总部大厦底层一个狭小的房间里。马基斯的父亲也是一名特工。1971 年，在父亲退休 3 年前，马基斯加入了联邦调查局。他曾经在包括胡佛在内的历任调查局局长手下工作，当很多同事纷纷离开后，他始终留在反恐领域。当时人们普遍认为，随着冷战接近尾声，恐怖主义威胁也已经逐渐消除。

“恐怖分子正在海外展开行动，”马基斯的上级对他说，“他们不会对我们发动袭击。”

马基斯的看法与他截然相反，在他看来，“一场大规模袭击即将发生。”

第40章

卡扎菲策划了洛克比空难？

1988年12月21日，泛美航空公司103号航班在苏格兰小镇洛克比的上空爆炸。这起案件的调查取决于联邦调查局与中情局分析师、苏格兰警察、德国情报官员和利比亚双面间谍的合作能力，而这种合作取决于他们之间的相互信任。然而，对于来自各个国家的警察和间谍来说，相互信任显然是一种罕见的品质。联邦调查局无法单枪匹马地解决这起远隔重洋的案件。

星期三下午6点25分，泛美航空103号航班从伦敦的希思罗机场起飞前往纽约。其中一半乘客是从法兰克福登机的。28分钟后，一场爆炸将这架波音747飞机撕成了碎片。一场火雨开始从小镇洛克比的上空飘下。

机上259人全部遇难，其中有189名美国人，地面上11人丧生。苏格兰警方开始从散落在方圆845平方英里郊野中的碎片中搜寻证据。在英国情报机构的协助下，在不到一周的时间里，他们断定，有人把一种名为“塞姆汀”的烈性塑胶炸药藏在飞机上一个手提箱里。

根据国际法，联邦调查局有权对这起案件展开调查，因为失事飞机属于美国所有。但是，调查局的高级官员不知道该从何入手。

“联邦调查局从未开展过类似的大规模调查，”理查德·马基斯说道，“这是整个机构都存在的问题。”

1989年1月3日，马基斯带领联邦调查局的工作组来到洛克比，其中包括4名特工和3名分析师。他花了数周时间对乘客名单进行调查，希望能够从中找到一些线索。这份名单足以成为众多阴谋论的起源。一个名叫马特·甘农的中情局特工和一个名叫查克·麦基的陆军情报少校都在这架飞机上。在此之前，为了营救仍然被困在黎巴嫩的 9 名美国人质，他们在贝鲁特不分昼夜地工作。甘农的岳父是联邦调查局秘密行动第二负责人，长期以来一直在中东地区开展活动。此外，还有 6 名国务院官员和司法部负责追捕纳粹势力的首席特工也在洛克比空难中罹难。乘客中还有一个美国商人，他的名字与几年前劫持了一架科威特航班的恐怖分子一模一样。

美国和阿拉伯国家在中东地区开展的每一场激战都可能与这起爆炸案有关。美国总统乔治·H.W. 布什认为，叙利亚人制造了这场空难。联邦调查局的巴克·雷维尔推断，这很可能是伊朗人的报复行为。将近 6 个月前，即 1988 年 7 月，美国军舰“文森斯号”在波斯湾击落了伊朗航空的 655 号航班。美国的一名舰队司令行为失当，发起了这次袭击，导致机上 290 名乘客丧生。中情局认为，巴勒斯坦的一个名叫艾哈迈德·吉布里尔的恐怖分子有重大嫌疑，并推测是伊朗人雇用他炸毁了泛美航空公司的飞机。此外，几乎每一起事件都离不开利比亚的卡扎菲上校。他曾经扬言，要对 1986 年美国轰炸的黎波里一事进行报复。在此之前，卡扎菲的手下曾经在柏林的一家迪斯科舞厅引爆炸弹，杀死了两名美国士兵。

唯一持有此案证据的人就是洛克比的警长约翰·博伊德。他的手下在山谷间进行地毯式搜索，找到了一个指尖大小的收音机电路板。在这次调查开展 6 个星期以后，联邦调查局才得知塞姆汀炸药被藏在一部黑色的东芝牌录音机里。这是几个月来此案取得的唯一突破。

“这项调查的进展极其缓慢，”马基斯说道，“在华盛顿，每个人都想要知道其中的答案。尽快！这是谁干的？是怎么发生的？”

1989 年 5 月，在华盛顿郊外一家宾馆的会议室中，联邦调查局与 100 多名来自美国、英国、苏格兰和德国的调查员一起召开了会议。每一个国家、每一个部门都在追踪自己的线索。他们之间既没有真诚的合作，也没有真正的沟通。

空难发生 6 个月后，联邦调查局的工作组撤离了洛克比。但马基斯和几名反恐分析师仍然追查此案。

整个夏秋，苏格兰人试图从数十万碎片中寻找蛛丝马迹。他们在现场接受了联邦调查局资深特工理查德·哈恩的训练。自从民族解放武装力量对纽约的弗朗西斯酒馆发动袭击以来，哈恩就开始研究炸弹的残骸，迄今已有15年之久。他们得知，塞姆汀炸药引起的爆炸与炽热火焰造成的火灾完全不同。

苏格兰警方很快确定,一些标有“马耳他制造”的衣服碎片来自一个“新秀丽”牌的铜质手提箱，而藏有炸弹的录音机也装在这个手提箱里。但是，他们没有把这一消息告诉联邦调查局。随后，德国人发现了法兰克福机场行李登记时的计算机记录；这些记录显示，在法兰克福，马耳他航班上的一个手提箱被转往泛美航空的103号航班。同样，他们也没有将这一情况通知苏格兰人。1990年1月，各国调查员在苏格兰再次集会，这次会议一无所获。马基斯产生一种不祥的预感，这起案件大概永远也不会破获。

“我们与中情局之间有一堆问题和严重的敌对情绪，”马基斯说，“苏格兰人远在千里之外。德国人只有高兴的时候才会把手中的行李登记记录交给苏格兰人。联邦调查局只能追踪自己的线索……所有人都在各自为政。”

1990年6月，一次小小的合作带来了意想不到的收获。苏格兰新任高级调查员斯图亚特·亨德森向马基斯出示了一项证据的照片：一小片电路板掉在了那件马耳他制造的衣服碎片当中。苏格兰警方找到17个国家的55家公司,但没有人能认出这枚碎片。“他们没有一点主意和头绪,”马基斯说,“于是他们半开玩笑地说：‘你们不妨试试看。’”

联邦调查局犯罪实验室将照片转给了中情局。在此之前，中情局的一名分析师曾经见过一块几乎一模一样的电路板。4年前，在塞内加尔首都的达喀尔机场，两名利比亚人身上的一块电路板被没收。在这块电路板的后面写着4个字母：MEBO。但是，没有人知道这个单词是什么意思。

此时，距离在泛美航空103号航班爆炸案的发生，已经过去了18个月。

消除隔阂，通力合作

这起案件的调查大都源于猜测。在中情局的高层，几乎没有人相信，他们能够破获这起案件。他们最需要的是有人能够掌控全局。

1990年7月，罗伯特·斯旺·米勒三世成为司法部新任刑事司司长。虽然米勒十分挑剔，但特工们很快就喜欢上他。他们亲切地称他为“鲍勃三世”。

米勒思维敏捷、性格温和，对于所有精心策划的案件都非常关注。这位联邦调查局的未来局长是一位天生的领袖。此外，他还曾经是一名海军陆战队员。米勒来自费城郊区的大道区，毕业于普林斯顿大学。在越南战争期间，他曾经担任步兵排排长。一份官方报告记录，1968年12月11日，他在越南广治省开展的一次搜救和袭击行动中表现英勇。面对一支200人组成的北越陆军，米勒少尉“毫无惧色地观察敌情，发出了准确的反击指令，大声鼓励手下的士兵。他丝毫不顾个人安危……并亲自率领一支队伍穿越火力猛烈的地带，救出一名伤势严重的海军陆战队员。”米勒获得了一枚青铜星勇气勋章以及其他许多嘉奖。

当他来到司法部的时候，联邦调查局正处于危机关头。萨达姆·侯赛因入侵科威特，美国准备在海湾地区对其发动战争。联邦调查局接二连三接到伊拉克可能对美国国内的目标发动袭击的警报，但用于反恐调查的人力和资金却远远不够。从事反恐工作的特工士气低落，这与威廉·赛申斯局长的领导有很大关系。“我无法让赛申斯局长对此引起重视。”新任联邦调查局刑事司司长比尔·贝克说。贝克很快就与米勒结成了紧密的联盟。

米勒委任马基斯全权负责洛克比空难的调查。在此之前，联邦调查局还没有哪个情报分析人员开展过如此大规模的调查。马基斯直接向贝克汇报，而贝克直接向局长汇报。米勒下令，要将情报变成证据。

“在总部，我们取消了所有的繁文缛节，”马基斯说道，“我们请来中情局官员，把苏格兰人和军情五处的人员也请到了华盛顿。我们和他们一起坐下来说：‘我们需要立即改变工作方式……我们需要互相分享信息。’”

马基斯从未得到与苏格兰调查员进行联系的授权。1990年11月，他第一次拨通了苏格兰警方的电话，事情很快发生了变化。

马基斯得知，苏格兰地方法庭揭开了MEBO的秘密。“美宝”是一家瑞士电子公司，从将近20年前就开始与利比亚有生意往来。在得到这一事实后，马基斯很快发现，在洛克比爆炸案发生几天后，这家工厂的厂主埃德温·博利尔曾经亲手交给美国驻维也纳大使馆一封内容详尽的书信。

如果不是苏格兰人提供的情报，联邦调查局永远也不会去读这封信。博利尔在这封信中表示，泛美航空103号航班的爆炸案是利比亚人开展的一次行动。博利尔之所以会这样说，是因为美宝公司为这些利比亚人制造了20个精巧复杂的定时器。

作为这起国际恐怖主义调查案中的关键证据，博利尔的这封信直到近20年后才被解密。

根据自己的亲身经历，马基斯知道，联邦调查局经常不清楚自己的档案里有些什么。调查局的文件浩如烟海，这种情况直到21世纪仍然没有太大改变。从1986年至1988年，当马基斯负责联邦调查局恐怖主义研究和分析中心时，调查局建立了一个名为“恐怖分子信息系统”的数据库。但是，这一系统“毫无用处”，他说，“我们一直在把各种各样的资料放进去，却不能从中搜索出来什么东西……对于调查局95%的重大案件，这个系统都会显示‘没有相关记录’。数年来，我们一直在向人们推荐这个系统。虽然这是一个不错的设想，但由于操作起来极为不便，所以它在实际工作中毫无用处。”

将恐怖分子绳之以法

1991年初，马基斯大致理清了这起案件的头绪，并认为洛克比空难与卡扎菲和利比亚有关。他感到时机即将成熟。

“联邦调查局特工与苏格兰以及马耳他警方通力合作，齐心协力追踪已有的线索，”马基斯说，“我们开诚布公地互相分享信息，很快一些利比亚情报官员的名字开始浮出水面，其中之一就是阿卜杜勒·巴萨特·迈格拉希。”

马耳他的一名店主拿起迈格拉希的照片。就在这时，有特工注意到，刚刚有人买走了一件与洛克比犯罪现场一模一样的衣服。移民局的记录显示，迈格拉希是在购买这些衣物的当天出现在马耳他的。1991年2月，当海外地区正在展开激战时，联邦调查局邀请埃德温·博利尔前来参加一次为期一周的审讯。他大致辨认出了迈格拉希的照片，并指出他就是那个与苏黎世的美宝公司有业务往来的利比亚人。

“我十分激动，”马基斯说，“每个人都十分激动。”他立即将有关情况向米勒做了汇报。局长却冷静地提醒他说，他们还有很长的路要走。

马基斯需要将情报变作证据。他需要一个能够将迈格拉希和新秀丽牌手提箱中的塞姆汀炸药联系起来的证人。他需要找到一个能够证明这个装有炸弹的手提箱从马耳他航空180号航班转入泛美航空103号航班的人。马基斯来到中情局，他得知，中情局在马耳他国际机场曾经招募过一个名叫阿卜杜勒·马吉德·加卡的利比亚线人。在洛克比空难发生4个月前，他开始出现在中情局的线人名单上。泛美航空 103 号航班发生爆炸当晚，他仍然在这份名单上。但几个月后，中情局放弃了对这条线索的追查，认为他只不过是一个唯利是图的撒谎精。

马基斯非常想要见到马吉德，无论他的举动在中情局看来有多么可疑。1991 年 6 月，中情局将马吉德从马耳他沿岸一艘军舰带往美国，同意联邦调查局在弗吉尼亚州对其进行审讯。由于马吉德的特殊线人身份，中情局提出了一个条件：不要告诉任何人。

在经过一番权衡后，马基斯违背了自己的诺言。他拿起电话，拨通了苏格兰警方的号码。“如果你把这件事告诉别人，我就会被开除，”他对斯图亚特·亨德森说，“这个人现在还在美国。我们认为，他可能有一些我们不知道的信息，我们准备从明天开始对他进行审问。”

1991 年 9 月，马吉德接受了至少两周的审讯。他坚称自己只了解 3 个情况。他指认利比亚航空安全负责人迈格拉希是一名情报官员。他说，迈格拉希在马耳他的手下拿到了塞姆汀炸药。此外，马吉德表示，在洛克比爆炸案发生数周前，他亲眼看到迈格拉希在马耳他机场拎着一个棕色的大号手提箱。毫无疑问，马吉德不是一个可靠的线人，但联邦调查局认为他所说的都是事实。马基斯认为，迄今为止，他所掌握的证据已经足以对此案进行开庭审理。

接下来的问题就是诉诸法律还是发动战争。这个问题要由总统作出决定。

美国可以绑架迈格拉希；在此之前，美国曾经赴海外逮捕恐怖分子。但是，要想从利比亚将其抓获，无论是中情局还是美国军方都做不到，因为利比亚方面可能会将其杀害。此外，这种做法无法得到舆论支持。就在洛克比爆炸案发生前，以色列曾经派出一支暗杀小队前往突尼斯，行刺巴勒斯坦解放组织的 2 号人物阿布·杰哈德。美国公开对此表示谴责，称这是一种政治暗杀的行为。

总统也可以动用炸弹和导弹对利比亚进行轰炸。5 年前，当利比亚间谍炸毁柏林一家名为“拉贝拉”的迪斯科舞厅后，里根总统援引联合国宪章第 51 条有关武力自卫权的规定，对卡扎菲发起了还击。但是，柏林一案中证据确凿，而洛克比案件仍然有待进一步调查。

乔治·H.W. 布什总统认为，恐怖分子属于不法之徒，而不是敌国武装人员，因此他选择诉诸法律。米勒完全赞同他的决定，他们将依据法律对此案追查到底。马基斯说：“我们将对他提起公诉，并且向全世界宣布此案的结果。”

1991年11月15日，迈格拉希受到美国和苏格兰的指控，但直到10年后，他罪名才得以成立。20年后，有证据显示，卡扎菲上校下令对泛美航空103号航班发动了袭击，这是他对美国和英国发起的残忍的报复之举。当迈格拉希伏法后，美国一架“掠食者”无人侦察机帮助卡扎菲的敌人对其进行追捕。就在洛克比空难发生的23年后，卡扎菲在利比亚被他的政敌击毙。

第41章

“9·11”事件的前兆

就在迈格拉希被提起公诉的同一周，曼哈顿刑事法庭对一起谋杀案进行了审理。被告是一个戴着白色头巾、身着白色长袍的埃及移民，名叫萨伊德·诺塞尔。诺塞尔是伊斯兰圣战斗士、绰号“盲人酋长”的奥马尔·阿卜杜勒·拉赫曼的追随者。诺塞尔被指控谋杀了“犹太防御联盟”领导人梅厄·卡赫纳，而该联盟后来被以色列贴上恐怖组织的标签。

在旁听席中，有一个人名叫伊迈德·塞利姆，是联邦调查局的线人，他每周的报酬是 500 美元。塞利姆留着络腮胡子，是一个秃顶的埃及陆军退役士兵。他与被告的同伙坐在一起。在庭间休息时，塞利姆就会在走廊里和他们闲谈，设法从他们的口中套取信息。

塞利姆是一个阿谀奉承之徒，一直在曼哈顿市区的伍德沃德酒店从事私家侦探工作。1991 年 4 月，联邦调查局外国反情报特工南希·弗洛伊德找到塞利姆。弗洛伊德告诉他，这家酒店经常有一些疑似苏联特工的人出入，他是否能够帮助她盯梢？

萨利姆的回答是，现在谁还关心冷战和苏联人？要是你想知道伊斯兰圣战和盲人酋长，我倒是可以讲出很多。

弗洛伊德特工从未听说过盲人酋长，极少有人听说过这个人。但是，弗洛伊德很喜欢萨利姆，也非常信任他。于是，她招募萨利姆作为自己的线人，并把他介绍给调查局的同事约翰·安提塞夫。4 年前，安提塞夫加入了联邦调查局，开始在纽约联合反恐工作组工作。

安提塞夫对萨伊德·诺塞尔很感兴趣。联邦调查局的特工曾经拍到他的一些伙伴使用半自动武器进行射击和准军事训练。但当时调查局并没有意识到，卡赫纳谋杀案与恐怖主义存在关联，以及盲人酋长在此案中所扮演的角色。在诺塞尔被捕后，工作组从他的公寓里搬出了47箱证据，随后却将其束之高阁。这些箱子里装着诺塞尔用阿拉伯语写下的日记，其中记录了盲人酋长呼吁开展圣战的言论，还详细描述了对纽约发动袭击的方案。这次袭击的目标是“摧毁他们的文明支柱……以及他们引以为傲的高层世界建筑”。

在接下来的3年，没有人关注这些日记。当时联邦调查局只有一名能够读懂阿拉伯语的翻译。“如果对这些日记进行翻译、处理、鉴定和分析，”巴克·雷维尔后来在出庭作证时表示，联邦调查局就会发现“梅厄·卡赫纳谋杀案与后来策划并炸毁世贸中心的恐怖组织之间的联系”。

谁会预见到，一战结束后在华尔街和华盛顿引发血案的无政府主义思想会死灰复燃？谁会意料到，将苏联军队赶出阿富汗的伊斯兰教徒将愤怒的矛头指向了美国？谁会相信，联邦调查局即将被卷入基督教徒和穆斯林之间展开的圣战？ 1991年春，这都是不可思议的想法。在过去数月中，联邦调查局开展的反恐调查大都集中在一些小型的右翼组织上，其中包括洛杉矶地区光头党、雅利安妇女联盟和得克萨斯预备民兵团。与其说这些组织的成员会对美国的和平与安定造成威胁，不如说他们只能危及自身的安全。

在那个时候，“我们的感觉相当良好，”巴克·雷维尔说道，“冷战已经结束，我们认为我们这边取得了胜利。美国的共产党及其隶属组织在很大程度上已经停止活动。全球共产主义运动的声名一落千丈。美国有效地控制了国内的恐怖主义，而国际恐怖主义也正在日渐衰落……总而言之，虽然前面仍有麻烦不断出现，但在应对恐怖主义威胁上，我们的工作卓有成效。”

伊迈德·塞利姆为联邦调查局提供了一个预知未来的机会，但调查局却什么也没有看到。

“将圣战带入美国”

1991年11月4日，塞利姆开始参加诺塞尔的谋杀案审理，并很快结识了被告的一些支持者。在得知陪审团达成分裂裁决后，他们喜出望外。毫无疑问，诺塞尔杀害了卡赫纳，他的罪名是持有枪支和攻击他人。在宣布判决时，法官称陪审团一定是集体疯了。随后，他对上述两项罪名作出了最重的判决，即22年徒刑。这名法官说："我相信，被告的做法强奸了我们的国家、我们的宪法和法律，以及那些和平共处的民众。"

塞利姆驾车和酋长的手下一起来到纽约州北部臭名昭著的阿提卡州立监狱探望诺塞尔。没过多久，他就听说酋长准备炸毁美国的地标性建筑。在见到这起阴谋的策划者盲人酋长后，塞利姆亲耳听到他们声称要将圣战带入美国。"塞利姆的渗透十分成功，从一开始他就与阿卜杜勒·拉赫曼建立了亲密的关系。"曼哈顿的联邦检察官安德鲁·麦卡锡对塞利姆的工作感到极为惊讶。

塞利姆向联邦调查局提供了几乎所有准备炸毁世贸中心恐怖分子的姓名和身份，但是不清楚他们的袭击目标。塞利姆新结识的朋友告诉他，这次袭击一定会惊天动地。这是联邦调查局有史以来第一次在恐怖主义阴谋策划进行的同时得到第一手情报。

早在他们发动袭击前，联邦调查局就可以也应该发现他们的阴谋。但是，1992年6月，调查局取消了伊迈德·塞利姆的线人身份，这项调查也就此终止。纽约联邦调查局外国反情报小组组长、39岁的特工卡森·邓巴作出了这一决定。他怀疑塞利姆是埃及情报机构的双面间谍。邓巴和他手下的特工认为，比起塞利姆发出的恐怖袭击的警告来说，他有可能是一名外国间谍的事实显然更令人担心。

"我们不能让你制造炸弹，"联邦调查局特工安提塞夫对塞利姆说，"打个比方说，假如这枚炸弹在某个犹太会堂爆炸，并且炸死了两三个人，如果外界得知联邦调查局有特工参与制造这枚炸弹，他们就会义愤填膺。媒体就会声称我们知道这件事情，我们就会被起诉，就会有人被解雇。"联邦调查局决不会容忍这种有苦难言的耻辱。

在得知邓巴作出的决定后，特工弗洛伊德感到十分震惊。"这件事从一开始就是错的，"她告诉塞利姆，在她看来，"这个小组的特工根本不知道事情应该怎么办……他们的上级不知道将会出现什么样的情况。他们甚至没有时间吸取历史的教训。"

塞利姆比他们更清楚这个恐怖组织的历史。多年以来，盲人酋长一直是埃及伊斯兰圣战组织的领导人之一。他到处鼓吹，政治暴力是上帝赋予的权力。1981年，埃及总统穆罕默德·安瓦尔·萨达特遭到暗杀，由于对这次暗杀表示支持，盲人酋长在开罗入狱。

这位酋长一直都在国务院的恐怖分子监督名单上，1990年他却获得了美国的签证。中情局在国务院的一名领事发出了这本签证。这一失误着实令人费解，因为中情局曾经在自己的档案中写道，这位酋长是“埃及最好战的逊尼派阿訇，与埃及圣战运动过从甚密”。

盲人酋长对自己的身份毫不讳言，“我们必须成为恐怖主义者，”1993年1月16日，他在布鲁克林的一座清真寺中发出号召，“我们必须对伊斯兰教的敌人进行恐吓，扰乱他们的秩序，动摇他们脚下的土地。”

“这一次全世界都会疯掉！”

1993年1月19日，在乔治·H.W.布什的最后任期里，联邦调查局的内部掀起了一场政变。有人指责威廉·赛申斯在担任联邦调查局局长期间行为不端。在总部，赛申斯受到了所有人的孤立，他漠视自己的日常职责，满足于权力带来的礼节性的额外津贴，损害了作为联邦调查局局长的名声。与此相反，巴克·雷维尔不仅深受众人爱戴，他还是里根和布什政府最倚重的调查局特工。当赛申斯将自己的头号政敌派往达拉斯断送了他的职业生涯时，联邦调查局内部的不平之声正日渐高涨。

现在，司法部已经完成了一份长达194页的报告，指控赛申斯法官轻度腐败。其中包括为了避税瞒报收入，动用9890美元公款为自己家建造安全系统，阻挠对他住房抵押可疑交易的调查，以及根据个人喜好滥用职权等。虽然上述指控并不构成刑事犯罪，但这篇报告还是被人们视作对其品行和操守的一种谴责。“我必须请你为了调查局和国家的利益着想，”雷维尔在给赛申斯的信中写道，“在体面尚存时激流勇退，避免对这个你曾经宣称引以为荣的机构造成进一步损害。”

自胡佛以来，经参议院批准，联邦调查局局长的任期可以长达10年，具体长短视总统的态度而定。这就意味着，在下一任总统于1月20日正式就职前，布什既可以接受司法部部长的建议解除赛申斯的职务，也可以让比尔·克林顿来解决这个问题。最终，布什选择了把问题留给下一任总统。这不能不说是一份居心叵测的告别礼。

赛申斯一向目中无人，所以拒绝接受上述指控。他佯装没有听到那些要求自己下台的呼声,而这些呼声都来自调查局内部。关键的6个月过去了，事情发生了巨大的变化。在联邦调查局的办公室里，赛申斯感到精疲力竭、孤立无援。

事实证明，克林顿总统并不擅长掌管和控制联邦调查局。赛申斯始终保持沉默以示反抗。总统对司法部部长的前两次提名也很快泡汤；他们因为雇用非法移民作为保姆而违反了法律。没有司法部部长，他很难解雇联邦调查局局长。

上任3周后，1993年2月11日，克林顿终于作出了决定，任命迈阿密的首席州立检察官珍妮特·雷诺为司法部部长。雷诺不仅是美国有史以来首位担任这一职务的女性，而且也是20世纪任职时间最长的司法部部长。在谈到总统遇到的问题时，她发现联邦调查局本身就是一个悲剧的来源。

“上任不久后，我发现联邦调查局不知道自己掌握着什么，”雷诺后来在作证时说，“他们的右手不知道左手在做什么。”在互联网时代即将来临时，特工们还生活在旧的世界里。当联邦调查局开始安装新的信息技术时，它们早已过时。雷诺惊讶地发现，调查局竟然不能进行最基本的数据搜索，也无法将其案件档案输入计算机系统以备存储和检索。外勤特工各自为战，独立于总部之外，因为他们没有办法彼此联系。即使是对由精英分子组成的反恐工作组来说，书面文件也堆积如山，那些有可能作为关键证据的窃听材料不仅没有经过翻译，也无法发现其中的固定模式。

“有时候当我认为我们已经取得一些进步时，我接着会发现，我们不知道我们缺少什么，”雷诺说道，“这个问题联邦调查局很难解决。”

在上任几天以后，她亲眼目睹了联邦调查局发生的最好和最糟糕的事情。

1993年2月26日，星期五，在世界贸易中心1号大楼的地下停车场，一辆装有1500磅炸药的卡车突然爆炸。这是自1916年纽约港黑汤姆岛爆炸振动了整个曼哈顿和划伤了自由女神像之后，美国遭遇的最大一次恐怖主义炸弹袭击。

在世贸中心爆炸案中共有6人死亡，还有1000多人因冲击波、浓烟和弹片受伤。地下停车场的水泥柱严重塌陷。这次爆炸形成了一个宽36米的弹坑。3天以后，人们在残骸中找到了一个关键证据，即一个显示车牌号码的车架碎片。一周以前，这辆莱德厢式货车在新泽西州被人租用。这一次，联邦调查局十分走运。事发之后，愚蠢的肇事者竟然返回莱德租车公司，声称卡车被盗，并索要自己400美元的押金。

"一切都突如其来，我们真是太幸运了！"理查德·哈恩在世贸中心的爆炸现场感到惊叹不已。作为反恐调查员，他已经在联邦调查局工作了整整20年。4名阴谋肇事者随即被捕。尽管如此，他们还是晚了一步。

炸弹制造者已经逃离了美国。阿卜杜勒·巴希特·马赫穆德·阿卜杜勒·卡里姆，人称拉姆齐·尤塞夫，是一个25岁的巴勒斯坦人，12月从阿富汗进入美国。他沉着冷静，能言善辩，会讲7种语言，并且在英国多所大学研究化学和工程学。在这个从华尔街到兴都库什山脉的全球恐怖网络里，他只是其中的一个部分。

这场阴谋远没有结束，很多成员仍然潜伏在纽约，但联邦调查局却毫无头绪。

约翰·安提塞夫满心谦恭地重新找到伊迈德·塞利姆，请他再次担任卧底。他们的谈话十分不快。对于调查局将自己赶出了这起案件，塞利姆感到大为恼怒。

"我告诉过你，他们要在纽约制造爆炸，可你们什么也没做，"塞利姆怒气冲冲地说，"是你把我赶出了这个案子。"

安提塞夫表示，他的上司谨小慎微，"调查局的那套官僚主义"经常让自己"处处掣肘"。

"我想要告诉你们局长，"塞利姆说，"我提供的信息非常宝贵，足以阻止这次爆炸的发生……要是因为哪个笨蛋想要耍弄穆斯林而导致世贸中心倒塌了，不知道还会发生多少灾难？"

塞利姆并没有去找调查局局长，而后者也正在闭门独处。但是，经过一番激烈的争论后，他还是成了联邦调查局的线人，他从这份工作中一共获得了超过100万美元的报酬。塞利姆生性胆大妄为。在关键时刻，他扮演了一名煽动肇事的奸细，最终将盲人酋长送进了监狱。

1993年5月7日，塞利姆与盲人酋长的一名心腹助手进行了一次彻夜长谈。此人名叫撒迪格·阿里，来自苏丹。阿里听说，酋长希望他的手下在"大屋子"——联合国内安放炸弹。于是，塞利姆准备从这位阿訇那打探消息。5月23日，他带着一个装有窃听器的手提箱，来到酋长在泽西城的公寓。

"关于联合国，我想要知道，我们应该把那里看作魔鬼之地吗？"塞利姆问。“因为这次袭击不会像世贸中心发生的爆炸那样，我一定会让那里彻底湮灭……”

酋长回答：“要想个办法，想个办法……对美国军队造成破坏。但是联合国……对穆斯林来说，将是一个不利因素。它让我们深受其害。”

“那就是说放弃联合国？”

“不。”

“我们要把重点放在军队身上？”

“对。”

5 月 27 日，撒迪格告诉塞利姆，酋长开始重新考虑对联合国发动袭击。除此之外，还有两个新的目标：林肯和荷兰隧道，这两条隧道是连接曼哈顿和新泽西州的生命线。他们计划同时对这 3 处地标性建筑发动袭击。

“我负责‘大屋子’，”撒迪格说道，“每次爆炸间隔 5 分钟。砰！天哪，到时候整个世界都能听见！砰！这一次全世界都会疯掉！”

1993 年 6 月 23 日夜，几名主要的阴谋肇事者在皇后区的一所安全屋里碰面。但是，联邦调查局已经提前在里面埋设了能够记录影像和声音的装置。他们开始向 55 加仑的油桶里注入硝酸铵肥料，这是自 20 世纪 70 年代以来恐怖分子自制炸弹的一种基本原料。但是他们没有想到，塞利姆将计就计，用 150 美元为他们买来一堆没有任何爆炸力的“斯科茨超级草坪化肥”。

这次逮捕行动极为迅速，但是只有一个人例外。

盲人酋长来到布鲁克林的一座清真寺内避难。联邦调查局对如何处置这位酋长感到十分为难。从赛申斯到调查局的任何一位高官都不愿意对他立案。他们认为，最好的办法是让埃及总统胡斯尼·穆巴拉克下令将其引渡回国。这样一来，他们就可以顺理成章地把这位酋长驱逐出境，让他回到自己曾经待过埃及监狱里。负责纽约州的调查局副局长詹姆斯·福克斯坚决反对将此案公开审理。

联邦调查局的很多高级官员都十分清楚，一旦将此案提起诉讼，就会引发一连串令人不快的问题。早在世贸中心爆炸案发生数月前，纽约的外勤特工及其上级就已经获悉此事。反恐工作组掌握着诺塞尔的日记，但是却没有进行分析。14 个月前，联邦调查局曾经让塞利姆作为线人打入这些圣战分子当中，但是却半途而废。

司法部部长雷诺要求他们打起精神来。在与联邦调查局负责人和最高检察官经过长达一个小时的争辩后，她用手指关节敲了敲木制的会议桌，最终决定以阴谋煽动的罪名对盲人酋长提出公诉。自1920年的赤色围捕行动后，极少有人因此受到指控。

此外，司法部部长向总统提议解除威廉·赛申斯联邦调查局局长的职务，原因是他“严重缺乏判断能力”。在赛申斯即将卸任之际，包括人质营救队在内的数百名联邦调查局特工在得克萨斯州的韦科镇与大卫教派展开了一场激烈的对峙。面对戒备森严的武装对抗，联邦调查局动用了催泪瓦斯。在随后燃起的大火中，共有80名大卫教徒丧生，其中包括25名儿童。赛申斯法官把随之而来的谴责留给了珍妮特·雷诺。

让赛申斯感到悲伤的是，比尔·克林顿选择了另一名笃信宗教的法官路易斯·J. 弗里担任调查局局长。弗里曾经在联邦调查局任职6年，在随后的10年里，他成了一名出色的检察官。1991年，弗里在年仅41岁时披上长袍，成了一名联邦法官。可以说，他是自胡佛以来最称职的一位联邦调查局局长；而弗里也认为，克林顿是自尼克松以来最有才华的一位政治家。

这种看法不仅让他们随后对彼此产生的蔑视情绪变得更加可悲，而且削弱了联邦调查局的力量，并最终危及整个国家。

第42章

直插美国心脏

1993年9月1日，在正式成为联邦调查局第5任局长后，路易斯·弗里交出了前往白宫的通行证。他拒绝进入椭圆办公室，理由十分简单。他认为，克林顿总统已经不再是美国的最高统帅，而成了一桩刑事案件的的主角。

联邦调查局对克林顿的行为启动了一系列漫长的调查。随后，弗里发现他很难再就任何问题与克林顿进行商讨。在后者入主白宫的8年间，两人的交谈只有五六次。

“他逐渐认为，我有意破坏他的总统之职。”弗里在一部回忆录中写道。没过多久，这位局长就开始对自己接受了克林顿的提名而感到懊悔。但是，他担心总统会委派一名政治打手接替自己的职务，所以并不打算离开联邦调查局。

路易斯·弗里深知，这场纠葛削弱了联邦调查局的力量。“我们耗费了大量资源和时间，”他写道，“有很多本来不成问题的事情，后来却变成了严重的问题。”弗里觉得，他必须与总统保持距离，而这距离随着时间的推移变得越来越大，最终对整个国家造成了危害。

“现在，政府部门面临的最大缺陷就是，”白宫副国家安全顾问詹姆斯·斯坦伯格认为，“联邦调查局无动于衷和置身局外，完全不与总统和白宫发生任何联系。”

国家安全委员会反恐助理史蒂芬·西蒙和丹尼尔·本杰明认为，弗里对日益严重的恐怖主义威胁“漠不关心”。“他对白宫越来越不信任，并且让此事蒙蔽了自己的眼睛，”他们写道，但他们知道，克林顿对此无计可施。“对总统来说，按照法律现在唯一的解决办法就是解除弗里的职务，但在政治上这种做法显然行不通。一个正在接受调查局立案侦查的行政首长不能解雇联邦调查局局长，否则就会被视作第二个尼克松和另一次‘周六夜大屠杀’。”

水门丑闻发生的最后几个月里，弗里刚刚从法学院毕业，所以深受其影响。弗里开始认为，克林顿比尼克松更加糟糕。赛申斯卸任后，弗里开始在调查局激浊扬清。他曾经做过 6 年的外勤特工，所以对联邦调查局有深厚的感情，但并不会因此而降低自己的标准。弗里凭借自己长期以来在国会建立的良好人缘，为调查局新增了 10 亿美元的预算和数千名特工，然而整个机构的实力却并没有因此而得到增强。以个人而论，弗里立场坚定、无可指摘，但联邦调查局却并非如此。

在长达 7 年的任期里，弗里几乎每天都会触怒白宫。有人指控华人曾经非法捐赠竞选资金以获得政治影响，联邦调查局对此案展开了大规模调查。当克林顿总统对于这项指控表示怀疑时，弗里却认为白宫在有意撒谎。

在克林顿当政期间，调查局用在这起案件上的精力远远超过了对任何恐怖主义案件的调查。联邦调查局对捐款者提出了数项刑事指控，而其中几人只是一些兜售政治影响的说客，并没有特定的意识形态或政治观点。但是，在弗里的授意下，联邦调查局隐瞒了此案中一条有关华人在美国间谍活动的极其重要的信息。从 20 世纪 80 年代到 90 年代，加利福尼亚州政治活跃人士陈文英就开始从为中国从事间谍活动。与此同时，她一直与负责此案的特别探员、联邦调查局中国小组高级负责人詹姆斯·J. 史密斯保持着暧昧关系。有时候，她还会与联邦调查局中国反情报高级专家威廉·克里夫兰混在一起。在此之前，调查局一直将她视作一个具有情报价值的人物，并一共为其支付了 170 万美元的报酬。

联邦调查局怀疑，在长达数年的时间里，陈文英一直是一名双面间谍。这起案件被隐瞒了几年，直到弗里卸任后，事情才终于弄清。

与此同时，世界上一个名不见经传但又极其危险的恐怖主义组织派遣其成员渗入了联邦调查局。此人名叫阿里·穆罕默德，是基地组织的双面间谍，他从一开始就伪装成联邦调查局的线人。

“我们要做的只有杀戮”

1994 年，无论是在国内外，美国都没有遭到一起恐怖主义袭击。但在 1995 年初，美国接到了灾难性打击的威胁，这一威胁成了联邦调查局上上下下关注的焦点。

“仅仅破获此类刑事案件是不够的，”弗里向国会递交了一份书面声明，“联邦调查局必须在这些恐怖主义行径初露端倪之前就将其挫败，这一点很重要。”但是，由于手中没有情报，调查局特工只能依靠运气进行跟踪。

1995 年 1 月 6 日夜，世贸中心爆炸案的炸弹制造者拉姆齐·尤塞夫在菲律宾首都马尼拉的一栋 6 层公寓里，和自己的同伙阿卜杜勒·哈基姆·穆拉德制造化学制剂。晚上 10 点 45 分，一名警卫发现有两个人提着鞋子从楼上跑下来。一股浓烟正从他们公寓的窗户涌出。穆拉德被当场逮捕，但尤塞夫却躲过一劫，乘飞机逃出了马尼拉。

警方对公寓进行搜查时，发现这里就像一座炸弹制造工厂，里面化学药品、定时器、电池和导火线一应俱全。此外，警方还找到了一些文件和一台笔记本电脑。很多天后，其中经过加密的数据才得以破解。与此同时，穆拉德供认了国际恐怖主义历史上最惊人的一起阴谋。

这起阴谋的代号是“波金卡”，即阿拉伯语的“爆炸”。尤塞夫及其 5 名同伙计划在 12 架波音 747 飞机上安放技术复杂的定时炸弹，其中包括联合航空公司、达美航空公司和西北航空公司从马尼拉、东京、首尔、新加坡、曼谷和台北飞往美国的航班。他们计划登机后，在首次中途停留时将炸弹留在飞机上，然后转乘另一个航班。数小时后，这些炸弹就会爆炸，让这些波音 747 飞机葬身太平洋。如果他们的计划能够顺利实施，而飞机上又满员的话，随着这些炸弹依次爆炸，届时将有大约 3500 人在同一天里先后死亡。

美国宣布，悬赏 200 万美元捉拿逮捕尤塞夫。3 周以后，尤塞夫的一名同伙终于露面。2 月 7 日，在几名荷枪实弹国务院警卫的陪同下，巴基斯坦军事情报机构从美国驻伊斯兰堡大使馆附近的一家旅馆里逮捕了尤塞夫。当时，他正在床上享用早餐。次日，3 名联邦调查局特工立即飞往美国。在飞机上，尤塞夫骄傲地承认，是他制造了世贸中心的炸弹袭击事件。调查局驻纽约高级特工卢·席勒已经在机场等候，随后他把蒙着双眼的尤塞夫押上一架直升飞机，前往曼哈顿南部的惩教中心。

当天夜间，寒风凛冽。当直升飞机经过纽约港时，“我们允许他摘掉眼罩，”席勒回忆道，“当飞机接近世贸中心时，他目不转睛地望着那里。飞机上的一名特工说，尤塞夫先生，世界贸易中心仍然矗立在那里。尤塞夫立即不假思索地回答，‘要不是我们缺乏资金，它绝对不会矗立不倒。’”

3月20日，日本一个名为“奥姆真理教”的邪教组织在东京的5辆地铁车厢里释放神经毒气，导致15人丧生，数十人失明，数千人受伤。盲人教主麻原彰晃宣称自己是基督转世，网罗了数千名信徒，掌控着数千万美元资金。他们开始尝试使用炭疽和肉毒杆菌制造大规模屠杀事件。对于这个邪教组织，美国情报官员一无所知。

4月12日，马尼拉警方将阿卜杜勒·哈基姆·穆拉德交给联邦调查局特别探员佩雷戈里诺和汤姆·唐隆。他们在阿拉斯加州中途加油，然后飞往纽约。途中，这名囚犯与两名特工攀谈起来。穆拉德说，他是一个科威特人，曾经在美国两所飞行学校学习过。他的梦想是在华盛顿劫持一架飞机，撞向中情局总部。穆拉德告诉两名特工，6个月前，他就开始和拉姆齐·尤塞夫策划“波金卡”阴谋。他们的目标是“让美国人民和美国政府”为他们在中东地区的外交政策“付出代价”。

4月19日，一辆租来的莱德卡车载着2吨燃油和硝酸铵，炸毁了俄克拉荷马城联邦政府总部的9层大楼。反恐专家立即在电视上将这起袭击事件归咎于伊斯兰原教旨主义者。然而，肇事者其实是一名美国人。右翼激进分子提摩西·麦克维特地选在大卫教在得克萨斯州全军覆没的两周年纪念日对美国政府部门发动袭击。事发90分钟后，公路巡警逮捕了麦克维。当时，他正在州际公路上超速行驶。麦克维的手套箱里藏着一把枪，车上也没有悬挂车牌。联邦调查局在距离爆炸现场两条街外，发现了莱德卡车的车轴和一个车牌，正是这些泄露了麦克维的身份。虽然两天以后联邦调查局就得到了此案的铁证，但在接下来的两年中，他们仍对麦克维进行25000次无情的审问。迄今为止，俄克拉荷马城爆炸案是美国历史上最具毁灭性的一次恐怖主义袭击。这次爆炸共导致168人丧生，850人受伤。

4月24日，木材工业游说团体加利福尼亚州林业协会会长在办公室里被一枚邮件炸弹炸死。这是近来发生的16起致命袭击之一，但联邦调查局始终没有找到这些案件的肇事者。由于袭击者的首选目标是大学和航空公司，所以这项调查被命名为UNABOM（UN，A和BOM分别是大学、航空公司和炸弹的缩写。——译者注），这项调查更是持续了17年之久。

在过去的11周中发生的这些爆炸案从表面上看似乎毫无关联：一个是美国中西部的疯子，一个是日本的千年邪教组织，一个是马尼拉的圣战团体。但细看就会发现其中存在着一个固定的模式。在过去，炸弹客的目标是为自己创造政治舞台，而现在他们准备炸毁这些政治舞台。恐怖主义曾经是国与国之间的游戏，而现在它们正演变成一场全球战争。

恐怖主义正在疯狂发展，而反恐行动却毫无进展。

在马尼拉阴谋败露几个月后，克林顿总统希望能够大幅增加联邦调查局从事窃听和监视的权力，国会中的极端保守势力却表示反对。最终，国会取消了这项提案中最重要的法令，但6年后，这些法令却出现在《爱国者法案》中。

经过几个月的讨价还价，国会终于出台了3项重大措施。新的立法对炸药销售进行了控制；建立了恐怖嫌疑人的秘密审判程序；批准总统"中断、拆除和破坏国际恐怖分子使用的国际基础设施。"所谓"国际基础设施"不过是一种政治表述方式。这项立法的用意十分明显，即彻底摧毁恐怖分子。但首先，美国必须找到他们。

1995年6月21日，克林顿签署了一道密令，建立起美国的反恐体系，并将联邦调查局位列其首。至于在总统和调查局局长互不理睬的情况下这一体系该如何运作，就像许多其他问题一样，这道密令并没有作出详细阐述。

"我们决不允许恐怖分子得逞，"第39号总统决议令这样写道，"我们的当务之急是通过执法部门的努力，对恐怖分子进行追踪、逮捕和控诉。"

第39号总统决议令规定，由联邦调查局负责建立一支"身手矫健、能够快速部署的反恐队伍"，对隐藏的核武器和生化武器进行搜索。早在近50年前，胡佛就开始对这一威胁感到担忧。但直至1995年，联邦调查局还是只有5名特工具有开展大规模杀伤性武器调查的经验。司法部部长雷诺立即向国会提出申请，为这支队伍增加175人。她的申请得到了批准。

根据这项决议令，引渡恐怖分子嫌疑人——即从海外将其绑架回来接受审判，成了联邦调查局的"当务之急"。在过去的10年中，里根和布什政府极少进行引渡，即使必须采取这一手段也会进行大张旗鼓的宣传。然而，对于克林顿政府来说，引渡的做法已经不足为奇。

总统要求联邦调查局，"搜集、分析有关美国恐怖组织和国际恐怖分子活动的情报”。然而，这道命令没有先例可循。联邦调查局固然能够搜集情报，但由于缺少人员、技术和时间，他们没有能力对其进行分析。

此外，这项决议令还提出一条更高的标准。“中央情报局和联邦调查局局长必须亲自确保，双方在有关恐怖主义的问题上进行最大限度的合作，”决议令上写道，“中情局和联邦调查局必须定期交换有关恐怖分子的信息。”这就意味着，他们必须共享情报，他们必须打破沉默，他们必须通力合作。

然而，这次迫于总统压力而进行的联合最终因为一个人而功亏一篑。这个人就是第 39 号总统决议令的起草者之一、国家安全委员会情报负责人乔治·J. 特尼特。特尼特当时 42 岁，喜欢抽雪茄，脸上总是带着冥思苦想的神色。1995 年 7 月 3 日，也就是总统签署决议令的 12 天后，特尼特出任中情局副局长，负责管理日常事务。没过多久，特尼特又升任中情局的代理局长和局长，其任期长达 9 年。

对于特尼特来说，与联邦调查局合作是他面临的诸多棘手难题之一。特尼特认为，他也许能够做到这一点。于是，他开始与弗里结交。特尼特的父母在皇后区经营一家希腊餐厅，而弗里的父亲曾经是布鲁克林一家卡车公司的调度员。特尼特与弗里关系融洽，相互信任。这一次，也许联邦调查局和中情局能够和睦相处。

他们决定互相交换反恐主管。联邦调查局向中情局派遣了 4 名高级特工，而中情局也向调查局派出 4 名代表。这次人员交流被人们在私下称为“人质交换行动”，几乎没有人自愿前往。

联邦调查局驻堪萨斯城的助理特别探员戴尔·沃森成了这次人质交换行动的第一候选人。沃森得知，他即将出任中情局反恐中心的 2 号人物。然而，沃森的经历并没有什么过人之处，他只参加过对俄克拉荷马城爆炸案的调查和联邦调查局对伊朗间谍展开的反情报行动。经过一番权衡之后，沃森决定留在堪萨斯城，并两次对提名表示拒绝。第 3 次，他得到了上级的命令。两年之后，沃森成了联邦调查局反恐行动的负责人。

来到新的岗位后，沃森很快得知调查局和中情局将联合开展大规模侦查行动，但如何处理搜集到的情报则另当别论。

联邦调查局从菲律宾警方那里获得了拉姆齐·尤塞夫的电话簿。在对上面的姓名和电话号码进行追查后，调查局发现，在世贸中心爆炸案发生数天前，卡塔尔酋长国一个名叫哈立德·谢赫的人曾经向此案的一名肇事者电汇了660美元。关于谢赫，中情局掌握了5条线索：他是一名政府工程师，而且是拉姆齐·尤塞夫的伯父。他与波音747的炸弹阴谋存在密切关联。7年前，他就开始与基地组织及其分支机构有过来往。他的全名是哈立德·谢赫·穆罕默德。

1996年初，纽约联邦大陪审团秘密提交了对谢赫的指控，并且密封了有关文件。中情局和联邦调查局在卡塔尔首都多哈发现了此人的踪迹，而卡塔尔最近刚刚与美国结为军事同盟。随后，他们与美国大使、国务院反恐副主管帕特里克·西罗斯进行了秘密磋商，并决定寻求卡塔尔酋长国的帮助对哈立德·谢赫·穆罕默德进行追捕。但是，卡塔尔酋长却犹豫不决。他的一位部长向嫌犯走漏风声，称美国人正在对他进行追捕。哈立德·谢赫·穆罕默德立即逃往巴基斯坦一个偏远的省份，躲开美国的情报和执法人员，越过边境进入阿富汗，并且开始与基地组织密谋，共同完成世贸中心爆炸案未竟的计划。

沃森逐渐意识到，即使是一些弹丸之国也有可能随时攻击美国，对美国大使馆、军事基地以及其他地标性建筑发动袭击。但是，由于宪法的约束，联邦调查局无法阻止或消灭他们。为了完成这一使命，他们必须改变法律。

为了进行反恐战争，调查局从国会接到了数亿美元的额外资金，并增加了数百名特工和情报分析人员。弗里将派往海外司法随员的人数翻了一番，开始向诸如沙特阿拉伯和巴基斯坦这样的国家派遣特工。为了创建一个全球性的情报机构，他拜见了数十位国王、王储、酋长和国家元首。如果美国公民在海外遭到恐怖分子的袭击，联邦调查局将责无旁贷。1996年6月25日，弗里亲自挂帅，对沙特阿拉伯波斯湾沿岸达兰霍巴塔发生的爆炸案开展调查。

一辆装满炸药的油罐车摧毁了霍巴塔住宅群里一栋8层高的大楼，导致19名美国军人遇难，372人受伤。较之于俄克拉荷马城发生的爆炸案，这起事件的严重程度有过之而无不及。罹难者是第4404战斗机联队成员，当时他们正在伊拉克上空巡逻，从阿卜杜勒·阿齐兹国王空军基地出发，执行禁飞区任务。

弗里向达兰派出了数百名特工和鉴证专家，并与他们一起来到现场。他还记得，他们在烈日下对重达数吨的残骸进行筛选。“虽然所有人都已经筋疲力尽，还有很多人生病和脱水，但是他们还是坚持工作，直到动弹不得。他们双膝跪地，不停地用手指挖掘，对一块块尸骨遗骸进行分类整理。”

这起案件让弗里饱受困扰。迄今为止，已有13名沙特阿拉伯人涉案。虽然没有直接证据，但弗里推测，伊朗政府很可能是这次爆炸事件的幕后黑手。弗里认为，他可以将此案提交法庭，对伊朗提起诉讼。此外，弗里还认为，他可以通过阿谀奉承和花言巧语，说服沙特阿拉伯王子向联邦调查局公开刑事证据，并最终移交嫌疑犯。但是，当他的魅力攻势失败后，弗里开始对沙特阿拉伯皇族和美国总统大加谴责。弗里认为，克林顿缺乏为那些在霍巴遇难的美国人进行报复的政治意志和道德力量。在他看来，美国应当发动战争，对伊朗以牙还牙。在接下来的5年中，他满腔热忱、不遗余力地推动此案的审理。但是，没有人对弗里的判断表示认同。他无法说服白宫、国务院、五角大楼以及司法部，对伊朗毛拉（毛拉，即mullah，是伊斯兰国家对领袖和学者的尊称。——译者注）和伊朗军队进行惩罚。最后，弗里不得不得出这样一个结论，“霍巴一案对国家安全造成的威胁，远远超出了联邦调查局力所能及的范围。”

1996年9月，当弗里与沙特阿拉伯的王子争执不下时，联邦调查局启动了对沙特阿拉伯本·拉登的刑事调查。在中情局的档案里，他是一个为恐怖主义提供资金的富有支持者。但是，就在几天前，本·拉登首次对美国发出了宣战声明。根据一条来自阿富汗的消息，伦敦的一家阿拉伯语报纸刊登了这则声明。本·拉登对霍巴爆炸案表示赞扬，并警告美国从沙特阿拉伯撤军。

“在我们之间，任何事情都不需要解释，”本·拉登写道，“我们要做的只有杀戮。”

斩掉美国的脑袋

联邦调查局对本·拉登展开的调查不只是一纸空文，他们需要一个证人。

当年夏天，一个名叫贾迈勒·法德勒的苏丹人背叛了基地组织，从本·拉登在喀土穆的保险箱里盗走11万美元，然后出现在邻国“非洲之角”厄立特里亚的美国大使馆中。“我有一些消息，他们要做的事情不利于你们的政府，”他对一名国务院官员说，“我来自阿富汗，并且在某个组织里工作过，所以对那些人非常了解。他们经过了艰苦的训练，准备全力以赴对美国发动战争。”

“什么战争？”国务院官员问法德勒。

“他们也许会从美国内部开始，同时对美国在海外的驻军发动袭击。他们还会对美国的某座驻外大使馆发动袭击，”他回答，“9年多来，我一直与他们在一起。”

3名中情局特工对法德勒进行了长达3周的审讯。随后，出于刚刚建立起来的合作精神，中情局将法德勒交给了联邦调查局。

23岁的联邦调查局资深特工丹尼尔·科尔曼发色灰白，他被派往纽约联合反恐工作组和中情局反恐中心工作。帕特里克·菲茨杰拉尔德是曼哈顿联邦法庭一名年轻的检察官，负责处理有关国家安全的案件。两人一起来到德国，并对法德勒进行了为期两周的审讯。随后，科尔曼和菲茨杰拉尔德将他带回纽约。在接下来的两年里，法德勒一直处于联邦调查局24小时监管之下。科尔曼及其同事开始喜欢上这名嫌犯,并为他取了一个外号“朱尼尔”，意即“小家伙”。

从1997年1月起，朱尼尔开始向联邦调查局谈起了基地组织的起源、结构、野心和首领。他告诉调查局，本·拉登曾经发誓，要在接下来的3年中对美国发动袭击。“美国是一条毒蛇，”本·拉登对他的追随者说，“基地必须斩掉它的脑袋。”

同月，戴尔·沃森作为国家安全司国家反恐处主管返回联邦调查局的总部。根据局长的命令,沃森把大量时间用于追查霍巴塔一案虚无缥缈的线索。但是现在，他更感兴趣的是未来，而不是过去。沃森在中情局学到了很多有用的东西，其中之一就是坐下来思考。对沃森来说，他的一项主要任务就是让联邦调查局学会思考。

克林顿的第39号总统决议令要求联邦调查局对有关恐怖主义威胁的秘密情报进行分析，在他们再次发动袭击前制定好扰乱和摧毁他们的策略。弗里曾经向总统承诺，要组建一支反恐战略分析队伍。所谓战略分析，就是从大局入手，了解敌人的想法。这项任务不是为了回顾5分钟前发生的事情，而是为了预知5个月后可能出现的情况；它不是一种侥幸的猜测，而是经过认真筛选和精心提炼出来的情报。如果没有战略分析，即使采取行动也无异于大海捞针。

沃森环顾总部,暗想：这些分析人员到底在哪里？从1995年至1996年，调查局陆续雇用了50余名分析师，其中大部分都拥有高级学位。但是，对于联邦调查局情报工作的现状，这些分析师感到大为震惊。计算机在哪里？数据又在哪里？不到一年的时间，分析人员们纷纷离去。在这些人看来，与其说他们是联邦调查员，不如说他们更像一种摆设。在世纪之交，对于基地组织，联邦调查局仅有一名分析人员。

现在，沃森负责联邦调查局的激进原教旨主义小组和刚刚成立的本·拉登小组。他的手下有 7 名特工，其中包括丹尼尔·科尔曼。科尔曼开始在纽约反恐助理特别探员约翰·奥尼尔的手下对本·拉登一案开展调查。但在总部，“没有人考虑过有关反恐行动的计划——我们正面临什么样的威胁以及应该如何应对，”沃森表示。“想到这些时，我忽然意识到，我们是一群积极灵活的特工，这个优势让我们有能力扫除遇到的任何障碍。”但是，在联邦调查局，不仅没有人考虑过基地组织的下一个目标可能是哪里，甚至“没有人关注过这个问题”。

只有一名调查局特工公开讨论这个问题，他就是奥尼尔。奥尼尔虽然喜欢四处炫耀和自我吹嘘，但对基地组织却极其关注，并且进行了冷静的研究。奥尼尔想要让尽可能多的人知道，这个组织有能力在任何时间和任何地点对美国发动攻击。“权力的平衡已经打破，”当年春天，他在芝加哥的一次讲话中说，“在可以预见的将来，因为我们具有强大的军事实力，任何一个明智的国家都不会对美国发动袭击。因此，这些人能够攻击我们并造成影响的唯一方式就是恐怖主义。”

弗里曾经许诺，他会制定一项方案来应对这一威胁。他向国会保证，他计划“将从事反恐调查的外勤特工人数翻一番”。但是，在他作出承诺之前，国会已经批准，在克林顿总统任职期间，将联邦调查局用于反恐的预算增加至 3 亿零 100 万美元，将调查局的开支从 24 亿美元增加到 34 亿美元。从书面记录上看，弗里掌握着 1300 名特工以及 1000 多名分析师和后勤人员，用于应对恐怖主义威胁。然而事实上，这支队伍远非数字所显示的那样强大。

按照规定，联邦调查局的 56 名外勤特工应当制定反恐策略，然后向总部汇报。总部的有关主管将这些报告汇总后拟定一份 5 年计划，将其呈交给局长。接着，联邦调查局局长负责制定应对恐怖主义的战略计划——这项计划至关重要。从世贸中心发生爆炸案起，联邦调查局就开始着手这项工作，但时至今日仍然没有取得任何进展。

沃森对白宫的反恐主管理查德·克拉克十分信任。克拉克工作起来不知疲倦，年仅 40 多岁就已经两鬓斑白。他的皮肤毫无血色，就像已经在防空洞里待了 10 年一样，随时等待着炸弹的爆炸。从某个角度来看，这也许正是他所面临的事实。克拉克的办公室是国家安全委员会紧邻白宫的一处套房，奥利弗·诺斯曾经在这里工作。在房间里一个 19 世纪的壁炉架上，有这样一则标语：放眼全球，脚踏实地。克林顿对他委以重任，并授予他国家反恐协调员之职。

克拉克试图对从五角大楼到警方的所有力量进行协调。他希望提高美国对恐怖主义的戒备心理。他希望保卫美国免遭袭击。在他看来，这些应当是“政府部门的首要任务”，但对于弗里是否有能力完成上述任务，他表示缺乏信心。克拉克认为，联邦调查局对美国面临的恐怖主义威胁毫无概念。“即使我们提出明确要求，他们也没有为我们提供分析，”克拉克说，“我认为，在未来 10 年，我们不具备对国内情况的分析能力。”

克拉克认为，“弗里应对把时间花在改变联邦调查局业已形成的糟糕局面上。在这一领域，他们虽然有 56 名特工，但却没有任何现代信息技术作为辅助。他应当花些时间，对美国的恐怖分子进行追捕，因为“基地”组织及其党羽已经在这里安营扎寨。”与此相反，弗里把大部分精力都花在了霍巴塔的调查上。克拉克认为，“他对这些案件的过分关注只会让他走进死胡同，最终竹篮打水一场空。”

沃森得出的结论显然更加悲观。他告诉克拉克：“我们必须彻底摧毁并重新组建联邦调查局。”

我要让 FBI 感到痛苦

联邦调查局局长决不会坐视这种事情发生。

1997 年 1 月 20 日，当克林顿总统进入第二届任期时，弗里面临着一系列巨大的困难。这位调查局局长彻底与白宫失和。在将近 4 年的时间里，他没有和总统交谈过一次。

司法部部长雷诺分别在公众和私下场合多次表示，她已经失去了对弗里的信任。在克林顿参加连总统任选举之前，联邦调查局重案司司长被指控妨碍司法，他表示认罪。这是总部由于重罪而入狱的最高级别的官员。雷诺对弗里的不信任就是从这一刻开始的。在爱达荷州地处偏远的鲁比里奇镇发生的一场冲突中，调查局的人质营救队开枪射杀了一名右翼激进分子的妻子，而当联邦调查局的狙击手射杀她时，这名妇女还抱着她才 11 个月大的女儿。联邦调查局既没有对她的逮捕令，也没有下令对其进行通缉。随后，弗里销毁了所有的相关文件，但他不得不承认，联邦调查局不应当允许特工当场击毙这名妇女，这种做法违背了宪法。也许是出于愧疚，弗里以擅自派遣人质营救队前往事发现场为由，解除了昔日好友、调查局副局长的职务，断送了他的前程。

弗里已经走到了一个关键时刻。他对捐赠竞选资金和腐败政客一案进行了长达 4 年的调查，并且指控总统说谎，而总统也立即予以还击。在花掉了 3000 万美元之后，负责与联邦调查局合作调查此案的独立检察官已经到了山穷水尽的地步。就在此时，这名检察官获悉，24 岁的前白宫实习生莫妮卡 · 莱温斯基曾经与克林顿有染。当白宫的一名医生接到命令从克林顿的手臂上提取血样以检测 DNA 时，联邦调查局进行了全程监督。这项证据足以证明，总统在宣誓作证时曾就婚外情一事撒谎。这次长达数月的痛苦审讯成了人们津津乐道的话题，众议院对总统提出正式弹劾，但在参议院对此案进行审理时，陪审团未能达成一致的裁决。

弗里将这项调查视作一个原则问题。在他看来，克林顿是贪一时之欢葬送了自己的政治前途和道德良知。但是，总统却把此案称作“一次斯大林式的审判秀”，一场政治搜查和打击行动，以及“对联邦调查局资源的浪费”。数百名特工“本应当对刑事犯罪、毒品交易和恐怖主义等重大事项进行调查”，保护美国的国家安全。当联邦调查局“对总统和莫妮卡的癖好进行调查时”，负责克林顿总统生命安全的特勤处处长卢 · 梅莱蒂说，“基地组织的大批高级成员正在美国各地开展活动。”

与此同时，弗里正在对另一桩丑闻进行调查。10 年前，联邦调查局在纽约的情报行动开始屡屡失手，直到现在，他们才查清其中原因。1987 年夏，调查局外国反情报小组的一名成员开始窃取机密文件，并将其出售给苏联人。冷战结束后，他仍在为苏联从事间谍活动。

厄尔 · 皮茨似乎是一名典型的特工，他相貌英俊、仪表堂堂、温文尔雅，先后担任陆军上尉和一名保守派联邦法官的法庭书记员。来到联邦调查局 3 个月后，他就沦为苏联的间谍。但是，联邦调查局直到 10 年后才察觉此事。

“我想要调查局感到痛苦。”1997 年 6 月 27 日，在得知被判处 27 年徒刑后，皮茨在监狱中承认。皮茨坚持认为，他是一名爱国者。他热爱自己的国家，但对于他曾经孜孜不倦地工作了 14 年之久的联邦调查局，他感到十分憎恨。“调查局一直对自己掌握的秘密感到骄傲，”他说，“我就是要让他们为此感到痛苦。”皮茨的口供让他的审讯者感到大惑不解，最后只能得出这样一个结论：他是一个举止得体的疯子。“在皮茨的心中，没有什么事物是神圣的。”负责审理此案的联邦检察官说。

在20世纪80至90年代，这些叛国者的通敌行为让美国付出了血的代价。联邦调查局和中情局先后有十几名特工罹难。莫斯科有意向美国泄露大量虚假情报，操纵着美国对国外重大政治和军事变化的看法，让美国花费巨资秘密研发的新型武器变成一堆毫无价值的废铁。苏联、中国和古巴让联邦调查局误入歧途，在过去的数年里，有成百上千名特工因此而钻进死胡同。

反情报工作是打击恐怖主义的关键因素，也是中情局和联邦调查局必须不惜一切代价进行合作的领域。这项工作一旦失败，美国就会陷入危险之中。与此同时，恐怖分子和外国间谍开始寻找美国盔甲上的裂痕，打算直插它的心脏。

第 43 章

本·拉登现身

1997 年 8 月 21 日，联邦调查局的丹尼尔·科尔曼走出美国驻肯尼亚内罗毕的大使馆，准备对基地组织展开追踪。

海军陆战队的警卫守护着这幢外观丑陋的棕色大楼的出口。在距离他们几步开外的人行道上，随处可见走上街头的传教士和无家可归的儿童。在肯尼亚警方的带领下，科尔曼和两名中情局特工经过一条条灰色的街道，穿越这座东非最大城市的心脏。

随后，他们来到瓦希德·哈吉肮脏不堪的家中。哈吉出生于黎巴嫩，后来加入了美国国籍。他是一名天主教徒，曾经在得克萨斯州居住过数年。科尔曼到来的当天，哈吉不在家，而是和本·拉登一起在阿富汗。

科尔曼正在追踪一条可靠的线索：朱尼尔·法德勒透露，哈吉是基地组织在非洲的主管。在他的家中，当肯尼亚警方对哈吉的妻子进行盘问时，科尔曼带走了他的日记、业务记录和一台电脑。中情局的一名技术人员对电脑的硬盘进行了拷贝。上面保存着哈吉与基地组织在内罗毕主要成员之间互相发送的信息。“东非的组织成员正处于巨大的威胁之中，”一条信息写道，“要让他们知道，他们已经成了美国的主要目标。”

哈吉返回内罗毕后，肯尼亚警方向其表示他将有性命之忧。哈吉立即携带家人飞回美国。几天以后，他开始在纽约接受联邦调查局和联邦大陪审团的审问。1997 年 9 月 23 日，特工对哈吉进行审问：最后一次见到本·拉登是什么时候，对于基地组织袭击美国军事和外交场所的计划他了解哪些情况，该组织在美国和其他 17 个国家的运作方式，其中包括肯尼亚、沙特阿拉伯、埃及和阿富汗是怎样的。此外，联邦调查局还对日记中出现的姓名，对哈吉进行了反复盘问。

其中一个人从5年前开始就是联邦调查局的线人。他就是阿里·穆罕默德。

“第一次听说本·拉登”

1993 年世贸中心爆炸案发生后不久，阿里·穆罕默德毛遂自荐，成为联邦调查局的一名线人。调查局感到大喜过望。

40 岁的穆罕默德相貌英俊、肤色较浅、仪表堂堂，曾在埃及陆军中服役 17 年。在十几年前，他就曾申请加入中情局和美国陆军，并得到了后者的批准。在加利福尼亚州布拉格堡经过对外国军官的 4 个月训练后，穆罕默德于 1986 年加入美国陆军。虽然他只是一名军需处中士，但他经常在布拉格堡的特别行动指挥中心就伊斯兰恐怖主义向“绿色贝雷帽”的特种兵进行讲解，并且因此得到了上级的褒扬。

他先后在 1990 年和 1991 年两次申请加入联邦调查局，希望成为一名主持审讯、开展窃听和翻译文件的阿拉伯语专家。当时，调查局没有招聘阿拉伯语翻译。穆罕默德杜撰了一套谎言，声称墨西哥走私贩和巴勒斯坦的恐怖分子之间存在犯罪联系，于是他就很快被旧金山办事处招至麾下。1992 年，虽然穆罕默德并没有成为一名全职翻译，却成了联邦调查局的在册线人。

1993 年 4 月，穆罕默德开车来到温哥华机场迎接一位朋友。但加拿大警方发现，他的同事、一名曾经加入过杰哈德的埃及退役军官持有两本伪造的沙特阿拉伯护照，并立即将其扣留。

随后，加拿大皇家骑警对穆罕默德进行了审问，后者解释说，他正在为联邦调查局工作，并提供了旧金山联系人的电话号码。当这名特工为其保释以后，加拿大警方释放了穆罕默德。

在返回加利福尼亚州以后，穆罕默德编造了一个天衣无缝的谎言，因此没有遭到调查局逮捕。

穆罕默德承认，在布拉格堡接受首次培训后，他就秘密加入了埃及伊斯兰圣战组织。“通过我与埃及圣战组织的联系，有人把我介绍给了基地组织，该组织的头目是本·拉登，”穆罕默德后来在联邦法庭上回忆，他曾经这样告诉过联邦调查局的特工。他“在阿富汗为基地组织进行军事、基本爆破和情报训练……以及如何建立行之有效的组织结构”。

这是联邦调查局第一次听说基地组织和本·拉登的名字。

调查局在旧金山的特工并没有向华盛顿和纽约汇报他们得到的消息。与此同时，穆罕默德开始继续为基地组织工作，帮助他们建立了内罗毕的分支机构。根据本·拉登的命令，穆罕默德来到内罗毕，搜寻适合进行炸弹袭击的潜在目标。他拍下了当地美国大使馆的照片，并将它们交给了本·拉登。看过照片后，本·拉登指着通向地下车库的一条斜道说，“那里将是停放汽车炸弹的最佳地点。”

当联邦调查局再次联系阿里·穆罕默德时，他们的对话出现了一丝不祥之兆。一名辩护律师准备以煽动罪名起诉盲人酋长，并通知负责此案的联邦检察官安德鲁·麦卡锡说，他希望穆罕默德能够出庭作证。在接到麦卡锡的命令后，联邦调查局的特工哈伦·贝尔通过电话追踪到穆罕默德的行踪，告诉了他这一消息。1994 年 12 月 9 日，在飞回加利福尼亚州后，穆罕默德在圣巴巴拉的一间会议室里与贝尔和麦卡锡进行了激烈的争论。

“他的联系人、加利福尼亚州北部的一名调查局特工声称，此人十分合作，在我的面前也表现得非常友善，”麦卡锡回忆道，“但我很快发现，事情没有这么简单。”这次谈话结束后，麦卡锡的直觉告诉他，联邦调查局上了这个恐怖分子的当。他认为，“联邦调查局应该对这个人进行调查，而不是让他渗透进来。”但是，麦卡锡无法得到任何能够证明自己直觉的信息，因为调查局没有向他透露有关这名线人的情况。“很久以后我才得知，穆罕默德曾经告诉联邦调查局在加利福尼亚州的特工，本·拉登建立了一个名为基地的恐怖组织。”

当时，联邦调查局刚刚成立的激进原教旨主义小组并未听说过阿里·穆罕默德和基地组织。无论是这个小组的成员还是他们的上级，经常对有关特工正在进行的调查一无所知。联邦调查局虽然不乏专家，但没有建立有效的系统。56 名负责反恐工作的外勤特工各自为战，很少与分析人员进行沟通，而全国各地的反恐队伍也很少向总部汇报。而联邦调查局局长路易斯·弗里仍然对白宫不理不睬。

杀死美国人是穆斯林的教令

1997 年 9 月初，在离开内罗毕两周后，丹尼尔·科尔曼与阿里·穆罕默德在萨克拉曼托的一家餐馆里展开激烈争论。这名埃及人正在为加利福尼亚州的一个军事承包商担任保安。当他们在谈话之际，联邦调查局的特工搜查了穆罕默德的住宅，并且在他的电脑里植入了一个镜像文件。

他们的谈话显然是单方面的。科尔曼的审讯记录中充斥着连篇嘲讽："穆罕默德表示他崇拜本·拉登，并且相信他。穆罕默德承认，他在'交战区'为其训练人员，并且补充说，交战区可能是任何地方。穆罕默德暗示，他认识很多人，并且备受各方信赖，他能够组织他们所需要的人手。"

1998 年 2 月 23 日，一条更加严重的警告突然出现。本·拉登和他刚刚结识的同盟、埃及伊斯兰圣战组织领导人艾曼·扎瓦赫里从阿富汗发表了一则声明。他们已经联起手来，建立了第一个全球性恐怖组织。他们的发言立即出现在世界各大媒体的新闻上。

"我们向所有穆斯林发布以下法特瓦（fatwa，即法特瓦，是指穆斯林领袖发出的教令。——译者注），"他们说，"在任何可能开展行动的国家，杀死美国人及其同盟，是每一个穆斯林应尽的职责。"

纽约大陪审团联邦检察官帕特里克·菲茨杰拉尔德准备利用丹尼尔·科尔曼在内罗毕的审讯结果，对本·拉登提出控告。司法部部长雷诺授权对基地组织在美国以及其他国家的手机和卫星电话进行监控。然而，当监听人员接收到基地组织准备发动袭击的信息时，这项调查却陷入了困境。

联邦调查局一直在非洲追捕基地组织成员，中情局计划在阿富汗俘虏或者击毙本·拉登。他们已经掌握基地组织下一次袭击的证据：哈吉的档案以及调查局对内罗毕 4 次通话的监听记录揭示了与这起爆炸阴谋有关的至少 4 名基地组织成员的身份。但是，由于美国的各大反恐部门正在相互开战，所以根本无暇完善他们的方案。

联邦调查局国家安全司司长约翰·奥尼尔拒绝与中情局分享哈吉的机密档案。当中情局在阿塞拜疆的一次突袭中缴获基地组织的一些记录时，中情局本·拉登小组的负责人迈克尔·朔伊尔也不愿意向联邦调查局公开有关文件。由于私人恩怨，两人互相筑起防线。当奥尼尔在世贸中心遭到的第二次恐怖袭击中身亡时，朔伊尔称他的死讯是当天发生的"唯一一件好事”。“奥尼尔有意挑拨联邦调查局和中情局之间的关系，”朔伊尔表示，“他隐瞒了联邦调查局掌握的情报，误导国会情报委员会，并且破坏了在海外打击基地组织的行动。”

基地组织无孔不入

对于1998年8月7日在内罗毕发生的炸弹爆炸案，美国驻肯尼亚大使普鲁登斯·布什内尔记忆犹新。

“当时，我以为整幢大厦就要倒塌，我会从摇摇欲坠的高楼上坠落下来然后死掉。我身体里的每一个细胞都在等待那一刻。”她说。

布什内尔的四周到处都是鲜血，至于这是她的还是别人的血，她已经无法分辨。“我看到一具具尸体已经被烤成焦炭，”她回忆道，“大楼一侧的墙壁已经被整个撕掉，到处都是废墟。我知道，没有人会来救我。”

正如本·拉登4年前所计划的那样，两名恐怖分子将一辆装有一吨炸药的小型载货卡车开进了大使馆地下停车场的通道。这次爆炸将大使馆从里到外掀开一个大口子，炸塌了邻近的一幢商业办公楼。12名美国人和212名肯尼亚人在爆炸中丧生。飞溅的玻璃碎片导致将近5000人受伤、致残和失明。

布什内尔知道，内罗毕有基地组织的分支机构，因此她强烈怀疑是本·拉登对美国大使馆发动袭击。“在华盛顿，我曾经接到命令，要我们对本·拉登的活动进行破坏。现在看来，这显然是一道明智的命令。”她说。当时，一个埃及人曾经来到大使馆内，告诉中情局的一名官员说这栋大楼将被炸毁。“我相信，这个人已经对非洲的很多其他大使馆做过同样的事情，”大使说道，“我们认为他只不过是一个骗子。”事实上他不是。内罗毕发生爆炸后，达累斯萨拉姆和坦桑尼亚的美国大使馆也相继遭到袭击，导致11人死亡，85人受伤。这个人正是发动袭击的炸弹客之一。

联邦调查局的第一批特工共250余名连夜赶到内罗毕。调查局最终向东非大使馆遇袭案派出近900名特工。这是联邦调查局有史以来在海外开展的最大规模的一次调查行动。

布什内尔大使不希望他们被视作“占领军”。大使“在他们是否应当携带枪支的问题上进行了激烈的争论”，并决定由掌管这支队伍的特别探员、也是联邦调查局第一个担任这一职务的女性特工希拉·W.霍兰，负责命令手下的特工身着便衣、暗中携带武器与肯尼亚警方合作。“虽然敲门的是肯尼亚人，但是人人都知道这是怎么回事，”大使说道，“我最不希望发生的事情就是警方和联邦调查局对民众说谎，而我不得不出面应付。”

第一个招认罪行的人叫穆罕默德·奥德。奥德是巴勒斯坦人，他出生于沙特阿拉伯，从小在约旦长大，在菲律宾接受过教育。他带着一本劣质的伪造护照出现在巴基斯坦卡拉奇的国际机场，身上还有炸药的残留物质，移民局立即将其逮捕。一周之后，奥德被遣送至肯尼亚，交由联邦调查局审讯。随后，警方对他在内罗毕的住处进行搜索，发现了一张美国大使馆周围建筑的草图和一些购买武器进行训练的预算账簿。

8 月 15 日，在内罗毕警察局，奥德的对面坐着联邦调查局特工约翰·安提塞夫，也就是世贸中心第一次爆炸案中进行卧底调查的探员。这名嫌犯向安提塞夫讲述了自己的生平。5 年前，他曾经在巴基斯坦的白沙瓦向本·拉登和基地组织表示效忠。几个月前，他开始阴谋策划内罗毕的炸弹袭击。

“奥德声称，他之所以会向我们吐露实情，是因为他的同伙不停地向他施压，但最后他们全都逃之夭夭，把最大的问题留给他独自应付。”安提塞夫回忆道。奥德认为，这起爆炸案是“一次愚蠢的行为。他不希望看到有众多的肯尼亚平民遇难。他说，霍巴塔的爆炸事件要比这次好上一百倍，汽车炸弹的司机应当开进大楼，或者至少应当冒死一试。”

没过多久，奥德所指责的同伙成了此案中第二个向联邦调查局招供的恐怖分子。

在炸毁大使馆的那辆卡车中，穆罕默德·奥哈里拿着一把猎枪。在最后一刻，他突然惊慌失措。当一名肯尼亚保安拒绝升起从入口通向地下停车库的木制栏杆时，奥哈里猛地跳下卡车，扔出一枚手榴弹，然后撒腿就跑。由于在爆炸中严重受伤，回到旅馆后，他又去了当地的一家医院。随后，旅馆的服务员将此事通知了肯尼亚警方。在医院找到奥哈里后，警方对他进行了搜索，并从他的裤袋中发现了这次袭击计划的复印件。奥哈里随即遭到逮捕。

“他想要向我们讲述这次事件的整个过程。”联邦调查局特工史蒂夫·高丁说。在接下来的一周，高丁开始在内罗毕拥挤的警察局中对奥哈里进行审讯。在赶往内罗毕之前，高丁正在新泽西的海滩上休假。他从未接触过任何一起国际恐怖主义案件，而这起案件的调查整整持续了 5 年。

21 岁的奥哈里是一名富有的沙特阿拉伯人。他出生于英国的利物浦，除了接受过历史学和政治学的教育以外，他还深受《古兰经》和伊斯兰教法的影响。两年前，奥哈里离开家人，前往阿富汗参加圣战运动。“他先后几次见过本·拉登，并向后者表达了参加行动的意愿，”负责审讯他的联邦调查局特工说，“本·拉登告诉他：‘不要着急。你很快就会接到任务。’”

在这次审讯中，他们谈到了基地组织的计划和目标。“奥哈里向我解释，本·拉登是基地组织的首领，他的手下有几名直接听命于他的高级军事头目，而本·拉登向他们提供攻击目标，”高丁说道，“随后，这些头目会将他的指示向下传达。”当年夏天，奥哈里获悉，他的任务是实施自杀式炸弹袭击。

“我们之所以会选择内罗毕的大使馆，其中有几个原因，”奥哈里告诉高丁说，“首先，内罗毕的美国大使馆中有很多美国人。其次，这位美国大使是一名女性，如果她在爆炸中丧生就会引起更大的轰动效应。此外，大使馆中有很多基督教传教士。最后……这个目标很容易得手。”

在审讯即将结束时，奥哈里向高丁谈起本·拉登的勃勃野心：“我们可以对美国国内的目标进行打击，但当时事情还没有准备就绪，我们必须等待，”他告诉高丁说，“我们准备在美国的本土以外发动多次袭击，从而削弱美国的力量，为我们在美国国内发动袭击扫清障碍。”

联邦调查局将这次审讯的结果从内罗毕发往华盛顿。这是美国第一次掌握本·拉登对美国发动袭击的确凿证据。

1998年8月20日，克林顿总统动用巡航导弹对这次事件发起还击。目标是阿富汗霍斯特省的训练营地和苏丹首都喀土穆郊外的一座制药厂。中情局认为，当时本·拉登正在霍斯特的训练营地，但这一情报显然已经过时。此外，中情局还向总统报告，这家制药厂实际上是一个化学武器工厂，但就像往常一样他们对自己手中的证据很难自圆其说。克林顿发起的还击被公认是一次彻底的失败。在此之前，总统刚刚公开承认他曾经在法庭上就自己与莱温斯基有染一事撒谎。这一事件让他陷入更加尴尬的境地，对他的弹劾似乎已成定局。

在巡航导弹发射的数小时前，路易斯·弗里匆匆抵达内罗毕。“我们原定在第二天一早见面，”布什内尔大使回忆道，“但当天夜间，我接到紧急电话，有人告诉我局长会马上过来见我。”于是，她立即跳下床来，匆忙披上衣服。“当弗里到来以后，他显得大异往常，”大使说道，“他刚刚得知美国准备发动导弹袭击。没有人提前向他发出警告。他想要了解我知道的所有情况以及我下一步的计划。但在当时我知道的事情并不比他多。”

弗里担心，这次导弹袭击会在肯尼亚引起伊斯兰教暴动。在这个国家只有不到1/10的人是穆斯林。他告诉布什内尔：“我估计你改准备撤离了。我也将撤走所有的联邦调查局人员。我会在飞机上给你留下5个座位，你来决定让谁离开。”说完，他立刻出去。

布什内尔极为震惊。她立即通知大使馆的安全官员来到自己的住处。“我们面面相觑，除了惊恐之外还有困惑，”她回忆道，“考虑到肯尼亚人对基地组织的愤怒，以及内罗毕的穆斯林人数，我们面对的最糟糕的事情是，当人们从附近的清真寺祈祷回来时，眼前的情景将会让他们怒火中烧。因此，我们决定在当天中午关闭大使馆，建议人们待在家里静观其变，”她说，“不要做任何举动。与此同时，联邦调查局所有持有武器的特工应当尽快撤出。”

弗里并没有将所有特工撤离非洲。8月27日至28日，也就是巡航导弹发射一周以后，联邦调查局的安提塞夫和史蒂夫·高丁在办完正式刑事引渡手续后，分别押解奥德和奥哈里前往纽约。联邦调查局获得了有关基地组织在全球分支机构的关键信息。奥哈里向调查局提供了一个也门的电话号码，而这个号码是本·拉登的一个国际电话交换台。

1998年11月4日，美国纽约东区的联邦法庭以对美国大使馆进行炸弹袭击的罪名，对本·拉登和基地组织的另外20名成员提出了指控。最终，有10名被告被判处终生监禁。根据联邦调查局提供的证据，哈吉、奥德和奥哈里也被先后定罪。

为了增加这次起诉的分量，联邦检察官帕特里克·菲茨杰拉尔德想迫使基地组织在美国的重要成员阿里·穆罕默德出庭作证。穆罕默德在后来承认：“1998年爆炸事件后，我计划前往埃及和阿富汗谒见本·拉登。在离开内罗毕前,我接到特工的传唤,要求我为纽约东区的大陪审团作证。在出庭作证时，我在某些事情上撒了谎。”尽管经过宣誓，这名狡诈的嫌犯仍然否认，他曾经为本·拉登及其手下进行恐怖主义、情报和反情报技术的训练。

但是，菲茨杰拉尔德和纽约的联邦调查局特工知道，阿里·穆罕默德是基地组织成员。他们决定立即将其逮捕。两年以后，穆罕默德在一次公开审理中承认，自己是本·拉登派出的第一批渗入美国的特工和大使馆爆炸案中的关键者。随后，穆罕默德在美国消失得无影无踪，没有任何关于他的监禁记录。对联邦调查局来说，他的存在只会令人感到难堪。

抓捕本·拉登计划一波三折

在“美国控诉本·拉登”一案中，11名肇事者仍然逍遥法外，其中包括第一被告。

埃莉诺·希尔是一名富有经验的联邦检察官，先后担任两届国会情报委员会的管理主任。有一次，她曾经问起纽约的一名特工，联邦调查局对基地组织的策略是什么。“这就像在珍珠港事件发生后，有人告诉联邦调查局：‘到东京去逮捕日本天皇，’”这名特工回答，“纽约东区可没有巡航导弹。”

菲茨杰拉尔德需要的不是巡航导弹，而是一辆推土机，以拆除司法部建立的壁垒。

司法部刚刚作出决定，要求联邦调查局遵守1978年颁布的《外国情报监视法》。在这项法案出台60年前，联邦调查局可以根据司法部部长的命令或者胡佛的授意进行窃听。在随后的20年中，联邦法官在外国情报监视法庭上秘密会面，负责监督联邦调查局对可疑间谍和恐怖分子开展的监听活动。从此以后，胡佛一度可以未经授权任意使用窃听手段。

在这种情况下，联邦调查局所要做的就是决定什么时候向联邦检察官透露他们掌握的情报。但是，他们显然不止一次作出错误的决定。1995年，根据司法部刚刚颁布的规定，有关特工必须在开展窃听前获得司法部的批准。但是，这些规定表述不当，歧义重重，而联邦调查局官员进一步曲解了其中的内容。无论是在总部还是在街头负责情报案件的特工都认为，他们不能向外界人士提起自己正在调查的内容，其中包括负责刑事案件的其他特工。

“这就是我们的基本规定，”菲茨杰拉尔德说道，“我们可以谈话的对象有：联邦调查局负责同一起刑事案件的特工、纽约市警察局、包括情报部门在内的其他联邦政府机构、美国公民、外国警察、外国情报人员和外国间谍，甚至还有本·拉登。这一点我们可以做到……但是按照规定，我们不允许与另一群人交谈，他们就是在曼哈顿街头负责同类情报案件的联邦调查局特工。”

这道壁垒就像一个由诸多误解组成的迷宫，而这在很大程度上与弗里领导下联邦调查局的沟通不畅有关。调查局特工所看到的这些壁垒其实根本就不存在。在打击恐怖分子嫌疑人的斗争中，他们的这种误解造成了灾难性的后果。

路易斯・弗里在后来递交国会的一份报告中称，从1999年初起，他就已经开始对联邦调查局进行重组，而反恐和反情报工作成了他们的第一要务。但是，他的陈词只不过是一堆空话和一个美好的愿望。

“我们是否对恐怖主义制定了作战计划？”联邦调查局反情报负责人戴尔・沃森反躬自问，“绝对没有。”他想要督促调查局继续前进，但以他的一己之力，想做到这一点无异于登天。沃森说，这是“我所尝试过的最困难的事情”。

沃森认为，调查局在内罗毕开展的工作是一次突破。特工们搜集到的情报提供了200多条有关基地组织的线索。他希望，联邦调查局能够将精力集中到这些任务上来。

1998年12月4日，美国政府机密情报文件《总统每日简报》的标题赫然写道：本・拉登准备劫持美国飞机，再次对美国发动攻击。

这份报告是中情局从埃及情报机关那里获得的二手消息。迄今为止，还没有人见到过任何类似事件。“本・拉登有可能在12月20日斋月开始前，完成劫持美国飞机的计划，”这份报告发出警告，“最近一次在纽约某机场进行的试验中，两名行动成员成功地躲过安全检查。”据称，这次袭击的目的是为了释放世贸中心和美国驻非洲大使馆爆炸案中被关押的肇事者。

理查德・克拉克一直将沃森视作自己在联邦调查局最有力的盟友。作为国家安全委员会反恐小组负责人，他要求沃森就这份报告中的威胁向纽约警方和联邦航空管理局发出警告。随后，纽约机场立即进入高度警戒状态。

沃森试图在联邦调查局内强调这场反恐战役的紧迫性。他向调查局的56名外勤特工传达这一威胁，但大多数人仍然不明就里。于是，沃森召集全国各地负责反恐的特工，与克拉克举行了一次会议。克拉克毫不隐瞒地向他们透露了自己掌握的所有消息。在他的公文包里，装满了各种各样关于潜在袭击的报告。在进行情况介绍时，除了传统的恐怖主义手段外，克拉克还提到了细菌、病毒和网络战术。

尽管如此，据联邦调查局的记录显示，这次会议仍然不啻于“对牛弹琴”。

“最大的问题是，你很难让人们相信存在某种威胁，”克拉克说道，“我们总是遭到怀疑和抗拒。大多数人并不理解，一些大公司的总裁甚至听不懂我在说什么。在他们看来，我仿佛在说一个14岁的少年黑客进了他们的网络系统；而我说的却是，有人将会切断整座城市的供电系统、报警系统、电话网络和交通运输系统。如果切断一个城市的供电，就会有人因此而丧生。如果切断很多城市的供电，就会有大量的人死亡。”在克拉克的预想中，届时将有数十万美国民众的性命葬送在伊斯兰恐怖分子的手中。

克拉克对联邦调查局保卫国家的能力感到十分绝望。尽管如此，他还是信任戴尔·沃森，而后者是联邦调查局和总统的心腹助理之间唯一的桥梁。只要出现有关恐怖主义威胁的可靠线索，他们就会立即告知对方。

1999 年，警报之声似乎无时无刻不在响起。有人说，基地组织在美国建立了秘密巢穴。又有人说，恐怖分子计划暗杀国务卿、国防部部长和中情局局长。还有人说，本·拉登正在设法获得核武器。这些警报此起彼伏，源源不断。没有人知道，哪一条是真的哪一条是假的。

1999 年 4 月，弗里认为，最好的办法就是将本·拉登列入联邦调查局的十大要犯通缉名单。如果有人能够提供有利于将其捉拿归案的信息，调查局将给他 500 万美元。

当年，美国的主要反恐负责人与世界各地的情报机构展开合作，为了将基地组织和埃及伊斯兰圣战组织的恐怖分子嫌疑人引渡回国而历尽周折。但美国绑架本·拉登的周密计划却被巴基斯坦的一场军事政变打断了。87 名受到指控的恐怖分子被秘密关押在阿尔巴尼亚、保加利亚、阿塞拜疆和阿拉伯联合酋长国等地，随后全部转入开罗的监狱。11 月底，约旦情报机构逮捕了 16 名嫌疑人，指控他们是阴谋对美国发动袭击的基地组织成员，在其中发现了两名美国公民。这一事实引起了联邦调查局和中情局的关注。其中一个人是洛杉矶的一名电脑工程师，他曾经在一家慈善机构工作。现在看来，这家慈善机构更像是基地组织的前哨站。

1999 年 12 月 14 日，华盛顿安吉利斯港一名机警的美国海关人员拦住一个表情紧张的阿尔及利亚人，这个人名叫艾哈迈德·莱萨姆，年仅 23 岁。当时，他正准备搭乘晚间最后一班轮渡从加拿大边境进入美国。莱萨姆的行李箱里装有炸药，他计划在洛杉矶国际机场将其引爆。这起事件让政府部门开始全力以赴应对新千年警告。沃森随时随地与白宫的反恐小组见面。根据《外国情报监视法》，他们获得批准，开始大规模开展窃听活动，而其中至少有一项是雷诺法官在未经授权的情况下擅自批准的。

克拉克先后两次召开紧急内阁会议。12 月 22 日，在第二次会议上，路易斯·弗里出人意料地在白宫露面。此外，国防部部长、国务卿和参谋长联席会议主席也来到地下的局势研究室。有记录显示，弗里在这次会议上对联邦调查局的窃听和调查工作夸夸其谈。联邦调查局对布莱克曼有可能认识艾哈迈德·莱萨姆的人展开调查；与加拿大皇家骑警在蒙特利尔展开合作，对有关嫌疑人进行搜捕；退回了来自外国情报机构一份查无实据的报告，该报告声称恐怖分子将对美国的 7 座城市发动袭击。在 20 世纪 90 年代，弗里这些喋喋不休的陈述是他与白宫最合作的一次表现。

新年前夜，美国各界反恐负责人齐聚联邦调查局的战略信息行动中心。这座建筑刚刚投入使用，共耗资 2000 万美元，占地 12192 平方米，包括 35 间指挥站。当天晚上，弗里和沃森彻夜无眠，严密监视着一切动向。当美国东岸地区已经是凌晨 3 点时，加利福尼亚州迎来了新年。所有的反恐负责人都长吁了一口气，随后开始举杯庆祝。

在弗里随后的任期中，联邦调查局遭到了一系列破坏，其中大部分源于内部。在长达数年的时间里，这种状况对美国和美国的情报工作造成了巨大影响。“我们既没有意愿也没有资源继续枕戈待旦，”弗里写道，“这正是让我感到担忧的地方：不是 1999 年 12 月 31 日，而是 2000 年 1 月 1 日，以及其后的每一天。”

恐怖分子从眼皮底下逃走

1 月 15 日，一个 24 岁的沙特阿拉伯人哈立德·米赫达登上联合航空公司一架从曼谷飞往洛杉矶的航班。此前，联邦调查局曾在内罗毕一案中获得一个疑似本·拉登国际电话交换站的也门电话号码，通过对这个号码的追踪，中情局认定米赫达是一名基地组织成员，并于 10 天前开始跟踪此人。

米赫达离开也门，入住迪拜的一家酒店。一名情报官员复印了米赫达持有的沙特阿拉伯的护照和签证，而他的签证有过多次进入美国境内的记录。随后，米赫达飞往马尼拉与一个化学家见面，后者早就引起了中情局的注意。令人瞩目的是，中情局暗中拍下他们会面的照片，这是一次恐怖组织的秘密集会，该组织的活动范围覆盖了从地中海到太平洋的广大地区。

但中情局没有告诉联邦调查局米赫达的手中有一张飞往洛杉矶的机票，而他的同伴纳瓦夫·哈兹米是一名公认的恐怖分子。在中情局有关这两人的内部电报上，盖有一个标记，上面写着：“无需采取行动。”

但是，在米赫达和哈兹米来到机场移民办公室前，中情局就已经找不到他们的踪迹。随后，这两人在圣迭戈定居，并且使用真名签订房屋租赁合同，办理驾驶执照，在公共电话号码簿上进行了登记。有一次，他们来到一个沙特阿拉伯人开设的公司，在那里停留了几个小时以后才离开，而后者很久以前就是联邦调查局反恐部门的一名线人。很快，米赫达和哈开始接受飞行训练。但是，这名沙特阿拉伯线人并没有将他们的行踪向联邦调查局报告。

从1月到2月，理查德·克拉克与戴尔·沃森以及其他部门的反恐负责人就如何提高美国的反恐能力，一共递交了29份报告。白宫批准了所有报告，并向国会申请90亿美元资金以示支持。对于联邦调查局来说，最大的计划就是在56个外勤点建立联合反恐队伍，增加阿拉伯语翻译的数量，随时报告窃听活动情况，而不是将数千小时的录音束之高阁。

沃森接受了这项任务，并将其发展成为一项雄心勃勃的行动计划——MAXCAP2005，他准备将联邦调查局打造成为一个情报机构。每一个外勤办公室都将配备充足的人员，接受相应的训练，以"阻止恐怖主义活动的发生，并对其作出有效回应"。调查局将搜集、分析和报告战略、行动和战术情报；建立网络计算机系统，将世界各地的特工联系起来；在反恐战争中，与美国的其他情报机构、外国间谍机构、各级执法部门、军事和技术承包商、司法部以及白宫建立良好的合作关系。

沃森向国会提出增加3.81亿美元的申请，用于雇用和训练大约1900名反恐特工、分析人员和语言学家。最终，他得到的资金足以再雇用76名新人。沃森将自己的宏伟计划通知了各地的每一名特别探员，几乎所有人都认为他在做白日梦。随后，他来到调查局的培训司。根据规定，新进特工要进行为期16周的训练，其中仅有3天用于国家安全、打击恐怖主义和反情报方面的讲解培训。"要想改变这一传统授课模式需要很长时间。"培训司告诉沃森。

当年三四月间，随着克林顿政府的任期即将结束，司法部部长雷诺命令弗里尽快兑现他的承诺，在数月内提交有关反恐和反情报工作的计划。"建立分享和交流情报的系统，"她下令，"从调查局内部开始，然后在保证安全的前提下，与其他机构实现信息共享。"她恳请弗里"利用联邦调查局档案中现存的情报信息"，从而"发现和防范正在萌生的国家安全威胁"。雷诺希望弗里严格执行上述要求，因为"我经常发现很多证据就在我们的档案之中，但我们却毫不知情。当我与有关人员谈及此事时，他们会说：'好啊，等到我们实现办公自动化再说吧。'"雷诺表示，联邦调查局至少应当保证他们了解自己的档案里都有哪些内容。

路易斯·弗里不得不收起他自负的态度，聘请IBM公司的网络技术专家鲍勃·戴斯更新联邦调查局的计算机系统。戴斯看了看调查局正在使用的技术，发现就连普通美国少年懂得的计算机常识也超出了联邦调查局的特工能理解的范围。外勤办事处使用的数字系统仍停留在20世纪70年代的水平。他们甚至不会用谷歌搜索或者在办公室外收发电子邮件。"你们的技术支持已经完全落伍，"戴斯告诉弗里，"它们早就该被淘汰了。"

调查局的信息技术系统必须进行彻底更新。弗里和戴斯说服国会，在接下来的3年中，使用3亿8000万美元打造"三部曲"项目，即新型计算机、服务器和软件，从而确保特工能够查阅档案、分析证据和共享信息。但是，在接下来的5年中，该项目先后历经10位负责人和15名IT经理，最终联邦调查局不得不对"三部曲"项目进行重新开发、设计和建立，大部分软件被废弃不用，约有一半资金打了水漂。

2000年春夏，当"三部曲"项目正处于酝酿阶段时，联邦调查局的一个部门开始摇摇欲坠。此前，弗里刚刚组建了一个新的调查服务司，后来更名为"情报办公室"，与联邦调查局的反恐司进行合作。但是，一次内部审核的结果显示，该司约有2/3的人员都不称职。由于受到其他部门的排斥，他们只能在孤立和沉默中工作。两年后，经过联邦调查局所有副局长的一致同意，弗里不得不将其撤除。

在白宫以及世界各地，这位局长的权力和权威开始日渐衰退。他意识到，他的声誉已经在世界各国的国防部部长、王储和秘密警长之中一落千丈。但他却认为，这一事实应当归咎于总统不检点的性生活在国际上引起的不良影响。

2000年4月6日，弗里飞往巴基斯坦，会见该国的军事独裁者佩尔韦兹·穆沙拉夫将军。当天早晨，一名男子走进联邦调查局在纽瓦克的办公室，警告说基地组织正在阴谋策划劫持一架波音747飞机，这支劫机队伍中还包括一名训练有素的飞行员。这名男子称，这项计划源于巴基斯坦，他本来应当与该计划的其他6名成员见面。虽然他通过了测谎仪，但联邦调查局还是不确信他所说的是实情。次日，在拉贾斯坦邦由英国官员建立的拉合尔军事营地里，弗里向穆沙拉夫将军发出了最后通牒。弗里表示，他的手中持有本·拉登的逮捕令，并且希望将军能够立即执行。

“穆沙拉夫笑了起来，”弗里在报告中写道，他拒绝为弗里提供协助。

同一周，在阿富汗以西大约800多公里的地方，基地组织头目正在录制对美国发出的严重警告。本·拉登誓言要为盲人酋长和美国大使馆的炸弹袭击者再次实施报复行动。他的腰间别着一把来自也门的匕首。直到这段录像播出5个月后，才有人注意到这个细节，但当时本·拉登的计划已经万事俱备。

在这名头号恐怖分子销声匿迹的几个月中，调查局的官员一度认为这一威胁已经逐渐减弱。“联邦调查局的调查和分析结果显示，美国受到的恐怖主义威胁处于较低水平。”7月26日，反恐司副主管特里·特奇在对众议院国家安全委员会作证时表示。他说，联邦调查局先后逮捕了以保护动物权利为由破坏牛肉加工厂的激进团体、囤积炸药的右翼民兵组织和向黎巴嫩真主党提供资金的黑帮团伙。但是，对于本·拉登，特奇只字未提。

从两年前东非发生爆炸袭击起，调查局启动了近200项反恐调查，其中大部分都与基地组织成员及其同盟有关。但是，当司法部的律师发现，联邦调查局的报告中存在大量谬误和曲解时，其中数十起案件已经中途夭折。此外，联邦调查局根据《外国间谍监视法》以维护国家安全为由提交的至少100份开展窃听活动的申请在法律上存在漏洞。其中的原因，正如联邦调查局总检察长后来指出的那样，在于调查局始终无法抓住支配美国情报工作的法治精神。为了防止针对恐怖分子的刑事案件因为政府部门的渎职行为被法庭驳回，法官颁布了一系列新的法令。

玛丽·乔·怀特竭尽全力想要确保这些案件能够接受审理。怀特是曼哈顿的检察官，20年前就开始与联邦调查局共同进行秘密情报调查。在过去的7年中，怀特亲手经办了从盲人酋长到大使馆遇袭案件所有重大恐怖主义案件的起诉。她认为，内罗毕发生的事情只不过是一个开端。

2000年9月27日，怀特开始在公众演说中阐述自己的观点。她注意到，联邦调查局刚刚在一家名为“世界之窗”的餐厅庆祝联合反恐工作组成立20周年。“如果在世贸中心举行庆祝，也许更加合适。”她说。

怀特表示，对联邦调查局和司法部来说，当务之急是对恐怖分子依法进行调查、指控和审理。“即使仅有几名被告由于证据原因走出法庭，继续从事恐怖主义活动，”她说，“他们也会更加狂热和无情地对美国发动袭击，并且因为战胜美国司法系统而在恐怖分子当中享有更高的地位。”

“美国的国家安全将有赖于联邦调查局。”她说。但是怀特担心，这也许不会阻止美国再次遭受恐怖主义攻击。她警告说，“我们必须预见到，将来还会发生类似袭击。”

第44章

被控制的“9·11”事件

2011年9月11日，恐怖袭击发生后，联邦调查局余震未了。在政界高层就是否应当撤销联邦调查局并建立一个新的情报机构开展的一场辩论中，人们的愤怒日益高涨。

“鉴于联邦调查局目前的记录，我们的国家不能允许这样一个情报机构继续存在，”“9·11”委员会的共和党主席托马斯·基恩表示，“一个机构有过这样的失败记录，它就会屡战屡败。”

很久以前，联邦调查局的反恐和反情报司就开始摇摇欲坠。在路易斯·弗里的最后几个月任期里，调查局优秀特工的愤怒和挫败之情一触即发。华盛顿的领导不力，弗里、两任司法部部长和两届总统之间的沟通不畅，联邦调查局负责国家安全调查的特工与他们的上级和整个体系进行了抗争，但最终却功亏一篑。

“有人将一些看似互不相关的情报联系起来，”联邦调查局的加布里尔·伯格说，10年前，伯格就开始从事反恐和反情报调查，“但他们的声音十分微弱。”

其中一个声音来自凯瑟琳·凯泽。凯泽是秘密情报工作的中坚分子，她的一生有25年都奉献给了联邦调查局。她既是调查局杰出成就的见证人，也是其巨大灾难的目击者。凯泽出生于1950年，从小在纽约的布朗克斯长大，她的父亲是纽约市的一名警察。一开始，凯泽在一所公立学校教书。1975年，当整座城市里几乎所有的银行都宣布破产后，凯泽被学校辞退。正当她对自己的人生感到迷茫之际，凯泽在一位亲属的葬礼上遇到了一位远房堂兄。这位堂兄是一名联邦缉毒警察，他告诉凯泽联邦调查局正在招聘女性特工。两年以后，即 1978 年，凯泽正式成为调查局历史上第 78 位女性特别探员。

6 年以后，即 1984 年，在遭遇了一系列抱有怀疑眼光和性别歧视的上司以后，她开始负责间谍案件。联邦调查局向来都是一个男人的世界，其中大部分人都是爱尔兰和意大利人的后裔，他们在天主教耶稣会接受教育，从小就在警察和牧师的环境中长大。凯泽不仅具有同样的背景，而且思想开明、极有远见。她将成为联邦调查局影响力最大的一位女性。

1996 年，她是第一批被派往国家反情报中心的调查局特工。在接下来的 4 年中，她主持了数十场有关间谍活动的研讨会，并经常接到联邦调查局培训学院的邀请。在那里，凯泽向新来的特工讲解有关反情报和反恐工作的法律法规。

从 1999 年至 2002 年，凯泽是联邦调查局与国家安全局之间的唯一一位联络员。国家安全局的总部位于马里兰州米德堡，是美国电子窃听和数据搜集的中心，通过间谍卫星对世界各地的电话、计算机以及秘密通讯进行监控。凯泽知道如何才能根据《外国间谍监视法》从法庭获得国家安全搜查令，并对外国敌人开展间谍活动。她就像一个人力交换台，她是美国唯一一个能够将联邦调查局和米德堡联系起来的特工。在凯泽的办公桌上排放着几台电脑，其中包括联邦调查局的一台杂牌笔记本电脑，但想通过这台电脑与总部取得联系十分困难。在凯泽的办公室里，电话总是响个不停。

迄今为止，凯泽从事反情报工作已有 16 年之久，培养了敏锐的第六感：怀疑。2001 年 1 月，一天早晨，她接到来自联邦调查局总部的一通电话，但不认识打电话的人。

他说："嗨，凯瑟琳。我是鲍勃·汉森。你最近怎么样？"

她回答："很好。请问你是哪位？"

汉森作了简短的自我介绍。他说，他是联邦调查局刚刚上任的一名高级管理人员。汉森的表现十分唐突，他不喜欢有权势的女性。他指示凯泽，安排他与"国家安全委员会了解其计算机设施的高官"见面。凭着直觉，凯泽立即在电话里拒绝了他的要求。几天以后，他们在总部见面时，凯泽再次对他表示拒绝。

汉森已经为莫斯科从事了22年的间谍活动，并且最终成为一起间谍调查案的怀疑对象。这起案件可以追溯到冷战时期。当时联邦调查局曾经对一名中情局官员表示怀疑，但此人却坚称自己是清白的。这次调查演变成了联邦调查局和中情局之间的一场长期对抗。最后，为了解决这起案件，联邦调查局不惜开价数百万美元，聘请一名退休的苏联间谍从克格勃情报档案那里窃取有关文件。随后，这些文件被装在一个垃圾袋转到联邦调查局。汉森从联邦调查局偷走文件以后，正是用这只垃圾袋将其密封，然后卖给苏联人的。所以上面不仅有他的指纹，里面还装着14年前他与克格勃的谈话录音。

这个人的声音带有浓重的芝加哥口音，毫无疑问，他就是汉森。

在东窗事发的两天前，他刚刚向苏联人提供了近1000页机密文件。其中包括联邦调查局在美国、加拿大和英国反情报线人的名单，以及调查局向白宫、五角大楼、国务院和国家安全委员会提交的数据。汉森从联邦调查局的案件自动搜索系统下载了这些文件，根本不费吹灰之力。“调查局的任何一名办事员都可能进入这个系统，”2001年2月18日，哈森在被捕后接受审讯时表示，“我的做法虽然有罪，但对于该系统的糟糕状况视而不见……同样属于刑事过失行为。”

凯泽需要帮助国家安全局对汉森造成的损失进行评估，这无疑是一项令人烦恼的工作。“人们排成一排，站在我的办公室门外。他们个个都惶恐不安，掩饰不住满脸的震惊，”她说，“在正常的工作交往中，国家安全局的很多雇员都与汉森有过接触。一些人几年前就认识他。联邦调查局和情报界对此事感到极为震惊……事情已经完全失去了控制。”

当汉森一案败露时，乔治·W. 布什总统已经上任4个星期。这无疑是联邦调查局历史上最令人尴尬的经历。这起案件让弗里感到彻底绝望，他于2001年6月1日距离任期届满仍有两年时间。弗里并没有事先告知司法部部长约翰·阿什克罗夫特。对于上任伊始就遭遇汉森一案，约翰·阿什克罗夫特感到十分窘迫。

当弗里卸任时，联邦调查局正在对基地组织最近一次实施的恐怖袭击展开调查。两名自杀式炸弹袭击者驾驶一艘装有500磅烈性炸药的小船来到美国军舰“科尔号”的旁边。这艘军舰的目的地是波斯湾，当时正在也门加油。这次爆炸在这艘价值8亿美元的海军驱逐舰上炸开一个13米见方的洞口，导致17名海军士兵遇难，40余人受伤。联邦调查局为此案派出了最得力的特工，他们曾在内罗毕的爆炸案中接受过教训，所以头脑十分冷静。但是，这次也门调查却更加困难，因为与美国相比，也门政府、军队和警方显然更加同情基地组织。联邦调查局在也门拘押了6名嫌犯，但没发现他们与基地组织存在联系的证据。调查局希望中情局能够找到其中的联系。然而，由于汉森事件造成的影响，双方关系正处于自冷战结束以来最紧张的时期。

2001年8月17日，当凯泽仍在评估汉森一案带来的损失时，她突然接到一个紧急电话。电话是联邦调查局特别探员哈里·萨米特从明尼阿波利斯打来的。凯泽记得这个名字，她曾经在反恐培训班上教过这名学员。萨米特是一名前海军飞行员和联邦调查局驻明尼阿波利斯外勤特工。现在，他正处于高度警戒状态。在此前一天，他逮捕了一个持有法国护照和过期签证的阿尔及利亚人，这个人名叫扎卡利亚·穆萨维。萨米特的一名海军飞行员同事开办了一所航空学校，这名飞行员曾经向他提供一则消息：穆萨维正在接受驾驶波音747飞机的训练，但他似乎对起飞和降落毫不在意。当萨米特和一名移民局官员以护照过期为由将其逮捕时，这名阿尔及利亚男子在腰带里掖着3000美元现金，口袋里还藏着一把0.9米长的折叠匕首，态度十分顽固。

“他肯定是个坏家伙，”萨米特告诉凯泽，“我对他有一种不好的预感。”

他希望能够得到外国间谍监视法庭的授权，对穆萨维的笔记本电脑进行检查。但是，由于没有线索能够证明此人是一名恐怖分子，萨米特在总部肯定过不了律师这一关。

“我们需要找到能够把他与基地组织联系起来的证据，”他说。

凯泽跑遍了整幢大楼寻求帮助，但几乎没有人作出响应。当时是8月份一个星期五下午4点30分。在接下来的3周，凯泽联系她在联邦调查局、中情局和国家安全局认识的每一个人，向他们转告萨米特发出的警告。“我已经竭尽全力，”她说，“但没有人能够提供有关证据。汉森一案让我们之间的沟通受到了极大的影响。”事实的确如此。

5周以后，凤凰城的一名调查局特别探员肯·威廉姆斯向联邦调查局激进原教旨主义工作组和反恐司的本·拉登小组分别递交了一份报告。威廉姆斯和他的同事、刚刚来到调查局的阿拉伯语探员乔治·佩罗获悉，基地组织在美国的一些航空学校里网罗了一批信徒。威廉姆斯提议对此展开一项全国调查，但总部并没有采取任何行动。13年的特工经验告诉威廉姆斯，反情报和反恐工作只不过是联邦调查局的“混蛋教子”。所以，对于总部的态度，他并不感到惊讶。威廉姆斯说：“我知道，这份报告早晚会被束之高阁。”

萨米特没有听说过凤凰城的这份备忘录，几乎没有人听说过。在总部，还有大约68000份反恐线报等待处理。在过去的4个月中，仅是本·拉登小组就接到了3000余条线索，而反恐司司长戴尔·沃森的手下只有两名分析人员负责对其进行调查。虽然有恐怖分子正在接受飞行训练是一个不争的事实，却没有人对此关注。

于是，萨米特接着向国际反恐行动处的主管提出请求，这个部门负责监督激进原教旨主义工作组和本·拉登小组的工作。在随后的一周里，萨米特在报告中称，穆萨维“正准备发动恐怖袭击”，没有人对此作出回应。萨米特在明尼阿波利斯的直接上级、联邦调查局特别探员格雷格·琼斯甚至恳求总部看一看他们的报告。他说，他希望能够及时阻止这名嫌疑人“驾驶飞机撞向世贸中心”。

后来，萨米特把联邦调查局总部在2001年夏的做法称为“刑事过失”。凯泽说，“国际反恐行动处那些笨蛋的失职行为，她一辈子都忘不掉。”

2001年9月10日，凯泽接到萨米特一封情绪沮丧的电子邮件。萨米特在信中称，国际反恐行动处拒绝了他进行搜查的申请。他们告诉萨米特，“联邦调查局不希望掺和进来”，并且指示他将这起案件交由移民局处理。“为了搜查他的电脑，我已经想尽了所有办法，为此我愿意付出一切代价，”他在给凯泽的信中写道，“但是我并不乐观。感谢你的帮助和支持。保重，哈里。”

凯泽立即于3点45分回信给萨米特：“你做得很好。上帝保佑我们，但愿下一次恐怖袭击与那种飞机无关。保重，凯瑟琳。”

“将为恶者缉拿归案”

2001年夏，联邦调查局群龙无首。直到弗里卸任5周后，即7月5日，布什总统才在白宫的玫瑰园宣布对罗伯特·米勒的提名。“在接下来的10年中，国内外将会产生更多形式的犯罪与新的恐怖威胁，”总统表示，“联邦调查局必须确保他们在美国反间谍和反恐行动中的首要地位。”

两个月后，参议院批准了米勒的提名。8月2日，当参议院一致投票通过时，米勒正在医院接受前列腺癌手术。一个月后，即9月4日星期二，他才正式上任。同一天，国家安全委员会的理查德·克拉克向自己的上级康多莉扎·赖斯发出警告，称在不远的将来，基地组织有可能在事先不进行警告的情况下发动恐怖袭击。但是，他的报告没有引起赖斯的注意。克拉克也没有通知米勒。他说："我认为，联邦调查局并不清楚基地组织在美国开展的活动。"

在上任的第一周，米勒在联邦调查局听取了所有事项的情况汇报，包括从罗伯特·汉森一案的遗留问题到发生核打击后疏散华盛顿的行动程序。9月11日清晨，米勒接着了解了"科尔号"调查的最新进展。就像大多数美国人一样，他是在电视上看到灾难发生的。基地组织把飞机变成了制导导弹。

在接下来的3个小时里，联邦调查局反恐司司长打电话到白宫的局势研究室，找到了理查德·克拉克。"我们从航空公司拿到了乘客的登机名单，"戴尔·沃森说道。"我们认出了一些人的名字。他们都是'基地'组织成员。"克拉克回答："这些家伙是怎么登上飞机的？"直到两年以后，联邦调查局才找到这个问题的答案。

在随后的3年中，米勒每天都在拂晓前起身，浏览特工连夜递交的有关潜在威胁的报告。在上午7点到达总部后，他接着听取有关反恐工作的情况汇报，7点30分与司法部部长开会。随后，米勒坐在一辆装甲豪华轿车里驶往白宫，在8点30分向总统汇报。他们的话题总是千篇一律。正如布什在自己的回忆录中写道的那样，"我告诉罗伯特，我希望他们建立战时思维……罗伯特表示同意：'我们的新任务就是防范下一次袭击。'"

米勒现在成了人类历史上最大一次调查行动的负责人。在48小时内他派出4000名特别探员在美国各地搜集线索，20名司法随员与外国执法部门展开合作，每天与56个外勤办事处召开3次电话会议，发出数百张司法传票，由外国间谍监视法庭签署至少30张紧急搜查令。联邦调查局所能做的就是在全球重建犯罪现场，为了应对下一次袭击进行重新部署。

对于联邦调查局在事前对这次袭击的了解，米勒显然并不知情。9月14日，他公开表示："事实上，我们刚刚得知，当时一些人正在航空学校接受训练。如果我们能够理解其中的联系，我们就会，也许某一个人就会阻止这起恐怖事件的发生。"

同一天，国会授权总统使用"所有必要和正当的武力"，以打击恐怖分子。联邦调查局即将成为这支力量中的一个部分。

巨大的恐惧不断冲击着美国的根基。华盛顿响起的每一次电话铃声听起来都像是一次空袭警报。人们对恐怖分子有可能使用核武器、生物和化学武器发动袭击的恐惧在心头挥之不去，而且越来越强。中情局相信，基地组织的头目即将下令再次发动袭击，而这些武器就藏匿在阿富汗的一些堡垒之中。总统需要一枚盾牌和一把利剑，以抵御和击退来犯者。随后，他向阿富汗派出一支准军事队伍。美国随时准备发动导弹袭击和空袭。

布什来到联邦调查局总部，为“通缉要犯名单”揭幕，这其中包括22个人的名字。“将这些为恶者缉拿归案，”他告诉在胡佛大厦中集结的特工，“我们要对邪恶势力发动一场战争。”

副总统迪克·切尼知道恐怖分子的武器藏在哪里。老布什执政期间，他担任过4年的国防部部长。福特总统上台后，他出任白宫的幕僚长。这次恐怖袭击让切尼成为美国国家安全的最高指挥。

在切尼的指示下，美国开始重新恢复胡佛在任期间秘密情报曾经释放的巨大力量。在发表公众演说时，总统、副总统和司法部部长再次提起了“赤色围捕”的精神。根据总统的密令，联邦调查局重新启用了他们在反共斗争中曾经使用的监控技术。

在为期8周的突袭行动中，联邦调查局逮捕了1200余人，其中大部分都是外国人和穆斯林。然而，迄今为止，调查局还没有发现一名基地组织成员。“他们在艰苦的环境下被长期关押。”有些人甚至受到殴打虐待，司法部首席检察官后来在报告中写道。根据司法部部长阿什克罗夫特强加于联邦调查局的“在澄清事实前一直予以拘留”的政策，数百人被监禁了长达数月之久。这项政策既没有书面记录，也没有经过讨论，甚至没有人通知米勒。阿什克罗夫特手下的一名负责恐怖主义案件的律师意识到，一些无辜的人遭到了监禁，于是写信给联邦调查局局长，称他“也许想要知道，这个领域的工作并没有做好……到时候我们都会遭殃，因为没有人向调查局的SAC（特别探员负责人）作出明确解释，他们必须在掌握证据的情况下才能继续拘留有关嫌犯，并且对拘留设置时间限制。”直到这时，米勒才听说司法部部长制定的政策。6个月后，这项政策造成了一连串问题。

此外，阿什克罗夫特还下令，根据《重要证人法》对至少70人进行无限期拘留，其中包括20名美国公民。然而，这只是用于履行移民手续的一项联邦法律。其中30人从未接受审理，4人最终因为支持恐怖主义的罪名判刑，2人被认定为敌国武装力量人员。

在对美国各大市长发表演说时，阿什克罗夫特为在全国范围内开展的拉网式搜捕进行了辩护。联邦调查局在这次行动中的职责是打击“邪恶势力的跨国网络”。他毫不隐讳地谈起对恐怖分子嫌疑人的拘留。“罗伯特·肯尼迪就任司法部部长期间，歹徒会因为在人行道上吐痰而被捕。”他说。在反恐战争中，联邦调查局将“采取同样进攻性的逮捕和拘留策略。要让隐藏在我们当中的恐怖分子知道：如果你的签证过期哪怕只是一天，我们也会将你逮捕。如果你违反当地法律，我们会将你关进监狱，置于我们的监管之下。我们将采用任何有效的法令，利用我们的所有公诉优势。我们将使用我们所有的武器。”

就在参议院通过《爱国者法案》的当天，司法部部长对该法案规定联邦调查局拥有的授权进行了详细阐述，其中包括截获电子邮件、窃听手机、打开语音邮件以及从互联网上搜索信用卡和银行账户记录。届时，联邦调查局将持有传票和搜查令，并依法开展这些活动。

但是，对白宫来说《爱国者法案》还远远不够。10月4日，布什下令国家安全委员会与联邦调查局合作，开展一项名为恒星风的秘密行动。

这项行动虽然独具匠心，但后来米勒发现，恒星风属于非法活动。

国家安全局局长迈克尔·V.海登向手下数以万计的官员宣称：“我只有重新让美国人感到安全，才能确保他们的自由。”在“9·11”事件发生后，海登表示他“已经打开了国家安全局与联邦调查局之间的水龙头，而这种信息共享的程度可谓前所未有。”随后，海登和国家安全局信号情报负责人莫林·巴根斯基向联邦调查局公开了一大批第一手数据，其中包括从往来于美国之间的通讯系统中获取的大量姓名、电话号码和电子邮件地址。他们的目的在于，根据《外国间谍监视法》对美国任何有可能与基地组织发生联系的人进行追捕。这项行动虽然合法，却不合乎逻辑，海登表示。“我们发现，我们向他们提供了太多第一手资料。”其结果是，当年秋天联邦调查局数百名特工对成千上万虚假线索进行了追踪。“这就是情报工作的特点，它们有可能将你引向任何一个地方，”他说，“只有经过无数死胡同后，你才能发现有价值的信息。”

总统和副总统希望联邦调查局进行暗中搜查，避开外国间谍监视法庭制定的司法和宪法标准。这个问题的答案就是“恒星风行动”。国家安全局将在没有确凿证据或未经授权的情况下，对美国公民和外国侨民进行任意窃听，对数百万通电话和电子邮件的电子记录进行搜索和分析，随后他们将从中提炼出来的情报转交联邦调查局，再由后者负责开展行动。

“恒星风行动”利用21世纪的技术重新复活冷战期间采取的策略，从而将联邦调查局和国家安全局置于法律的管辖之外。水门事件发生后，切尼曾经在白宫获悉国家安全局和联邦调查局一直在沿袭这种做法，直至1972年，最高法院一致通过，规定未经授权的窃听活动为非法行为。

就在《爱国者法案》颁布的同一周，当最高法院对恒星风表示质疑时，一个名叫约翰·尤的人提出了不同意见。34岁的约翰·尤是司法部法律咨询办公室的一名律师，曾经担任克莱伦斯·托马斯法官的书记员。尤在信中写道，宪法保护公民免遭未经授权搜查和抄没的条款，不适用于美国军队开展的行动。由于国家安全局是一个军事单位，而国会授权总统使用军事力量，因此他有权下令国家安全局对美国国内的任何地方开展行动。

总统可以“不受宪法第四修正案的约束”，尤写道。有鉴于此，联邦调查局同样可以不受宪法的约束。

米勒陷入了总统命令和法律之间的夹缝。他当然知道，想要蔑视外国间谍监视法庭首席法官的判决，显然是一种极不明智的举动。罗伊斯·兰伯斯法官是一个性格暴躁的得克萨斯人，他已经负责秘密监视授权长达7年之久。有一次，这位法官认为联邦调查局的一名高级反情报特工有意欺骗自己，于是一怒之下将其开除。“我们要让联邦调查局知道：你们必须实话实说，”这位法官后来表示，“我们国家的历史证明，我们不能对这些人过于信任。”

米勒已经赢得兰伯斯的信任，这位法官在未经正式听证的情况下，应联邦调查局局长的要求批准了数以百计的国家安全监视活动。但现在，总统却命令联邦调查局滥用这种信任，忽视法庭的裁决，放弃自身的权威。经过一番思索，米勒极为谨慎地避开 “恒星风行动”的话题，而是暗示他需要的某些授权是建立在国家安全局搜集的情报之上。兰伯斯法官表示，他和他的继任者与米勒达成协议，他们可以“根据联邦调查局局长的口头情况介绍”批准开展监视行动。这项史无前例的危险协议一直持续了将近两年。

由于担心基地组织再次发动袭击，其他情报机构与联邦调查局之间摩擦不断。米勒想要平息华盛顿各部门反情报主管之间剑拔弩张的态势。他表示，他将与中情局及特尼特通力合作。“胡佛向来反对与其他机构分享调查局信息的做法，”米勒说道，“但是在‘9·11’事件发生之后，对于我们与中情局互相交换信息的提议，他也许会在坟墓里一反常态地表示理解。”

然而，联邦调查局与其他政府部门之间的工作关系仍然十分紧张。一位疯狂的科学家曾经向电视台、报社和诸多美国参议员寄出含有炭疽病毒的信件，当司法部部长得知联邦调查局一直无法找到这名科学家时，他感到十分震惊。在长达 4 年的时间里，联邦调查局将精力集中到一些错误的嫌疑人身上。这些虚假情报浪费了调查局的大量精力，他们的网络系统面临崩溃，而那些过时的台式电脑仅仅保存一份文件就需要点击 12 次。

联邦调查局与美国的其他情报机构之间也没有建立有效的联系。总部无法接收国家安全局和中情局被列为高度机密的文件，但几乎所有的文件都已经被列为高度机密。此外，那些刚刚得来的第一手情报也很难出现在联邦调查局的数据库中。

调查局高级官员需要承受的压力常人根本无法想像。负责反恐行动的副局长最多坚持一年就会感到筋疲力尽。米勒的办公室主任任职的时间也不过一两年之久，而信息技术主管甚至撑不到一年的时间。

随着反恐战争开始向世界各地扩展，米勒遭遇了一场最严重的个人危机。联邦调查局和其他反恐机构之间的纷争愈演愈烈。这场大火从中情局的秘密监狱开始，最后一直蔓延到白宫。

2001 年 11 月至 12 月，米勒开始将第一批调查局特工派往战场。他们的任务是搜集情报和对囚犯进行审讯。联邦调查局的审讯政策是：不采用野蛮手段，不诉诸暴力，不进行恐吓。

联邦调查局的一些特工被派往阿富汗的军事基地，另一些来到美国海军在关塔那摩湾的基地，还有几名调查局特工与中情局一起，对基地组织嫌疑人开展一项“非俘即杀”的行动。2002 年 3 月 28 日，他们俘虏了第一个重要的嫌疑人，一个在巴基斯坦费萨拉巴德为基地组织工作的巴勒斯坦人。在对一间聚集有不少民兵的安全屋进行突袭时，这名巴勒斯坦人在交火中严重受伤。随后，他被绑在轮床上，乘飞机押往中情局刚刚在泰国东北部临近老挝边境的乌隆府空军基地一处仓库内建立的一个“黑点”（即 black site，军事术语，指开展秘密行动的地点。——译者注）。

“第二天，我们又俘获了一个名叫阿布·祖巴耶达赫的人，”4 月 9 日，布什总统在康涅狄格州格林尼治的共和党筹款集会上声称，“他是阴谋策划对美国发动毁灭性袭击的头号人物之一。现在，他已经不能再进行任何阴谋策划。他已经来到了属于他的地方。”根据中情局提供的报告，总统后来将这名囚徒称为基地组织的3号人物以及本·拉登的行动首领。

最温柔的犯罪克星

联邦调查局一共有8名会讲阿拉伯语的特工，其中两名对阿布·祖巴耶达赫进行了首次审讯。他们分别是内罗毕爆炸案中的资深特工史蒂夫·高丁和也门“科尔号”调查行动的首席特工阿里·苏凡。30岁的苏凡是土生土长的黎巴嫩人，曾经在美国的维拉诺瓦大学获得国际关系硕士学位。1997年，苏凡一时心血来潮加入了联邦调查局。作为一名调查员，他知识渊博，而作为一名审讯员他手腕灵活，所以得到美国反情报界的称赞。在关塔那摩进行审讯时，苏凡让许多囚犯供认罪行，该基地的军事指挥官迈克尔·邓利维少将称，他是“国家的一笔财富”。

在“黑点”，苏凡来到一名身受重伤的囚犯身旁，利用自己事先掌握的大量信息，轻声细语地开始了审讯。“我问起他的名字，”苏凡后来在出庭作证时说。“他告诉我一个化名。于是我问：‘我叫你哈尼怎么样？’哈尼是小时候他母亲给他取的小名。他吃惊地望着我，说好的，然后我们开始交谈。”

两天之内，这名囚犯指认了基地组织的袭击策划者哈立德·谢赫·穆罕默德。这是联邦调查局迄今为止取得的最大一次突破。“在此之前，”苏凡在作证时表示，“我们并不知道穆罕默德在“9·11”事件中扮演了什么角色，以及他在基地组织中的地位。”

“黑点”的中情局官员将这份报告发回总部。在得知联邦调查局主导这次审讯时，中情局局长乔治·特尼特感到十分不悦。他命令中情局反恐小组接管泰国的审讯。

第45章

窃听是为了保护美国

就在珍珠港事件发生后的第二天，罗斯福总统曾经授权胡佛对往来于美国的所有电报通讯进行监控。“9·11”事件发生3个星期后，布什总统对罗伯特·米勒的一项授权几乎如出一辙。

29个月来，根据布什的命令，在国家安全局的协助下，联邦调查局对美国数以千计的电话和互联网地址进行了追踪。米勒说，调查局会对“来自世界各地的电子邮件”进行监控，其中有些邮件宣称，“某项恐怖主义活动即将在美国发生”。

“阻止已经进入美国并建立社会关系的基地组织成员开展行动是我们在情报和执法工作中遇到的最严峻挑战。”2004年2月24日，米勒在参议院特别情报委员会的一次闭门会议上表示。现在，这位局长即将面临一项更加艰巨的任务。他不得不对美国总统和副总统发出挑战，以法律的名义就秘密行动和民主制度之间的冲突与他们一较高下。

在“恒星风行动”中，至少有3项相互独立的全球窃听行动对来自互联网的电子信息进行搜索和鉴别，而其中至少两项活动违反了宪法关于保护公民免遭未经授权搜查和抄没的条款。米勒认为，没有证据表明，这些监控活动能够拯救美国公民的生命、阻止迫在眉前的袭击以及找到美国的“基地”组织成员。

每隔45天，“恒星风行动”就需要由布什总统和司法部部长重新授权并签署一次，由联邦调查局根据中情局的报告开展行动，而这也正是他们能够继续进行监控的理由。但是，情报官员却将这些报告称为“令人恐慌的记录”。对于“恒星风行动”，虽然现在了解内情者屈指可数，但却呈日渐增加之势。司法部的一些律师和负责审理情报案件的法官也认为，这项行动不符合宪法，因此必须对其加以控制。随后，他们找到了新任司法部副部长詹姆斯·科米。在科米的劝说下，罗伯特·米勒的态度很快发生转变。

3 月 4 日，米勒和科米达成一致，联邦调查局不应对这项监控行动继续支持。为了维护美国公民的权利，搜查的范围必须有所改变。他们认为，如果仍然维持原状，司法部部长阿什克罗夫特就不应再次批准“恒星风行动”。在长达一个小时的时间里，科米与司法部部长进行了激烈的争论，阿什克罗夫特最终表示认同。科米不仅是一位巧舌如簧的律师，而且是与联邦调查局关系最密切的检察官之一。他的祖父是爱尔兰的一名警察局长。“9·11”事件发生两年以来，作为曼哈顿的检察长，他在涉及恐怖主义的案件上付出了大量心血，并且赢得人们的信任。这种信任让他更加坚信，美国的安全不仅有赖于情报工作，而且有赖于法律的力量。

当天夜间，在与科米交谈过后，阿什克罗夫特突然感到一阵剧烈的反胃和疼痛。医生诊断他患上了严重胆石性胰腺炎。在注射镇静剂后，他准备接受手术。由于阿什克罗夫特入院，科米成了代理司法部部长和美国执法人员中的首席官员。

3 月 11 日，总统将再次对“恒星风行动”进行授权。在仅剩的 7 天时间里，总统和司法部在秘密行动与公民自由之间展开了一场激战。米勒“为我提供了极大的帮助”，科米说道。

3 月 9 日中午，联邦调查局局长在白宫见到副总统切尼。在总统幕僚长安德鲁·卡德的办公室中，两人分别坐在桌子的两旁，互相盯视着对方。切尼的立场十分坚定：没有人能够挑战总统的权力。只要有他的授权，无论司法部是否批准，监视活动将会继续开展。

“我不同意”，米勒回答。当天的会议记录显示，他告诉总统，联邦调查局需要“重新考虑继续参与该行动的合法性”。

3 月 10 日，布什总统命令卡德和白宫顾问阿尔贝托·冈萨雷斯前往白宫西北一英里处乔治·华盛顿大学医院的加护病房，获得阿什克罗夫特的亲笔签字。当时，一名联邦调查局特工正在阿什克罗夫特的病房外守卫。此前一天，司法部部长刚刚做完手术，现在不仅无法会客，更不用说要签署密令。下午 6 点 45 分，总统打电话到医院，坚持要与司法部部长通话。阿什克罗夫特的妻子接起电话。

总统告诉她这件事情关系到国家安全，但她不肯将电话转给丈夫。联邦调查局特工提醒阿什克罗夫特的办公室主任，总统的手下已经在路上。后者立即打电话给代理司法部部长。随后，科米拨通了米勒的电话，请他一起到医院处理这件事情。

他们火速赶往加护病房。科米首先抵达。他走进阴暗的病房，看到阿什克罗夫特已经奄奄一息。“我立即开始与他交谈……想要知道他是否能够明白眼下的情形，而他显然不能。他的情况非常糟糕。”科米来到走廊上，再次打电话给米勒。米勒表示，他几分钟后就到，并且希望与调查局的特工通话。米勒命令他们，要他们确保不让总统的手下将司法部部长拖出病房。

根据联邦调查局特工的记录，卡德和冈萨雷斯于 7 点 35 分进入病房。冈萨雷斯站在床头，手里拿着一个档案袋，档案袋里装着总统的密令。他告诉阿什克罗夫特，总统需要他在上面签字。

阿什克罗夫特勉强从枕头上抬起头，当即表示拒绝。他“使用严厉的措辞”，称这项行动有悖于法律。“他的争论有理有据，这让我感到十分惊讶。”科米说道。随后，阿什克罗夫特垂下头来说：“但这些都不重要，因为我不是司法部部长。现在的司法部部长在这里。”说完，他指了指科米。

当总统的特使空手离开病房时，米勒刚好来到。走廊里的形势顿时剑拔弩张。

3 月 11 日，总统在白宫独自签署了这道密令。在他看来，作为美国的最高统帅，总统有权凌驾于法律之上。当天中午，米勒在白宫见到了总统的幕僚长卡德。米勒写道，他告诉卡德，“白宫正在采取迂回战术”，以便绕开法律。

2004 年 3 月 12 日下午 1 点 30 分，米勒起草了一份辞呈，以备不时之需。“鉴于司法部部长没有对该行动的合法性予以确认，”他写道，“我不得不将联邦调查局从这项行动中撤出。如果总统命令联邦调查局继续参与其中，在司法部部长没有就此提出明确的法律意见之前，我将不得不辞去自己作为联邦调查局局长的职务。”

7 个小时后，米勒来到白宫参加总统每天早上的情况汇报会。对于反恐战线上的每一名特工来说，前一天晚上都是一个忙碌的夜晚。在马德里，伊斯兰圣战组织成员宣称，他们受到了基地组织的启发，在 4 辆火车上引爆了 10 枚炸弹。在这次爆炸事件中，共有 191 人丧生，1800 人受伤。这是自 1988 年洛克比空难以来欧洲遭受的伤亡最惨重的一次恐怖袭击。联邦调查局的任务是查找这起事件与美国的联系。

会议结束后，椭圆形办公室里只剩下总统和米勒两人。布什意识到，联邦调查局局长、司法部部长及其副部长已经联起手来对他表示反抗。米勒当面告诉总统，如果在未经司法部批准的情况下，联邦调查局继续对美国公民进行未经授权的搜查，他将提出辞职。根据最近解密的会议记录显示，米勒说，他“有义务对联邦调查局和司法部确保这项行动的合法性，而仅有总统的命令是不足以让联邦调查局继续开展行动”。

无论是布什还是米勒，在宣誓就职时都曾经表示要忠实执行美国法律，但现在只有一个人履行了自己的诺言。

总统表示，抛开法律和事实不论，他认为“恒星风行动”不存在任何法律问题。布什说，他不知道阿什克罗夫特当时在医院里。他不知道米勒和科米会向司法部部长揭发此事。几乎可以肯定，布什是在有意向这位联邦调查局局长撒谎。

毫无疑问，他预见到一场政治灾难已经近在咫尺。“我必须尽快做出一项重大决定，”布什在回忆录中写道，“我想起了 1973 年 10 月的‘周六夜大屠杀’。”当时，尼克松拒不交出白宫的秘密录音带，并强行解除了司法部部长和副部长的职务，亵渎了总统手中的权力。“我并不想要历史灾难重演。如果我坚持法律原则，就会导致本届政府四分五裂，甚至让我们在反恐战争中的行动被曝光，这种情况我不想看到。”

布什承诺，要将这项行动置于法律的基础之上。但是，这一诺言显然不会在一夜之间兑现，而是需要数年的时间履行。在得到总统的保证之后，米勒及其同盟没有递交辞呈。然而，布什的这个秘密只保守了 20 个月。第一个揭发美国政府未经授权开展监视活动的人是司法部的一名律师。这个人叫托马斯·塔姆，他的父亲和叔父曾经都是胡佛在总部最心腹的助手。然而，当《纽约时报》首次披露这一事实时，阿什克罗夫特和科米已经先后从布什政府中辞职。

米勒始终对总统的做法持反对立场。科米告诉国家安全局的一名官员，米勒曾经在白宫听到布什和切尼的交谈。

“如果我们不这样做，就会有人死去。”至于“这样”指的是什么，人们可以做出自己的解释。“如果我们不搜集这种情报”，或者“如果我们不使用这种手段”，再或者“如果我们不扩大这项行动”等。对任何一名律师来说，要想对如此多的“这样”表示反对，显然是一件极为困难的事情……因为要想在关键时刻说“不”，需要的不仅仅是敏锐的法律思维，还需要坚定的道德力量，以及对未来的远见卓识。只有认识到毫无法律依据的“是”会造成什么样的损害，只有从长远上认识到，合法得来的情报才是这个国家唯一可以持续存在的情报，才能做到这一点。

一个月后，即2004年4月14日，在对“9·11”委员会公开作证时，米勒没有透露白宫发生的事情。他始终没有透露这个秘密。

将胡佛的名字抹去

“9·11”委员会和国会接受了米勒的说法，联邦调查局必须同时捍卫公民自由和国家安全。但是，他们接着问了米勒更多问题。他们想要知道，联邦调查局是否充分行使了国会根据2001年《爱国者法案》授予它的权力。

米勒做出了肯定的回答，在行使这一权力时，联邦调查局的做法并非无可指摘。2004年5月6日，联邦调查局以涉嫌参与马德里爆炸案逮捕俄勒冈州的一名律师布兰登·梅菲尔德。梅菲尔德是一名美国公民，后来皈依伊斯兰教。联邦调查局曾经从马德里爆炸现场的塑料袋上提取到一枚指纹，并错误地据此对梅菲尔德进行了长达7个星期的窃听和监视。当西班牙警方通知马德里的司法随员他们抓错人时，联邦调查局仍然将其逮捕。在经过了两周单独监禁和严厉审问后，这名律师最终被无罪释放。后来，政府部门对梅菲尔德作出了正式道歉，并支付了200万美元的赔偿金。

《爱国者法案》是在一片恐慌中仓促颁行的。这项法案大幅扩展了“国家安全信件”的权限，这种做法在“9·11”事件发生前极为罕见。国家安全信件有权要求银行、电话公司、征信所和互联网服务商将他们的客户记录交给联邦调查局，并迫使他们对此保持沉默。他们不能对任何人提起此事，即使是对一名律师。实际上，国家安全信件相当于传票和司法禁言令的结合体。联邦调查局每周要发出近千封此类信件，其中半数的目标是美国公民。联邦调查局的特工表示，国家安全信件是一种不可或缺的调查工具；对于美国的反恐工作来说，它们就像面包和黄油。但就像未经授权的窃听一样，国家安全信件只不过是侵犯公民权利的另一种形式。联邦调查局的警督可以在不经法官批准或向检察官递交申请的情况下发出此类信件。

2004 年 9 月，一些联邦法官开始认为，这种做法属于违宪行为。于是，最高法院取缔了赋予联邦调查局上述权力的条款，并由国会对《爱国者法案》进行修改。此后，联邦调查局在发出国家安全信件之前必须经过法官批准，但这种做法仍保留了下来。

此外，联邦调查局进行反恐调查的特工还可以发出“紧急信件”，即用于收集数以千计通话记录的紧急传票，而不需要告知调查局总部的任何人。对于这种做法，联邦调查局的数位副局长以及诸多特别探员表示，他们并不清楚其中的规定及作用。米勒曾经说过：“我们的管理体制并不足以确保我们能够依法开展行动。”他承认，在搜集情报时，联邦调查局滥用了《爱国者法案》赋予他们的权力。

米勒在“9·11”委员会上的证词让很多委员开始考虑，是否需要重建联邦调查局。他们甚至认为，应当成立一个新的国内情报机构，以取代联邦调查局。为了防止联邦调查局被一分为二，即被分为执法部门和情报部门，米勒与“9·11”委员会、国会和白宫展开斗争。这场斗争从 2004 年夏开始，一直持续到 2005 年。

在该委员会有关联邦调查局的报告中唯一涉及法律问题的是一条命令，即要求联邦调查局建立“一种制度化的行为规范，让大批专家参与并承担情报行动。”多年以来，米勒一直在为达到这个目标而努力，但进展极为缓慢。不过，米勒实现了另一个愿望。迄今为止，联邦调查局情报分析人员的数量已经翻了一番，共 2000 多名，而且他们再也不会被派去从事诸如接电话和倒垃圾这样的杂务。

米勒在向该委员会递交的报告中极为自信地表示，他已经取得大幅进展，并且“进入了将联邦调查局转变为情报机构的下一个阶段”。但是，要想达到这个目标，联邦调查局至少还需要 5 年的时间。

在承认伊拉克的大规模杀伤性武器只不过是一个幻影后，总统决定成立自己的情报委员会，并委任联邦上诉法庭法官劳伦斯·西尔伯曼执掌。这是切尼做出的选择。在有关联邦调查局的问题上，西尔伯曼与切尼有着共同的看法。早在 30 年前，当西尔伯曼还是司法部副部长而切尼是福特总统的幕僚长时，两人就已经认识了。尼克松垮台后，白宫曾经派遣西尔伯曼对胡佛的秘密档案进行搜查。从那以后，这位法官就对联邦调查局怀恨在心。

“这是我从政以来最糟糕的一段经历。”西尔伯曼法官对自己的同僚说道。“胡佛的确曾经命令手下的特工私下向他报告，诸如马丁・路德・金一类人物及其家人的所有污点。为了保证他和调查局的权力，有时候胡佛会利用这些信息进行暗中要挟……我认为，所有刚刚加入调查局的人员都应当了解这个秘密以及胡佛的机密档案。只有将他的名字从调查局的大楼上抹去，才有利于这个国家和这个机构。”

2004 年冬，西尔伯曼就联邦调查局起草了一份报告，并于次年 3 月 31 日递交白宫，其中充满了强烈的谴责。“迄今为止，距离“9·11”袭击已经有 3 年半的时间，”这份报告写道。“1941 年 12 月 7 日，珍珠港事件发生 3 年半后，美国的陆军和海军力量已经横跨两大洋、英吉利海峡和莱茵河；美国已经迫使德国投降，而距离日本战败也仅有两个月。然而，在过去的 3 年半中，联邦调查局所建立的情报机构只是初具雏形。”西尔伯曼警告，联邦调查局要想完成这项任务，至少要等到 2010 年。

在这份报告中，西尔伯曼对米勒在两年前建立的情报办公室进行了严厉批评。他指出，这个部门承担着巨大的责任，但却几乎没有任何权限。该办公室既没有开展过情报调查或行动，也没有从事过情报分析。对于所辖的 56 个外勤点，该部门的影响力微乎其微。只有联邦调查局局长本人才有权涉足这一领地。

“我们想问，情报办公室是否能够确保完成情报搜集工作，”这份报告写道，“答案是不能。我们想问，情报办公室是否能够直接监管调查局的大部分分析工作，答案还是不能。”该办公室无法掌握它看似拥有的资金和人员。“在近来建立情报机构的过程中，联邦调查局是否能够克服过去曾经令其一再失败的阻力？”西尔伯曼反问，“对于这一努力的结果，我仍然表示怀疑。”这份报告虽然刻薄，但讲的确是实情，所以听起来更加刺耳。

如果联邦调查局不能有效掌控其手中的特工和权力，这份报告写道，那么美国就应当撤销调查局并建立一个全新的国内情报机构。

米勒咬紧牙关，开始筹划自胡佛去世以来联邦调查局管理结构最重大的一次变化，在调查局内部建立一个独立的国家安全单位，并且由其掌管所有的情报、反情报和反恐工作。这一改变将于2005年9月开始。正如西尔伯曼预言的那样，直到5年后，联邦调查局的这项改革才初见成效。

“是谁下令开火？”

伊拉克战争让联邦调查局感到左支右绌。数百名特工被派往伊拉克战场；还有数百名分析人员被派往弗吉尼亚州匡蒂科的犯罪实验室，开始了一场似乎永无休止的战斗。他们的任务是对从囚犯身上得到的数以万计指纹和生物数据进行分析，从而寻找基地组织的蛛丝马迹。他们需要收集、分析和鉴别不计其数的自制炸弹碎片，正是这些炸弹夺去了大批美国士兵的性命。

此外，在经过突击战术训练后，联邦调查局的人质救援小组随时待命，准备参加伊拉克和阿富汗的人质救援行动。截至2005年夏，一些特工已经先后4次轮值，他们在伊拉克停留的时间超过了这场战争中的任何一名士兵。

此时，这支队伍正准备对一名恐怖分子发起军事突袭。20多年前，这名恐怖分子就已经是联邦调查局通缉的要犯之一。

从1975年1月纽约弗朗西斯酒馆爆炸事件发生后，联邦调查局就开始对费立伯托·奥赫达·里奥斯进行追捕。这起爆炸事件是现代史上最残忍的恐怖袭击之一，其策划者是波多黎各的民族解放武装力量。从20世纪60年代至70年代初，联邦调查局对该组织展开了反情报行动。胡佛曾经表示，该组织的政治计划“越来越胆大妄为”，而“古巴的卡斯特罗给了他们开展行动的勇气”。

奥赫达是民族解放武装力量的首领。1961年至1967年，奥赫达接受了古巴情报机构的训练，并以一名革命者的身份回到波多黎各。在圣胡安被联邦调查局逮捕后，他很快被保释出狱，然后逃往纽约，并且开始在古巴驻联合国代表团中卡斯特罗情报官员的庇护下开展间谍活动。1974年初，奥赫达已经在纽约和芝加哥组织起民族解放武装力量。

联邦调查局认为，在随后10年中约有120起恐怖炸弹袭击都与该组织有关。这些袭击一共导致6个人丧生，造成数百万美元的损失。1976年11月1日，联邦调查局在无意间发现该组织的踪迹。一名吸食海洛因的瘾君子闯入民族解放武装力量在芝加哥西城的秘密据点，偷走了一批炸药，并在街头兜售。两天以后，即11月3日，芝加哥警察局和联邦调查局风闻此事，并立即拿到对失窃地点进行搜索的搜查令。他们发现了美国恐怖调查案中的第一个炸弹制造工厂。在这里的保险箱中，特工们找到了大量炸药、电池、丙烷罐、手表和秘密文件。随后，一些恐怖分子遭到了指控。这次行动对“民族解放武装力量”造成沉重的打击，但该组织并没有销声匿迹。

奥赫达很快逃往波多黎各，并于 1972 年在圣胡安策划了对一名美国海军士兵的暗杀行动以及 1983 年康涅狄格州富国银行 710 万美元抢劫案。联邦调查局认为，其中半数赃款流入了古巴的情报机构。

在圣胡安负责的调查局特别探员路易斯·弗拉蒂切利建立了一支由 15 人组成的反恐行动小组，其首要目标是对奥赫达进行追捕。从弗朗西斯酒馆爆炸案发生后，迄今已经过去整整 30 年。

2005 年夏，这支行动小组发现，奥赫达住在波多黎各西部一个偏僻的村庄里。于是，弗拉蒂切利请求总部派遣人质救援小组协助对奥赫达进行抓捕。

总部批准了弗拉蒂切利的申请。2005 年 9 月 23 日，10 名狙击手和一支战术队在波多黎各登陆。这场行动将没有任何回旋的余地，因为在这支队伍中没有一个人会讲西班牙语。

但这次行动却节外生枝。一架载着人质营救队员的直升飞机降落在错误的地点，他们的行踪很快暴露。当他们来到奥赫达的住处时，路上已经挤得水泄不通。人们高喊：“联邦调查局的刺客来了！”下午 4 点 28 分，双方开始交火并陷入僵持。随着夜幕降临，一场大雨不期而至。在总部监视这次行动的联邦调查局官员开始感到担忧。

威利·休伦是 4 年来调查局第 6 位反恐行动负责人。休伦打电话给自己的上级、联邦调查局新任国家安全主管加里·伯德。

“伯德认为那里的局面有些混乱，不知道究竟是谁在负责。”行动结束后，有人递交了一份轻描淡写的报告这样写道。休伦在日记中写道：“是谁下令开火？”答案是联邦调查局的 3 名负责人。

在圣胡安，弗拉蒂切利感到压力重重，主张立即采取行动。在匡蒂科，人质救援队的指挥官希望队员能够稍事休息再进行抓捕。在华盛顿，休伦希望看到这次行动的书面计划。随着午夜临近，伯德命令突击队撤退，但队员们却极力反对。9 月 24 日凌晨 1 点，人质救援队的指挥官从杜勒斯国际机场再次派出一支队伍。中午刚过，他们进入了这栋白色的小屋，墙壁上共有 111 个弹孔。他们在地板上发现了奥赫达的尸体，他的身旁有一把装着子弹、打开扳机的布朗宁9mm手枪。对于奥赫达的死讯，总部没有人对这支队伍进行指责。奥赫达是一名恐怖分子和刺客，而且在临死前，他曾经向联邦调查局开枪，并且打伤了一名特工。

但是，人们不禁在想："是谁下令开火？"长期以来，联邦调查局的官员和外勤特工始终沟通不畅，再加上反恐和反情报负责人的频繁更换，这些人很难在一起共同开展行动。很多特工开始转向信用卡公司、赌场和豪华游艇从事报酬更加丰厚的保安工作。

每天早上，米勒都会首先浏览国家反恐中心长达20页的最新威胁报告，其中包括刚刚截获的电子邮件、外国情报机构传来的信息、秘密线报以及各级警察局报告的可疑动向。联邦调查局的内部威胁追踪系统"保护者"平均每天会记录多达100条警报，而其中绝大部分都是虚惊一场。

联邦调查局必须设法对所有警报进行分析，选择需要开展调查的目标，逮捕和指控嫌疑人，提供足以经得起法庭考验的证据，从而让外界将这场行动视作联邦调查局打击外敌的一场胜利。米勒仍然需要将这些情报转变成联邦调查局执法的工具。

办法只有一个，米勒需要选择一个新的负责人并制定一项新的策略。

我们必须保卫美国

米勒最终找到了这个人，他就是中情局反恐中心副主管菲利普·马德。马德的头发已经过早地变成了灰白色，他举止和蔼可亲，但这显然是一种假象。从几年前起，马德和米勒就开始一起在秘密听证会上出庭作证。米勒喜欢他的思维方式和讲话风格。马德是一名职业情报分析师，已经在中情局任职长达20年，曾经担任国家安全委员会波斯湾和中东问题负责人，并在喀布尔与美国驻阿富汗大使一起工作。

2006年4月27日，马德成了联邦调查局国家安全司司长。虽然他一辈子都在揭开谜团，但马德承认，联邦调查局让他感到困惑不已。

"大约6到12个月以后我才开始明白，"他说，"我们的任务不是搜集情报，而是综合运用我们的情报和执法手段处理某个问题，从而保障洛杉矶、芝加哥或者塔斯卡卢萨的安全。在我看来，这与我所见过的其他情报工作有着天壤之别。"

"这项任务更加重大和艰巨，从某种程度上来说，它关系到我们的国家安全，”他说，“这是我们的职责。如果我们没有做好，我们就是失职。”

2006年的春夏，米勒和马德开始重新审视反恐战争中各种力量的相互关系。布什政府似乎气数将尽。白宫利用间谍和士兵追捕和审讯恐怖分子嫌疑人的做法越来越站不住脚。刑讯逼供损害了这项证据的合法性，因此联邦陪审团很难将他们定罪。随后，最高法院判决，总统无权在关塔那摩建立战争罪特别法庭。

布什解除了中情局局长的职位，并且准备放弃国防部部长。人们普遍认为，司法部部长、前白宫顾问阿尔贝托·冈萨雷斯缺乏主见。副总统切尼的高级国家安全助理I.路易斯·利比因为就中情局泄密调查一案说谎，被以伪证和妨碍司法罪判刑；他是自“伊朗门”事件（1986年，美国向伊朗秘密出售武器一事被揭露，从而造成里根政府严重政治危机的事件。——译者注）以来白宫被以重罪判刑的最高级别官员。伊拉克战局一团狼藉。基地组织仍在猖獗蔓延，他们采取的手段开始不断变换，从阿布格莱布监狱传出的照片竟然成了他们在全世界招兵买马的海报。恒星风窃听行动始终凌驾于法律之上，在这一令人尴尬的事实暴露之后，国会不仅扩大了政府部门未经授权进行窃听的权力，而且将部分总统秘密监控的权力合法化了，从而使政府部门对美国公民开展窃听变得更加容易。世界上的大部分通讯系统都需要经过美国中转，而无论其来自何方，国家安全局和联邦调查局都可以在未经授权的情况下对其进行追踪，比如存储在微软服务器上的国际电子邮件，或者通过美国电话电报公司中转的国际电话。尽管如此，在经过长达5年的大肆追捕后，这项行动未能在美国境内找到任何恐怖分子嫌疑人的踪迹。但联邦调查局有着一种不祥的预感：他们就潜伏在某个地方。

有一个办法可以让恐怖分子暴露行迹。米勒认为，胡佛在打击三K党和美国共产党时采取的手段同样适用于对付伊斯兰恐怖主义的威胁。联邦调查局可以利用卧底设置圈套，从而搜寻和逮捕潜在的恐怖分子。这种手段由来已久，得到了很多刑事调查人员和情报特工的认同。通过这种秘密调查手段，联邦调查局既可以将嫌犯缉拿归案，又可以登上眩目的新闻头版。但是，利用卧底设置圈套需要两个基本条件：一个善于花言巧语的骗子作为线人，以及一个容易上当的嫌犯作为目标。当联邦调查局将恐怖分子逮捕并提出指控后，无论是洛杉矶、芝加哥还是塔斯卡卢萨的陪审团，绝不会接受其恐怖分子对诱捕提出的质疑。

在随后的3年中，利用卧底设置圈套成了美国开展反恐调查的主要手段。2006年6月23日，米勒宣布联邦调查局在迈阿密的贫民区逮捕了7名阴谋炸毁芝加哥西尔斯大厦的嫌犯，并将其成员称作“土生土长的恐怖分子……他们自行招募人员，自行开展训练，自行开展活动。他们也许与基地组织或者其他恐怖组织没有任何牵连。他们借助互联网的掩护交换看法和信息，并且从那些宣扬暴力的激进网站中获得启发。他们通过从事不易引起注意的小型犯罪活动筹集资金。他们没有专门的首领和特定的思想体系。总之，他们正在以一种不引人注目的方式开展活动。”

其中，一个自称“自由城七人团”的组织，其成员都是一些冥顽不灵的暴徒，除了抢劫酒店，他们显然不具备发动恐怖袭击的手段或能力。正如联邦调查局副局长约翰·皮斯托尔所言，与其说他们的阴谋体现在行动上，不如说体现在口头上。皮斯托尔的这句话很快就开始广为流传。经过3次审理，“自由城七人团”中最终有5人被判有罪。但是，诸如此类的案件开始在全国各地接连不断地出现。在跟踪一名22岁的嫌犯时，联邦调查局在伊利诺伊州的一名卧底特工发现，他用自己的立体声喇叭换来4枚伪造的手榴弹，并声称他准备在2006年圣诞节期间炸死芝加哥郊外一家商店的店主。在另一项调查中，米勒注意到，俄亥俄州的一名前特种兵曾经追踪到两名约旦裔美国公民，他们不但练习举重，而且使用类固醇，并且谈到他们要暗杀伊拉克的美国士兵。

从2007年至2009年，在联邦调查局涉及恐怖分子的重大案件中，超过一半都离不开卧底设置的圈套。2007年5月8日，联邦调查局曾经对一个恐怖组织提出指控，他们涉嫌使用重型武器阴谋袭击新泽西州迪克斯堡的军事基地。该团伙首领是3个20多岁的瘾君子，他们都是来自阿尔巴尼亚的非法移民。他们的堂兄是巴勒斯坦的一个出租车司机。这个团伙的成员在一个射击场上一边大喊“上帝万岁”，一边将他们的活动录了下来。随后，他们把摄像机拿到一家录像店里，想要刻制一张DVD光盘。店主随即通知联邦调查局，后者派出线人伪装成一名能够为他们提供手枪和手榴弹的恐怖分子，将其一举抓获。

2007年6月3日，一起更加令人恐慌的案件浮出水面。在此案中，联邦调查局逮捕了一名63岁的嫌疑人，指控他阴谋策划炸毁肯尼迪机场航空客运站四周的燃料箱和输油管。这名嫌犯曾经在纽约的肯尼迪机场工作，联邦调查局的一名线人暗中用摄像机录下了他的言行。“袭击约翰·肯尼迪，这是个好主意，”他说，“他们喜欢肯尼迪，他们喜欢他这个人。如果对肯尼迪机场发动袭击，到时候整个国家都会陷入悲痛之中，就好像能够再次杀死这个人一样。”

2008年5月5日，一名31岁的前海军通信兵被判处25年徒刑。这起案件与他在7年前发送的一封电子邮件有关。这个嫌犯名叫保罗·霍尔，后来更名为哈桑·阿布·杰哈德，但当他参加海军时，并没有人对这个名字表示惊讶。2001年4月，就在“科尔号”爆炸事件发生的5个月后，霍尔登上了停泊在波斯湾的“本福尔德号”驱逐舰，并向伦敦的一个在线论坛发送信息，泄露了波斯湾10艘美国军舰的部署。这个论坛不仅呼吁开展圣战，而且对基地组织表示支持。

这些案件耸人听闻。在联邦调查局看来，他们都是一些活生生的激进分子，随时都对美国产生威胁。但是，只要美国没有真正受到袭击，大多数美国人并不关心联邦调查局是否对一些案件夸大其辞。并不是每一封电子邮件都会成为爆炸袭击的导火索，并不是每一个阴谋策划者都是美国本土的恐怖分子，他们也许只是一些普普通通的疯子。

在联邦调查局的档案中，共有70多亿份与恐怖分子有关的记录，而恐怖分子嫌疑人多达110万人。从这些铺天盖地的秘密情报中寻找真正的威胁，无疑是一项艰巨的任务。调查局开始第三次重建计算机网络系统，但是这项行动不仅由于困难重重而深陷困境，而且耗费了大量的资金和时间。要想取得进展，恐怕需要等到数年以后。

迄今为止，只有1/3的特工和分析人员能够与互联网连接。米勒下令为总部增加24名高级情报官员，但截至2008年，他只找到了两名合适的人选。国会继续对联邦调查局的反恐负责人进行惩戒，指责他们缺乏远见。米勒已经亲眼目睹8位主管先后离职。

联邦调查局对恐怖主义追剿的结果，任何人都无法预料。但是，联邦调查局对白领犯罪调查和起诉的大幅下跌却让华尔街的巧取豪夺者找到了可趁之机。随后，美国遭遇了自20世纪30年代以来最大的一场经济危机。

当布什政府的任期接近尾声时，米勒及其高级情报助理始终保持着良好声誉。在国防部长、前中情局长罗伯特·盖茨的协助下，他们开始建立全球反恐战略。这一战略不仅赢得国会两党的支持，也得到2008年秋两党总统候选人的支持。米勒、马德和盖茨不仅进入了下一届政府，而且对其反恐战略产生了重大的影响。

自由和安全哪个更重要

2009 年 4 月 28 日，贝拉克·奥巴马来到胡佛大厦，参加联邦调查局的 100 周年庆典。在调查局水泥堡垒中央的天井里，陆续出现了一群办事员和秘书。联邦调查局的精英分子佩戴着金光闪闪的徽章，和奥巴马总统一起走进天井。在后面的一堵墙上，挂着联邦调查局的百年纪念条幅。

“1908 年，西奥多·罗斯福的司法部部长只有 34 名特别探员。今天，我们有 30000 人为联邦调查局工作，”总统开始演讲，“在过去的 100 年中，发生了很多变化，”奥巴马开始施展他的个人魅力，“为了这些变化，让我们感谢上帝。”人群顿时响起如雷的掌声。

“但是，我知道，还有些事情却始终如一，”他的声音十分平静，“法治精神不仅是美国建国的基础，也是指引政府权力的目标。它是我们拒绝在安全和理想之间做出选择的原因。”

奥巴马以公民自由和宪法的捍卫者而著称。但是在椭圆办公室内，奥巴马所执行的路线要远比他所公开宣称的强硬得多。有时候，他在反恐问题上的选择会让他的支持者大吃一惊。奥巴马决定追剿阿富汗和巴基斯坦的基地组织。随后，美国将这场战争扩大到数以万计对圣战表示支持的信徒的身上。为了阻止下一场恐怖袭击的发生，他在解决反恐难题上的做法超出了他的前任。奥巴马是冷战结束以来第一位根据法律将美国的军事力量和情报力量结合起来的美国总统，从而形成了一股致命的力量。

在奥巴马的授意下，中情局和五角大楼一次又一次出动无人机，对阿富汗和巴基斯坦发射火箭弹，抹去了数百名恐怖分子嫌疑人的名字，其中甚至包括一些平民。当美国的突击队员击毙本·拉登以及其他基地组织头目时，国务院开始施展外交手腕，借助“阿拉伯之春”的声势赢得诸多伊斯兰国家的合作。在这场运动中，许多国家开始打起民主的旗帜反抗独裁政治。为了维持反恐战争中的法律与秩序，奥巴马委托联邦调查局掌管基地组织最残暴和最有价值的囚犯，命令罗伯特·米勒及其手下特工在不危及美国法律和自由的情况下逮捕和审讯恐怖分子。

在这个相互交织、日益强大的全球国家安全体系中，联邦调查局已经成了一个不可或缺的部分。联邦调查局开始设下更多复杂的陷阱，诱捕更多嫌犯。在对成千上万反对政府的美国公民进行监控的过程中，有些时候他们的做法接近甚至超出法律的界限，因为这些美国公民反对政府的工具仅限于语言和思想，而不是行动和阴谋。在开展了大量情报调查后，联邦调查局逮捕了一个名叫纳吉布拉·扎齐的阿富汗移民。扎齐曾经与基地组织结盟，阴谋策划在“9·11”恐怖袭击十周年来临之际对一处地铁实施炸弹袭击，他在纽约的联邦法庭上对自己的罪行供认不讳。2011 年 11 月，另一名受到基地组织启发的恐怖分子乌玛尔·法鲁克·阿卜杜勒穆塔拉布在被捕后认罪。这名恐怖分子将炸药藏在自己的内裤中，妄图在圣诞前夜炸毁德尔塔航空公司飞往底特律的航班，当时飞机上共有 278 名乘客。

联邦法官问阿卜杜勒穆塔拉布，他是否知道自己触犯了法律。“知道，美国的法律。”他说。这起案件证明，恐怖分子嫌疑人能够在美国的法庭上依法接受审判并定罪，而无需经过秘密监狱的刑讯逼供或者特别军事法庭的审理。

在美国本土，对于闭路摄像头的监视、机场安检人员的搜身、荷枪实弹的警察和卫兵，美国公民早已习以为常。为了得到安全的承诺，很多人宁愿牺牲人身自由。他们也许不喜欢这种做法，但是他们知道，这已经成了美国的一部分。

然而，仍有迹象显示，在接下来的数年中，美国有可能将反恐行动置于宪法和法律的监督之下。2011 年 11 月 7 日，联邦调查局刚刚颁布了一套开展情报调查的指导原则。在过去的 10 年中，联邦调查局就如何使用反恐战争赋予调查局的巨大权力作出了痛苦的挣扎；在过去的 3 年中，联邦调查局为了弥补布什政府以国家安全的名义而造成的损失作出了巨大的努力。

在这些新规定中，联邦调查局为情报搜查和抄没、窃听和偷录、数据搜集和电子监听、过滤电子邮件和追踪手机电话设置了司法界限。这套长达 460 页的行动指南删除了过去的很多内容，让联邦调查局在 21 世纪呈现出一个全新的面孔。美国政府似乎正在试着掌握自由与安全的天平。

在过去的 100 年中，对于他们能够在国家安全的名义下做些什么，联邦调查局始终在挣扎中前行。迄今为止，调查局仍然没有经过国会批准的法律章程。早在 35 年前，也就是水门事件发生后，前司法部部长爱德华·利维第一个试图对联邦调查局进行监督。他承袭了斯通法官的精神。斯通法官曾经发出警告称，秘密警察是对自由社会的威胁。

联邦调查局也许已经就如何在民主社会中建立秘密情报机构的问题建立了第一份切实可行的指南。新的规定从一开始就阐明，“恪守宪法原则要比任何一次审讯、搜查或调查的结果都更加重要。”它们明确表示，联邦调查局不能因为美国公民“反对战争或外交政策、对政府的行动表示抗议、鼓吹某种宗教思想”，或者因为他们是外国侨民、无政府主义者以及阿拉伯裔美国人，就对这些人展开调查。联邦调查局未经授权进行搜查、抄没和监视的巨大权力需要的是国会的宣战声明，而不是总统的秘密敕令。上述原则也许看似浅显，但是在过去，联邦调查局曾经一次又一次违背了这些规定。

联邦调查局正在发生的变化与罗伯特·米勒的任期不无关系。自胡佛死后，任何一位联邦调查局局长都没有像米勒一样度过国会规定的10年任期。有些人颜面尽失，有些人声名狼藉。但米勒坚持了下来，他已经度过了“9·11”恐怖袭击十周年的重要时刻。奥巴马请他继续留任两年，如果米勒能够忍受与日俱增的压力，他的任期将直至2013年9月。届时，米勒已经年近古稀。在每天早晨一系列新的潜在威胁和虚假警报中，他正在不断老去，他的头发苍白，脸色发灰，双目中充满了倦怠。但是，他曾经就联邦调查局监控美国公民的权限与总统进行抗争，并且坚持了自己的原则。米勒说当时他想的是，他不希望历史学家写道：“你们赢得了反恐战争，但是牺牲了公民自由。”

这一原则占据主导的机会仍然存在；而美国人民虽然始终处于危险中，但是同时享有安全和自由的可能性也同样存在。

后记

本书的刊行离不开罗伯特·D. 卢米斯，他已经在兰登书屋从事出版业55年之久，相当于J. 埃德加·胡佛担任联邦调查局局长的时间。罗伯特认识胡佛，从前，他们偶尔还会一起喝上两杯杰克丹尼威士忌。我经常与罗伯特在一起工作，我的手稿放在他的办公桌上，他的手里拿着一支铅笔。这是我一生中最愉快的经历之一，只有最幸运的作者才能拥有。

此外，本书的出版得益于兰登书屋杰出的团队。在此，我要对他们致以衷心的谢意：吉娜·森特雷罗、汤姆·佩里、苏珊·卡梅尔、本杰明·德雷尔、特丽萨·佐罗、本·斯坦伯格、安迪·沃德、阿米莉娅·查克曼、阿维德·巴什拉德、埃里卡·格雷贝尔、苏珊娜·斯特吉斯、丽萨·福伊尔、理查德·埃尔曼、史蒂夫·梅西纳、卡罗尔·洛温斯坦、苏珊·特纳、贝克·斯特凡、芭芭拉·费隆和丽萨·巴恩斯。我要感谢世界上最优秀的出版经纪人凯西及其助理，戴维·哈尔彭、路易斯·奎尔和迈克·吉莱斯皮。此外，我还要感谢F. 理查德·帕帕斯骑士和民用航空管理局的马修·斯奈德为本书提供了宝贵的建议。

《FBI罪与罚》在创作之际恰逢第二次世界大战以来的诸多文件被陆续解密，近几个月来，联邦调查局公开了数以千计的记录，为本书的写作增加了深度和广度。调查局的官方历史学家小约翰·H. 福克斯及其助手将这些文件在网上刊登，他们的举动值得我们称赞。

本书中涉及的很多口述历史均由“联邦调查局前特别探员协会”编纂和出版，书中的相关内容得到了该协会的书面和口头许可。

“电子前沿基金会”戴维·索贝尔，根据《信息自由法》，历时26年，终于使J.埃德加·胡佛的情报档案得以解密。这一结果离不开索贝尔和联邦调查局的有关人员共同努力，在此一并表示谢意。

联邦调查局的公共关系小组技巧娴熟、经验丰富，甚至能够与五角大楼的团队相提并论。笔者之所以没有选择直接与他们一起工作，是为了保持本书的客观立场，以及避免书中内容像新闻稿那样味同嚼蜡。尽管如此，联邦调查局仍然在网上提供了大量公开信息，对于一个受到保密制度约束的机构来说，这一点着实难能可贵。

我从事秘密文件和秘密机构调查工作长达25年。作为一名圈外人士，对于只有极少数内部人士才会了解的政府秘密行动，我很难掌握其全貌，所以本书不无缺憾。联邦调查局的历史作为美国过去百年历史的一个章节，我相信，书中的记录，读者不言而喻。

如果不了解我们的历史，将来我们就会甘愿放弃我们的自由。“全民政府却没有普及的资讯，或者没有获取资讯的途径，只不过是一场闹剧或悲剧的序幕，甚至两者皆然，”在美国建立自由共和国之初，詹姆斯·麦迪逊总统曾经这样写道，“知识将永远主宰无知，一个民族要想主宰自己的命运，必须用知识的力量武装自己。”

联邦调查局组织结构图

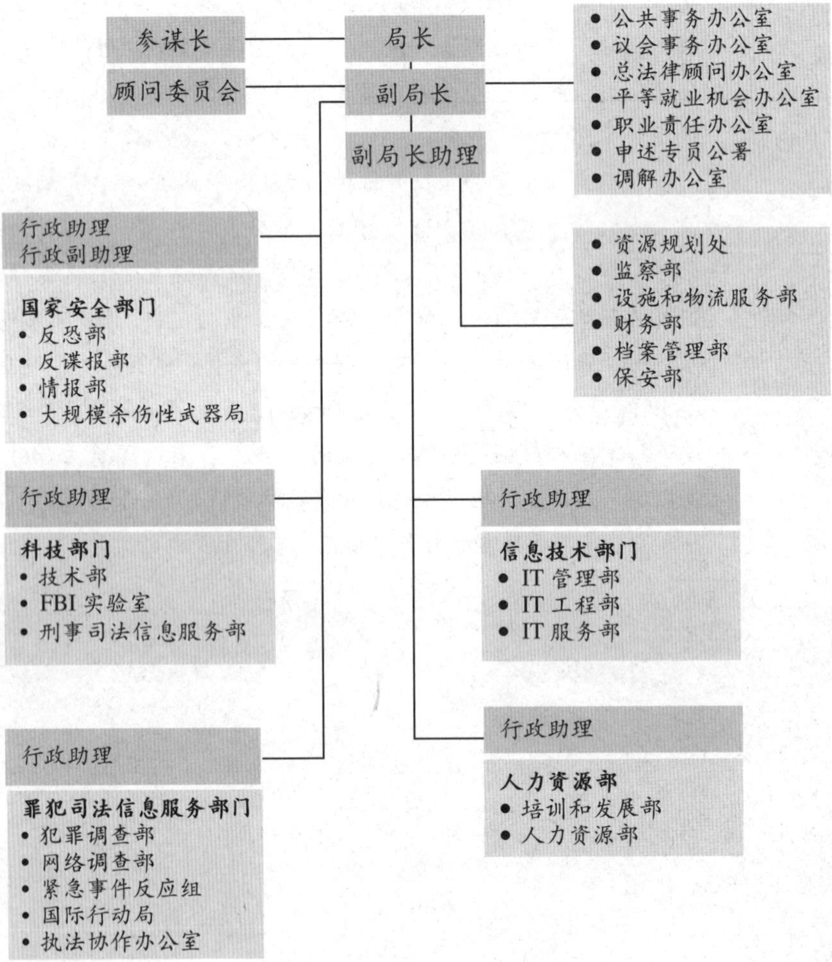

参谋长

顾问委员会

局长

副局长

副局长助理

- 公共事务办公室
- 议会事务办公室
- 总法律顾问办公室
- 平等就业机会办公室
- 职业责任办公室
- 申述专员公署
- 调解办公室

- 资源规划处
- 监察部
- 设施和物流服务部
- 财务部
- 档案管理部
- 保安部

行政助理
行政副助理

国家安全部门
- 反恐部
- 反谍报部
- 情报部
- 大规模杀伤性武器局

行政助理

科技部门
- 技术部
- FBI 实验室
- 刑事司法信息服务部

行政助理

罪犯司法信息服务部门
- 犯罪调查部
- 网络调查部
- 紧急事件反应组
- 国际行动局
- 执法协作办公室

行政助理

信息技术部门
- IT 管理部
- IT 工程部
- IT 服务部

行政助理

人力资源部
- 培训和发展部
- 人力资源部

罗伯特·米勒　2010.01.20

短信查询正版图书及中奖办法

A．电话查询

1．揭开防伪标签获取密码，用手机或座机拨打4006608315；

2．听到语音提示后，输入标识物上的20位密码；

3．语言提示：你所购买的产品是中资海派商务管理（深圳）有限公司出品的正版图书。

B．手机短信查询方法（移动收费0.2元/次，联通收费0.3元/次）

1．揭开防伪标签，露出标签下20位密码，输入标识物上的20位密码，确认发送；

2．发送至958879(8)08，得到版权信息。

C．互联网查询方法

1．揭开防伪标签，露出标签下20位密码；

2．登录www.Nb315.com；

3．进入“查询服务”“防伪标查询”；

4．输入20位密码，得到版权信息。

中奖者请将20位密码以及中奖人姓名、身份证号码、电话、收件人地址和邮编E-mail至szmiss@126.com，或传真至0755-25970309。

一等奖：168.00元人民币（现金）；
二等奖：图书一册；
三等奖：本公司图书6折优惠邮购资格。
再次谢谢你惠顾本公司产品。本活动解释权归本公司所有。

读者服务信箱

感谢的话

谢谢你购买本书！顺便提醒你如何使用ihappy书系：

◆ 全书先看一遍，对全书的内容留下概念。
◆ 再看第二遍，用寻宝的方式，选择你关心的章节仔细地阅读，将“法宝”谨记于心。
◆ 将书中的方法与你现有的工作、生活作比较，再融合你的经验，理出你最适用的方法。
◆ 新方法的导入使用要有决心，事先做好计划及准备。
◆ 经常查阅本书，并与你的生活、工作相结合，自然有机会成为一个“成功者”。

<table>
<tr><td rowspan="8">优惠订购</td><td>订阅人</td><td></td><td>部门</td><td></td><td>单位名称</td><td colspan="2"></td></tr>
<tr><td>地址</td><td colspan="6"></td></tr>
<tr><td>电话</td><td colspan="3"></td><td>传真</td><td colspan="2"></td></tr>
<tr><td>电子邮箱</td><td colspan="2"></td><td>公司网址</td><td></td><td>邮编</td><td></td></tr>
<tr><td>订购书目</td><td colspan="6"></td></tr>
<tr><td rowspan="2">付款方式</td><td>邮局汇款</td><td colspan="5">中资海派商务管理（深圳）有限公司
中国深圳银湖路中国脑库A栋四楼 邮编：518029</td></tr>
<tr><td>银行电汇或转账</td><td colspan="5">户　名：中资海派商务管理(深圳)有限公司
开户行：招行深圳科苑支行
账　号：81 5781 4257 1000 1
交行太平洋卡户名：桂林　卡号：6014 2836 3110 4770 8</td></tr>
<tr><td>附注</td><td colspan="6">1. 请将订阅单连同汇款单影印件传真或邮寄，以凭办理。
2. 订阅单请用正楷填写清楚，以便以最快方式送达。
3. 咨询热线：0755-25970306转158、168　传　真：0755-25970309
E-mail: szmiss@126.com</td></tr>
</table>

→利用本订购单订购一律享受9折特价优惠。

→团购30本以上8.5折优惠。